民國歷史與文化研究

十五編

第 **7** 冊

控制與建設：抗戰時期蔣介石巡視西北研究

沈茂鵬 著

花木蘭文化事業有限公司

國家圖書館出版品預行編目資料

控制與建設：抗戰時期蔣介石巡視西北研究／沈茂鵬 著 -- 初
版 -- 新北市：花木蘭文化事業有限公司，2022〔民 111〕
目 4+274 面；19×26 公分
（民國歷史與文化研究　十五編；第 7 冊）
ISBN 978-986-518-926-6（精裝）
1.CST：中日戰爭 2.CST：國家戰略
628.08　　　　　　　　　　　　　　　　　111009774

ISBN-978-986-518-926-6

9 789865 189266

民國歷史與文化研究
十五編　第七冊
　　　　　　　　　　ISBN：978-986-518-926-6

控制與建設：抗戰時期蔣介石巡視西北研究

作　　　者　沈茂鵬
總 編 輯　杜潔祥
副總編輯　楊嘉樂
編輯主任　許郁翎
編　　　輯　張雅淋、潘玟靜、劉子瑄　美術編輯　陳逸婷
出　　　版　花木蘭文化事業有限公司
發 行 人　高小娟
聯絡地址　235　新北市中和區中安街七二號十三樓
　　　　　　電話：02-2923-1455／傳真：02-2923-1452
網　　　址　http://www.huamulan.tw 信箱 service@huamulans.com
印　　　刷　普羅文化出版廣告事業
初　　　版　2022 年 9 月
定　　　價　十五編 14 冊（精裝）新台幣 42,000 元　　版權所有・請勿翻印

控制與建設：抗戰時期蔣介石巡視西北研究

沈茂鵬　著

作者簡介

沈茂鵬，男，1993 年生，甘肅景泰人。2016 年西北師範大學歷史文化學院歷史學學士畢業，2019 年西北師範大學歷史文化學院中國近現代史碩士畢業，2019 年起於中國政法大學社會學院攻讀博士學位，專業為政治社會學。

提　　要

　　1930 年代以來，面對日軍大舉入侵，西北、華北地區成為新的「邊疆」。激烈的政治、經濟爭奪，使得西北地區重要性日益凸顯。1934 年 10 月，蔣介石自認為剿共已經勝利在望，出巡西北，考察北方政情，籠絡地方實力派，促進新生活運動的開展，探查日、蘇態度，以做抗戰的準備。1935 ～ 1936 年間，三大紅軍主力突破國民黨軍隊圍追堵截，順利轉移至西北地區，蔣介石基於清剿紅軍的軍事考慮，多次前往西安，進行戰略部署和軍事安排，最終以「西安事變」的爆發而告終。1942 年，美軍參與對日作戰，中國抗戰局勢和國際地位得到極大改善和提升，蔣介石此時再次巡視西北，在一個月的巡視過程中，利用有利條件，收服新疆盛世才，並進行抗戰軍事部署，推動了西北進一步開發，將西北作為「建國的根據地」。

　　抗戰時期蔣介石多次前往西北地區巡視，通過巡視督查，檢閱各地政情，籠絡地方軍閥，限制中共發展，利用政治、軍事、經濟等一系列手段，一方面加強了國民黨中央對西北地方的有效控制，另一方面也促進了西北地區經濟不斷開發。

　　抗戰時期蔣介石巡視西北的政治軍事舉措，與國際局勢和國內政局的變化不無關係。西北地區「小氣候」和國際「大氣候」的變化，以及東北、華北、西南、華南地區政局的動盪，都深刻影響了蔣介石以及國民政府何以經略西北。蔣介石巡視西北次數和時間的增加，更加說明了抗戰時期西北地區經濟地位和大後方戰略地位的逐步提高，通過仔細觀察蔣介石的西北戰略觀，亦是窺探 20 世紀 30 ～ 40 年代中國和世界的另一視角。

獻給為西北開發和建設
做出貢獻的人們

目

次

緒　論

一、選題緣由

　　20 世紀 30 年代國人西北考察與開發熱潮興起，以蔣介石 1934 年西北考察為代表的大批考察活動基於西北的開發價值和戰略地位的考量，向國人展示了一個「嶄新的」西北形象，甚至連西北的氣候都不再是以往描述的「大漠孤煙，長河落日」的荒涼形象，成為適宜人體健康的地區。朱家驊談及西北時說到「西北的氣候，最適宜人體的健康，即使一個人整天不間斷的工作，因為氣候的舒適，也不會感到疲倦。我想有病的人，一到西北去，也必然很快地會恢復他的健康。」〔註 1〕

　　20 世紀 30 年代，在新疆之盛世才、青海之馬步芳、寧夏之馬鴻逵等各方政治勢力角逐、博弈下，西北政局以及各方勢力交錯下的甘肅都令蔣介石頗費心力。「西北馬」所盤踞的甘寧青地區，戰略地位相當重要。這裡不但連接西藏、新疆、內蒙和川、陝地區，而且還是通向蘇聯、蒙古的主要通道。控制甘寧青地區，對於掣肘西藏、新疆，扼住國際交通之咽喉，進而控制整個西北地區，具有重大意義。中國共產黨在長征過程中和長征以後都曾考慮借道甘寧地區，打通國際交通線，後來還曾與張學良等協商，計劃控制這些地區，打通蘇聯，首先造成西北地區單獨抗戰的局面。楊虎城更是早就主張西北地方勢力聯合起來，拒蔣介石於潼關以外，抵制其向西北的擴張。所以，對蔣介石來說，甘寧青地區也是勢在必奪。此外，中蘇博弈下的新疆、內蒙地區

〔註 1〕王聿均、孫斌合編：《朱家驊先生言論集》，臺北：中央研究院近代史研究所，
　　　　1977 年，第 584 頁。

－1－

民族邊疆問題交互糾纏，以及蘇聯與中共的特殊關係等，都是蔣介石和國民黨高層考慮西北治理策略的重要因素。

隨著全面抗戰爆發，西北戰略位置更加凸顯，時人稱「西北是我們進行華北抗戰的重要支點」〔註2〕。而地處西北的蘇聯援華物資通道是戰時中國最重要的物資補給線之一，「蓋自抗戰軍興以來，我們吃了沒有海軍的虧，沿海口岸，或已淪陷，或已為敵方控制，而所賴與國際交通之口岸，僅為西北西南兩孔道，西南之國際交通錢，須借道英法屬地，而唯一可直接與他國交通的孔道，即為由西北通蘇聯。在這意義下，西北不但是屏蔽西南的重地，也是國際交通的孔道。」〔註3〕蘭州不僅成為中蘇物資運輸的重要聯絡點，更是在國際大背景下成為國民政府西北戰略的重要承載點，中蘇關係也度過了一段甜美的「蜜月期」。

抗戰期間蔣介石長駐重慶，領導抗戰，較少出川巡視，究其原因，臺灣學者胡平生總結：「其一、國土大半淪陷，民心惶然，西南大後方極需其坐鎮維持，非不得已，不輕易離川。其二、全國絕大多數擁有機場的大城市被日軍佔據，其他可供蔣座機起降的機場極少，出巡極其不便。其三、日軍握有空中優勢，日機到處滋擾，蔣甚少出巡，安全上的顧慮，恐怕還是最要的考慮。」〔註4〕但是處於控制與建設的多重考量，抗戰時期蔣介石多次出巡西北，是其個人政治努力與國家西北戰略的體現。

1934 年正值日本覬覦華北、中國急需建設抗戰大後方、決定抗戰大計之際，蔣介石來到西北考察，安撫籠絡各地方實力派，考察經濟建設與新生活運動開展狀況，以期奠定長期抗戰的準備。1935～1936 年間的西北行，在促進西北開發的同時，主要以督剿紅軍為主要目的，突出了蔣介石的反共本質。1942 年抗戰形勢已大為改觀，「這一次視察的結果，決定了我們抗戰的方針，我們覺得以西南西北土地之遼闊，物產之豐富，人民之淳樸實在可以作我們抗戰的根據地，我們有了這個偉大的憑藉，來抵抗敵人的侵略就一定有勝利的把握！」〔註5〕1945 年出巡西北是巡閱青年遠征軍以及籌劃戰後建都事宜。

〔註2〕《緊張中的晉西戰局》，《申報》，1939 年 1 月 16 日，第 3 版。

〔註3〕《西北的輪廓》，《申報》，1939 年 11 月 26 日，第 15 版。

〔註4〕胡平生：《僕僕風塵——戰後蔣中正的六次北巡》，臺北：元華文創股份有限公司，2018 年，緒論。

〔註5〕蔣介石：《視察西北之觀感及中央同人今後應有之努力》（重慶，1942 年 9 月 22 日），秦孝儀編：《先總統蔣公思想言論總集》（第 19 卷），臺北：中國國民黨中央委員會黨史委員會，1984 年，第 316 頁。

而中蘇、中美、日蘇、日美關係的變化都深刻影響國民政府治理西北的策略與成效，蔣介石對蘇聯態度的多重變化也可在西北地區找到答案。

故此，本文擬以抗戰時期蔣介石西北巡視為研究方向，通過深入探討蔣介石西北巡視之目的、舉措、成效來反映蔣介石對於西北戰略地位的重視和多方糾葛下的西北政局與社會。楊天石曾說：「要研究中國近現代的歷史，必須研究蔣介石，蔣介石研究清楚了，許多相關的歷史問題才能準確定位並得到準確的闡述」〔註6〕。研究西北抗戰大後方的政治狀況與社會發展，就離不開對蔣介石個人西北觀的梳理，從蔣介石個人視角來觀察西北，是發現民國西北政治複雜性與多面性的另一視角。

二、相關研究綜述

蔣介石與中國抗戰是民國政治史研究的重要命題。學界關於蔣介石研究的推進，與蔣介石個人資料的整理與開放密不可分，因此梳理蔣介石及與蔣有關人物的檔案資料亦有必要。

（一）蔣介石相關史料的整理與開放

臺灣地區關於蔣介石與抗戰的研究和資料整理起步較早，1955年，何應欽所著的《八年抗戰之經過》〔註7〕正式出版。1966年，「國防部」史政編譯局編印的《抗日戰史》系列叢書問世。1974年，臺灣歷史學家吳相湘所著的《第二次中日戰爭史》〔註8〕出版，是較為客觀的抗戰史著作，但由於資料開放有限，因此本書未能使用執政黨及政府的原始官方檔案。1978年，在蔣介石去世3年後，由蔣緯國擔任總編的《國民革命戰史》第三部《抗日禦侮》〔註9〕10卷本出版，該書是史學界探討蔣介石與抗戰的起點。1978年，秦孝儀主編的《總統蔣公大事長編初稿》〔註10〕正式出版，逐漸引起學術界廣泛運用。1980年代，秦孝儀主編的《中華民國重要史料初編——

〔註6〕楊天石：《蔣氏密檔與蔣介石真相》，北京：社會科學文獻出版社，2002年，自序第2頁。

〔註7〕何應欽：《八年抗戰之經過》，臺北：「國防部」史政編譯局，1955年。

〔註8〕吳相湘：《第二次中日戰爭史》，臺北：綜合月刊社，1974年。

〔註9〕蔣緯國：《國民革命戰史第三部：抗日禦侮》，臺北：黎明文化事業股份有限公司，1978年。

〔註10〕秦孝儀：《總統蔣公大事長編初稿》，臺北：中國國民黨中央委員會黨史委員會，1978年。

對日抗戰時期》〔註11〕《總統蔣公思想言論總集》〔註12〕以及張其昀主編的《先總統蔣公全集》〔註13〕出版。以上資料的出版發行，不僅使研究蔣生平事蹟成為可能，而且以蔣介石為中心探討民國重大政治歷史事件也逐漸蓬勃興起。進入90年代，關於蔣介石檔案整理工作又有重大進展。1998年臺灣「國史館」經過三年整理，《蔣中正總統檔案》正式對外開放，兩岸學者興起又一波的蔣介石研究熱潮，極大推動了蔣介石與抗戰研究的進一步深入。

2003年起，「國史館」將由陳布雷、許卓修、秦孝儀主持編撰的蔣介石1927年至1949年之《事略稿本》〔註14〕分批影印出版，至2013年11月全部出齊，共計八十二冊。《事略稿本》作為《蔣中正總統檔案》的重要部分，極大填補了蔣介石研究的諸多材料空白，「其整合了函電稿、演講稿以及部分蔣氏日記，按編年體記述，便於研究者利用」〔註15〕。2011年底，黃自進、潘光哲將蔣介石日記分類編排為《困勉記》《遊記》《學記》《省克記》《愛記》，整理排印出版《蔣中正總統五記》〔註16〕。2014至2015年，由臺灣「國史館」呂芳上主編的《蔣中正先生年譜長編》〔註17〕出版，其中包括「國史館」、國民黨黨史委員會所藏的原始檔案以及《蔣介石日記》，及蔣介石與高級將領往來電函、奏報、講話等，還有每週、每月、每年之反省錄，史料價值極高。隨著《蔣中正總統檔案‧事略稿本》《蔣中正總統五記》《蔣中正先生年譜長編》的陸續出版，給蔣介石研究增加便利的同時，極大地推進了蔣介石研究的進展。

2006年，美國斯坦福大學胡佛研究所典藏的《蔣介石日記》〔註18〕（1917～1972年）陸續對外開放，徹底將蔣介石研究推向高潮，立即受到各方學者關注，前往美國查閱蔣介石日記的學者絡繹不絕。《蔣介石日記》記載蔣介石

〔註11〕 秦孝儀：《中華民國重要史料初編——對日抗戰時期》，臺北：中國國民黨中央委員會黨史委員會，1981年。

〔註12〕 秦孝儀：《先總統蔣公思想言論總集》，臺北：中國國民黨中央委員會黨史委員會，1984年。

〔註13〕 張其昀：《先總統蔣公全集》，臺北：中國文化大學出版社，1984年。

〔註14〕 周美華等編注：《蔣中正總統檔案：事略稿本》，臺北：「國史館」，2011年。

〔註15〕 段智峰：《差異何其微妙：〈蔣介石日記〉（手稿本）與〈蔣中正「總統」檔案事略稿本〉的對比》，《浙江檔案》，2017年第4期。

〔註16〕 黃自進、潘光哲：《蔣中正總統五記》，臺北：「國史館」，2011年。

〔註17〕 呂芳上主編：《蔣中正先生年譜長編》，臺北：「國史館」、國立中正紀念堂管理處、財團法人中正文教基金會，2015年。

〔註18〕 《蔣介石日記》（手稿本），美國斯坦福大學胡佛研究所藏。

個人所思、所想、所言、所行，史料價值極高，使蔣介石研究成為民國史研究的新潮流，並且實現了由「險學」到「顯學」的轉變。而浙江大學陳紅民教授談及蔣介石研究也說道：「21 世紀是蔣介石研究領域的一個重要分水嶺：此前的研究是『蔣介石不在歷史現場』的蔣介石研究，即學者們是依據些官方文件（檔案）、演講、他人的回憶錄及報刊資料等邊緣性的史料來研究蔣介石的。此後的研究是『蔣介石在歷史現場』的蔣介石研究，學者們開始利用蔣介石的個人檔案、文電、日記等來研究，不再隔靴搔癢，可以直接地瞭解到事情發生時蔣介石的所思所為」。〔註 19〕除蔣介石資料大量出版公開外，閻錫山檔案、陳誠檔案，及朱家驊、徐永昌、居正、劉峙、顧祝同、譚延闓、王世杰、朱紹良、鄧寶珊等人的檔案都公開出版或面向公眾開放，閻錫山、徐永昌、王世杰、吳忠信、胡宗南、王子壯、唐縱、陳克文、徐志摩、蔡元培、竺可楨、梅貽琦、顧頡剛、丁治磐、傅秉常、胡適、孫連仲、萬耀煌、吉星文等上百位民國著名人物的日記、回憶錄、口述資料也編輯影印出版〔註 20〕，極大豐富了民國史研究的視界。

（二）蔣介石個人生命史研究

　　陳寅恪先生分析中國古代政治制度、人物秉承「察其淵源、觀其流變」的方法原則，分析抗戰時期蔣介石的西北戰略觀亦離不開對其革命道路起源以及思想資源的考察，蔣介石對於蘇聯、日本的認知與變化，亦能從其青年時期的經歷中找到縮影。施純純的《革命抑反革命：蔣中正革命道路的起源》〔註 21〕主要討論 1919～1927 年之間蔣介石革命道路的起源和形成過程。作者認為蔣介石革命道路主要源自共產國際殖民地民族革命的策略和戴季陶對於中國革命的詮釋。1925 年孫中山過世之後，戴季陶提出國民黨革命道路的理論，尤其以生產力優先的主張反對中共的階級鬥爭策略。戴季陶與中共各擷取、運用不同部分的馬克思主義，以作為其不同革命道路的理論來源，並相互批評、攻擊。蔣介石一方面公開支持聯俄容共，另一方面則依據戴季陶的理論發展不同於中共的革命道路，即重視軍事行動和道德改變，以發展中國生

〔註 19〕陳紅民、何揚鳴：《蔣介石研究：六十年學術史的梳理與前瞻》，《學術月刊》，2011 年第 5 期。

〔註 20〕楊奎松：《關於民國人物研究的幾個問題——以蔣介石生平思想研究狀況為例》，《南京大學學報》，2016 年第 3 期。

〔註 21〕施純純：《革命抑反革命：蔣中正革命道路的起源》，臺北：國立中正紀念堂管理處，2017 年。

產力為優先，反對中國社會內部的階級鬥爭。在戴季陶發表其革命理論之後，蔣介石逐漸在其公開演講和著作中提出與戴季陶相同的觀點，終在 1926 年 5 月底之後被中共和共產國際視為戴季陶思想的執行者。蔣介石與中共兩條革命道路的分歧，在共產國際所推行的「國共合作」政策下加深，最終演至相互衝突、對抗。蔣介石的革命道路呈現其改造中國的獨特方式，是共產國際殖民地民族革命全球戰略的一部分。然而，這一革命道路逐漸發展為對抗中共的政治力量。對於中共而言，蔣介石的革命實具備著「反革命」的性質。因此，蔣介石革命道路應界定為革命抑或反革命的兩全或兩難，實則反映了「中國革命」的悲劇性，以及中國與現代世界的複雜關係。

陳鐵健、黃道炫的《蔣介石：一個力行者的思想資源》〔註22〕一書並沒有對蔣介石給出一個具體的定論，而是從思想史的角度分析出蔣介石思想源頭，無論是孔孟思想、程朱理學還是陸王心學，都在蔣介石一生的政治實踐中產生重要影響。蔣介石作為一個傳統文化的力行者，也在他生命中一步步踐行自己的力行哲學，本書將其既固執又靈活、既溫情又剛硬、既堅毅又軟弱的多面性格做了歷史性的還原與解釋。

汪朝光主編的《蔣介石的人際網絡》〔註23〕，由兩岸學者共同解讀蔣介石日記，分析了蔣在政治、軍事、親情、友情、愛情等方面的人際關係，深度解析蔣為人處世和內心世界，重建其人際關係網絡：從孤兒寡母到孤家寡人，他對部下的評價大多是「無能」、「愚蠢」，越級指揮，兼職數十；他借師生、同學、同鄉、盟兄弟之名，建立與各將領的關係，公權私授，掌控軍隊；他羅織親緣、鄉黨人脈，網絡人才，加強了統治，不料為之所累，一損俱損，影響政治形象；他情愛複雜，離合頗多，三妻一妾，或怨恨，或疑心，因愛生恨、

〔註22〕陳鐵健、黃道炫：《蔣介石：一個力行者的思想資源》，太原：山西人民出版社，2012 年。

〔註23〕本書彙編 2009 年「蔣介石的人際網絡研究學術研討會」論文，由國史館館長呂芳上策劃、導讀。王奇生（北京大學歷史系教授）、汪朝光（中國社會科學院近代史研究所研究員）、邵銘煌（中國國民黨文化傳播委員會黨史館主任）、林桶法（輔仁大學歷史系教授）、金以林（中國社會科學院近代史研究所研究員）、黃道炫（中國社會科學院近代史研究所研究員）、楊維真（中正大學歷史系副教授）、劉維開（政治大學歷史系教授）、羅敏（中國社會科學院近代史研究所副研究員）等兩岸重量級學者共同提出，各篇之後並收錄與會學者精彩對談。大陸版本見汪朝光主編：《蔣介石的人際網絡》，北京：社會科學文獻出版社，2011 年。臺灣版見：《蔣介石的親情、愛情與友情》，臺北：時報出版，2011 年。

因樂生悲，痛苦多快樂少，家事難言，本書塑造了一個更接近歷史真實、更有血有肉的歷史人物形象。

羅敏主編《蔣介石的日常生活》〔註24〕講述了蔣介石作為一個平常人的休閒生活、時間觀念、閱讀習慣、旅行生活等方面內容，利用大量披露的歷史資料，全面、完整、深入地描繪了蔣介石尋常中的尋常和尋常中的不尋常。

（三）蔣介石與中國抗戰研究

上世紀 80 年代以來，兩岸學者利用《總統蔣公思想言論總集》、《蔣中正總統檔案：事略稿本》、《蔣中正總統五記》、《蔣中正先生年譜長編》的出版和《蔣介石日記》、「國史館」藏蔣介石檔案的開放，將蔣介石與中國抗戰的研究推向深入。1991 年蔣永敬的《蔣中正先生與抗日戰爭》〔註25〕就蔣介石領導全國抗戰，在政治、經濟、外交方面做出的籌劃進行了綜合性的評價。1995 年劉維開出版了專著《國難期間應變圖存問題之研究——從九一八到七七》〔註26〕，是最早運用國史館藏蔣介石檔案，分析 1931 年到 1937 年 6 年間國民政府在內憂外患交相之下，如何因應變局的研究專著。2012 年，黃自進的《蔣介石與日本：一部近代中日關係史的縮影》〔註27〕運用大量日文資料對「九一八事變」「不抵抗政策」「華北危機」「攘外必先安內」以及全面抗戰和戰後布局等抗戰史重大問題進行分析，並較為完整闡述了蔣介石與日本長時段、全方位的關係。

大陸對蔣介石的研究開展較早，但長期受「革命史觀」的影響，對蔣評價並非公允。80 年代後政治史研究開始「話語轉向」，較為客觀公正的蔣介石研究著作也相繼問世。楊天石是最早開始去臺灣和美國查閱蔣介石檔案和日記手稿的大陸研究者之一，他的著作如《蔣氏秘檔與蔣介石真相》《蔣介石與南京國民政府》〔註28〕《抗戰與戰後中國》〔註29〕《找尋真實的蔣介石：

〔註24〕羅敏：《蔣介石的日常生活》，北京：社會科學文獻出版社，2015 年。

〔註25〕蔣永敬：《蔣中正先生與抗日戰爭》，臺北：黎明文化事業股份有限公司，1991 年。

〔註26〕劉維開：《國難期間應變圖存問題之研究——從九一八到七七》，臺北：「國史館」，1995 年。

〔註27〕黃自進：《蔣介石與日本：一部近代中日關係史的縮影》，臺北：中央研究院近代史研究所，2012 年。

〔註28〕楊天石：《蔣介石與南京國民政府》，北京：中國人民大學出版社，2007 年。

〔註29〕楊天石：《抗戰與戰後中國》，北京：中國人民大學出版社，2009 年。

蔣介石日記解讀》〔註30〕系列都是利用最新公布的蔣介石檔案日記，對蔣介石與抗戰做了新的解讀。左雙文的《困境中的突圍：重大突發事件與國民政府的對策》〔註31〕探討了濟南事件、中東路事件、九一八與一二八事變、七七事變、珍珠港事件、沈崇事件、二二八事件發生後國民政府及蔣介石個人怎樣應對這些政治、軍事、外交上的重大事件，並且對蔣介石對日作戰準備的心路歷程進行了分析。

吳景平主編的《民國人物的再研究與再評價》〔註32〕收集了20多位學者關於蔣介石研究的最新成果，包括蔣介石與抗戰、蔣介石的內政外交策略、蔣介石與民國人物關係等。陳紅民的《細品蔣介石：蔣介石日記閱讀劄記》〔註33〕是陳紅民個人閱讀蔣日記檔案的劄記心得，分析了蔣介石的個人生活、人物網絡和蔣在民國重大歷史事件中的作用等。金以林的《國民黨高層的派系政治——蔣介石「最高領袖」地位的確立》〔註34〕一書，以國民黨派系鬥爭為線索，探討了蔣介石是怎樣在派系林立的國民黨內站穩腳跟、迅速崛起到「最高領袖」地位確立這一過程，並就國民黨內各派系之間爭權奪利的鬥爭進行了歷史的梳理和考察。

此外黃自進、陳佑慎的《蔣介石研究的成果、思路與未來設想》提出，重新審視近代中日關係史，可說是繼續發展蔣介石研究的必須，也蘊涵了深厚的現實意義。認為今後研究者借由共同研究的方式，培養歷史詮釋的共識，突破傳統「加害者」與「被害者」的研究角度，必可真正落實亞洲各國的歷史和解，並建立真誠的共同歷史認識。蔣介石研究應在既有基礎之上，加強各國之間數據與詮釋的交流，激發新議題，不受傳統窠臼所限〔註35〕。

蔣介石是近代中國史的主要領袖人物，也是二十世紀東亞地區的重要領袖人物。蔣介石研究近年來已逐漸為國際「顯學」，海外學者也論著頻出。

〔註30〕楊天石：《找尋真實的蔣介石：蔣介石日記解讀（1）》，太原：山西人民出版社，2008年。

〔註31〕左雙文：《困境中的突圍：重大突發事件與國民政府的對策》，北京：社會科學文獻出版社，2006年。

〔註32〕吳景平：《民國人物的再研究與再評價》，上海：復旦大學出版社，2013年。

〔註33〕陳紅民：《細品蔣介石：蔣介石日記閱讀箚記》，北京：人民出版社，2016年。

〔註34〕金以林：《國民黨高層的派系政治——蔣介石「最高領袖」地位的確立》，北京：社會科學文獻出版社，2016年。

〔註35〕黃自進、陳佑慎：《蔣介石研究的成果、思路與未來設想》，《澳門理工學報》，2017年第1期。

海外學界自 1975 年後逐步運用嶄新資料和相關保存史料檔案，在蔣介石政治、經濟、文化、外交等各方面呈現出諸多成果，黃克武《海外「蔣中正相關主題研究」的回顧與展望》詳細梳理並點評了美日等海外學界關於蔣介石研究的歷史進程和最新成果，並對未來蔣介石研究提出期望。〔註36〕意大利威尼斯大學亞洲與北非研究學系教授圭德‧薩馬拉尼梳理了歐洲有關蔣介石的研究成果，尤其過去的二十年左右，隨著新史料的大量出現，尤其是《蔣介石日記》的公開，以及中國大陸和臺灣的研究新趨勢，歐洲對蔣及其時代的消極分析逐漸消失，朝著更加深入和客觀的方向轉變，具體代表作有范力行所著《委員長：蔣介石和他失去的中國》以及米納《中國，被遺忘的盟友》，上述論著高度評價了中國抗戰在世界反法西斯戰爭中的地位，肯定了蔣介石對國民政府的領導〔註37〕。

　　黃仁宇的《從大歷史的角度讀蔣介石日記》〔註38〕一書分為「黃埔建軍、北伐、清黨」「安內與攘外」「不畏鯨吞，而怕蠶食」「四強之一及其負擔」等章節，解讀了蔣介石日記中有關政治生活的多個方面。陶涵《蔣介石與現代中國》〔註39〕一書分為革命、抗戰、內戰及島嶼四部分來論述蔣介石的一生。周錫瑞、李皓天主編的《1943：中國在十字路口》〔註40〕認為抗戰在 1943 年已經到了最為關鍵的時刻，在這一年發生的宋美齡訪美、收回新疆主權、國民黨司法黨化和領事裁判權的廢除、河南饑荒、開羅會議等，都對後來歷史發展起到了重要作用，而蔣介石在其中扮演了非常重要的角色。日本學者家近亮子的《蔣介石與南京國民政府》〔註41〕一書運用大量日文資料，在研究視角、研究方法等方面富有新意，就蔣介石與國民黨黨員發展、黨的基層組織、中央

〔註36〕黃克武：《海外「蔣中正相關主題研究」的回顧與展望》，此文原刊於黃克武編：《海外蔣中正典藏資料研析》，臺北：「國立中正紀念堂管理處」，2013年。

〔註37〕（意）圭德‧薩馬拉尼：《歐洲與意大利地區有關蔣介石及其時代的研究》，《澳門理工學報》，2017 年第 1 期。

〔註38〕（美）黃仁宇：《從大歷史的角度讀蔣介石日記》，北京：九州出版社，2011年。

〔註39〕（美）陶涵著，林添貴譯：《蔣介石與現代中國》，北京：中信出版社，2012年。

〔註40〕（美）周錫瑞、李皓天主編，陳驍譯：《1943：中國在十字路口》，北京：社會科學文獻出版社，2016 年。

〔註41〕（日）家近亮子著，王士花譯：《蔣介石與南京國民政府》，北京：社會科學文獻出版社，2005 年。

權力機構的變遷、國家建設與外交策略的關係展開論述，對於蔣介石及南京國民政府的研究，有相當的啟發意義。

段瑞聰《蔣介石的戰時外交與戰後構想》以《蔣介石日記》等新史料為線索，分析 1941 至 1971 年蔣介石的戰時外交戰略、戰後構想、戰後對日、對美政策以及戰後國共關係之演變，梳理了蔣介石在抗日戰爭戰後中日關係和國共關係中的角色，進一步使學界加深了對上述諸多關係的理解〔註 42〕。段瑞聰《蔣介石與新生活運動》〔註 43〕是一部從與蔣介石的關係的角度來整理這個浩大運動的著作。該書史料豐富，理論明晰，分析整個運動的思想背景以及運動的擔負主體的變化，展現了在 1934 年運動開始時期的開展狀況和蔣介石試圖將個人權威滲透到大眾中去的目的，1935～1937 年運動的發展狀況和與軍事色彩濃厚的蔣介石國家理念之間的關係，並且論證了在抗日戰爭期間運動如何被編入抗戰建國體制之中。

論文方面，關於抗戰爆發與蔣介石之應對的研究，有陳在俊《蔣中正先生抗日戰爭的持久戰略（1935～1938）》、黃道炫《蔣介石「攘外必先安內」政策研究》、邵銘煌《戰端一起，絕不妥協：蔣中正委員長之和戰立場》、鄧野《蔣介石對方先覺投敵案的裁決》、周天度《從七七事變前後蔣介石日記看他的抗日主張》、王建朗《從蔣介石日記看抗戰後期的中英美關係》、吳景平《蔣介石與抗戰初期國民黨的對日和戰態度——以名人日記為中心的比較研究》、《1938 年國民黨對日和戰態度述評——以蔣介石日記為中心的考察》、肖如平《蔣介石與「一面抵抗，一面交涉」——以一二八淞滬抗戰為中心》、趙曉紅《盧溝橋事變後蔣介石的戰和抉擇與各方因應》〔註 44〕等。抗戰時期美國

〔註 42〕段瑞聰：《蔣介石の戰時外交と戰後構想（1941～1971）》，東京：慶應義塾大學出版會，2021 年。

〔註 43〕段瑞聰：《蔣介石と新生活運動》，東京：慶應義塾大學出版會，2006 年。

〔註 44〕陳在俊：《蔣中正先生抗日戰爭的持久戰略（1935～1938）》，《近代中國》，1996 年總第 111 期。黃道炫：《蔣介石「攘外必先安內」政策研究》，《抗日戰爭研究》，2000 年第 2 期。邵銘煌：《戰端一起，絕不妥協：蔣中正委員長之和戰立場》，《近代中國》，2005 年總第 163 期。鄧野：《蔣介石對方先覺投敵案的裁決》，《歷史研究》，2006 年第 5 期。周天度：《從七七事變前後蔣介石日記看他的抗日主張》，《抗日戰爭研究》，2008 年第 2 期。王建朗：《從蔣介石日記看抗戰後期的中英美關係》，《民國檔案》，2008 年第 4 期。吳景平：《蔣介石與抗戰初期國民黨的對日和戰態度——以名人日記為中心的比較研究》，《抗日戰爭研究》，2010 年第 2 期。吳景平：《1938 年國民黨對日和戰態度述評——以蔣介石日記為中心的考察》，《民國檔案》，2010 年第 3 期。

對華態度與中國抗戰地位的重要性息息相關，在 1941 年後，美國總統特使居里先後兩次訪華，圍繞國共衝突調解、戰時美國對華援助、戰後美中合作等問題，蔣介石與居里展開會談。此後威爾基、華萊士訪華都對二戰後期美國的對華政策、中國對美外交產生了重要影響，張北根以《蔣介石日記》為主要材料，對上述諸方面做了詳細研究〔註45〕。

　　二戰期間的中蘇談判深刻地影響了戰後中國政局的走向和未來的發展之路。其中蔣介石的態度左右著中蘇談判的進程。在談判開始前，蔣對美蘇「疑懼交加」；在談判的第一階段，「忍痛犧牲」；在第二階段，自認「收放剛柔」。因為條約描繪了一幅國民黨「中央政府」統一中國的藍圖，蔣介石對條約總體上是滿意的。蔣雖然也擔心美國出賣中國利益、蘇聯霸佔中國利益，但在蘇聯出兵東北迫在眉睫之勢下，他更擔心蘇聯在沒有條約約束的情況下同中共合作。縱觀抗戰期間蔣介石對蘇態度與認知的演變，國家利益、民族情感、國共關係、國際政局無疑是重要影響因素。〔註46〕

　　關於蔣介石與戰時西北的研究，有孫武《蔣介石令裁各機關官員移屯西北及籌議辦法三件》、鄧野《日蘇關係與國共的戰略利益——1943 年蔣介石製裁中共的策劃與取消》、毛光遠《蔣介石對西北諸馬軍閥軍事控制與反控制》、王建朗《試論抗戰後期的新疆內向：基於〈蔣介石日記〉的再探討》、楊天石《蔣介石收復新疆主權的努力——蔣介石日記解讀》（上、下）、方光華、梁嚴冰《抗戰前後國民政府的西北建設戰略》、金以林《流產的毛蔣會晤：

陳紅民：《第一屆「蔣介石與近代中國國際學術研討會」論文集》，杭州：浙江大學出版社，2010 年。趙曉紅：《盧溝橋事變後蔣介石的戰和抉擇與各方因應》，《黨史教學與研究》，2014 年第 4 期。

〔註45〕張北根：《「不可救藥」與「熱心可嘉」：蔣介石對居里第一次訪華的矛盾心理》，《近代史學刊》，2021 年第 2 期。張北根：《蔣介石應對居里第二次訪華的策略——以〈蔣介石日記〉為中心》，《民國檔案》，2017 年第 4 期。張北根：《蔣介石與威爾基訪華——以〈蔣介石日記〉為視角的考察》，《社會科學》，2019 年第 8 期。張北根：《蔣介石對待華萊士訪華的態度——以〈蔣介石日記〉為主要材料的分析》，《社會科學》，2018 年第 4 期。

〔註46〕張北根：《二戰期間蔣介石對待中蘇談判的態度——以〈蔣介石日記〉為中心的考察》，《社會科學》，2020 年第 9 期。何飛彪：《皖南事變後蔣介石的對蘇策略》，《中共黨史研究》，2020 年第 3 期。蔡梓：《危局中的變與不變——蔣介石的蘇聯認知與對中共問題的因應（1937～1940）》，《黨史研究與教學》，2018 年第 2 期。李俊傑、仲偉民：《蔣介石考量 1945 年中蘇談判的心路歷程——以〈蔣中正日記〉為中心》，《濟南大學學報》，2020 年第 3 期。

1942～1943 年國共關係再考察》、賀江楓《蔣介石、胡宗南與 1943 年閃擊延安計劃》〔註47〕等。

（四）蔣介石巡視研究

胡平生的《僕僕風塵——戰後蔣中正的六次北巡》〔註48〕主要論述戰後國共內戰期間，蔣介石以北平為主要駐停地的六次北巡，包括其原因、經過和影響。作者認為蔣介石在抗戰勝利後，多次北巡，而北平係中國北方政治、軍事、文化中心，因此蔣的出巡北方多以北平為主要駐停地，在此召見北方軍政要員和國內外重要人士。作者通過研究蔣介石六次北方巡視，來窺探國共內戰期間雙方勢力在北方戰場中的消長演變。

趙崢的《巡視邊疆：1945 年蔣介石的西昌之行》〔註49〕研究了 1945 年 9 月 27 日～10 月 5 日，蔣介石利用領袖身份對西昌地區進行的巡視，遙控指揮針對雲南軍人龍雲的軍事政變，同時對西康軍人劉文輝治下的寧屬地區進行巡視，與地方彝漢勢力進行一系列互動。文章認為，蔣介石西昌巡視，意味國民政府對於邊省軍人統治範圍的滲透，推動著戰後西南「中央化」進程的延續。通過巡視，直接影響了蔣介石西南軍事戰略的部署。

潘曉霞的《蔣介石 1934 年西北之行》〔註50〕一文梳理了 1934 年蔣介石巡視西北、華北的目的及影響，認為蔣介石在「安內」與「攘外」之間所有相應的部署與考量。《抗戰主題下的建國努力：1942 年蔣介石西北之行》〔註51〕

〔註47〕孫武：《蔣介石令裁各機關官員移屯西北及籌議辦法三件》，《民國檔案》，2004年第 3 期。鄧野：《日蘇關係與國共的戰略利益——1943 年蔣介石製裁中共的策劃與取消》，《近代史研究》，2007 年第 6 期。毛光遠：《蔣介石對西北諸馬軍閥軍事控制與反控制》，《甘肅高師學報》，2010 年第 3 期。王建朗：《試論抗戰後期的新疆內向：基於〈蔣介石日記〉的再探討》，《晉陽學刊》，2011年第 1 期。楊天石：《蔣介石收復新疆主權的努力——蔣介石日記解讀》（上、下），《江淮文史》，2013 年第 4、5 期。方光華、梁嚴冰：《抗戰前後國民政府的西北建設戰略》，《南開學報》，2014 年第 3 期。金以林：《流產的毛蔣會晤：1942～1943 年國共關係再考察》，《抗日戰爭研究》，2015 年第 2 期。賀江楓：《蔣介石、胡宗南與 1943 年閃擊延安計劃》，《抗日戰爭研究》，2016 年第 3 期。

〔註48〕胡平生：《僕僕風塵——戰後蔣中正的六次北巡》，臺北：元華文創股份有限公司，2018 年。

〔註49〕趙崢：《巡視邊疆：1945 年蔣介石的西昌之行》，《民國檔案》，2018 年第 3 期。

〔註50〕潘曉霞：《蔣介石 1934 年西北之行》，《抗日戰爭研究》，2013 年第 2 期。

〔註51〕潘曉霞：《抗戰主題下的建國努力：1942 年蔣介石西北之行》，《蘭州學刊》，2016 年第 7 期。

認為蔣介石在西北巡視中促進了西北各省的開發，推動了由抗戰走向「建國」。

楊維真的《經營新天地——論 1935 年蔣介石的西南行》〔註 52〕討論了蔣介石在 1935 年 3 月至 10 月間首次巡視西南川、滇、黔諸省的目的及影響。文章認為蔣在瞭解西南各省政治情勢的同時，積極拉攏與四川、雲南主政者的關係，改組貴州省政府，奠定了中央權威及國家統一的重要基礎。蔣介石此行還將四川作為未來對日作戰的根據地，大力推動了四川各項建設工作，對後來抗戰大計影響深遠。

陳謙平的《1942 年蔣介石訪印與調停英印關係的失敗》〔註 53〕在運用歷史檔案資料的基礎之上，分析了 1942 年蔣介石訪問印度，調解英、印關係這一歷史事件。本文認為：蔣介石訪印是中國抗戰期間外交上一次有較大影響的外交活動。蔣介石調解英、印矛盾本身，是有積極意義的，其目的是要穩定亞太戰局。段瑞聰的《1942 年蔣介石訪問印度之分析》〔註 54〕運用《蔣介石日記》以及中英日各方資料，認為蔣介石嘗試調節英印關係的努力是 1942年蔣介石訪問印度的主要目的，此行是中華民國外交史上新的一頁，並且突顯了蔣介石的反帝意識與黃白人種鬥爭。

除此之外，美國學者張勉治的《馬背上的朝廷：巡幸與清朝統治的建構（1680～1785）》對本文亦有啟發意義。該書以乾隆皇帝的六次南巡敘事背景，考察了在歷次巡幸中皇帝與大臣及地方的互動，從而探討了清代在地方建立統治權威、朝廷統治內地的切實條件和歷史機制等問題，本書是以民族——王朝的組織形式和家產、父權制的傳統社會架構入手，討論了乾隆時期的中央統治如何在江南實現和滲透的過程。作為特殊舞臺的「乾隆南巡」，展現了乾隆與社會各界的交換互動，所謂「馬背上的朝廷」，與其說是「帝國要馬上贏得並進行統治」，不如說是一個姿態，旨在挽救帝國走向沒落的趨勢，未雨綢繆地防範尚武精神的衰敗，以免最終喪失權力。〔註 55〕

〔註 52〕楊維真：《經營新天地——論 1935 年蔣介石的西南行》，羅敏：《蔣介石的日常生活》，北京：社會科學文獻出版社，2015 年，第 219～242 頁。

〔註 53〕陳謙平：《1942 年蔣介石訪印與調停英印關係的失敗》，《南京大學學報》，1991年第 3 期。

〔註 54〕段瑞聰：《1942 年蔣介石訪問印度之分析》，《民國研究》，2009 年第 2 期。

〔註 55〕（美）張勉治著，董建中譯：《馬背上的朝廷：巡幸與清朝統治的建構（1680～1785）》，南京：江蘇人民出版社，2019 年。

（五）學術研討會

2010 年臺北召開了「蔣中正日記與民國史研究」國際學術研討會，會後出版了呂芳上主編的《蔣中正日記與民國史研究》〔註56〕論文集，收集了張玉法、邵銘煌、黃克武、劉維開、黃自進、桑兵、楊奎松、吳景平、馬振犢、家近亮子等幾十位學者利用《蔣介石日記》研究民國重大歷史事件的最新成果。自 2010 年至 2017 年 6 月，浙江大學蔣介石與近代中國研究中心連續舉辦了四屆「蔣介石與近代中國」國際學術研討會，在國內外產生較大影響。中外學者就「蔣介石與民國政局」、「媒體視野下的蔣介石」、「蔣介石與民國政要」、「蔣介石與中外關係」、「蔣介石與臺灣」、「蔣介石與宋美齡」、「蔣介石的信仰與思想」、「蔣介石與抗日戰爭」、「蔣介石日常生活與人際關係」等問題進行深入交流。浙江大學出版社連續出版了《蔣介石與中國集權政治研究》〔註57〕、《蔣介石與戰時經濟研究》〔註58〕、《蔣介石與戰時外交研究》〔註59〕、《中外學者論蔣介石》〔註60〕等研究論著或論文集，極大增加了蔣介石研究的國際影響力。

蔣介石研究和日記資料的運用是近年民國史學界的兩大熱點，2014 年 12 月 19～21 日，中國社會科學院近代史研究所民國史研究室和臺灣政治大學歷史系聯合舉辦的「日記中的蔣介石」學術研討會，正好將這兩個熱點予以結合：從蔣介石看人、看事轉變為他人如何看蔣介石、如何看民國史事；以不同日記為資料來源，針對某一問題展開比對研究；日記與檔案等多種資料的互補運用。會議不僅討論了蔣介石及民國時期的重大史事，同時從史學方法的層面深入探討了日記在歷史研究中的價值和意義〔註61〕。

（六）研究機構

中國社會科學院近代史研究所、浙江大學蔣介石與近代中國研究中心、南京大學中華民國史研究中心、中山大學孫中山研究所、復旦大學中外現代化進程研究中心、臺灣中央研究院近代史研究所、臺灣「國史館」、美國

〔註56〕呂芳上：《蔣中正日記與民國史研究》，臺北：世界大同出版有限公司，2011 年。

〔註57〕劉大禹：《蔣介石與中國集權政治研究》，杭州：浙江大學出版社，2012 年。

〔註58〕方勇：《蔣介石與戰時經濟研究》，杭州：浙江大學出版社，2013 年。

〔註59〕張祖龑：《蔣介石與戰時外交研究》，杭州：浙江大學出版社，2013 年。

〔註60〕陳紅民：《中外學者論蔣介石》，杭州：浙江大學出版社，2013 年。

〔註61〕潘曉霞：《「日記中的蔣介石」學術研討會綜述》，《南京大學學報》，2015 年第 3 期。

斯坦福大學胡佛研究所等。

三、資料來源

（一）資料彙編

蔣介石資料方面，臺北「國史館」所藏蔣介石檔案一向為近現代史研究者所重視，尤其是以蔣介石生平為核心的編年體史料彙編《蔣中正總統檔案：事略稿本》，其中收錄蔣介石日記、反省錄與講演詞外，更大量節錄函電、公文、重要外交會談記錄及條約內容，以及蔣介石之行止，對人之評論，對事之分析，乃至為與不為之抉擇，且有諸多筆記，資料豐富翔實，誠為瞭解中國現代史之重要史料。13 冊抗戰時期（1937 年～1945 年）《事略稿本》排印本在臺出版，定名為《抗日戰爭時期之蔣介石先生》（或《民國某某年之蔣介石先生》），由臺灣政治大學人文中心出版的《事略稿本》排印本共計 13 本，覆蓋年限為 1937 年至 1945 年，增補了影印版所沒有的 1937 年 7 月～12 月、1939 年 1 月～12 月事略底稿。〔註62〕

年譜是中國史學史上汲取譜牒、傳記、年表各體的一些特點所形成一種特殊的體裁，年譜內容以譜主為中心，以年月屬經緯，利用日記、信劄、文牘等數據，呈現譜主一生事蹟。臺灣「國史館」編纂《蔣中正先生年譜長編》參考《民國十五年以前之介石先生》、《事略稿本》、《總統蔣公大事長編初稿》以及《先統公思想言論總集》《中華民國史事紀要》，同時大量收錄《蔣中正總統文物》的重要手令、函電，尤其收錄《蔣介石日記》中每週、每月、每年之反省錄，史料價值極高，讀者可以由此意會蔣氏心曲。其餘重要的是中國國民黨黨史委員會出版的《先總統蔣公思想言論總集》、《總統蔣公大事長編初稿》，張其昀主編的《先總統蔣公全集》、國史館「蔣中正總統檔案」等資料，上述資料相互參照，構成蔣介石巡視西北的基本圖景。

其他文獻資料方面，中國第二歷史檔案館編輯的《中華民國史檔案資料彙編》包含南京國民政府經濟政治外交等一手文件、檔案，具有非常重要的史料價值。加之《中國國民黨歷次代表大會及中央全會資料》《中國國民黨黨務發展史料》《抗戰時期大後方經濟開發文獻資料選編》《抗戰時期西北開發檔案史料選編》等文獻檔案，共同支撐起本文的核心史料。

〔註62〕國立政治大學人文中心主編：《民國三十一年之蔣介石先生》，臺北：國立政治大學人文中心，2016 年。

（二）日記、回憶錄

本文資料主要來源於美國斯坦福大學胡佛研究所藏《蔣介石日記》，蔣介石歷次巡視西北，身邊機要陪同，會見眾多地方實力派，與蔣介石西北戰略有關的胡宗南、吳忠信、朱家驊、朱紹良、翁文灝、馬鴻逵（少雲）等人的日記、年譜、回憶錄無疑具有重要價值，本文運用了《胡宗南先生日記》、《吳忠信日記》、《閻錫山日記》、《徐永昌日記》、《黃郛日記》、《楊永泰先生言論集》、《謝覺哉日記》、《蔣介石特工內幕——軍統「智多星」唐縱日記揭秘》、《朱家驊先生言論集》、《民國朱上將紹良年譜》，《林繼庸先生訪問紀錄》、《凌鴻勳先生訪問紀錄》、《亦云回憶》、《蔣廷黻回憶錄》、《黃膺白先生年譜長編》等資料。

（三）報刊資料

《申報》、《大公報》的報導是中國近代政治史的縮影，其重要性不言自明。《甘肅民國日報》、《西京日報》、《西北文化日報》等的報導亦可呈現西北地方社會對於蔣介石巡視西北的因應。

最後，需要充分利用現有研究成果、圖書館、網絡資源和檔案資料彙編等進行補充，近年來隨著文獻檔案資料的網絡化、數據化，學者足不出戶即可查詢網絡資源。「抗日戰爭與近代中日關係文獻數據平臺」是國家社科基金抗日戰爭研究專項工程的階段成果，由中國社會科學院近代史研究所、國家圖書館、國家檔案局牽頭開發。目前該平臺的所有數據均可以公開免費獲取。個人註冊賬號之後，可免費下載書籍、期刊、報紙、照片等多種形式的歷史資料，使用方便。目前該平臺收錄了 1949 年以前的抗戰文獻目前包括圖書、期刊、報紙 300 萬頁以上，數據還在不斷增加中，預估計到 2018 年底將達到 1300 萬頁以上。〔註 63〕近年來由浙江大學陳紅民教授領銜的國家社科重大課題項目蔣介石資料數據庫順利結題後，項目成果之一蔣介石研究資料數據庫也正式上線，免費向公眾開放。整個數據庫目前共包含蔣氏著述 392 種，檔案 739 種，報刊 10169 條，研究論述 106 種，外文資料 2050 種，圖片 525 種，音像 26 種。其中，部分開放全文下載的包括蔣氏著述，報刊，研究論述，外文資料〔註 64〕。

〔註 63〕「抗日戰爭與近代中日關係文獻數據平臺」：www.modernhistory.org.cn
〔註 64〕「蔣介石資料數據庫」：http://cksdb.cadal.edu.cn

四、研究方法與重難點

（一）研究方法

在研究方法上，本文以歷史文獻法為主，注重史料收集整理，豐富史料來源，結合比較研究法和歸納演繹法，進行專題輯錄排比，做到史論結合。首先對《蔣介石日記》《蔣中正總統檔案：事略稿本》《先總統蔣公思想言論總集》《先總統蔣公全集》《蔣中正先生年譜長編》《總統蔣公大事長編初稿》《申報》等核心史料進行輯錄、歸納、綜合，將與蔣介石西北視察、西北政局變遷、西北地區國共衝突與消解、國民黨西北控制與建設有關的內容整理並加以分析判斷。其次，本課題研究涉及人物較多、區域較廣，還需要運用比較分析法將蔣介石的西北戰略觀、蔣介石對蘇態度、國共關係放置於全國抗戰乃至世界發法西斯戰爭的「長時段」背景下思考。最後本文以西北政治史為研究對象，還應吸收政治學相關理論，運用政治學歷史分析法，通過對民國知名人物的日記、回憶錄、口述史料等文獻資料的查閱，結合檔案資料，在「蔣介石與中國抗戰」的大課題下探討西北地區何以成為「建國的根據地」，進而說明蔣介石「鞏固西北」的戰略、政略。

（二）重點

不同時段蔣介石對西北情勢的分析及蔣介石兩次視察西北後對西北政治與社會的影響是本文的重點。

（三）難點

在引用民國人物日記時，「不能簡單地以日記即第一手材料，應將各類文獻相互參證、比勘印證」〔註65〕，因此將日記、檔案、報刊、文史資料綜合參證分析是本文的難點。

（四）創新之處

1. 史料創新：本文以蔣介石日記、檔案、及國民黨相關文獻資料為依據，力求客觀公正分析蔣介石兩次西北巡視與戰時西北戰略。

2. 視角創新：本文通過蔣介石日記的梳理分析，以蔣介石個人視角來探尋抗戰時期西北的戰略地位及蔣介石對待蘇聯、中共的心路歷程。

〔註65〕桑兵：《治學的門徑與取法──晚清民國研究的史料與史學》，北京：社會科學文獻出版社，2014年，第94頁。

五、概念界定

「西北」地域概念，不同時期有不同的內涵和外延，近代以來關於「西北」範圍亦沒有明確統一界定。一般論者主要把陝西、甘肅、寧夏、青海、新疆、綏遠六省劃為西北範圍，也有一些論者認為西北還應包括山西、察哈爾、西藏、蒙古等地區〔註66〕，根據本文論述所涉及範圍，本文所涉及「西北」範圍主要包括以陝西、甘肅、綏遠、寧夏、青海、新疆等省份。

作為國民政府領導人，蔣介石的日常行程安排得十分緊湊，戰爭時期更是如此，可謂日理萬機。抗戰期間，蔣介石的足跡遍布國民政府統治下的絕大部分省份，還曾有多次出國經歷，活動範圍非常廣泛。蔣介石的出行幾乎都是應公務需要，或到前線督戰，或巡視地方，抑或出國訪問、參加國際會議等公幹之餘，蔣也利用閑暇到辦公地附近遊覽，放鬆身心、緩解壓力。本文所涉及蔣介石抗戰時期巡視為 1931～1945 年間，1934 年蔣介石赴西北巡視由江西九江出發，1935 年、1936 年蔣介石由南京出發，1938 年、1942 年、1945 年由重慶出發。

〔註66〕張力：《近代國人的開發西北觀》，《中央研究院近代史研究所集刊》，1989 年第 18 期。

第一章　1934 年西北行與抗戰準備

　　1934 年 10 月起，蔣介石自南昌出發，歷時一月，巡視鄂、豫、陝、甘、寧、魯、察、綏、晉諸省及北平市，行程近萬里，時人稱為「萬里長征」〔註1〕。此次西北、華北之行〔註2〕，是蔣介石基於對中央蘇區圍剿成功的基礎上展開的，面對全國上下對其「攘外必先安內」政策的一片質疑，蔣介石需要用行動來證明自己仍然是「抗日領袖」。西北、華北等地方實力派對國民黨中央貌合神離，使蔣介石此行也有籠絡地方實力派的政治考量。蔣介石一方面探查日蘇態度，進行戰備部署，考察北方各省政情，籠絡各地方實力派，另一方面利用此次北方巡視，考察各省新生活運動開展情況，並召見各地傳教士加以宣傳推廣。

第一節　西北考察活動與巡視準備

一、西北開發意識的興起

　　清末已降，西北邊疆危機日趨嚴峻，西北戰略地位提升。「九一八」事變前西北邊疆危機已普遍出現，「九一八」事變後，西北形勢日益惡化，出現了近代以來西北史地研究及西北開發的第二次高潮。西北為中華民族及中國歷史發源

〔註 1〕《歡迎復興民族領袖蔣公》，《京報》，1934 年 10 月 26 日，第 2 版。
〔註 2〕1934 年 10 月至 11 月間，蔣介石自江西九江出發，經湖北、河南至西北地區的陝西、甘肅、寧夏、綏遠，又巡視華北地區山東、北平、察哈爾、山西各省市。1934 年蔣介石第一次巡視西北各省之過程與影響，與其途經華中、華北沿線各省關聯緊密，因此本文第一、二章著重分析 1934 年蔣介石第一次西北巡視時，將其華中、華北巡視內容也稍加闡述。

之地，民國著名教育家馬鶴天在其《開發西北與中國之前途》一文中論述道：

> 西北為漢族發源之地，其他各族，如今日之蒙、回、藏，即古
> 代之匈奴、柔然、室韋、突厥、羌、吐蕃等族，在三代漢唐時，已
> 與中國發生關係，惟漢族受各族之壓迫逐漸南下，早經開發之西北，
> 遂日趨退化，日益荒涼。後各族雖次第屬於中國，但歷代只求臣服
> 之名，並不利其富源，化其人民，故毫無政治、經濟、文化之設施，
> 地方任其獉莽，人民任其愚蔽，交通任其遲滯，久之一切隔絕，乃
> 成為秘密之土，世界之謎，而關係亦僅有名義，如蒙古各族，滿清
> 甚至禁其與漢人同化，提倡宗教，愚其人民。民國以來，雖稱五族
> 共和，因內地多故，一切仍舊，漫藏海盜，乃啟強鄰之覬覦，日思
> 攫奪。於是邊疆問題，次第發生，邊疆土地日益減削，整個國家，
> 亦發生分崩離析之患。〔註3〕

民國以來，歷屆中央政府雖意識到了西北國防的重要性，也派要員統治西北，但由於軍閥各派系為爭權奪利，相互間戰爭不斷，無暇顧及西北，導致西北地區一直「游離」中央統治之外，造成西北國防空虛，屢遭英、俄等帝國主義國家侵犯。南京國民政府成立以來，南京國民政府無暇顧及西北，西北國防一直未被提上日程。時人感言：「『西北』這個地方，是非常重要的地方，不論就國防上說，就民生上說，或者就世界革命上說，西北均可認為很重要的所在，在過去注意西北的人士，並不算少，可是老沒引起國人深刻的注意，這真是很為憾恨的事！」〔註4〕1928年底，白崇禧就向中央建議重視西北國防，提出「為扶植國內弱小民族，健全民國組織計；為國家繁榮民族生存之久遠計；為發展歐亞交通，實現總理計……為預防英俄隱患，消除未來共禍計等八點不可緩理由，三項先決問題為請中央速成立最高國防會議機關，將國防整個計劃，早日決定；國防交通，應及早準備；國防經費，使之獨立」〔註5〕。蘇俄在我國東北的利益受到日本的破壞，蘇俄因實力所限不得不把目光轉向西北，不斷插手新疆事務。1930年，土西鐵路的修成，更加嚴重威脅到了我國西北邊疆安全。

20世紀20至30年代起，國人對於西北考察和開發活動再次蓬勃興起。

〔註3〕馬鶴天：《開發西北與中國之前途》，《西北問題集刊》，1935年第1卷第3期。
〔註4〕經天祿：《西北的重要》，《西北》，1929年第1期，第1頁。
〔註5〕《順天時報》，1928年12月1日，第2版。

尤其是九一八事變爆發後，東北地區很快落入敵手，引起國人極大憤慨，此外「康藏紛糾，新疆變亂，以及上海事變，內蒙自治問題，相繼發生，國人始知西北之危機，不減於東北。而關係中國前途之重要，實較東北為甚。」〔註6〕此時有識之士開始放眼西北，開發西北呼聲日益激昂，此後政府對西北重視增加，西北史地研究團體和刊物紛紛湧現，西北實地考察活動大規模增加，西北地區旅行行記亦大量發行。此時的西北史地研究者除了論述西北地區的重要性外，更多關注的是如何建設西北地區，把西北地區構建為中華民國的一部分。此時西北史地學者及考察家在研究中所表現出邊疆觀與民族觀進一步深化，其研究改變了人們對西北的認知，客觀上推動了西北社會近代變遷的歷程〔註7〕。

林競認為西北地區有著十分重要的政治、經濟地位，並呼籲全力經營西北：

> 國人須認明，西北之政治、經濟地位，均具有牽動世界之價值，差可比擬於已往之巴耳幹，而重要又過於現在之東三省。前途吉凶休咎，雖聽命世界大勢之所趨，而明辨機微，取決從違，完全由吾之自主。……根據上文之情勢，則西北者乃全國之西北，亦全世界之西北。故國人應以全國之資力才力，從事於經營，並應在外交上盡力避免國際上之衝；而於經濟方面，則誠意予各國有善意投資之機會。〔註8〕

國民黨領袖蔣介石此時也認識到西北重要的戰略地位，1931 年 9 月 26 日談及日軍侵佔東北時說道：「我不能任其梟張，決與之死戰，以定最後之存亡，與其不戰而亡，不如戰而亡，以存我中華民族之人格，故決心移首都於西北，集中主力於隴海路也。」〔註9〕10 月 3 日上午與熊式輝討論備戰計劃時提到「余意無論此次對日和與戰，而西北實為我政府第二根據地，萬一

〔註6〕馬鶴天：《開發西北與中國之前途》，《西北問題集刊》，1935 年第 1 卷第 3 期。篇首附編者志：鶴天先生，山西芮城人，本會發起人。早歲留學東瀛，回國後鑒於日人侵華之積極，乃在北京組西北協會，大聲疾呼，喚起國人對於西北之注意。嗣復赴陝、甘、寧、青、蒙古一帶，實地考察，對於邊疆著述甚多。在甘省主持教育時期，建樹尤多，其苦幹窮幹之精神，隴人至今思之。

〔註7〕國民政府時期到西北的考察家共有 100 多人著作上百種。這些考察家包括有政府官員、地質學家、考古學家、人類學家、社會學家、歷史學家、新聞工作者等等，他們的著作涉及西北的政治、經濟、文化藝術、民族宗教等方面的內容。參見尚季芳：《國民政府時期的西北考察家及其著作述評》，《中國邊疆史地研究》，2003 年第 3 期；李倩：《從清末民國的西北史地學看學人的邊疆觀與民族觀》，中央民族大學博士學位論文，2013 年。

〔註8〕林競：《蒙新甘寧考察記》，蘭州：甘肅人民出版社，2003 年，第 1 頁。

〔註9〕《蔣介石日記》，1931 年 9 月 26 日，美國斯坦福大學胡佛研究所藏。

首都陷落，即當遷於洛陽，將來平時亦以洛陽與西安為陪都也」〔註10〕，「以利抗戰與建設。」〔註11〕此時在蔣介石的政治規劃中，就已經將西北視為重要的戰略後方基地。

1932 年初，日軍已經全面佔領中國東北，蔣介石正全力圍剿中共多個革命根據地，黨內反蔣勢力胡漢民、汪精衛、蔡廷鍇等暗潮湧動，面對複雜多變的政治局勢，蔣介石提出「對西北掌握，西南聯絡，對南部妥協，對北部親善，放任」。〔註12〕並且在已擬定的國防計劃中，將張家口、西安、武漢、韶關、南京設為根據地，如何「掌握西北」，是蔣介石此時心頭的一個難題。「一二八」事變爆發後，蔣介石急感首都南京之危險，決意遷都，「余決心遷移政府於洛陽，與之決戰。將來遷移結果不良時，必歸罪余一人，然兩害相權實較其輕，否則隨時受其危脅，必作城下之盟也」〔註13〕。2 月 5 日，蔣介石在豫陝晉邊區綏靖督辦劉鎮華和寧夏省主席馬鴻逵的陪同下赴河南，行經黑石關以東至氾水之間，見地形險要，對劉、馬二人說道「地勢複雜，雖有飛機、大炮亦無所施其技，更知為遷都西北之必要也。」〔註14〕3 月 5 日，國民黨中央執行委員會四屆第二次全體會議通過「以洛陽為行都長安為西京案，決議以長安為陪都，定名為西京，以洛陽為行都，並成立陪都籌備委員會」〔註15〕，西北建設正式被提升為國家戰略。

隨著日軍大舉入侵東北、華北，使得蔣介石不僅從國防安全角度認識到西北地區的重要價值，而且西北的人文環境、經濟潛力也讓蔣介石開始關注重視西北，與此同時，蔣介石邀請王世杰、胡適、翁文灝等頂極知識精英為其講學。翁文灝長期關注西北開發，早在 1920 年代，翁文灝就提出《開發西北礦業計劃》，其中對西北金礦、石油礦及煤礦的開發利用有較詳的意見和建議，特別是對西北石油礦的開發頗具卓見。他根據已掌握的陝西、甘肅及新疆等處地質勘探成果，認為「陝西之油礦雖不足以稱雄世界，然亦極有更為試探之價值」。

〔註10〕《蔣介石日記》，1931 年 10 月 3 日，美國斯坦福大學胡佛研究所藏。
〔註11〕周美華編注：《蔣中正總統檔案：事略稿本》（第 12 冊），臺北：「國史館」，2006 年，第 120 頁。
〔註12〕《蔣介石日記》，1932 年 1 月 1 日，美國斯坦福大學胡佛研究所藏。
〔註13〕《蔣介石日記》，1932 年 1 月 29 日，美國斯坦福大學胡佛研究所藏。
〔註14〕《蔣介石日記》，1932 年 2 月 5 日，美國斯坦福大學胡佛研究所藏。
〔註15〕《中國國民黨四屆二中全會重要決議案》（1932 年 3 月），《中國國民黨歷屆歷次中全會重要決議案彙編》（一），秦孝儀主編：《革命文獻》第 79 輯，臺北：中央文物供應社，1979 年，第 281 頁。

對新疆之油礦，他主張「應先從調查入手，再定方針」〔註16〕。1932 年 6 月 19 日，蔣介石邀請中央研究院地質調查所所長翁文灝講授西北概況，蔣得知「東北與西北農產地之分量，據其以氣候與雨量而論，則西北只可移數百萬之民為屯墾防邊之用，絕非如世人所理想者可容八九千萬之移民也。」〔註17〕經過翁文灝的講解，蔣介石對西北地區有了更進一步的認識和瞭解，並稱讚翁「實有學有識之人才，不可多得也。」〔註18〕在此後的十幾年間，深受蔣介石信賴的翁文灝大力推動了國民政府的西北經濟開發戰略。

　　1933 年日軍進一步侵犯察哈爾、熱河，並強迫國民政府簽訂《塘沽協定》。面對日軍步步逼近，此時蔣介石已經將西北視為國家存亡的重要支撐。8 月 4 日，蔣自記：「西北為復國之基礎，雖經濟缺乏，不足久持，然急起力謀，是亦一道也，務慎籌之。」〔註19〕8 月 5 日與戴季陶討論局勢變化，蔣戴之對內對外政策完全相同，戴亦認為「將來國際變局，惟有中央準備遷都西安，樹立中心旗幟，而沿海各省，任其自謀保存之道，使人民多保留民族精神，以為他日復興之張本」〔註20〕。8 月 17 日，蔣又焦急談道：「大戰未起以前，如何掩護準備，使敵不甚加注意，其惟經營西北與四川乎？」〔註21〕

　　1930 年代，全國各界有商人、學者、旅行家、官員紛紛來到西北考察。基於政治、經濟目的，戴季陶、宋子文、張人傑、邵元沖、朱家驊等國民政府高級官員於 1934 年先後來到西北進行官方考察，更加明確了國民政府將進行西北經濟開發的信號。1932 年 5 月，國民黨中央黨部召開紀念周活動，居正在會上就講道：「西北開發要舉全國之力，現在東北淪陷，東南未靖，西北富源，若由任其荒廢，民族國家前途，極為可慮。故開發西北，實為當今之急務，開發西北，故非集中全國力量共同擔任不可。」〔註22〕

　　除國難危機下的西北開發熱潮外，西北自然災害頻繁亦引起國人關注。民國時期，陝、甘兩省多次遭受災荒侵襲，尤以 1928～1930 年最為嚴重，史稱「民國十八年年饉」，這次旱災一直延續到 1932 年才有所緩解，長達 4 年

〔註16〕翁文灝：《開發西北礦業計劃》，《農商公報》，1924 第 9 期。
〔註17〕《蔣介石日記》，1932 年 6 月 19 日，美國斯坦福大學胡佛研究所藏。
〔註18〕《蔣介石日記》，1932 年 6 月 19 日，美國斯坦福大學胡佛研究所藏。
〔註19〕《蔣介石日記》，1933 年 8 月 4 日，美國斯坦福大學胡佛研究所藏。
〔註20〕《蔣介石日記》，1933 年 8 月 5 日，美國斯坦福大學胡佛研究所藏。
〔註21〕《蔣介石日記》，1933 年 8 月 17 日，美國斯坦福大學胡佛研究所藏。
〔註22〕《開發西北要集中全國力量》，《山東民國日報》，1932 年 5 月 6 日，第 6 版。

之久。李文海先生將這次旱災列為近代中國的十大災荒之一，時人稱之「前所未有」。據載，1928 年，陝西「自春徂秋，滴雨未沾，井泉涸竭，涇、渭、褒諸水，平時皆通舟楫，今年夏間斷流，車馬可由河道通行，多年老樹大半枯萎，三道（關中、陝北、陝南）夏秋收成統計不到二成，秋季顆粒未登，春耕又屆愆期」，省會西安的麥價由平日每石十元漲至每石三十元上下，定邊、合陽等僻遠之地則每石六十元亦無處可買〔註 23〕。旱情一直持續到 1930 年冬，其中武功、扶風、乾縣、禮泉、咸陽、鳳翔、岐山等地受災最重。災後，武功人口從災前的十六萬減至九萬餘人，扶風人口從十六萬減至十萬餘人，岐山從十七萬減至十三萬人。西北大旱災引起了社會的重視，救濟西北成為時人談論的主題，面對連年的大旱災，無論是社會層面還是政府層面，都認識到了西北災荒的嚴重性，圍繞救災採取了一系列行動。儘管此時出現了西北開發的呼籲，但核心是「以工代賑」，通過改善西北的交通、水利等實際狀況，救濟西北災情，「目前我人慾開發西北、必先拯救西北人民」是這一時期的主流思想，可以理解為「救濟性開發」，其與「九一八」事變之間並沒有明確、清晰的階段劃分，一直持續到了 1933 年〔註 24〕。

「九一八」事變使國人意識到了民族危亡，「一二八」事變使國民政府開始籌謀後方根據地的建設，國難當頭，西北成了上至廟堂、下至民間一致考慮和關注的地方，在國民政府的陪都規劃下，在黨國要員和社會人士的一再呼籲下，國家和社會在輿論和認識上達成了一致，彼此契合，共同推動西北開發成了此起彼伏的熱潮。需要注意的有兩點：第一，此時的西北開發無疑具有挽救民族危亡、拯救國家危機的內涵，但是無論是官方還是民間，仍然是輿論熱潮，真正落到實處的很少；第二，這種救國性的西北開發與救濟性的以工代賑其實是交織在一起的，此時的中國正值多事之秋，旱災與國難幾乎同時上演，救災與救國都是時人討論的話題。即便是國難當頭，救濟西北旱災的聲音也同樣很響亮。因此，直至 1933 年，有關西北開發的輿論具有兩個最基本的指向性：救濟西北旱災與挽救民族危亡，兩者交匯在一起，使得西北獲得了國人前所未有的關注。

1933 年 10 月，南京國民政府經濟委員會成立，作為統籌全國經濟開發的

〔註23〕《陝災救委會呼籲迫切》，《申報》，1928 年 12 月 10 日，第 3 版。
〔註24〕項浩男：《熱潮、實踐與困境：抗戰前西北開發的再審視（1928～1937）》，《近代中國》，2018 年第 2 期。

總機關，在宋子文主持下，活動內容覆蓋公路、水利、農業、棉業、蠶絲、衛生、江西建設、西北開發等領域，其中在公路建設和水利建設兩方面投入經費最多，取得的成果也最大〔註25〕。而經委會西北辦事處的成立，也極大促進了西北經濟的管理與開發。

在1934年1月召開的國民黨四屆四中全會上，全體通過了蔣介石提出的《確立今後物質建設根本方針案》，此案旨在將國防中心與經濟中心相互配合，將國民經濟中心逐漸西移，加強西北經濟建設與強化西北國防地位，蔣介石在提案中認為：「確定國民經濟之中心，於富有自然蓄積並不受外國商業金融支配之內地。要統一於中央政府之下，國家及私人大工業今後避免集中海口；開闢道路、航路，完成西向幹線；建設不受海上敵國封鎖的出入口；以各種合作社籌劃農業金融」〔註26〕。

同年2月28日，宋子文在南京會見汪精衛、戴季陶，表達了對西北地區經濟開發的重視，「西北為我生命線，年來天災人禍，人民痛苦異常，亟應積極開發，現已在西安設西北辦事處，余擬親往，促其進行，開發公路水利，重要公路，一為西安至蘭州段，延長至新疆，二為西安至四川段，亦正規劃。」〔註27〕自此，國內各界對西北開發的呼聲日益高漲，國民政府高層政要亦紛紛帶隊赴西北考察。

二、戴、宋的西北考察活動

在國民黨內部眾多黨內元老以及實力派中，戴季陶、宋子文二人無論歷史淵源亦或現實關係，在黨務和經濟領域實為蔣介石最為信賴之人。戴、宋二人於1934年先後考察西北，在國民政府中影響頗大，尤以宋子文最甚。1934年3月28日，考試院院長戴季陶帶領二十餘人考察團抵達西安，而後赴甘、青「調查水利及交通情況，以謀開發富源。」〔註28〕在返回南京後，戴季陶向記者通報了此次西北行，稱「此次遊歷甘、青兩省，可云自十五歲

〔註25〕柴德強：《南京國民政府全國經濟委員會研究（1931～1938）》，山東師範大學碩士學位論文，2017年，第2頁。

〔註26〕秦孝儀主編：《總統蔣公大事長編初稿》（卷三），臺北：中國國民黨中央委員會黨史史料編纂委員會，1978年，第5～6頁。

〔註27〕《宋子文談西北應積極開發》，《華北日報》，1934年3月1日，第3版。

〔註28〕《戴傳賢出發西北，調查水利交通情況》，《新天津》，1934年3月29日，第3版。

離家出門以來，第一次滿意的旅行。」〔註29〕並談起視察西寧、蘭州的感受：「在西寧所見蒙、番、回、漢四族，都有向上進步之精神，而蘭州人民秀麗聰明，尤不亞於江浙。今後只要交通水利兩事有了辦法，自然步步向上。中國一統的大文明，新生命，在於西北。」〔註30〕

4月25日，全國經濟委員會常委宋子文帶領政界、商界人士來到陝西考察，分別在西安、咸陽、涇陽、武功、岐山、扶風、寶雞、鳳翔等縣，深入城鎮鄉村考察經濟狀況，稱「陝西各地人民充滿朝氣。」〔註31〕

離開陝西後，宋子文來到甘肅各縣考察，5月5日，蘭州各界舉行歡迎宋子文大會，宋在會上發表了此次考察西北之觀感，並對甘肅建設抱有極大期望，宋談道：「現在鄙人到了甘肅所看見的一切，對於整個西北，腦海中有同樣地感想，認為西北前途，是極光明的，外省人士到西北來視察，大有兩種的觀感，一種是極力的頌揚西北文化的深厚，是用文學家或詩人的眼光來觀看西北，一種是滿口批評西北生產如何落後，教育如何不振，人民如何貧苦，是用外國人的眼光來觀看西北。」〔註32〕宋子文駁斥了這兩種觀點，並認為：「西北各省如果能利用歐西及東南的經濟和科學的力量，一定能夠在短時期內恢復地方的繁榮，鞏固國家的基礎，西北的建設，不是一個地方的問題，是整個國家的問題。我國在危急存亡之秋，應注重在我國民族發源地的西北內地謀建設。」〔註33〕宋子文「建設西北是中華民國的生命線」的言論更進一步證實了西北開發建設已成為20世紀30年代的國家戰略之一。

5月9日，宋子文在蘭州致電行政院院長汪精衛，關於開發西北原則宋提出：「一、趕修西安至蘭州汽車道；二、整理甘省水渠，以資灌溉；三、組織獻醫所及牧馬場；四、墾殖荒地。」〔註34〕汪精衛覆電表示同意，並交由全國經濟委員會及甘肅省政府實行。

隨後宋子文率考察團飛赴青海、寧夏，於5月18日結束行程。此次西北之行，宋子文認為西北各省建設應各有側重，「在陝西，當注意於交通、公路、

〔註29〕《戴謂中國的新生命在於西北》，《山東民國日報》，1934年4月27日，第3版。
〔註30〕《戴謂中國的新生命在於西北》，《山東民國日報》，1934年4月27日，第3版。
〔註31〕《建設西北是中華民國的生命線》，《西京日報》，1934年5月9日，第6版。
〔註32〕《希望西北民眾協助政府努力建設》，《華北日報》，1934年5月9日，第3版。
〔註33〕《希望西北民眾協助政府努力建設》，《華北日報》，1934年5月9日，第3版。
〔註34〕《宋飛西寧，在蘭商定開發西北計劃》，《山東民國日報》，1934年5月11日，第3版。

水利、農業，尤其是棉業等項目，在甘肅，當注意於交通、公路、水利、畜牧、防疫等項，青海當注意交通、衛生、畜牧等項。」〔註35〕視察即將結束，宋深感「西北人民耐勞忍苦，風俗人情樸實敦厚」，只要「利用科學、克服自然，西北前途，自無限量。」〔註36〕

5月19日，宋子文在返回上海後對新聞界表示，「西北各省，捐稅繁雜，民不聊生，幣制紊亂，煙禁難施」，但是宋仍「對西北建設前途頗抱樂觀。」〔註37〕6月22日，宋子文在全國經濟委員會第九次常委會上，就此次西北經濟開發考察作了詳細彙報，根據宋子文關於西北重點事業開發及增款方案的提議，經委會討論通過了《西北建設計劃》《西北水利事業進行辦法》及《興建西北公路進行辦法》，西北開發也因此由研究考察熱潮轉向具體實踐。在水利開發方面，宋提議加大涇、渭、洛河流域渠道整理與建設，並充分利用寧夏、青海豐富的水利資源來加強農業生產〔註38〕。在公路方面，宋提議經委會加大西蘭路、西漢路建設，「以利商旅」〔註39〕。針對西北地區極度落後的衛生事業，宋提議在西安、蘭州、西寧、寧夏興建衛生實驗處，以領導各省獸疫防治、衛生防疫等工作，在農村建設方面也要有所重視。宋子文提出的最終預算結果是在原有西北建設事業計劃上，在西北水利方面撥款增加至200萬元，西蘭、西漢路共增至115萬元，陝甘運輸機關增至40萬，衛生防疫增至60萬，農村合作社費用增至20萬，總計435萬元的經濟撥款，用於當前陝甘寧青各項事業之發展。〔註40〕

戴季陶、宋子文等政要與蔣介石關係密切，戴、宋二人於1934年赴西北考察後，向正在「剿共」前線的蔣介石做了彙報，這對蔣介石的西北觀有所影響，一旦時機成熟，蔣介石勢必踏上西北這片廣袤而從未完全控制的土地。

〔註35〕《宋子文昨由寧夏飛省，視察西北完畢》，《西京日報》，1934年5月18日，第6版。

〔註36〕《宋子文昨由寧夏飛省，視察西北完畢》，《西京日報》，1934年5月18日，第6版。

〔註37〕《宋子文暢談西北》，《新天津》，1934年5月20日，第2版。

〔註38〕《宋子文視察西北印象（上），經委會九次常會席上報告》，《京報》，1934年6月26日，第5版。

〔註39〕《宋子文視察西北印象（中），經委會九次常會席上報告》，《京報》，1934年6月27日，第5版。

〔註40〕《宋子文視察西北印象（下），經委會九次常會席上報告》，《京報》，1934年6月28日，第5版。

三、內外糾結下的戰略考量

　　蔣介石係浙江人，其掌握的黨政機器是「南重北輕」，地緣關係長期偏重於南方，南京國民政府作為唯一的中央政府，但實際控制地域有限，蔣介石還必須處理與地方實力派之間的關係：例如以胡漢民為首、依託於陳濟棠軍事勢力的西南政權，晉綏地區的閻錫山及其晉系將領，山東的韓復榘，華北傅作義、宋哲元、于學忠，陝西的楊虎城，廣西的李宗仁、白崇禧，四川的各大小軍閥，新疆盛世才，西北馬家軍閥，以及失去固定地盤但部隊仍有相當實力的馮玉祥和張學良等人與國民黨中央齟齬不斷。這些地方實力派憑藉其軍事實力，實際上各自為政並相互聯絡，表面上服從中央號令，一遇風吹草動，隨時可能聯合起來反蔣。中央與地方的關係因為這些地方實力派的政治主張和社會背景、勢力的歷史淵源、與蔣介石的私交、地盤的地理位置和資源等因素的不同，顯得錯綜複雜，不能一概而論。蔣介石在處理這些地方實力派的時候，也在不斷思考如何將中央—地方關係納入一個合理的政治制度框架中。因此，討論這段時間的中央—地方關係，需要從「變」（具體情境的特殊性）和「常」（制度構建的規範性）兩方面入手，以個案的豐富和複雜去思考這個具有普遍意義的問題〔註41〕。

　　而 1933 年後，新疆、熱河等地危機迭起，與日本、蘇聯間的外交摩擦困擾蔣介石許久，蔣介石考慮以空間換取時間，在日、蘇之間達成中立，以完成自己「剿共」成功及經濟建設的最大夢想。1934 年，中蘇兩國都預感到日本的威脅愈來愈大，兩國不自覺間走向了新的合作道路。是年 3 月，蔣介石派楊傑出訪蘇聯，試探與蘇聯建立抗日同盟之可能。8 月，蔣介石派蔣廷黻以其私人顧問身份訪問蘇聯，目的是要「探測中蘇兩國合作的可能性，研究蘇聯的情況。」〔註42〕次年 3 月，蔣介石再派鄧文儀出任駐蘇聯大使館武官，旨在加強中蘇合作，蔣介石也多次接見蘇聯駐華大使鮑格莫洛夫，商談兩國協作抗日事宜。1933～1934 年間，作為國民黨領袖的蔣介石面臨多重困境，國家統一和經濟建設尚在途中，黨內反蔣活動此起彼伏，要在中日敵對背景下

〔註41〕 關於蔣介石與各地方實力派關係研究，參見金以林：《國民黨高層的派系政治——蔣介石「最高領袖」地位的確立》，北京：社會科學文獻出版社，2016 年。郭昌文：《國民政府對地方實力派的整合（1928～1937）》，北京：社會科學文獻出版社，2020 年。劉文楠：《尋找理想的中央—地方關係——蔣介石與晉綏地方實力派的博弈（1931～1934）》，《史林》，2015 年第 5 期。

〔註42〕 蔣廷黻：《蔣廷黻回憶錄》，長沙：嶽麓書社，2003 年，第 158 頁。

促成日蘇牽制，實現「制俄」和「攘倭」的雙重目標可謂困難重重。〔註 43〕

　　1934 年 8 月 20 日，蔣介石與黃郛、孔祥熙談道：「如能不參加日俄之戰，維持中立地位，則我民族復興，即在此十年之內。否則萬不得已，受敵來攻，則亦取單獨作戰方式，而不加入任何一方面，留有自由旋轉之餘地，此為處今戰時唯一之道也。」〔註 44〕面對英、日、蘇三國圍繞新疆、東北、華北地區利益或戰或和之時，蔣介石憤懣不平，加之國內兩廣地區反蔣聲勢不減，蔣介石頗為焦急：「倭英接近真乎？倭俄和緩真乎？粵桂態度轉惡乎？羅匪竄向，期與皖北之匪，會合與皖南乎？」〔註 45〕此外「惟粵情動搖，羅匪竄浙未滅，川匪猖獗，倭擾戰區，俄擾新疆，國聯落選」〔註 46〕，種種「焦急」之事促使蔣介石必須轉移方向，赴西北、華北實地巡視內政與外交事宜。

　　1934 年 9 月，國民黨對江西中央蘇區的第五次圍剿已經「勝利在望」，中共領導的紅軍主力被迫退出革命根據地，蔣介石信心滿滿，「各路進剿能達七成至八成任務」〔註 47〕。在與行政院長汪精衛的電報中，蔣介石難掩其興奮之情：「目前生死關頭，厥為剿匪問題。石城興國月中可下，寧都長汀月底亦必收復，現已一切準備完成。復值秋高氣爽，實為進剿最便之時機。倘三個月內時局不生枝節，則殲滅贛赤，饒有把握。」〔註 48〕而與蔣介石極為親密的戴季陶、宋子文在 1934 年的西北考察，給正在江西「剿共」前線的蔣介石以巨大的「鼓勵」，西北的政治、經濟、資源究竟如何，蔣介石此時已經有了初步巡視計劃。因此蔣介石決定在 1934 年 10 月開始巡視西北、華北，以著手準備抗戰，進行戰備部署，考察北方各省政情，也藉以平息全國人民對其「攘外必先安內」政策不滿的情緒。此次北巡，就是蔣宣揚統治地位的良機，通過「人身領導」「走動式管理」，改善、擴大其地緣關係〔註 49〕。而此時已成為

〔註 43〕鹿錫俊：《蔣介石的中日蘇關係觀與「制俄攘日」構想——兼論蔣汪分歧的一個重要側面（1933～1934）》，《近代史研究》，2003 年第 4 期。

〔註 44〕《蔣介石日記》，1934 年 8 月 20 日，美國斯坦福大學胡佛研究所藏。

〔註 45〕《蔣介石日記》，1934 年 9 月 28 日，美國斯坦福大學胡佛研究所藏。

〔註 46〕周美華編注：《蔣中正總統檔案：事略稿本》（第 28 冊），臺北：「國史館」，2007 年，第 196 頁。

〔註 47〕周美華編注：《蔣中正總統檔案：事略稿本》（第 28 冊），臺北：「國史館」，2007 年，第 196 頁。

〔註 48〕周美華編注：《蔣中正總統檔案：事略稿本》（第 28 冊），臺北：「國史館」，2007 年，第 202 頁。

〔註 49〕楊維真：《蔣介石的地緣關係》，汪朝光主編：《蔣介石的人際網絡》，北京：社會科學文獻出版社，2011 年，第 247 頁。

蔣介石座上賓的澳籍顧問端納，對蔣介石發起的新生活運動和「剿共」安排影響極大，此次巡視西北也與端納的建議不無關係，通過巡視，更是蔣介石檢閱各地新運開展狀況，加大推廣宣傳的契機。

第二節　巡視各省政情

一、途經華中與督導剿共

　　1934 年 10 月 4 日下午，蔣介石偕宋美齡及侍從室人員宣鐵吾、晏道剛等人由江西剿共前線出發，在九江乘永綏艦赴漢口，於 5 日上午 10 時抵達漢口碼頭。在漢口，蔣介石主要巡視鄂豫皖三省剿共機宜，6 日蔣介石在武漢召開軍事會議，接見鄂豫皖剿匪司令張學良、湖北綏署主任何成濬、省政府主席張群、河南省綏署主任及省主席劉峙、以及湘鄂邊區剿匪總司令徐源泉和上官雲相、劉茂恩、夏斗寅、王樹常等二十餘位在漢將領。各軍事將領分別報告所部剿共經過及「成果」，蔣介石分別做了指示，在與張學良商議「清剿鄂豫皖邊區殘匪」計劃後，向各高級將領做了通報。6 日下午，蔣介石視察武漢市，稱「在政治上、軍事上、警察和市政各方面，都有很大的進步」，並要求「凡是匪區各高級軍官，……和地方民政長官通同合作，切實照著綱要來做，……必要如此，政治與軍事才能協同推進，剿匪才能澈底成功，各地方才有真正清明之一日。」〔註50〕

　　在漢期間，蔣介石手諭剿匪軍北路前敵總指揮陳誠，再次安排剿共部署：「欲促進戰局之從早結束，則東路應增加兵力，如能將第四與八十九兩師由湯（恩伯）帶領東移，則東路即可單獨向長汀、瑞金進展。一面北路軍佔領寧都，與薛（岳）路回合後，即可由寧都與東路軍由長汀會戰瑞金，可免石城與長汀線之兵力與時間也。……與顧（祝同）、蔣（鼎文）二總司令商洽速行。」〔註51〕同日蔣又電令安徽省主席劉鎮華駐軍皖南祁門或屯溪督剿紅軍，皖南部隊皆歸劉指揮。14 日又電：「如為交通便利起見，不即入祁門而駐屯溪，

〔註50〕蔣介石：《推進政治注重鄉村建設》（漢口，1934 年 10 月 8 日），秦孝儀：《先總統蔣公思想言論總集》（第 12 卷），臺北：中國國民黨中央委員會黨史委員會，1984 年，第 560～562 頁。

〔註51〕《蔣中正致陳誠電》（1934 年 10 月 9 日），臺北「國史館」藏，《蔣中正總統文物》，典藏號：002-020200-00020-064。

則不如進駐漁亭，居中策應，使共軍無立足之地」。〔註52〕此時國民黨對中央紅軍以及南方各紅色根據地的圍剿已見尾聲，因此蔣即使在出巡途中，仍然頻繁電令前方將領，貫徹其軍事部署，以求徹底「剿滅」中共軍隊。

1932 年以後，「剿共」成為蔣介石溝通地方實力派關係的重要手段，具有某種程度上的「統戰」功能。無論是對南方的粵桂，還是對北方的晉閻、魯韓，均是如此。而 1934 年紅軍西撤以後，蔣更是順勢加以利用，開啟了長期處於半獨立狀態的川滇黔等省中央化進程，同時對粵桂也形成了戰略威脅。可以說，「剿共」某種程度上又為蔣處理地方實力派關係提供了某種助力。〔註53〕

在西安期間，蔣介石同樣關心如何圍剿川陝地區紅軍，電令陝西各將領務必嚴防。15 日，蔣介石電令廣州第十八軍副軍長羅卓英曰：「東路軍河田碉堡已成，長汀當無問題，惟側背可慮，務催南路上杭部隊進駐藍屋村，則東路河田部隊可南延至藍屋連繫，沿汀河東岸築成封線。」〔註54〕

16 日，蔣介石電令時任西北「剿匪」第三路第九縱隊司令的孫蔚如：「匪擾陝邊，西路吃緊，至為焦念。尚冀嚴密部署，加緊堵擊，並與川中鄧（錫侯）、田（頌堯）各路及隴南胡師切取聯絡，互為應援為要。」〔註55〕又電令時任第八十六師師長、同盟會陝西支部創始人之一的井岳秀：「行抵西安，未獲晤談，同感歉仄。陝北匪患未清，尚冀益加淬勵，認真搜剿，務期早日敉平，以安地方為幸。」〔註56〕晚間，蔣介石與川中將領劉湘、鄧錫侯、田頌堯等商議如何圍剿川陝地區紅四方面軍。

21 日，蔣介石電令井岳秀，指示其應聯合馮欽哉師與寧夏馬鴻逵部會剿陝北中共部隊，其電文說道：「陝北匪患滋蔓，後患堪虞，非合全力進剿，趕緊肅清不可。應聯合馮（欽哉）師與寧夏馬（鴻逵）部會剿，中正並擬即派

〔註52〕《蔣中正致劉鎮華電》（1934 年 10 月 9 日、14 日），臺北「國史館」藏，《蔣中正總統文物》，典藏號：002-020200-00020-065、002-010200-00120-050。

〔註53〕郭昌文：《蔣介石對地方實力派的策略研究（1928～1936）——以「剿共」為主要視角》，浙江大學博士學位論文，2011 年，第 52 頁。

〔註54〕《蔣中正致羅卓英電》（1934 年 10 月 16 日），臺北「國史館」藏，《蔣中正總統文物》，典藏號：002-020200-00020-066。

〔註55〕周美華編注：《蔣中正總統檔案：事略稿本》（第 28 冊），臺北：「國史館」，2007 年，第 290 頁。

〔註56〕周美華編注：《蔣中正總統檔案：事略稿本》（第 28 冊），臺北：「國史館」，2007 年，第 291 頁。

高師長桂滋率部入陝協助，藉期並力早告肅清。」〔註57〕

　　國民黨全國建政後，通過將國慶紀念日制度化，在國慶紀念日發布文告，進行各種儀式操演，籌辦多種紀念活動，達到了其自身的政治目的，逐步形塑起統治全國的權威。國慶紀念在宣傳「以黨建國」「以黨治國」方面功不可沒，成為國民黨強有力的宣傳工具。通過國慶紀念，將意識形態融入其中，能夠達到很好的宣傳效果，使民眾逐漸接受國民黨的統治理念和政治思想，從而國民黨也最終完成了統治政權的建設。〔註58〕

　　1934年10月9日，蔣介石與宋美齡、張學良、端納以及楊永泰、毛慶祥、晏道剛由漢口乘火車出發抵達鄭州，何應欽、劉峙等在鄭州迎接〔註59〕，10日抵達洛陽，抵洛期間，蔣介石行程可謂異常忙碌，出席國慶慶典，巡視洛陽城市、機場、軍校建設情況。正值中華民國國慶日，蔣介石主持了國慶閱兵典禮〔註60〕。同日上午在洛陽出席洛陽軍分校國慶紀念和軍訓班第三期開學典禮，並發表講話，值此國難危機時刻紀念國慶節，他講道：

　　　　我們一想到自推倒滿清建立民國以來，已經有了二十三年，在這二十三年當中，我們不知道犧牲了多少革命同志的生命，犧牲了多少革命將士的頭顱，亦不知道流了多少革命民眾的熱血！同時，我們不知道經過了多少艱難困苦悲慘的歷史，不知道積累了多少舊仇新恥，遭遇了多少內憂外患！因此我們覺得在此國難中來紀念國慶，一方面固然要歡欣鼓舞，慶祝中華民國的誕生；一方面尤其要刻骨銘心，記得已犧牲的一般將士，一般同志和一般民眾！更要記得國家和民族所受的種種奇恥大辱，和現在所遭遇的嚴重的國難！〔註61〕

　　另一方面蔣介石鼓勵年輕士兵要繼承和發揚「三民主義」精神，貫徹「攘外必先安內」政策，他說：「我們從今天起，格外要認識自己所負的革命責任，要立志繼續總理和一般先烈的遺志，來實現主義，完成革命，以洗雪過去

〔註57〕《蔣中正致井岳秀電》（1934年10月21日），臺北「國史館」藏，《蔣中正總統文物》，典藏號：002-090300-00095-172。

〔註58〕郭輝：《國家紀念日與現代中國（1912～1949）》，北京：社會科學文獻出版社，2019年，第74～99頁。

〔註59〕《蔣張昨專車赴鄭轉洛》，《漢口市民日報》，1934年10月10日，第6版。

〔註60〕《蔣張聯袂赴洛陽》，《甘肅民國日報》，1934年10月13日，第2版。

〔註61〕蔣介石：《紀念雙十國慶節的意義》（洛陽，1934年10月10日），秦孝儀：《先總統蔣公思想言論總集》（第12卷），臺北：中國國民黨中央委員會黨史委員會，1984年，第568頁。

一切的恥辱，復興我們中華民族！我們要由洛陽這個中心點，立定革命的基礎，從今以後，我們格外要一心一意共同一致來努力奮鬥，自強不息，以完成安內攘外，復興民族的革命大業！」〔註62〕

10 日下午，蔣介石出席了洛陽和平小學開學典禮，對學生講到「應永遠記住的三句話」，囑咐學生記住「自己是中華民國的人，國父是孫中山，國慶日是十月十日」〔註63〕。隨後又出席黃埔軍校洛陽分校特別黨部成立典禮，在典禮致辭中，蔣介石一方面說明生活的目的和生命的意義，另一方面認為挽救國家與復興民族，必須要恢復民族的靈魂，而蔣介石認為的民族靈魂則是堅持三民主義的信仰，他講道：

> 我們軍隊為什麼要組織黨部呢？我們要解答這個問題，就只要問一個人為什麼要有靈魂，就可以明白。一個人如沒有靈魂，就只剩下一個沒有知覺靈明，不能動作思維的軀殼，即是一個沒有生命的死人。依同樣的道理，如果一個人的靈魂不健全，不能充分的發揮作用，那麼，這個人也就要成為一個不健全的半死半活的人，這種人雖有生命能夠生活，但是不僅對於人類社會不能發生一點效益，其生活毫無目的，其生命全無意義；而且本身也不足以自存自立，隨時有死亡的危險。所以健全的靈魂，是一個人必具的根本條件。同樣一個軍隊，必須有軍隊的靈魂；一個國家，也必須有國家的靈魂；而且要使這個靈魂永遠保持健全，不斷的發揚光大！如此，然後軍隊的力量才能充分的發揮出來，國家的生命，才可以繼續綿延不盡！反之，如果一個軍隊以至整個國家沒有靈魂，或是雖有靈魂而不能健全發揚，那麼，這樣的軍隊，必不能發生救國救民的力量；這樣的國家，必不能繼續生存在世界上。
>
> 中國軍隊之所以不能保國衛民，民族之所以如此衰弱，以及國家之所以弄到現在這樣危急存亡的地步，要被人家譏笑為半死半活的軍隊和國家，就是因為失掉靈魂的原故。因此，我們要整理軍隊，要挽救國家，復興民族，必須恢復我們軍隊和國家民族的靈魂。

〔註62〕蔣介石：《紀念雙十國慶節的意義》（洛陽，1934 年 10 月 10 日），秦孝儀：《先總統蔣公思想言論總集》（第 12 卷），臺北：中國國民黨中央委員會黨史委員會，1984 年，第 569 頁。

〔註63〕周美華編注：《蔣中正總統檔案：事略稿本》（第 28 冊），臺北：「國史館」，2007 年，第 260 頁。

這個靈魂是什麼呢？就現在講，就是總理的三民主義。所以我們現在全國的國民，尤其是全國的軍人，必須個個人認識主義，信仰主義，努力來實現主義。如此，然後我們的軍隊才能發揮出偉大的力量來捍衛國家，復興民族；我們的國家，也才可以成為一個真正現代的國家，能夠永遠適存於世界！〔註64〕

　　蔣介石對國民黨基層黨部任務和發展以及國民黨員素質也提出了要求，「從今天本校特別黨部成立之後，我們各人的生命和整個軍隊的靈魂，就已完全寄託於黨和主義，所以我們務必忠誠擁護黨和主義，將我們的身體生命以及一切權利，貢獻於黨，為主義而犧牲！如此我們個人的生命才能充實發揚，永垂不朽；國家和民族的生命，也才能日增強健，萬古常新！所以今天特別黨部成立，乃是我們大家和整個國家新生命之開始」，普通黨員要「篤信主義，嚴守黨紀，本著『實事求是，日新又新』的精神來做事，抱定『黨存與存，黨亡與亡』的決心來努力奮鬥。」〔註65〕蔣介石在洛陽期間的一系列講話正是其進行地位提升和意識形態宣傳的有效手段，亦是其政治訴求的表達，黨國體制下的國慶紀念為「慶祝」黨國、「維護」黨國，象徵著國民黨已經在全國樹立起其統治政權。

　　講話完畢後，蔣介石視察了洛陽城市建設，感覺「氣象更新矣。」〔註66〕當晚蔣介石自省道：「身為統帥，而不能報復國仇，何以對此國慶日？何以對先烈與總理在天之靈也？」〔註67〕11日蔣介石視察洛陽機場與洛陽軍分校，下午視察孝義軍用化學新廠，見規模宏大，稱「願得如期生效也。」〔註68〕

二、巡視陝西政情

　　中原大戰後，楊虎城被南京國民政府任命為陝西省政府主席，楊主陝正值

〔註64〕 蔣介石：《我們要發揚軍隊和國家的靈魂》（洛陽，1934年10月10日），秦孝儀：《先總統蔣公思想言論總集》（第12卷），臺北：中國國民黨中央委員會黨史委員會，1984年，第570頁。

〔註65〕 蔣介石：《我們要發揚軍隊和國家的靈魂》（洛陽，1934年10月10日），秦孝儀：《先總統蔣公思想言論總集》（第12卷），臺北：中國國民黨中央委員會黨史委員會，1984年，第572頁。

〔註66〕 黃自進、潘光哲編：《蔣中正總統五記：遊記》，臺北：「國史館」，2011年，第77頁。

〔註67〕 黃自進、潘光哲編：《蔣中正總統五記：省克記》，臺北：「國史館」，2011年，第91頁。

〔註68〕 《蔣介石日記》，1934年10月11日，美國斯坦福大學胡佛研究所藏。

兵燹大荒之後，各方面情況都很困難，在楊虎城支持下，陝西省內救濟災荒、
發展水利、恢復農林、經營工商、創辦企業、整頓金融，經濟得到了恢復和發
展。楊虎城對陝西文化教育事業也很重視，任命李百齡為教育廳長，他認真聽
取和採納李百齡等教育專家的意見，如規定採取專征專用的辦法，將商稅、棉
花捐、捲煙特稅全數撥歸教育廳成立教育基金保管委員會，保證教育經費不被
挪用，擴大招生人數，提高教師工薪，倡導學術自由，注意培養人才。為了提
高教育質量，他起用了一批進步知識分子為各校校長，在他支持籌備下，武功
西北農林專科學校、蒲城堯山中學、孫鎮高級小學、陝西第一所公辦回民完全
小學——省立第一實驗小學等校紛紛建立，培養了一大批實用型人才。

值得一提的是在用人方面，楊虎城一向採取兼容並包的方針，大量引用
各種人才，包括共產黨員和進步人士，如省府秘書長南漢宸、《西北文化日報》
總編宋綺雲、西京日報社社長蔣聽松、省民政廳秘書主任申伯純、省印刷局
局長張默夫、省府警衛團團張漢民、騎兵團團長王泰吉、機器局局長連瑞琦
等均屬此例。〔註 69〕

楊虎城在施政和用人上採取的一系列進步措施，贏得了陝西人民的擁戴和
支持，一時南京有楊在陝西搞「赤化」之說，蔣介石一方面企圖利用楊虎城的
勢力和影響，徹底摧毀馮玉祥在陝甘的勢力，控制西北，另一方面又對楊很不
放心，唯恐楊力量壯大，難以控制，因而多方刁難，企圖削弱、控制、分化和
瓦解楊虎城勢力。因此從楊虎城主陝之日起，蔣、楊之間的矛盾就逐露端倪，
以至日益表面化，著重表現在對陝西軍事權力的爭奪。1932 年 2 月，蔣改潼關
行營為西安綏靖公署，楊雖仍兼主任，但軍權受到了一定限制。楊繼續爭取經
略西北之權，委派在甘肅頗有聲望的鄧寶珊為西安綏署駐甘行署主任，續范亭
為駐甘行署參謀長，以與蔣鬥爭。同年，蔣介石任命深受信任的邵力子擔任甘
肅省政府主席，以加強對甘肅各方勢力的控制。接著，蔣又借紅軍由鄂豫皖邊
區進入川北，令楊把孫蔚如部由甘肅調到漢中防共，派嫡系第一師胡宗南部由
豫西進入漢中，再由漢中入甘，進駐天水、甘南一線，阻斷了陝甘的聯繫，使
國民黨中央的勢力在西北扎根〔註 70〕。

〔註 69〕郭琦等主編：《陝西通史·民國卷》（8），西安：陝西師範大學出版社，1997
年，第 181 頁。

〔註 70〕郭琦等主編：《陝西通史·民國卷》（8），西安：陝西師範大學出版社，1997
年，第 188 頁。

　　楊在主陝期間開放民主，釋放了一批「政治犯」，其中大部分是共產黨員和進步人士，同時，在省政府和部隊內兼容並包，任用進步青年，這都使蔣介石極為不滿。特別是「九一八」事變後，西安學潮迭起，抗日救亡運動高漲。1933 年 5 月 4 日，國民政府任命原甘肅省主席邵力子主陝，楊虎城雖仍繼續保留西安綏靖公署主任一職，但隨後又把楊的一部分部隊借改編之名脫離十七路軍建制，進一步削弱了楊的實力。時任山西省政府主席徐世昌也在日記中記載其觀察蔣介石收服陝、甘、寧等地軍事實力派的態度：

> 蔣先生今日似著意西北最不可靠者楊虎城。余以為必將先整理陝西，次及寧夏，迨握有陝、甘、寧時，是即撫晉之背，閻先生能不俯首聽之乎？此時魯不言而服豈非上策。余意蔣先生定陝、甘、寧最小限，亦須一年半或兩年，在此期間，向方（即韓復榘——引者注）頗可修明政治，為老百姓解決痛苦，民心既服，輿論必洽。蔣先生若不好做，亦已失敗矣，使存而且強，能無故輕動有功於地方之向方麼？〔註71〕

　　在此背景下，1934 年 10 月 12 日下午五時，蔣介石由豫抵陝，邵力子、楊虎城帶領國民黨陝西省黨部委員、政府各委員廳長、在陝各機關、各團體、各學校、駐陝各部隊及各界人士赴東郊外歡迎，「約共兩萬餘人，蜿蜒約五里許，頗極一時之盛。」〔註72〕

　　10 月 13 日，西安綏靖公署機關報《西北文化日報》就蔣介石蒞陝巡視發表長篇社論《歡迎蔣委員長的意義》，社論表達了陝西各界民眾對蔣介石「領袖地位」的肯定以及對其能力的極盡讚譽：「我們歡迎蔣委員長有其特殊的意義，一，蔣委員長是三民主義的實行者；二，蔣委員長是篤信力行刻苦耐勞的人；三，蔣委員長是有革命軍事計劃及天才的人；四，蔣委員長是有遠大政治眼光的人。僅此四點，我們可以說蔣委員長不僅是中國軍事的領袖，同時是中國政治的領袖，不僅是中國革命的中堅，同時是國際的人物。所以像蔣委員長這樣功績彪炳人格偉大的人，我們怎得不歡迎呢！」〔註73〕

〔註71〕《徐永昌日記》（第 3 冊），1934 年 3 月 8 日，臺北：中央研究院近代史研究所，1991 年，第 66～67 頁。

〔註72〕《蔣委員長蒞陝視察，張副司令楊秘書長偕來》，《西京日報》，1934 年 10 月 13 日，第 2 版。

〔註73〕《歡迎蔣委員長的意義》，《西北文化日報》，1934 年 10 月 13 日，第 2 版。

1931 年「九一八事變」以來，日寇入侵，東北及華北國土大面積淪喪，無數仁人志士提出調轉槍口，一致對外，而蔣介石仍堅持其「攘外必先安內」政策，動用精銳部隊全力圍剿紅軍。《西北文化日報》為迎合蔣介石巡視陝西，在社論中對「攘外必先安內」政策極盡吹捧之能事，大加讚揚：「蔣委員長之認定攘外必先安內，剿匪就是抗日，確是不破之論，我們應該服膺斯言，先圖消弭內亂，肅清赤匪，安定社會，而後才有全國一致動員，對外開始反帝國主義之可能。」〔註 74〕文中最後談到在國民政府西北開發建設浪潮下，陝西近一年以來的建設成就：「西北問題嚴重了，西北急需開發了，建設西北就是建設國防，鞏固邊防就是鞏固中央。近一年來，西蘭路加工修築，西成、西漢等路積極測量，涇惠、洛惠、渭惠各渠同時興修，諸凡陝甘青寧各省之道路、水利、礦產、畜牧及衛生教育要政，莫不盡力計劃舉辦，因此所謂建設西北，由空想的竟而成為實際的了。」〔註 75〕

15 日，蔣介石在西安出席陝西民樂團總理紀念擴大周活動，向與會兩千多人發表《陝遊之感想與對陝西之希望》的主題演講，蔣介石在演講中高度讚揚了陝西的重要性，他說：

> 陝西是中華民族的發祥地，更是中國文化的發源地，而且陝西的人民，素稱好俠尚義，明禮知恥，自古以來，關中不知出了多少聖賢英傑，不但歷史上代不乏人，就是最近仍舊遺風未墜，有很多革命先烈，為國家、為民族、為革命而奮鬥犧牲，所以陝西無論在歷史上、地理上、文化上、政治上都不可視為一個普通的省，實為國家民族最重要的基礎，所以我們陝西各界同志居於如此非常的地方，格外要認識自己所處的地位與其所負的責任之重大，格外要奮發努力，來負起挽救危亡復興民族的使命。〔註 76〕

蔣介石認為近幾年來，陝西無論在政治方面、軍事方面、經濟方面以及學術文化方面都有相當的進步，但是依照現在的程度，仍舊不能達到預期的標準，不足以擔負復興民族的責任。在講話中告誡在場人員，「注重四維八德，

〔註 74〕《歡迎蔣委員長的意義》，《西北文化日報》，1934 年 10 月 13 日，第 2 版。
〔註 75〕《歡迎蔣委員長的意義》，《西北文化日報》，1934 年 10 月 13 日，第 2 版。
〔註 76〕蔣介石：《陝遊之感想與對陝西之希望》（西安，1934 年 10 月 15 日），秦孝儀：《先總統蔣公思想言論總集》（第 12 卷），臺北：中國國民黨中央委員會黨史委員會，1984 年，第 573 頁。

格外發奮努力，以奠定革命的基礎，擔負復興民族的責任」，〔註77〕要以史為
鑒，注重利用陝西悠久歷史傳統，蔣介石說：

> 過去文王、武王、周公、秦始皇、漢武帝、唐太宗都是以陝西
> 為基礎，而建設偉大的國家，發揚民族的威德，古今中外，罕與倫
> 比，我們都是祖先的子孫，祖先偉大的智慧，偉大的精神，以及偉
> 大的基業，都已遺傳給我們，只要我們自己能夠發揮出來，我們個
> 個人都可以做文王、武王、周公，至於秦始皇、漢武帝、唐太宗等，
> 其事業雖為帝皇自私，不適於現代之今日，然其為發揚民族之精神，
> 增榮中華歷史的一種精神氣概，是我們後人應引為自榮，而且人人
> 應當具有此種復興民族的信心，而不可自己暴棄的。〔註78〕

他尤其告誡青年「要知道現在中國的時代環境，實在是我們成大功、立
大業、千載難逢的最好的機會，無論從歷史、地理、文化那一方面來講，種
種的條件，都已經完備，尤其是當前的時代環境，更可以說是逼著我們來做
復興民族的英雄豪傑，現在只要我們能奮發努力，自強不息，一定可以達到
復興民族的目的，完成我們所負的時代使命。」〔註79〕

16日，蔣介石、張學良在西安檢閱駐陝部隊，「各部隊精神煥發，步伐整
齊，蔣委員長、張副司令先後訓話，對官兵訓勉有加。」〔註80〕

三、安撫甘寧青地方實力派

中原大戰後，蔣介石在馮玉祥勢力退出西北後，採取間接控甘策略，選任
寧馬集團代表人物馬鴻賓為甘肅省省主席，雷馬事變後，南京國民政府採取直
接控甘策略，為了防止楊虎城攫取甘肅政權，擴大在西北的勢力。加之以馬鴻
賓主甘的「以馬治馬」的策略破產，間接統甘方式行不通，因此甘肅省危局

〔註77〕蔣介石：《陝遊之感想與對陝西之希望》（西安，1934年10月15日），秦孝
　　　　儀：《先總統蔣公思想言論總集》（第12卷），臺北：中國國民黨中央委員會
　　　　黨史委員會，1984年，第573頁。
〔註78〕蔣介石：《陝遊之感想與對陝西之希望》（西安，1934年10月15日），秦孝
　　　　儀：《先總統蔣公思想言論總集》（第12卷），臺北：中國國民黨中央委員會
　　　　黨史委員會，1984年，第574頁。
〔註79〕蔣介石：《陝遊之感想與對陝西之希望》（西安，1934年10月15日），秦孝
　　　　儀：《先總統蔣公思想言論總集》（第12卷），臺北：中國國民黨中央委員會
　　　　黨史委員會，1984年，第574頁。
〔註80〕《蔣張在陝閱兵，各部精神煥發》，《青島時報》，1934年10月18日，第2版。

急需一名中央大員坐鎮挽救。蔣介石1931年12月選任邵力子為甘肅省主席。邵力子作為國民黨元老，又與蔣介石是老鄉，兩人關係密切，1924年之後，邵氏一直深受蔣介石的信任，1925年，邵氏應蔣介石之邀受命為黃埔軍校秘書長；之後東征時受任政治部主任；1926年7月，被蔣介石任命為國民革命軍總司令部秘書長，之後又任陸海空總司令部秘書長等中央要員之職。〔註81〕

　　然而，身為文人的邵力子，面對甘肅各地軍閥糾紛，尚不能合理處置，省政府頒布的各項政策條例變成一紙空文，也就造成了邵力子主甘幾乎是一事無成。邵氏終因「力子等供職數月，統顧兼籌，心力交瘁……才力有限，深恐貽誤西北大局」〔註82〕，向中央遞交辭職函，之後託故離開蘭州。甘肅政局在邵氏主政期間並未好轉，混亂局面依舊。

　　邵力子出任甘肅省主席這一重大的人事任命顯示出的其實是國民黨中央控馭西北策略的重大調整以及對西北戰略地位的重視，只是這種向西北直接「空降」中央大員擔任省政府主席的做法，在邵力子任內並未取得預想的政治效果。這就迫使南京國民政府不得不改變策略，文人中央大員邵力子辭甘省主席後，為應對抗戰以及中共勢力在西北發展的形勢，南京國民政府任命軍政經驗比較豐富的朱紹良為甘肅省主席。〔註83〕

　　蔣介石之所以選擇朱紹良主甘，王松濤認為，主要是因為作為「文人」的邵力子未帶一兵一卒，隻身前往甘肅，缺乏軍事影響力和政治威信，很難震懾甘肅各地以軍事起家的各個地方實力派，更難以擔負西北政局中流砥柱的重任。因此接替邵力子主政甘肅的，必然是一位強而有力，戰功赫赫，同時也深得蔣氏信任的國民革命軍的高級軍事將領。朱紹良便是符合這些要求的合適人選〔註84〕。

　　1932年後，中共在陝、甘、川等地區的發展極大威脅到了南京國民政府在西北的統治。此時，蔣介石軍隊的主力正忙於對中央蘇區紅軍進行圍剿，

〔註81〕朱順佐：《邵力子傳》，杭州：浙江大學出版社，1988年，第386～387頁。

〔註82〕《邵力子等人關於請求辭職致國民政府及行政院的函》，甘肅省檔案館藏，檔案號：4-5-43。

〔註83〕關於1930年代甘肅省主席更迭變遷參見牛磊：《朱紹良與西北政局（1933～1946）》，西北師範大學碩士學位論文，2015年。王松濤：《1930年代甘肅省主席的更迭與西北政局變遷研究》，西北師範大學碩士學位論文，2016年。

〔註84〕王松濤：《1930年代甘肅省主席的更迭與西北政局變遷研究》，西北師範大學碩士學位論文，2016年，第37頁。

還無全力顧及西北地區中共勢力的發展，但是蔣介石對中共勢力在西北的發展開始重視起來。1933 年 2 月派嫡系胡宗南入駐甘肅天水，為防止中央紅軍向西北轉移以及擔心中共勢力在西北地區發展壯大會威脅其統治，南京國民政府需要加強對甘肅的控制，這就需要一位軍政經驗豐富，對蔣忠誠的軍政要員擔任省主席。朱紹良具有豐富的軍事才能，政治上忠誠於蔣介石，在北伐和中原大戰中深得蔣信任，因此是代替邵氏主甘的有力人選。此外，盛世才掌握新疆政局後，國民政府中央難以控制，朱紹良與新疆軍閥盛世才私交慎篤，因此蔣介石選派朱紹良主甘，朱氏可在處理與新疆的關係時，相比其他人有一定的優勢。1933 年 5 月 4 日，行政院臨時會議決議「任朱紹良為甘肅省政府委員」〔註85〕。

除甘肅政局複雜多變外，甘肅具有西北地區最佳地理優勢，「西北各省的交通，蘭州是一個總樞紐地方。新疆與內地之交通，必要過蘭州。青海與內地交通，也要過蘭州。從蘭州東北通寧夏，西北經甘、涼、肅以通新疆，西通青海。更由青海西南，為入藏大道。南溯洮河轉順白龍江至嘉陵江而達四川。」〔註86〕除地理優勢外，甘肅擁有廣袤的土地和豐富的資源，「僅就陝、甘、綏、寧、青、新六省而言，面積之廣，地力之富，如有縝密計劃，實行移民殖墾，何至全國到處貧苦，國庫如洗，一切國防基本工業胥無從舉辦轉而乞諸其鄰，為飲鴆止渴之計乎！」〔註87〕從蘭州到包頭，黃河「兩岸墾畝連雲，土壤肥沃，皆黃河灌溉之功」〔註88〕。甘肅「平涼地帶涇渭，土地肥沃，水草豐美，宜耕宜牧。出產為麥、稷、高粱、藥材以及牛羊等家畜。礦產豐富，五金、煤、鐵具備，均由人民以土法掘取，故無規模可言。」〔註89〕

蘭州之行當時被認為是危險的，由於張學良和端納未阻攔蔣氏夫婦西行，還遭到許多高級官員的嚴厲斥責。大多數南京官員認為，西北各省紅軍活動頻繁，甘寧地處偏遠，政治情況複雜，蔣介石和宋美齡隨時都有被暗殺的可能。但蔣介石毅然決定由陝繼續西行，巡視甘肅、寧夏政治發展是此時蔣介石考慮的焦點。1934 年 10 月 17 日，蔣氏夫婦、張學良等人由西安直飛蘭州，甘肅省軍政要員朱紹良、鄧寶珊、胡宗南等率萬餘民眾夾道歡迎蔣氏夫婦

〔註85〕《更調陝甘兩省主席》，《申報》，1933 年 5 月 5 日，第 2 版。

〔註86〕范長江：《中國的西北角》，北京：新華出版社，1980 年，第 60 頁。

〔註87〕林鵬俠：《西北行》，蘭州：甘肅人民出版社，2002 年，第 2 頁。

〔註88〕林鵬俠：《西北行》，蘭州：甘肅人民出版社，2002 年，第 189 頁。

〔註89〕林鵬俠：《西北行》，蘭州：甘肅人民出版社，2002 年，第 31 頁。

菡甘巡視。當晚蔣介石召見朱紹良、鄧寶珊、胡宗南等將領,「關於甘肅治安垂詢其詳。」〔註90〕

18日,《甘肅民國日報》發表社評,一方面對蔣介石菡甘巡視表示歡迎,另一方面表達了尊崇蔣介石為全國「最高領袖」的決心,並且全面總結了當前甘肅省在黨務、民政、軍事方面所存在的問題,希冀得到蔣介石的部署解決。社評中說「蔣委員長為本黨唯一之領袖,本省黨務,在蔣委員長指導進行之下,雖有長足之進展,然如何鞏固黨基,如何提高黨權,又非依靠蔣委員長剴切指示,不足以為功。本省地處西陲,一切被稱落後,其依賴於蔣委員長者厥尤為重多也!深望蔣委員長垂察及此,本省黨務前途實為有幸!」〔註91〕在民政方面,社評對甘肅社會發展頗為憂慮,「懇請」蔣介石加以關注解決:

> 自朱紹良氏來主甘政,本省政治前途,立見曙光!徒以本省自慘遭國民軍禍亂之後,政治上之竊敗,已無以復加!罌花遍地,黑禍殆遍,苛雜重疊,民無喘息;至如教育上之拮据喪敗,建設上之貧乏廢弛,更一言難盡!朱氏當此局面,積重難返,故雖慘淡經營,亦勢不能立時導全國轉入光明之途。蔣委員長關懷西北,久為吾人所熟知,而如此政治,亦必為蔣委員所痛心!今特煩述,望蔣委員長出之以解救,使早入刷新之路。〔註92〕

軍事問題是蔣介石最為擔心的,由其親信、軍人出身的朱紹良代替文人邵力子出任甘肅省政府主席,也是蔣介石出於強力控制甘肅政局的考量。社評對於時下甘肅軍事狀況提出批評:

> 本省軍事,在以往為最難言談之事件!良以士兵分子複雜,訓練不嚴,兵即匪,匪即兵也。舉凡一切破壞擾害之事實,皆可為之!彼為兵者,對其捍國保民之天職,率不之知,市塵街頭,滿見此輩之兇焰,窮鄉僻壤,盡皆彼等之醜行。以致民不聊生,恨聲載道,造成民眾對士兵最惡化之心理!〔註93〕

文章希望蔣介石對甘肅軍事加以整頓,「蔣委員長為中國唯一之軍事領袖,在其統制下之士兵,習之儀節,久經訓練。今日國難嚴重,國防吃緊,

---

〔註90〕《蘭州前日萬人空巷迎蔣》,《京報》,1934年10月19日,第2版。
〔註91〕《歡迎蔣委員長》,《甘肅民國日報》,1934年10月18日,第2版。
〔註92〕《歡迎蔣委員長》,《甘肅民國日報》,1934年10月18日,第2版。
〔註93〕《歡迎蔣委員長》,《甘肅民國日報》,1934年10月18日,第2版。

國家前途，依賴於士兵者之極重！深望蔣委員長明察已往，對本省軍事，加以整飭，實為一般民眾最大之希望！」〔註94〕

18日上午，甘肅省政府在中山堂舉行迎蔣大會，在蘭黨政軍高級幹部、各校師生代表及社會知名人士千餘人參加，蔣介石、張學良、朱紹良分別發表講話。蔣介石在講話中首先談及對甘肅的印象：

> 此次來甘，與從前未來時的感想完全不同，兄弟自江西湖北河南陝西來到甘肅，沿途看到甘肅的基礎最好，其他各省毀壞程度都利害，要將甘肅復原起來，將來發展一定容易。並且要大家扶助政府，服從命令，一步一步進行，三五年後甘肅一定在西北作中國復興的基礎！再者甘肅人情樸厚，體格強健，舊道德仍然存在，所以兄弟此次來甘有很多的感想，就是希望甘肅同胞，保存祖先遺留的好處，更要繼續發揚光大，才能奠定復興的基礎。〔註95〕

蔣介石巡視甘肅之前，途經贛、鄂、豫、陝四省，而在講話中談及對甘肅之印象，認為甘肅建設基礎相較其餘四省最好，無疑是對在場千餘甘肅人士的奉承之語，甘肅無論政治、經濟建設仍然處於全國落後水平。但蔣介石對於甘肅政治、軍事情形的重視，促使甘肅成為30年代西北開發建設的重點省份之一。同時蔣介石對甘肅復興及發展提出幾點要求：「一、注重衛生，使身體強健、精神發達，一切事業才有進步。二、提高知識，應下決心對新知識格外注重，研究精益求精，不致落後。三、實行新生活，要從禮義廉恥上做起，恢復中華民族固有的忠、孝、仁、愛、信、義、和、平八德。」〔註96〕

張學良在講話中談到其對西北之深刻印象：「西北如此偉大，祖先所留給我們的憑籍如此雄厚，我們如不努力，不但對不起祖先、對不起總理，更對不起委員長」。張學良感覺「西北土地之大，民氣之厚，物產之富，甚感覺西北，尤其是甘肅，沒有受著帝國主義的束縛。」〔註97〕在談及西北開發時，張學良說：「現在中央注意開發西北，民眾也高呼開發西北，這是極好的消息，

〔註94〕《歡迎蔣委員長》，《甘肅民國日報》，1934年10月18日，第2版。
〔註95〕《昨晨本市各界舉行歡迎蔣張大會》，《甘肅民國日報》，1934年10月19日，第3版。
〔註96〕《昨晨本市各界舉行歡迎蔣張大會》，《甘肅民國日報》，1934年10月19日，第3版。
〔註97〕《昨晨本市各界舉行歡迎蔣張大會》，《甘肅民國日報》，1934年10月19日，第3版。

但兄弟極希望甘肅同胞自己努力，自求開發之道，切不可一味依賴中央，想中央如何的來解決甘肅民眾的痛苦，開發西北寶藏，尤其是知識階級，更要明白這一點。現在所提倡的新生活運動，而須各自努力，從自己做起。」〔註98〕最後甘肅省政府主席朱紹良就蔣介石、張學良蒞甘巡視表達謝意，並表示切實服從全黨全國唯一領袖的領導，身體力行，力求進步。

在蘭州期間，蔣介石接見了青海省主席馬麟和馬步芳、馬步青以及隴南魯大昌等軍事將領，並對青海省務多有關注和指示。馬步芳特送蔣青海棗騮大馬六匹、黑走馬八匹〔註99〕，蔣介石在會見中親題「德高望重」贈與馬麟〔註100〕。青海各界致電蔣介石，歡迎蔣張赴青海巡視，因大雪封路，蔣介石青海之行未能成行。〔註101〕

19 日上午，蔣介石與張學良乘車趕赴機場，在省政府通往機場道路上，一萬餘人夾道歡送，並齊呼「擁護蔣委員長」〔註102〕。十二時許，蔣介石在檢閱部隊後登「福特號」飛機離蘭飛赴寧夏，張學良與青海省主席馬麟同行〔註103〕。此次甘肅巡視雖然短暫，但蔣介石感到頗為喜悅，19 日記曰：「近日氣平神爽也。」〔註104〕

下午一時半，飛機抵達寧夏機場，寧夏省主席馬鴻逵等人到機場迎接，「由機場至城內沿途軍隊學生及民眾等夾道歡呼，約在五萬人以上，為西北空前盛舉。」〔註105〕到達寧夏城內，蔣在馬鴻逵陪同下參觀了寧夏城市建設及製幣廠、軍火廠和煤礦，還順道視察了正在建築中的由寧夏城通向西安的隴海分線鐵路。

馬福祥活躍於民國政壇多年，在各方勢力間縱橫捭闔、悉心運籌，在夾縫中求得生存和發展，後又依靠蔣介石，奠定了馬氏家族長期統治寧夏的基礎。

〔註98〕《昨晨本市各界舉行歡迎蔣張大會》，《甘肅民國日報》，1934 年 10 月 19 日，第 3 版。

〔註99〕周美華編注：《蔣中正總統檔案：事略稿本》（第 28 冊），臺北：「國史館」，2007 年，第 348 頁。

〔註100〕《蔣昨由寧夏抵西安》，《京報》，1934 年 10 月 21 日，第 2 版。

〔註101〕《蘭州前日萬人空巷迎蔣》，《京報》，1934 年 10 月 19 日，第 2 版。

〔註102〕《蔣張昨離蘭飛寧視察》，《甘肅民國日報》，1934 年 10 月 20 日，第 3 版。

〔註103〕郭廷以：《中華民國史事誌》（第三冊），臺北：中央研究院近代史研究所，1984 年，第 407 頁。

〔註104〕周美華編注：《蔣中正總統檔案：事略稿本》（第 28 冊），臺北：「國史館」，2007 年，第 344 頁。

〔註105〕《蔣昨由寧夏飛抵西安》，《新天津》，1934 年 10 月 21 日，第 2 版。

1932 年馬福祥去世後，其子馬鴻逵繼任寧夏省主席。蔣介石此行來到寧夏后，借懷念馬福祥，拉近與馬鴻逵之關係，增進私交，以鞏固統治。當晚蔣在日記中記載其感想：「未見馬氏母子已久，到此親愛無比，惜雲亭（馬福祥）已不在，可悲也。惟寧夏政治漸上軌道，或在陝甘之上，可慰也。」〔註 106〕

20 日上午，蔣介石在寧夏 15 路軍總指揮部大禮堂，對寧夏黨政軍各界及知名人士發表《開發西北建設寧夏》的演講。蔣介石指出：「今日的寧夏，非特是西北的重鎮，而且是國家的屏藩。大家應同力合作，聯合保衛地方」。〔註 107〕關於寧夏開發建設的要點，蔣介石提出：「實施調查戶口，清丈土地，開闢交通，振興警衛，並且訓練民眾，協助政府推進政治。」〔註 108〕

在此以後，蔣馬一度緊張的關係得到緩和，「西北馬」向蔣介石和國民黨中央重新表達了孝忠之心，蔣介石亦對「西北馬」在西北地區舉足輕重之地位有了一定認識，開始以安撫為主的政策控制和利用「西北馬」。主要表現在政治上，承認「西北馬」的既有地位及掌控土地，並由其保薦、任命西北地方行政官員，思想上輔之以綱常教義，禮義廉恥的封建宗法關係來加強與「西北馬」的關係，經濟上，國民政府每年撥款運用於西北開發建設、協濟地方財政、武裝馬家軍隊實力。〔註 109〕

在寧夏停留一天後，蔣介石一行於 20 日十時乘機返回西安，邵力子、楊虎城率陝西省各黨部委員、政府廳長、團體代表、軍隊共萬餘人前往機場迎接，「極盡一時之盛。」〔註 110〕在西安短暫停留後，蔣介石於 22 日由西安返回洛陽，在張學良、楊永泰的陪同下視察了中央陸軍軍官學校洛陽分校，參加總理紀念周活動，並決定「西北整軍任務，委託張學良。」〔註 111〕23 日，蔣介石到達鄭州，河南省軍政長官劉峙、蔣伯誠、洪陸東率千餘人到車站迎接。

〔註 106〕《蔣介石日記》，1934 年 10 月 19 日，美國斯坦福大學胡佛研究所藏。

〔註 107〕秦孝儀主編：《革命文獻》第 88 輯，臺北：中央文物供應社，1981 年，第 124～126 頁。

〔註 108〕秦孝儀主編：《革命文獻》第 88 輯，臺北：中央文物供應社，1981 年，第 126～128 頁。

〔註 109〕參見高屹：《蔣介石與西北四馬》，北京：警官教育出版社，1993 年，第 120～162 頁。

〔註 110〕《蔣委員長昨由寧飛陝，視察甘寧印象極佳》，《西北文化日報》，1934 年 10 月 21 日，第 5 版。

〔註 111〕黃自進、潘光哲編：《蔣中正總統五記：困勉記》（上冊），臺北：「國史館」，2011 年，第 430 頁。

在鄭州，蔣介石與劉峙、蔣伯誠、洪陸東等人會談，指示當前軍政要務，隨後蔣介石在視察完鄭州市新生活運動開展情況後，於十一時離鄭赴汴。在開封，楊永泰向記者表示：「委員長此次赴西北視察，印象極佳，陝甘建設，均有顯著進步，土匪肅清，地方甚安寧。」〔註112〕晚間吃黃河鯉魚，蔣稱「其味肥美，名不虛傳也。」〔註113〕在汴期間，蔣介石會見六十師師長陳沛、九十五師師長唐峻德、河南綏靖公署參謀長劉德芳、保安處長馮占飛等少將以上軍官，個別訓話。〔註114〕

24日西北之行結束後，蔣氏夫婦並沒有返回武漢，而是偕端納由開封飛赴濟南。山東省主席韓復榘親自迎接，並向蔣介石彙報軍隊駐防與訓練情形。在山東省政府，山東各廳長分別向蔣介石彙報魯省政情，民政廳長李樹椿彙報了「縣長訓練情形、聯莊會訓練狀況」，建設廳長張鴻烈彙報了「挖河修路長途電話及虹吸管灌田情形」，教育廳長何思源報告了山東省學齡兒童入學情況，財政廳長王向榮、高等法院院長吳貞纘、濟南市長聞承烈、國民黨山東省黨部常委李文齊分別就各自管轄工作向蔣介石做了彙報〔註115〕。午餐過後蔣介石指示韓復榘「人盡其才、地盡其利、各盡其能」〔註116〕，經過濟南的短暫停留後，蔣氏夫婦一行人下午2時乘機飛赴北平，「到平檢驗身體」〔註117〕。

蔣介石1934年10月4日自江西九江出發，至24日已巡視鄂、豫、陝、甘、寧、魯各省，巡視、慰問、召見、嘉獎黨政軍領導人達幾十人，對華中及西北各省政情都有了更加清晰的把握，這對於蔣介石日後控制西北政局、部署西北發展都有至關重要的作用。蔣介石通過巡視，試圖消除西北華北各地方實力派對中央政府的恐懼心理，安排楊虎城、「西北馬」與國民黨中央軍「精誠合作」圍剿紅軍，以完成其「攘外必先安內」的政治夙願。

〔註112〕《蔣委員長昨蒞汴垣，過鄭時劉峙蔣伯誠等迎候》，《西京日報》，1934年10月24日，第2版。

〔註113〕周美華編注：《蔣中正總統檔案：事略稿本》（第28冊），臺北：「國史館」，2007年，第357頁。

〔註114〕《蔣昨晨過鄭午抵汴》，《京報》，1934年10月24日，第2版。

〔註115〕《蔣委員長飛平視察，過濟曾停留垂詢省政》，《西京日報》，1934年10月25日，第2版。

〔註116〕《蔣委員長飛平視察，過濟曾停留垂詢省政》，《西京日報》，1934年10月25日，第2版。

〔註117〕周美華編注：《蔣中正總統檔案：事略稿本》（第28冊），臺北：「國史館」，2007年，第351頁。

第三節　對日交涉與抗戰準備

1932～1937 年間，國民政府統治能力加強，統治範圍進一步擴大，一方面體現為蔣介石本人的權力增長和地位提升；另一方面則表現為南京國民政府各方面制度建設的逐步完備。作為一個全國性政權，南京國民政府很自然地有中央集權、完善統治機器的內在驅動力，而當時的歷史情境又加劇了這一集權之勢，以抵禦步步緊逼的日本侵略，並整合國內盤根錯節、大大小小的地方實力派。因此，可以說這一階段「攘外」和「安內」兩方面互為表裏，實為一體之兩面。此次蔣介石巡視華北，正是兼具「攘外」和「安內」的雙重性質。

蔣介石在 1942 年 9 月西安軍事會議開幕式致詞中，回顧了 1934 年巡視西北的感想，他認為：「二十四年（筆者注：應為民國二十三年）視察西北的結果在決定抗戰大計，」〔註118〕蔣介石感慨道：

> 二十四年（筆者注：應為民國二十三年）我到西北的時候，正是敵人的壓迫一天一天嚴重的時候，國家危急情狀，真是朝不保夕，隨時可亡；而當時國際情形，格外慘淡，既無道義信用可言，復無條約協定可恃，而敵人則如此蠻橫兇暴，我們的國勢又衰弱不堪，所以我們當時對於抗戰大計，實在很不容易決定；因為當時國家的重要建設，無論經濟、政治、交通、文化，統統都在沿江沿海一帶，而為我們國家之寶藏的西北和西南各地，反而一點沒有準備，沒有開發。當時人心惶惶，都覺得抗戰沒有什麼把握。〔註119〕

八年後蔣介石回憶起 1934 年的西北巡視，緣何抗戰的「把握」變得更大，更確定，這與西北地區的建設及開發、華北地區的交涉與溝通不無關係。自華中、西北巡視後，蔣介石赴華北探查各方態度，穩定華北政局。1934 年的華北，已處在防禦日軍侵略的最前沿，「今日中國已在危急存亡之秋，西北乃民族勃興根據地，華北乃民族奮鬥最前線。」〔註120〕蔣介石巡視西北結束後，再赴華北，也意在安排對日交涉與防禦事宜。

〔註118〕蔣介石：《西安軍事會議開幕詞》（西安，1942 年 9 月 6 日），秦孝儀：《先總統蔣公思想言論總集》（第 19 卷），臺北：中國國民黨中央委員會黨史委員會，1984 年，第 229 頁。

〔註119〕蔣介石：《西安軍事會議開幕詞》（西安，1942 年 9 月 6 日），秦孝儀：《先總統蔣公思想言論總集》（第 19 卷），臺北：中國國民黨中央委員會黨史委員會，1984 年，第 230 頁。

〔註120〕《歡迎復興民族領袖蔣公》，《京報》，1934 年 10 月 26 日，第 2 版。

一、穩定華北政局

　　國民黨自建立之日起，地緣糾葛與派系紛爭不斷，蔣介石在執掌全國政局後，其統治中心一直在江浙地區，華北地區處於晉綏系、東北軍、西北軍的控制下，蔣介石很難完全掌控。西北、華北諸省情勢複雜，地方實力派與國民黨中央貌合神離，隨著日軍逐步威脅華北地區，蔣介石態度有所轉變，「與之前的強弓硬拉、力圖以武力推進統一相比，1932 年以後，對北方實力派基本上是一種綏靖與懷柔的政策。」〔註 121〕

　　1933 年 8 月，蔣介石在考慮與各地方實力派關係時，「一、張來中央；二、劉湘扶助；三、對馮限制；四、對閻放任；五、對孫聯絡；六、對楊領導；七、對韓督察；八、對于培植；九、對商、龐、傅提攜。」〔註 122〕除四川的劉湘外，蔣介石日記中記載的張學良、馮玉祥、閻錫山、孫殿英、楊虎城、韓復榘、于學忠、商震、龐炳勳、傅作義等人均為北方實力派，而從「限制」「放任」「督查」「培植」中不難看出，蔣介石對各實力派是既分而治之，又整體「懷柔」的態度。1934 年蔣介石的西北、華北之行，正是蔣介石試圖與地方實力派權力博弈，爭取和平安撫的大好時機。

　　時任河北省政府主席王樹常、天津衛戍區司令于學忠皆出身於東北軍，為張學良親信，熱河失守後，蔣介石對東北軍的不滿增加，為此蔣要張學良交出兵權，東北軍以及原歸張學良統轄之西北軍，皆劃撥中央軍管轄。〔註 123〕1933 年 3 月 11 日，張學良通電下野，同時辭去北平軍分會委員長、東北邊防軍總司令。蔣介石將東北軍整編為 4 個軍，分別由于學忠、王以哲、萬福麟、何柱國擔任軍長。再加之察哈爾之宋哲元、綏遠之傅作義、山西之閻錫山，皆非蔣介石親信。

　　出於對華北政局加強控制的需要，蔣於 1933 年邀請賦閒莫干山的盟兄黃郛出山，1933 年 5 月，黃郛復出政界，出任行政院駐北平政務整理委員會委員長，與日本政府、關東軍秘密交涉談判塘沽協議。5 月 31 日，最終協定達成。在中國高漲的反日民族情緒之下，黃郛成為輿論及不同政治勢力派系間之指責對象。黃郛（一八八○──一九三六），原名紹麟，字膺白，號昭甫，

〔註 121〕郭昌文：《蔣介石對地方實力派的策略研究（1928～1936）──以「剿共」為主要視角》，浙江大學博士學位論文，2011 年，第 121 頁。
〔註 122〕《蔣介石日記》，1933 年 8 月 26 日，美國斯坦福大學胡佛研究所藏。
〔註 123〕黃自進：《阻力與助力之間：孫中山、蔣介石親日抗日 50 年》，北京：九州出版社，2015 年，第 213 頁。

浙江省上虞縣人。初入浙江武備學堂，後以清廷官費赴日入東京振武學校。曾加入中國同盟會，參與辛亥革命及二次革命，先後任北京政府外交、教育總長與代總理，國民政府外交部長、行政院駐平政務整理委員會委員長等職，負對日秘密交涉，與蔣介石有同學、同鄉，以及擬血之誼盟關係〔註124〕。1912年在上海，蔣介石、黃郛、陳其美三人換帖結盟，私交甚篤。黃郛夫人沈亦云回憶：「膺白（黃郛）與陳、蔣兩先生換譜在上海打鐵浜地方，約言是：『安危他日終須仗，甘苦來時要共嘗』，語系英士（陳其美）先生所擬，蔣先生贈英士、膺白二人寶劍各一，此二語即鑴在其上」，〔註125〕可見蔣介石對黃郛之信任。此外蔣任命在江西「剿共」失敗的何應欽擔任北平軍分會代理委員長，以期實現對華北各方權勢的平衡與制約。蔣介石此行華北，就是在安撫各地方實力派的前提下，試圖做出抗戰姿態，安排對日各項事宜，也藉此消弭全國人民對其「攘外必先安內」政策的不滿。

10月24日下午4時40分，蔣介石專機抵達北平。在北平南苑機場，黃郛夫婦、北平市長袁良、公安局長余晉龢、32軍軍長商震、察哈爾省主席宋哲元、軍委會北平分會辦公廳主任鮑文樾以及王樹常、萬福麟、蕭振瀛、門致中等北平軍政各界領袖及中英美日各國記者迎候，「自南苑直達前門大街，道路兩側佇立民眾，踵趾相接，咸欲一瞻風采，其熱烈情況，為北伐底定平津後所僅見。」〔註126〕25日，蔣介石接見黃郛、翁文灝，就「對倭說話時間、西北問題、平市問題、與倭通郵、煤油金銅礦務」〔註127〕等事務進行了商討。

為歡迎蔣介石巡視北平，北平著名報紙《京報》於10月26日發表社論

〔註124〕蔣介石與黃郛關係之密切亦可從《黃郛日記》中窺見一斑，1934年8月11日至9月4日間，黃郛於8月11日、13日、20日、27日、28日、29日、30日、31日、9月1日、3日、4日，共11次拜會蔣介石。參見黃郛著，任育德主編：《黃郛日記（一九三三～一九三四）》，香港：開源書局，2019年，第168～174頁。此外根據劉維開研究，蔣介石在處理人際關係時，經常結拜盟兄弟。主要有陳其美、黃郛、戴季陶、張靜江、李宗仁、馮玉祥、張學良、楊虎、汪兆銘、閻錫山、杜月笙、何祿山、許崇智、吳忠信、邵元沖、朱培德、張群、周淡游、王恩溥等，劉維開：《蔣介石的軍事人脈》，收錄於汪朝光主編：《蔣介石的人際網絡》，北京：社會科學文獻出版社，2011年，第72頁。

〔註125〕沈亦云：《亦云回憶》（上冊），臺北：傳記文學出版社，1980年，第228頁。

〔註126〕沈雲龍編著：《黃膺白先生年譜長編》（下冊），臺北：聯經出版事業公司，1976年，第791頁。

〔註127〕《蔣介石日記》，1934年10月25日，美國斯坦福大學胡佛研究所藏。

《歡迎復興民族領袖蔣公》，對蔣介石巡視「功績」極盡讚揚：「（蔣委員長）勞苦功高，本月乘共匪行將肅清之際，離牯嶺，經漢口而洛陽，而西安，而蘭州，而寧夏，而開封，而濟南，昨日始涖北平，萬里長征，風塵僕僕，詢下民之疾苦，督屬吏之慎勤，饑溺為懷，蓋籌在握，吾儕既服其眼光之遠大，又咸其于役之艱辛，景仰之餘，竊願一言以祝。」〔註128〕談及西北地理及經濟發展，社評說：「西北為吾族發祥地，而以文化遷移，日形凋敝，不有大力以開發之，幾有淪為廢墟之歎。然開發多端，論者不一，斟酌緩急，純賴最高當局親臨考察，而後胸有成竹……故西北其影響全國者，至微妙而至深遠。蔣委員長此次西北行，必以洞察實況，預為之謀，消極防患於未然，積極拯民於塗炭。」〔註129〕九一八事變後，華北地區已成為抗擊日本侵略者的前線，蔣介石此次巡視至華北地區，就是出於對日方態度觀察的考慮，以及整頓華北經濟。社評談道：「華北自滿洲失守，變成邊疆，強鄰虎視，岌岌可危。長城戰役以後，元氣大傷，創傷未復，加以匪禍天災，農村日益破產，水深火熱。蔣欲救濟，亦非有大力者不可。蓋地方富庶過於東南，而處境安危又甚西北，必竭全國之財之力，方可以鞏固國防安奠民眾。」〔註130〕關於蔣介石發起之新生活運動，文章認為「蔣氏以復興民族為己任，察知中國民族之病，在棄其固有文化而未曾真吸取西洋文化，故平日主張採人之長以補己短，同時提倡禮義廉恥，實行新生活，以振起民族精神。此固孫總理所償諄諄言之者，而蔣氏則身行力踐以資表率，並以普遍於全國而使全民族潛移默化。」〔註131〕《京報》之社論對蔣介石年初掀起新生活運動給予極高評價，亦客觀反映了目前華北政治危局以及經濟困頓以期得到重視與解決。

　　時任南昌行營秘書主任及政學系骨幹的楊永泰，為蔣介石一手擘劃了「攘外必先安內」、「保甲法」、「新生活運動」及如何「剿共」等具體政治措施，因而作為蔣介石最為信任的侍從人員之一陪同左右。基於此，北平各軍政要員為更好地結交楊永泰，在楊抵達北平的接待及歡迎工作上極盡高規格。25日，楊永泰一行侍從人員乘火車抵達北平，北平市長袁良、察哈爾省主席宋哲元及商震、蕭振瀛、鮑文樾、王樹常、萬福麟等華北軍政要員四十餘人到車站

〔註128〕　《歡迎復興民族領袖蔣公》，《京報》，1934年10月26日，第2版。
〔註129〕　《歡迎復興民族領袖蔣公》，《京報》，1934年10月26日，第2版。
〔註130〕　《歡迎復興民族領袖蔣公》，《京報》，1934年10月26日，第2版。
〔註131〕　《歡迎復興民族領袖蔣公》，《京報》，1934年10月26日，第2版。

迎接。26 日中午，宋哲元在北平設宴歡迎楊永泰。晚間軍委會北平分會辦公廳主任鮑文樾及軍委會北平分會委員萬福麟、榮臻等設宴為楊永泰洗塵。〔註132〕28 日中午，北平市長袁良在頤和園景福園設宴歡迎楊永泰及隨行人員，鮑文樾、宋哲元、王樹常等四十餘人作陪，「觥籌交錯，盛極一時，宴後遊園，欣賞秋景，至四時散去。」〔註133〕

另一位深受蔣氏夫婦信任的澳籍顧問端納，此時在北平也成為各方輿論關注的焦點。28 日，端納在接受記者聯合採訪時極力鼓吹蔣介石對於全力剿共及新生活運動所做出的「偉大貢獻」，他說：「自蔣委員長實行政治剿除政策後，凡我官兵盡力為人民服務，廢苛雜，除貪污，築道路，建工廠，興學校，凡有利於民者，無不力行之，害民者無不痛除之。此次運動，將在蔣委員長領導之下，積極進行。」〔註134〕26 日，蔣介石在北平協和醫院檢查胃病，「經詳細診斷，肝胃膽腸皆無恙，並無病象。」〔註135〕

1933 年長城抗戰後，華北危機日益嚴重，地方治理成為擺在華北治理者面前的難題。此次蔣介石巡視至華北地區，依次接見華北各軍政長官及各職能部門負責人。在北平分別接見了宋哲元、王寵惠、于學忠、傅作義、商震、萬福麟、趙戴文、顏惠慶以及張繼、秦德純、張伯苓、劉峙等各界人士，就當前對日外交及通郵、華北政局穩定、經濟發展、教育等問題進行商議。

10 月 28 日《京報》再次發表社論《望蔣以治贛法安定華北》，希冀蔣介石移植江西「剿共」經驗，以此穩定華北政局。社論中論及此時華北危急情勢時說道：

> 華北逼處強鄰肘腋之下，漢奸潛匿，外僑橫行，平日交涉，已感困難。一旦有事，門戶洞開，敵騎不遇抵抗，即可深入堂奧，故下民咸存媚外之念，官吏多萌懼禍之心，苟且偷安，萎靡不振。加之地方貧瘠，政令煩苛，農村破產，伏莽暗滋，偽逆離間挑撥，時虞土崩魚爛。〔註136〕

〔註132〕《各要人紛紛歡宴楊永泰》，《京報》，1934 年 10 月 26 日，第 2 版。
〔註133〕《趙戴文奉蔣召來平，王寵惠昨赴協和晉謁》，《京報》，1934 年 10 月 29 日，第 2 版。
〔註134〕《王寵惠昨日謁蔣，因蔣正在檢驗身體間未便長談》，《山東民國日報》，1934 年 10 月 29 日，第 3 版。
〔註135〕《蔣委員長昨入協和詳細檢查身體》，《京報》，1934 年 10 月 27 日，第 2 版。
〔註136〕《望蔣以治贛法安定華北》，《京報》，1934 年 10 月 28 日，第 2 版。

　　文中說，面對華北此等危機狀況，必須借鑒國民黨圍剿紅軍之經驗，「統一軍令，振作士氣，修明政治，收攬民心，嚴密防守，逐步推進。深溝高壘，步步設防，碉堡林立。」〔註137〕為防止日軍侵擾，文中建議「北地人民大都築寨聚居，因其利便，增厚垣牆，要非難辦。昔袁崇煥謀邊，主以遼人守遼土，以遼土養遼人。今日華北，尤適用此策，蓋強鄰橫聚，不願我駐重兵，以為威脅偽國……目前惟有訓練民眾武裝自衛，平時皆為農夫，急時皆為鬥士，盜賊即可肅清，敵人亦將斂跡。」〔註138〕在政治經濟發展方面，應該「慎選官吏，剔除貪污，竭力避免苛捐雜稅，藉使災黎喘氣。同時提倡實業，保護工商，縱不能抵制外貨，亦可免塞漏卮。」〔註139〕蔣介石抵達北平後，從《京報》及各大報紙的報導不難看出，北平各界對於蔣介石此番巡視抱有極大期望，不僅希望從快解決華北政治危局，亦在經濟發展的基礎上，實現地方匪患清除，政治清明。

二、探查日蘇態度

　　蔣介石巡視至華北地區，除穩定華北政局外，探查日蘇態度也是此行的重要內容。此時蔣介石一以貫之的「攘外必先安內」政策反對之聲四起，蔣介石作為「最高領袖」必須明確做出抗敵表態，甚至深入抗敵前線，才能重塑形象，振奮全國抗戰熱情。他在南昌行營的講話中認為，日本侵佔中國土地，待中國自立自強後必將全部收回，中日衝突不足為慮，他說：「與中國關係最重大者莫如日本，日本自明治維新以來，有一傳統的外交政策，即侵略滿蒙進而滅亡中國。而在中國方面，我國民黨亦有一傳統的外交政策，即不僅不使一寸國土由我而失，而且所有失地如臺灣、琉球、朝鮮、均須收復。日本侵略中國，乃坐於中國之不競，純粹由於吾人之不能自立自強。中國何日能統一安定發奮為雄，予信東北失地必能歸還……故日本之於中國，正所謂『撫我則後，掠我則讎』，終非我最後最大之敵人也。」〔註140〕而蔣介石認定中國最大之敵人，實則為蘇聯，中蘇關係的突破口就在英國。他說：「中國

〔註137〕《望蔣以治贛法安定華北》，《京報》，1934年10月28日，第2版。
〔註138〕《望蔣以治贛法安定華北》，《京報》，1934年10月28日，第2版。
〔註139〕《望蔣以治贛法安定華北》，《京報》，1934年10月28日，第2版。
〔註140〕蔣介石：《中國之外交政策》（南昌，1934年3月7日），秦孝儀：《先總統蔣公思想言論總集》（第12卷），臺北：中國國民黨中央委員會黨史委員會，1984年，第101頁。

最後最大之敵人，厥為蘇俄。蘇俄不僅為中國最後最大之敵人，亦且為並世各國尤其是英國唯一之真正敵人。以中國之偉大，若能自強，當然可以居最大最高之地位為世界和平之主，但以目前之大勢而論，必有與國，方易圖存；具體言之，即必須始終聯英以抗俄，現在世界各國，尤其是中國，便不能再聽任俄國抬頭，如再抬頭，世界之糾紛必更有不堪問者。」〔註141〕

　　10月30日，蔣介石在北平接見郵政總局主任秘書高宗武、山西省郵務長余翔麟，詢問中日通郵談判情況，並指示與日方談判交涉之要點。蔣說道：「國聯通過之原則，可以採用，關於郵票問題，取兩項辦法：一、由關內郵政機關致關外郵政機關一公函，委託關外郵政機關發行一特種郵票，為專貼入關郵件之用。二、致公函於關外郵政機關，認可某類特種郵票，可以貼用於入關郵件。但聲明特種即係不承認偽滿郵票之意。關於郵戳問題，現在所持以 AB 符號代表新京之一點，可再力爭。」〔註142〕10月31日，蔣介石再次會見黃郛，商談「對日計劃」等問題，蔣介石謂：「余以為為政必須先立其本，以人格與精神，堅信於國民，必有當今之世捨我其誰之志節與事實，如此，方能救國禦侮也。」〔註143〕同時黃郛向蔣介石彙報了當前與日通郵談判進度及各方情況。次日，蔣介石在黃郛、王寵惠陪同下，在北平外交大樓舉行茶話會，招待各國駐北平外交工作人員。〔註144〕正值蔣介石巡視華北之機，晉旅察同鄉會致電蔣介石，歡迎蔣赴晉視察。

　　11月2日，蔣介石在審定教育、畜牧、森林、築路、屯墾方案後，參加黃郛在外交部迎賓館舉行的歡迎晚宴，吳佩孚、于學忠、王樹常、顏惠慶、王寵惠、蔣夢麟等黨政軍要員及北平政委會成員、北平黨政軍農工商學各界，各文化團體、社會團體、新聞界、新生活運動促進會代表二百餘人參加，席間設「一湯兩菜，不備酒，實行新生活。」〔註145〕歡迎會上黃郛首先就蔣抵

〔註141〕蔣介石：《中國之外交政策》（南昌，1934 年 3 月 7 日），秦孝儀：《先總統蔣公思想言論總集》（第 12 卷），臺北：中國國民黨中央委員會黨史委員會，1984 年，第 102～104 頁。

〔註142〕沈雲龍編著：《黃膺白先生年譜長編》（下冊），臺北：聯經出版事業公司，1976 年，第 794 頁。

〔註143〕《蔣介石日記》，1934 年 10 月 31 日，美國斯坦福大學胡佛研究所藏。

〔註144〕黃郛原著，任育德主編：《黃郛日記（一九三三～一九三四）》，香港：開源書局，2019 年，第 192 頁。

〔註145〕《黃郛昨晚歡宴蔣委員長，迎賓館空前盛會》，《京報》，1934 年 11 月 3 日，第 2 版。

平致歡迎辭，並對蔣介石發起新生活運動大加讚揚。隨後蔣介石致辭：「今日之中國，正值艱難之時，希望大家各盡本職，復興民族以救國家。」〔註146〕商震、袁良、蔣夢麟等各界代表也同致敬辭。次日黃郛夫人沈亦云女士組織北平閨秀名媛歡迎全國婦女運動領袖宋美齡。

針對迎蔣大會召開及蔣介石發表致辭，3日，《京報》發表題為《一致努力復興民族》的社論。社論分析，今日中國正值危急存亡之秋，「種族競爭激烈，黃種退居劣等地位，中國受侮尤深。近六十年間，強鄰虎視眈眈，內地農村破產，循此以往，國家有滅亡之禍。蓋昔之夷狄，皆不如我，今日我不如人，兵力不如人，文化不如人，政治經濟皆不如人，蓋至自疑智慧不如人，德性不如人，果真不幸被人宰割。」〔註147〕面對如此艱難困境，文章提出，急需中國領導人的強統治，並列舉蘇、意、德之「政治經驗」，旨在為蔣介石加強獨裁統治找尋借鑒。社論中說：「蘇俄勃興，固由蘇俄人民節衣縮食以從事建設，然非列寧史塔林善於決定國策，不克臻此，若非蘇俄人民一致遵守其主張而實踐之，亦不克臻此。意大利之強，賴有莫索里尼，尤賴有意大利全國人民之服從莫索里尼。德意志之遭人嫉視，因有希特勒，尤因德意志全國人民之一致擁護希特勒。」〔註148〕文章還提到蔣介石在才識威望、勤勉刻苦、善謀能斷等各方面無異於墨索里尼等人，實則為蔣介石加強獨裁統治鼓與呼。

1934年國民政府圍繞北寧路關內外通車以及東北與關內通郵等問題與日本展開談判，在黃郛主導下，與日方達成若干協議，兩國關係出現一絲曙光。國民政府外交政策全面轉向對日妥協，主張中日親善的行政院院長汪精衛、行政院駐平政務整理委員會委員長黃郛開始在國民政府對日交涉過程中發揮核心作用。因此在北平期間，蔣介石多次會見黃郛，所能討論皆為對日交涉，並未做出抗戰禦敵的有效準備。此外，國民政府各派勢力為爭權奪利，彼此互相傾軋，使得華北危機更趨複雜化，黃郛與東北軍、宋哲元勢若水火，彼此攻訐，不僅為日軍蠶食華北創造良機，更使得華北亂象紛呈，各方對日策略均夾雜派系因素。以黃郛為代表的妥協外交派在對日交涉方面步步妥協，華北危機得以空前加劇。〔註149〕

〔註146〕《黃郛昨晚歡宴蔣委員長，迎賓館空前盛會》，《京報》，1934年11月3日，第2版。
〔註147〕《一致努力復興民族》，《京報》，1934年11月3日，第2版。
〔註148〕《一致努力復興民族》，《京報》，1934年11月3日，第2版。
〔註149〕賀江楓：《無以為繼：黃郛與1935年華北危局》，《近代史研究》，2018年第

三、出巡塞北與穩定邊疆

九一八事變後，察綏作為西北門戶，又成為國防前線，察綏地區的安危與控制權關乎整個西北、整個國家。馬鶴天考察察綏現狀後得出「人口稀少、財政困難、文化落後、富源未闢等，無不與西北各省同一現象」的結論，「惟強鄰侵略之現狀，甚於其他各省。」〔註150〕察綏地區關乎國防安危，「自九一八事變以來，日人之欲無厭，由東北而西北，由東蒙而西蒙，察綏已成第一防線，年來多倫、沽源，已等於亡，而錫盟，日人亦視為囊中物，汽車路、飛機場、無線電等，無不積極設置。而赴張家口、歸綏與錫盟之偵探、調查員，絡繹於道，鼓動蒙人，不遺餘力。蒙古盟旗，占察綏面積大半，險象環生，岌岌不可終日。最近竟圖窮匕見，公然派飛機，擲炸彈，運輸日偽軍深入察境，攻擊獨石口，強謂沽源縣屬地為熱河豐寧縣屬地，必欲併吞察哈爾全省。察如不保，綏亦隨之，而西北各省，又為今日之察綏矣。」〔註151〕

蔣介石自1927年出任國民革命軍總司令、軍事委員會委員長後，於1928年7月和1929年6月兩次蒞臨北平，並未出塞外巡視，察綏的人口、財政、教育、墾牧、工礦、國防究竟如何，在北平處理政務後，蔣介石親赴察綏巡視，做出具體的安排部署，而此次是蔣介石第一次到達塞北地區。在北平期間，蔣介石10月31日召見雲德二王代表、內蒙政務委員會委員包悅卿，並且詳細詢問內蒙政務委員會工作情形，對「蒙政會各委員頗多勖勉」，包悅卿對記者表示，蔣介石「對蒙人決予充分扶助。」〔註152〕

11月4日，蔣介石夫婦在宋哲元、楊永泰、蔣介石侍從室侍衛長宣鐵吾、隴海鐵路局局長錢宗澤、平綏鐵路局局長沈昌等陪同下經明十三陵、下花園抵達張家口，察哈爾黨政軍各機關公務人員、軍隊學生團體代表八百餘人在張家口車站迎接。〔註153〕。張家口作為察哈爾首府，自古為戰略重地，此時又處在抗戰最前線，蔣介石叮囑宋哲元加強部隊軍事訓練，以防戰端。同日，

3期；黃自進：《蔣介石與日本──一部近代中日關係史的縮影》，臺北：中央研究院近代史研究所，2012年。

〔註150〕馬鶴天：〈察綏之現在與未來〉，《開發西北》，1935年第3卷第1期。

〔註151〕馬鶴天：〈察綏之現在與未來〉，《開發西北》，1935年第3卷第1期。

〔註152〕《蔣委員長昨日出院，蕭振瀛攜蔣函昨啟程赴蒙》，《京報》，1934年11月1日，第2版。

〔註153〕《蔣委員長遊明陵，昨晨十時抵張家口》，《京報》，1934年11月5日，第2版。

蔣介石出席張北軍民歡迎大會並發表了題為《英雄之志業何在》的演講，蔣介石高度評價了察哈爾地區對於國家國防安全戰略的重要價值，他講道：「現在察哈爾已成國防的最前線，而張北這個地方，更是內蒙一個中心據點，其地位之重要，地形之雄偉，在內蒙也要算第一，因此各位住在此地所負的責任特別重大。換一句話說：各位就是在國防最前線，過著最艱苦的生活，來支持國家民族的生命！」〔註 154〕他鼓勵察哈爾地區軍民在民族危亡之際，建功立業，完成英雄的志業：

> 　　一方面你們的責任是非常重大，生活是非常艱苦，一方面你們更要曉得自己成功立業的機會也格外好，因為歷來凡是成大功立大業的英雄豪傑，可以說十有其九都是在外侮嚴重國族危亡之際，尤其是在關外這些邊疆地方，表現出不世的奇功偉績。因為在邊疆尤其是張北這一帶地方，關山的險要，氣魄之雄偉，在邊陲多事之秋，差不多隨時隨地都使我們很容易表現非常的能力，建立奇特的戰功，完成偉大的事業！只要我們有精神有志氣，能夠發奮努力，自強不息！所以你們一般官長，必須認清責任之重大與機會之難得，而公忠體國勤奮刻苦，一方面要作一般部下的模範，一方面更要領導一般民眾，和我們軍隊打成一片，共同努力！〔註 155〕

他最後強調：「現在只要我們能奮發努力，自強不息，一定可以達到復興民族的目的，完成我們所負的時代使命。」〔註 156〕從蔣介石的講話來看，並未明確指出察哈爾地區具體發展建議，但是著重表達了對在察地區人員戍守邊疆的欽佩，以及作為國家領袖的一種精神鼓勵。

　　會後，蔣介石在察哈爾省政府召集各政府廳長聽取地方政情簡報，並對教育問題尤為關切。察哈爾地處偏遠，氣候寒冷，交通不便，移民至此多為

〔註 154〕蔣介石：《英雄之志業何在》（張北，1934 年 11 月 4 日），秦孝儀：《先總統蔣公思想言論總集》（第 12 卷），臺北：中國國民黨中央委員會黨史委員會，1984 年，第 575 頁。

〔註 155〕蔣介石：《英雄之志業何在》（張北，1934 年 11 月 4 日），秦孝儀：《先總統蔣公思想言論總集》（第 12 卷），臺北：中國國民黨中央委員會黨史委員會，1984 年，第 575 頁。

〔註 156〕蔣介石：《英雄之志業何在》（張北，1934 年 11 月 4 日），秦孝儀：《先總統蔣公思想言論總集》（第 12 卷），臺北：中國國民黨中央委員會黨史委員會，1984 年，第 576 頁。

農民、士兵及商人，因此文化教育日益落後。據馬鶴天的調查：「以學校教育言，察哈爾全省，僅有省立中學二，師範四（男女各二），職業二，私立中學二，縣立鄉村師範八，學生人數共計僅一千三百餘人，每校平均僅數十人，經費共計全年僅二十六萬餘元。小學全省共一千八百餘校，學生共計僅萬餘人，經費八十餘萬元。」〔註157〕

適值察哈爾教育廳長趙伯陶檢查口外各縣教育，特向蔣介石彙報察哈爾省教育現狀及困難，並建議中央撥助教育經費。蔣介石採納其意見，「旋即致電國民政府，每年撥助教育經費六萬元。隨後視察了察哈爾畜牧職業學校，特撥款兩萬元，對察省開展職業教育大加表彰。」〔註158〕蔣並撥付張家口綠化防沙工程以專項經費三萬元，撥一萬元犒賞張家口駐軍。4日晚間宋哲元在省政府宴請蔣介石夫婦及隨行人員。

次日，蔣介石出席國民黨察哈爾省黨部總理紀念周活動，並「手諭宋哲元治察之道。」〔註159〕十時由張家口出發，下午四時抵達大同（屬察哈爾），「軍民歡迎者甚眾」〔註160〕，見此盛大歡迎場面，蔣介石心情大喜，「軍民歡迎之情不可言喻，此心為之一慰，而一般青年體格狀態健強尤為可喜。」〔註161〕

11月6日晚8時，蔣氏夫婦與端納、傅作義、宋哲元、李服膺、趙承綬等人乘專車抵達綏遠首府歸綏，綏遠重要官員雲王、德王、潘王、王靖國、蕭振瀛及綏遠民眾兩千餘人在車站熱烈歡迎，楊永泰由大同直抵太原，提前與閻錫山、徐永昌、孔祥熙商議蔣介石赴晉事宜。

7日，綏遠省主席傅作義在省府為蔣介石接風，綏遠各界在歸綏舉行了聯歡大會歡迎蔣介石一行，蔣發表了《唯時勢能造英雄》的演講，演講中他撫今追昔，回顧蒙古悠久光榮歷史，思考當下危急情勢，在談及巡視北疆民族地區的感想，他說：「我們一般同志不到察綏，不認識中華民族的偉大，不曉得我們祖先五千年來的事業之偉大，與歷史之光榮。既來到察綏看了這一切

〔註157〕馬鶴天：《察綏之現在與未來》，《開發西北》，1935年第3卷第1期。

〔註158〕《蔣昨午離張垣西去，曾出席紀念周召見各要人》，《京報》，1934年11月6日，第2版。

〔註159〕周美華編注：《蔣中正總統檔案：事略稿本》（第28冊），臺北：「國史館」，2007年，第412頁。

〔註160〕周美華編注：《蔣中正總統檔案：事略稿本》（第28冊），臺北：「國史館」，2007年，第412頁。

〔註161〕《蔣介石日記》，1934年11月5日，美國斯坦福大學胡佛研究所藏。

情形之後，再想到現在國家多難的情形，撫今思昔，一方面固令人不勝其感慨，一方面更可以振作一般同志奮鬥的精神！」〔註162〕綏遠地處塞外之地，氣候極寒，風沙肆虐，他鼓勵與會的綏遠民眾及黨政人員，在艱苦的邊塞建立功勳，他動情說道：

> 在歷史上凡是為國家為民族成大功立大業的人物，差不多都是在邊塞上建立奇功，也一定要到邊疆才容易成就！我們看自秦始皇漢武帝唐太宗以至成吉思汗這一般大英雄，無不是志在四方，在邊疆和僻遠的地方表現出雄偉的才能，建立起遠大的功業！所以我們在邊疆尤其是察綏地方的一般同志，無論文的武的，決不要想到此地氣候的寒冷，土地的荒曠，生活的艱苦等等，卻時時刻刻要記住：這個地方就是我們砥礪志節，效忠國家，成大功，立大業的所在，因此我們不好灰心懈志，自暴自棄，應該要刻苦自勵，奮發精神來為國家民族做一番事業！
>
> 凡是成就大事業的人，當然其本身要有特殊的奮鬥精神和創造能力，但是客觀上還有一個最重要的條件，就是要有一個使他能成功事業的時代和環境。這個道理，用古人的成語來講，就是：「英雄固然能造時勢，時勢亦所以造英雄」。察綏這個地方，自古就是英雄豪傑成功立業之所；而現在正當國族危亡邊陲多事的時候，這個時代與環境，不啻天賦我們以造成歷史上勳績的好際遇！我們何幸得此，真值得感動奮發！所以我們斷不可辜負這個千載一時的機會，務必利用此雄壯的關山，把握住大好的時勢，共同協力來完成我們所負挽救危亡復興民族的重大使命。〔註163〕

蔣介石出巡察綏，面對殘酷的自然環境和落後的基礎設施，他動之以情鼓勵各界在邊疆建功立業。察綏安危關乎華北和西北，面對危急的國防形勢，蔣介石特意強調察綏地區對於當前國家國防戰略安全的重要性，他說：「現在察綏地方，北有蘇俄，東有日本，實處於兩大強敵之間，如此險惡的環境，

〔註162〕蔣介石：《唯時勢能造英雄》（歸綏，1934 年 11 月 7 日），秦孝儀：《先總統蔣公思想言論總集》（第 12 卷），臺北：中國國民黨中央委員會黨史委員會，1984 年，第 577 頁。
〔註163〕蔣介石：《唯時勢能造英雄》（歸綏，1934 年 11 月 7 日），秦孝儀：《先總統蔣公思想言論總集》（第 12 卷），臺北：中國國民黨中央委員會黨史委員會，1984 年，第 578 頁。

如果我們能努力自強，就是成功立業最好的機會；但是如果稍有一些懈怠或錯誤，也就極容易造成滅亡之禍！然則我們有什麼方法可以突破這個危難的環境，而完成我們的革命事業呢？這就在乎大家有一個必勝的信念和犧牲的決心」，就需要全體民眾「生於憂患」。蔣介石還列舉了中國古代兩句古語「多難興邦」和「無敵國外患者國恒亡」來警戒民眾，要求察綏民眾抱定「城存與存，城亡與亡」的決心來抵抗外敵的侵略。蔣結合歷史典故和勝敗興衰，無不在做固守疆土的鼓與呼：

> 任何一個國家，不論大小強弱，也不論遭遇如何兇猛的強敵，只要其人民能夠自強自立，有固守疆土、愛護國家的決心，未有不能生存獨立而綿延發展其生命的！反之，古今中外凡是亡國，並不是其他的國家真有力量可以來滅亡他，而完全是由於他本身不能自強，而要自取滅亡，惟其本身予人以可亡之隙，然後人家才有力量來亡他！古人所謂：「兼弱攻昧，取亂侮亡」，就是這個意思。
>
> 這個道理，古今中外無數興亡的史實，已經很明顯的昭示了我們，我們一般同志，尤其是在察綏的各位文武同志，格外要認清這一點，格外要堅定必勝的信念，和犧牲的決心！有我們在此地，就不可有一寸一分的土地再失掉。如果我們都打死了，國家的事情當然不得而知，但是有我們存在一天，一定要固守國土，敵人決不能討一絲一毫的便宜。凡是在察綏的一般文武同志，上自主席，下至士兵及民眾，個個人要有此自信，有此魄力，有此自強的精神和犧牲的決心！〔註164〕

演講結束後，蔣給綏遠民眾及軍政官員以極大鼓勵，德王受邀演講稱：「二百餘年來，國家最高領袖來蒙邊巡視，公為第一人。甚望五族精誠團結，在公領導下，共同奮鬥。」〔註165〕下午蔣氏夫婦參觀歸德、綏遠二城及各喇嘛廟、康熙盔甲、農村試驗場和圖書館，還饒有興致地觀賞蒙古牧民賽馬表演，

〔註164〕蔣介石：《唯時勢能造英雄》（歸綏，1934年11月7日），秦孝儀：《先總統蔣公思想言論總集》（第12卷），臺北：中國國民黨中央委員會黨史委員會，1984年，第579頁。

〔註165〕周美華編注：《蔣中正總統檔案：事略稿本》（第28冊），臺北：「國史館」，2007年，第417頁。

並當場獎勵賽馬牧民五百元。〔註 166〕針對察綏瘟疫橫行，同日電令全國經濟委員會秘書長秦汾：「察哈爾、綏遠兩省及內蒙每年牛羊瘟疫甚劇，希派專家至察、綏兩省協助調查，施行血清方法，並主辦其事」〔註 167〕。

四、促進山西建設

自 1927 年國民黨全國建政，國民黨中央實際控區域以江浙為主，地方實力派造成的「獨立王國」以及黨派紛爭形成的「根據地」亦是常態，多種政治力量之間的競爭與博弈也因此成為民國政治的顯著特徵。山西自辛亥革命後，長期在閻錫山控制之下，尤其中原大戰後，蔣、閻之間表面上達成了妥協，實際中蔣介石亦希望對山西「中央化」。蔣介石始終視閻錫山為軍閥割據，一直執著於統一。而閻錫山則視山西為禁臠，不容其他勢力染指〔註 168〕。此時閻錫山任太原綏靖公署主任，下轄山西、綏遠兩省，徐永昌自 1931 年秋至抗戰爆發前擔任山西省主席，是山西的二號人物。

1934 年 11 月 6 日，閻錫山與徐永昌在太原綏靖主任公署討論如何招待蔣介石，兩人就時下經濟發展和對外戰略進行討論，徐永昌在日記中記錄：

> 閻先生云，我國科學落後，對日則力不如人，對俄則主義不如人，此將如何者？余曰：惟有盡心刻苦往前幹。閻先生謂，此或近於坐以待斃。余謂無他法也，若必欲於無法中強求法，則不如安無

〔註 166〕　《蔣昨由綏飛抵太原，閻錫山徐永昌到場歡迎》，《京報》，1934 年 11 月 9 日，第 2 版。

〔註 167〕　周美華編注：《蔣中正總統檔案：事略稿本》（第 28 冊），臺北：「國史館」，2007 年，第 419 頁。

〔註 168〕　1930 年代初，蔣介石面臨的不僅是日本在東北、華北的侵略和蘇區在內地的擴張，還有各地方實力派對中央政府的不斷挑戰，如何妥善界分中央和地方的權責，以和平手段安撫地方實力派，也是當時蔣介石亟需解決的問題。其中，以閻錫山和徐永昌為代表的晉綏在蔣介石整合地方實力派的過程中起到相當關鍵的作用。1931～1934 年間的蔣、閻關係參見劉文楠：《尋找理想的中央—地方關係——蔣介石與晉綏地方實力派的博弈（1931～1934）》，《史林》，2015 年第 5 期。而 1935～1945 年間，閻錫山在國、共、日三大力量的「夾縫」中求生存。「夾縫」之間有空隙可鑽，亦有策略運用的空間，利用最常見的是閻錫山、毛澤東、蔣介石與日本之間的多方博弈。與其他地方實力派相比，閻錫山與中共的關係最為密切而複雜，既要合作對付共同的敵人，又要謀求各自的生存和發展，相互之間既有鬥爭衝突，亦有妥協。參見王奇生：《閻錫山：在國、共、日之間博弈（1935～1945）》，《南京大學學報》，2018 年第 1 期。

法之為愈也。且古之所謂坐以待斃者，不是驕奢淫逸的往前過，就
是委靡不振的往前過，未有辛辛苦苦、清清明明、合理按度、勵精
圖治的往前過而至於斃者。閻先生頗以為然。閻先生又云，若然
我們總須在軍事以外求出路，蓋非此者，必至民更困，而敵益急。
余謂以此語蔣先生，蔣幸而見聽，國之福也。〔註169〕

閻、徐二人的討論再次確認了以建設和發展為重心的強國策略，與蔣介石
巡視山西、處理國民黨中央與山西之間的關係達成某種契合。

8 日中午蔣介石乘機離開綏遠，下午 1 時飛抵太原，閻錫山與晉系將領
趙承綬、王靖國以及提前返鄉的孔祥熙親自迎接，太原民眾萬餘人夾道歡迎，
傅作義、宋哲元、李服膺等同期隨蔣抵並，「蔣最後下機，與閻、趙、徐、章
等握手為禮。蔣笑容可掬，精神奕奕，旋即步行出機場，向沿途歡迎代表點
首，表示謝意。嗣即與閻、孔共乘一車進城，赴行轅。」〔註170〕隨後參觀太
原城，蔣介石頗有所感：「百川（閻錫山）規模與經營，不能不為遠大，奈何
不用之於全國與民族之上，吾當勸其為中央效力也。」〔註171〕

9 日上午，蔣介石在閻錫山陪同下赴閻老家，探視閻父病情。閻錫山與其
父共同宴請蔣介石，午後蔣閻返回太原，在返回途中蔣閻二人就當前國內國
際局勢交換看法，閻錫山主張：「對日不主準備武力，免日仇忌，使倭對我無
法可施，而後我乃有法對倭。」〔註172〕閻錫山分析了當前國內政治局勢與經
濟發展狀況：「對內中央有力，地方有權，注重集中人力，消除階級鬥爭，獎
勵科學人才與造產，建設發展物力，而其造產方法，為以物品代幣鈔之信用
基金。剿匪完成時召開救國會議，使地方軍政長官免除中央救國障礙，中央
為地方消除行政困難，如此則地方如不從令一致，是其自外救國之道，必為
國人所共棄云。」〔註173〕根據《閻錫山日記》記載，蔣閻二人在返回太原車
中，主要討論以下兩件事：一、國事如何處理，以濟危難。二、山西建設如何
推行全國：

故與介公往來路車中，盡談此二事。談意：後者簡單，定方略，

〔註169〕徐永昌：《徐永昌日記》（第 3 冊），1934 年 11 月 6 日，臺北：中央研究院
近代史研究所，1991 年，第 201 頁。
〔註170〕《蔣昨由綏飛抵太原》，《大公報》，1934 年 11 月 9 日，第 3 版。
〔註171〕《蔣介石日記》，1934 年 11 月 8 日，美國斯坦福大學胡佛研究所藏。
〔註172〕《蔣介石日記》，1934 年 11 月 9 日，美國斯坦福大學胡佛研究所藏。
〔註173〕《蔣介石日記》，1934 年 11 月 9 日，美國斯坦福大學胡佛研究所藏。

索計劃，嚴督促，實考核，當賞罰，事即舉矣。前者內憂外患，時
不我許，無未雨而綢繆，難常法以善後，餘力主以非常法渡非常事，
拋棄武力，發展民力，充實國力，減東鄰忌，免日俄戰前先受推殘。
介公問非常法，余答：廢金銀制改行物產證券制，廢勞資合分制改行
按勞分配制。介公遂約定派專員來詳討，因候。嗣派徐君青甫至，
商討數日。徐君甚同情，持折歸。〔註 174〕

　　閻錫山認為，當前國家之要事，為「抗日、防共與建設」〔註 175〕，而欲
達成建設國家之目的，就要實現「造產、增人、組織，為民族復興之三綱。」
〔註 176〕蔣介石稱閻「研究頗深，然吾願倭寇擁溥逆入關，對各省地方分地封
爵，使各地受爵者有與偽倭存亡榮辱關係，不能不力護偽倭而抗革命，又願
倭於倭俄戰前不僅佔領華北，而且必佔領南京，此其杞憂過甚之言，而於內
外現狀未甚注意也。」〔註 177〕

　　自 1934 年 10 月起，中央紅軍已經進行戰略轉移，因此蔣對閻說「不可
錯過剿匪成功之大好機會。」〔註 178〕閻錫山早年曾極力反蔣，中原大戰雖結
束 4 年，蔣閻關係仍很微妙，但名義上閻錫山仍尊蔣為全國領袖，在山西期
間極盡地主之誼。9 日晚八時到九時半，蔣介石「在行轅分別召見賈景德、楊
愛源、周玳等三人，對晉政垂詢甚詳」〔註 179〕。蔣閻商討山西建設事宜，閻
談道：「廢金銀制改物產證券制，廢勞資合分制改行按勞分配制。」〔註 180〕
在充分瞭解山西的情況之後，蔣即表現出對進一步考察山西經濟情況，並為
中央提供參考的興趣，蔣對於閻錫山關於山西經濟發展的建議較為贊同，針
對談話內容，於 11 月 10 日致電《經濟革命救國論》作者徐青甫：「如有暇請
先至太原與百川兄（閻錫山）談幣制與經濟政策。對於鐵路與製鋼經過，亦

〔註 174〕 山西省地方志辦公室、山西省政協文史資料委員會編：《閻錫山日記》，北京：
　　　　　社會科學文獻出版社，2011 年，第 240 頁。
〔註 175〕 山西省地方志辦公室、山西省政協文史資料委員會編：《閻錫山日記》，北京：
　　　　　社會科學文獻出版社，2011 年，第 244 頁。
〔註 176〕 山西省地方志辦公室、山西省政協文史資料委員會編：《閻錫山日記》，北京：
　　　　　社會科學文獻出版社，2011 年，第 232 頁。
〔註 177〕 《蔣介石日記》，1934 年 11 月 9 日，美國斯坦福大學胡佛研究所藏。
〔註 178〕 周美華編注：《蔣中正總統檔案：事略稿本》（第 28 冊），臺北：「國史館」，
　　　　　2007 年，第 423 頁。
〔註 179〕 《大公報》，1934 年 11 月 10 日，第 3 版。
〔註 180〕 山西省地方志辦公室、山西省政協文史資料委員會編：《閻錫山日記》，北京：
　　　　　社會科學文獻出版社，2011 年，第 240 頁。

可詢其詳。」〔註 181〕徐青甫不久便抵達太原，與閻錫山詳談數日，「徐君甚同情」〔註 182〕，並在山西進行廣泛調研。同日蔣介石又致電國防設計委員會秘書長翁文灝：「研究經濟方案時，亦請注意幣制統一辦法。問百川兄對於煉鋼廠及修築鐵路辦法，確甚經濟。另外，最好請在君先生（丁文江）同至太原與之詳談也。」〔註 183〕

11 月 10 日上午，山西省黨政軍各界在省禮堂舉行歡迎蔣宋大會，各方代表共計 1500 餘人參加。閻錫山在歡迎致詞中，摒棄前嫌，對蔣極為尊崇：「蔣委員長為革命成功第一人，蔣為關心國是第一人，蔣為全國最辛苦之一人。」〔註 184〕楊永泰發表講話，再次強調了山西在國家國防安全中的重要性，他說道：「山西在二百年以前所處的地位，是處在第一防線，現在又與二百年前情形相同，在此環境之下，希望山西同胞領導加倍努力，以鞏固防線。同時各省亦應作山西之後盾。」〔註 185〕蔣、閻關係僅停留於表面，兩人都是疑心病很重、氣量也較小的政治人物，在互動中難免有算計、防備、心口不一，若牽涉實質性的利益糾葛，就更會產生衝突〔註 186〕。

會後，蔣介石隨即乘車赴太谷孔祥熙老家參觀。孔祥熙出身山西票號商人之家，深諳商人精明算計、注重利益之道，處理政治亦圓滑通融，自 1920 年代起就成為國民黨陣營要角，1927 年後逐步成為蔣介石信賴的當家理財之重臣。孔祥熙在與蔣介石結為姻親後，多次邀請蔣來其山西太谷老家做客，蔣介石也多次表達赴山西參觀考察的願望〔註 187〕。適值蔣介石巡視北方到達山西，孔祥熙即提前返鄉準備。蔣氏夫婦在楊永泰、晏道剛、端納、宋哲元、傅作義、徐永昌及晉系將領的陪同下，於下午 4 時抵達太谷，參觀了由孔祥熙創辦的銘賢學校，晚間入住孔府。在當日晚，蔣介石會見宋哲元、

〔註 181〕《蔣中正致徐青甫電》（1934 年 11 月 10 日），臺北「國史館」藏，《蔣中正總統文物》，典藏號：002-020200-00033-053。

〔註 182〕山西省地方志辦公室、山西省政協文史資料委員會編：《閻錫山日記》，北京：社會科學文獻出版社，2011 年，第 240 頁。

〔註 183〕周美華編注：《蔣中正總統檔案：事略稿本》（第 28 冊），臺北：「國史館」，2007 年，第 424 頁。

〔註 184〕《太原軍政各界昨舉行迎蔣大會》，《京報》，1934 年 11 月 11 日，第 2 版。

〔註 185〕《太原軍政各界昨舉行迎蔣大會》，《京報》，1934 年 11 月 11 日，第 2 版。

〔註 186〕劉文楠：《尋找理想的中央—地方關係——蔣介石與晉綏地方實力派的博弈（1931～1934）》，《史林》，2015 年第 5 期。

〔註 187〕汪朝光、王奇生、金以林：《天下得失——蔣介石的人生》，太原：山西人民出版社，2012 年，第 175～176 頁。

傅作義及晉系將領楊愛源、王靖國、趙承綬、李服膺等人，會商時局，焦點是「如何與倭寇避免正面衝突。」〔註 188〕並與徐永昌商談山西經濟建設問題，時任山西省政府主席徐永昌在日記中記載道：「蔣先生謂若將煉鋼廠歸中央辦省出部分款補助晉省財政不足如何？余謂不過閻先生對此甚有興趣耳，若餘則甚不願辦。蔣謂閻先生極能經濟中央的也歸閻先生辦如何。」〔註 189〕11 月 10 日晚，蔣介石與徐永昌等談及財政問題，徐推薦了「均一（王平）、子范（李鴻文）與談一切」〔註 190〕。11 月 11 日，蔣介石與徐永昌談及中央煉鋼廠問題，「蔣謂閻先生極能經濟，中央的（煉鋼廠）也歸閻先生辦如何」〔註 191〕。此言亦證明蔣對閻錫山辦經濟事業的能力，頗為肯定。同日，蔣即將離開太原時，囑咐徐永昌「與閻先生一研究關於地方與中央權限問題」〔註 192〕。此應為對閻錫山「對內中央有力，地方有權」經濟方針建議的囑託。丁文江抵晉後，提出一系列促進山西經濟開發的建議。通過巡視山西，蔣介石逐步模仿山西經濟發展模式，在全國發起較大規模的造產運動或經濟建設運動。〔註 193〕

在晉期間，蔣介石接見藏傳佛教內蒙地區最高活佛，蒙古宣化使章嘉呼圖克圖。作為第十九世章嘉活佛，自慈禧至北洋時期都備受殊榮，蔣介石也極為重視其宗教影響，希望章嘉活佛在維護內蒙古地區穩定團結方面繼續努力。11 日 12 時，蔣介石專囑山西省政府主席徐永昌與晉系領袖閻錫山就「地方與中央權限問題」詳加研究〔註 194〕。

巡視即將結束，臨行前楊永泰向記者表達了蔣介石此次赴晉巡視「印象

〔註 188〕黃自進、潘光哲編：《蔣中正總統五記：困勉記》（上冊），臺北：「國史館」，2011 年，第 432 頁。

〔註 189〕徐永昌：《徐永昌日記》（第 3 冊），1934 年 11 月 11 日，臺北：中央研究院近代史研究所，1991 年，第 203 頁。

〔註 190〕徐永昌：《徐永昌日記》（第 3 冊），1934 年 11 月 10 日，臺北：中央研究院近代史研究所，1991 年，第 202 頁。

〔註 191〕徐永昌：《徐永昌日記》（第 3 冊），1934 年 11 月 11 日，臺北：中央研究院近代史研究所，1991 年，第 203 頁。

〔註 192〕徐永昌：《徐永昌日記》（第 3 冊），1934 年 11 月 11 日，臺北：中央研究院近代史研究所，1991 年，第 203 頁。

〔註 193〕楊俊：《蔣介石、晉綏系與國民經濟建設運動初步綱領的制定》，《江蘇社會科學》，2015 年第 6 期。

〔註 194〕徐永昌：《徐永昌日記》（第 3 冊），1934 年 11 月 11 日，臺北：中央研究院近代史研究所，1991 年，第 203 頁。

極佳」，楊談及自己感受說：「余此次來並，諸方極感滿意，參觀各工廠設備均甚完整，山西用少數財力有巨大建設成績，閻對經濟計劃之周密，可見一斑。」〔註195〕在與各方告別後，蔣介石與隨從4人乘機飛赴漢口，宋美齡、孔祥熙、端納等人乘機直飛北平，此次北方巡視結束。

11月18日，蔣介石巡視華北完畢回到江西，與中央社記者談話。蔣表示「各省對於建設事業，皆有發展與進步，此固為一極好現象。但大都缺乏整個與普遍之計劃，不惟省與省間，不能連繫貫通，即一省之內，亦往往發生畸形發展之病態。此種畸形或單獨發展之結果，不惟財力人力，兩不經濟，無裨於永久基本之事業，且將發生半途而廢或互相妨害之流弊，故各省應互相合作，斟酌損益，務能以最經濟之人力財力，發展最適當之事業。蓋各種建設工作，固貴因地制宜，因時制宜，而一貫之政策，與通盤之籌劃，則亦必不可少。此應由中央負責規劃，乃能質調劑得宜也」〔註196〕。巡視山西後，蔣介石制定的經濟發展計劃開始逐步在全國實行，北方之行讓蔣介石更瞭解了北方各省的政治和經濟情況，也讓他更加堅定了中央集權的決心，以確保各地發展的整體性。

通過巡視，蔣介石瞭解了西北、華北各方態勢，基本做出了抗戰準備與部署，也認定抗戰已有把握，他後來回憶道：「自從二十四年江西軍事告一段落以後，我才能到西南各省來視察，其後又到西北及華北各省巡視，我將西南與西北情勢，通盤考察，整個研究之後，得了一個大發現，覺得我們有了西南西北這廣大的土地民眾為根據，抗戰已有把握，所以抗戰的計劃，從此就能決定了。因此，可以說我上次到西北來視察的結果，就是決定了我國抗戰的大計。」〔註197〕

劉文楠研究表明，此次西北之行最大的成果，恐怕還在於刺激蔣介石重新思考了中央與地方的關係，並以系統的方式表述〔註198〕。蔣介石與閻、徐的互動博弈，在「攘外安內」的大背景下，從中央與地方各自利益和訴求出發，

〔註195〕《蔣昨午飛漢乘艦赴潯》，《京報》，1934年11月12日，第2版。

〔註196〕《中央日報》，1934年11月21日，第3版。

〔註197〕蔣介石：《西安軍事會議開幕詞》（西安，1942年9月6日），秦孝儀：《先總統蔣公思想言論總集》（第19卷），臺北：中國國民黨中央委員會黨史委員會，1984年，第230頁。

〔註198〕劉文楠：《尋找理想的中央—地方關係——蔣介石與晉綏地方實力派的博弈（1931～1934）》，《史林》，2015年第5期。

尋求一種理想的中央—地方關係。在蔣巡視結束後不久，1934年11月27日蔣介石與汪精衛聯名發表了「中央與地方職責之宣言」，也即「感電」。該宣言稱：「中央對於地方解除其牽掣之慮，消釋其疑難之端，同時地方對於中央，亦必須本休戚與共之真誠，遵國家整個之政策，守法奉令，一掃昔日割據或形同對立之形勢。」〔註199〕該宣言表示將根據孫中山《建國大綱》採取的中央和地方均權制為最高原則，具體分以下五條基本原則：

（一）關於法制，中央只宜規定原則大綱，富於伸縮力，其實施辦法及詳細條理，則由各省市自行釐訂，以期因時因地因人各得其宜，而無削足適履之病。

（二）關於用人任命之權，固採之中央，而人選則應由各地方主管長官就有法定資格者選擇保薦。至於任期，則以三年一任為原則，且明定保障任期中，不應無故撤職，任滿之時，其成績優良者，並由中央重加任命，予以連任，以期收人盡其才之效。

（三）關於地方行政及經濟設施，應由地方斟酌實情，擬定計劃，編制預算，呈請中央核定施行。中央於核定之後，但須按其期程，考其成績，而不必過事干涉，使得自由發展。

（四）關於中央與地方之財政，應明確劃分。凡屬於全國性質之國家財政，應由中央統收統支，例如對外有關之關稅等，其稅則與收支，尤應絕對歸中央管理，地方固不得干涉，其他國稅，亦應遵守中央所頒布之規則與稅法辦理。至於地方財政，則由地方管理。其在過渡時期中，地方財政確有不足者，則由中央酌量補助，使內外相維，以為調劑。

（五）關於國防軍及地方兵警之區別，應確定標準。國防軍為捍衛國家之武力，故關於國家之正規軍，其管轄指揮須統一於中央，但在過渡時期，得依平時之統屬關係，對於部署之任命，得由其最高主管長官呈保中央任命。至於地方兵警，如保安隊、保衛團、警察隊等，除編制數額，須由中央核定外，訓練調遣之權，概屬於地方長官。無論國防軍或地方兵警，若有向外國購買武器之必要，

〔註199〕周美華編注：《蔣中正總統檔案：事略稿本》（第28冊），臺北：「國史館」，2007年，第494頁。

應呈請中央，代為購訂，以求品類之均一〔註200〕。

宣言最後再次強調：「國內問題取決於政治，不取決於武力」，「以黨治國，固為吾人不易之主張，然其道當在以主義為準繩，納全國國民於整個國策之下，為救國建國而努力，決不願徒襲一黨專政之虛名，強為形式上之整齊劃一，而限制國民思想之發展，致反失訓政保育之精神」〔註201〕。1934年底國民黨四屆五中全會中通過《劃分中央與地方權責之綱要案》，從制度文本上明確了中央—地方的權責界分，可謂是雙方共同努力的結果。劉文楠認為，從蔣介石西北之行與「感電」發表的時間先後來看，蔣介石此時再次考慮中央—地方關係，並提出相對具體和明確的權責劃分方式，很可能是受到巡視過程中與地方實力派接觸的啟發，尤其是與閻、徐對話的刺激。山西地方建設的長足進步，包括此前晉軍赴贛助剿的配合，使其感受到政治統一的可能性，因而想到有必要使良性的中央—地方關係以文本的方式穩定下來，推廣到全國。

1934年又是中日關係極為緊張又微妙的一年，蔣介石巡視華北，做出了保家衛國、關心戰事的表態，但並沒有公開發表抗日的言論和主張。此時蔣仍以「安內」為重心，爭取與日本達成默契與妥協，甚至不惜簽署屈辱的《塘沽協定》來爭取抗戰準備的時間。蔣介石巡視華北結束後，在思考對日方針時，主張「應取緩和」〔註202〕。尤其是12月《敵乎？友乎？》的發表，更是蔣介石對日要化敵為友的具體體現，文章「主要分析了中日兩國延長僵局的利害，並檢討了中日雙方的錯誤」〔註203〕。文中說到「解鈴還須繫鈴人」，中國與日軍要有聯合的必要，「中日兩國在歷史上地理上，民族的關係上，無論哪一方面說來，其關係應在唇齒輔車以上，實在是生則俱生，死則同死，共存共亡。究竟是相互為敵以同歸於絕滅呢？還是恢復友好，以共負時代的使命呢？這就要看兩國，尤其是日本國民當局有沒有直認事實，懸崖勒馬的

〔註200〕周美華編注：《蔣中正總統檔案：事略稿本》（第28冊），臺北：「國史館」，2007年，第495～497頁。

〔註201〕周美華編注：《蔣中正總統檔案：事略稿本》（第28冊），臺北：「國史館」，2007年，第498頁。

〔註202〕呂芳上主編：《蔣中正先生年譜長編》（第4冊），臺北：「國史館」、國立中正紀念堂管理處、財團法人中正文教基金會，2014年，第477頁。

〔註203〕臧運祜：《蔣介石與1935年上半年的中日親善——以蔣氏日記為中心的考察》，《民國檔案》，2018年第1期。

勇氣，與廓清障蔽謀及久遠的智慧了」〔註 204〕，文中勸告日本：「從世界大
勢與中日兩國之過去、現在及將來著眼，中日兩國輔車相依，只可攜手而不
應敵對，雙方關係之惡化或戰爭之爆發，結果惟有中日兩敗俱傷，而蘇聯等
第三國則乘機獲益。」〔註 205〕

　　1934 年底至 1935 年初，在蔣汪分歧與合作的背景下，最終促成中日親
善、中日緩和，這體現出蔣介石內外政策的矛盾性與雙重性，蔣介石北方巡
視事實上並沒有起到壓制日軍侵略的作用，反而助長了日軍侵略的囂張氣焰，
蔣介石非常信賴的盟兄黃郛，更是對日妥協外交的代表，黃郛與東北軍的派
系矛盾衝突更是為日軍進軍華北創造良機〔註 206〕，《何梅協定》、《秦土協定》
的簽訂，進一步刺激了日軍進軍華北直至兵臨北平城下。蔣介石巡視華北，
面對錯綜複雜的局勢，並沒有很好地處理各方矛盾，在黨內汪精衛投降主義
和廣田弘毅「改善中日邦交」的誘導下，蔣介石與日本暫時達成妥協，卻埋
下了日軍全面侵華的種子。

〔註 204〕張其昀：《先總統蔣公全集》（第三冊），臺北：中國文化大學出版社，1984
　　　　年，第 3133～3145 頁。

〔註 205〕張其昀：《先總統蔣公全集》（第三冊），臺北：中國文化大學出版社，1984
　　　　年，第 3133～3145 頁。

〔註 206〕參見賀江楓：《無以為繼：黃郛與 1935 年華北危局》，《近代史研究》，2018
　　　　年第 3 期。

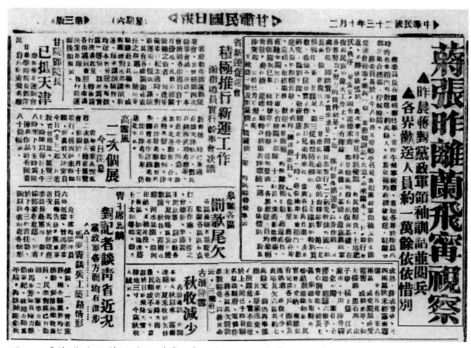

圖一　《蔣張昨離蘭飛寧視察》，《甘肅民國日報》1934 年 10 月 20 日，第 3 版。

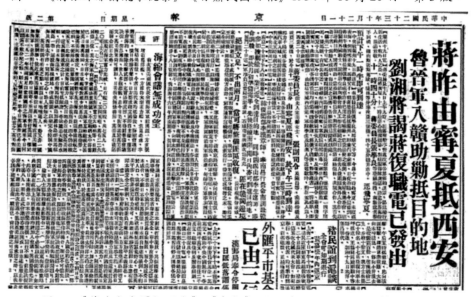

圖二　《蔣昨由寧夏抵西安》，《京報》1934 年 10 月 21 日，第 2 版。

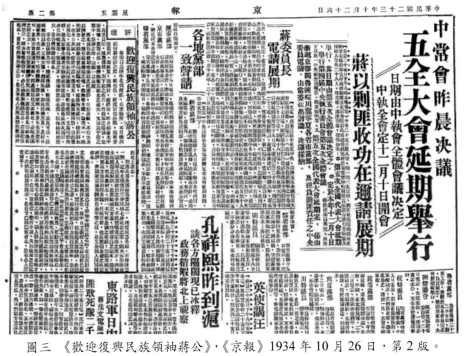

圖三　《歡迎復興民族領袖蔣公》，《京報》1934 年 10 月 26 日，第 2 版。

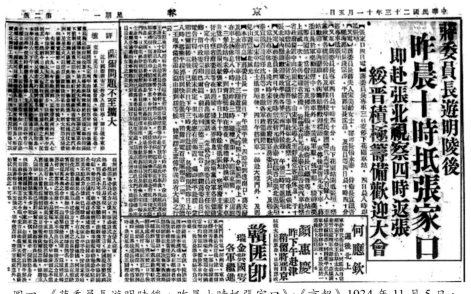

圖四　《蔣委員長遊明陵後，昨晨十時抵張家口》，《京報》1934 年 11 月 5 日，
　　　第 2 版。

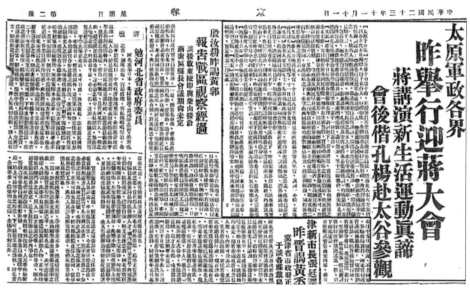

圖五　《太原軍政各界昨舉行迎蔣大會》，《京報》1934 年 11 月 11 日，第 2 版。

圖六　1934 年 11 月，蔣介石視察華北時，與綏遠要員合影（右起）：傅作義，
　　　傅作義夫人劉藝生，宋美齡，蔣介石，宋哲元，王靖國。

第二章　經營西北「新天地」

　　西北為邊疆民族地區，寧夏、青海、新疆、綏遠、西藏等地，長期與國民黨中央貌合神離，國民政府不能完全實際管轄，1934 年蔣介石借巡視西北、華北之機，一則籠絡各地方實力派，加強管控、改組人事，取得了一定的效果，但未能避免華北危機的擴大。再則蔣介石通過巡視各地新生活運動開展狀況，試圖以傳統倫理道德加強國家建設，維護自身統治。與此同時，蔣介石第一次巡視西北，多次提及關照西北交通、農業建設問題，客觀上對 30 年代西北經濟開發起到了推動作用。

第一節　穩定蒙藏的政治努力

一、蔣介石的邊疆政策

　　1933 年長城抗戰後，日軍逐步向察哈爾、綏遠、河北各省逼近，察綏兩省戰略地位凸顯，此時皆處於邊疆最前沿，而中國北方的國防安全與日本、蘇聯又緊密相關。西藏問題涉及邊疆安危，英、俄覬覦西藏日久，1933 年 12 月，十三世達賴突然圓寂，蔣介石認為此乃解決西藏問題之良機。蔣認為，「溥儀稱帝、德王勾倭、俄寇入伊犁、疏勒獨立、藏人勾英」都屬於「藩制」問題，「藩制不定，則不數年必盡失邊疆矣」，〔註1〕因此蔣介石 1934 年的西北、華北巡視，也旨在籠絡地方實力派，穩定邊疆局勢。

　　1934 年 3 月，蔣介石在南昌北壇官邸談及中國邊疆問題時說道：「邊疆

〔註 1〕《蔣介石日記》，1934 年 2 月 17 日，美國斯坦福大學胡佛研究所藏。

問題實到處牽涉外交問題，蓋談東北與內外蒙古，不離對日俄之外交，談新疆西藏不離對英俄之外交，談滇桂不離對英法之外交，故中國之邊疆各方面皆有問題，而每一方面又常常牽涉多角之外交關係，包含國內國外諸多複雜之問題。」〔註2〕蔣介石此言可謂30年代中國現實政治環境的真實寫照，邊疆地區的安全穩定以及控制建設，不僅需與日、蘇、英、法等國交涉甚至對抗，還需與東北軍、西北軍、晉綏軍、盛世才、李宗仁等各地方實力派系相角逐。蔣介石邊疆戰略具體為：「採允許邊疆自治之放任政策。誠以國家大事，完全為一實際的力量問題，國際關係，乃純粹決於實際的利害打算，依此而籌邊，在今日情勢之下，雖欲不放任，事實上也只能放任。放任自治，則邊民樂於自由，習於傳統，猶有羈縻籠絡之餘地，外強中乾，則諸族隔於感情，惑於大勢，絕無把握統治之可能。」〔註3〕

除實行自由放任之羈縻政策外，蔣介石還提出整頓內部，鞏固國基，充實國力，「一旦國際大變發生，即可乘機奮起，統一復興」。蔣介石「主張師蘇俄『聯邦自由』之遺意，本五族共和之精神，依據總理『國內各民族一律平等』之原則，確立『五族聯邦制』，簡言之，即採允許邊疆自治之放任政策」。〔註4〕他認為在邊疆穩定方面應學習蘇聯，即效法蘇聯聯邦制，本著漢、滿、蒙、回、藏五族共和之精神來處理民族問題。「故實行『五族聯邦』，加緊充實國力，乃今日應付邊疆問題之唯一有效途徑。其餘如感情之聯絡，文化之勾通，邊政之改進，國界之劃定，國防之整備，固皆籌邊要圖，當然為政府所應切實注意，但以今日國家之情勢言，或則力有未逮，或則時不及待，不如確立根本政策之急要而有效也。」〔註5〕

在國力衰弱又列強侵略的情況下，蔣介石深感無奈，認為只有實行自由

〔註2〕蔣介石：《中國之邊疆問題》（南昌，1934年3月7日），秦孝儀：《先總統蔣公思想言論總集》（第12卷），臺北：中國國民黨中央委員會黨史委員會，1984年，第105頁。

〔註3〕蔣介石：《中國之邊疆問題》（南昌，1934年3月7日），秦孝儀：《先總統蔣公思想言論總集》（第12卷），臺北：中國國民黨中央委員會黨史委員會，1984年，第108頁。

〔註4〕蔣介石：《中國之邊疆問題》（南昌，1934年3月7日），秦孝儀：《先總統蔣公思想言論總集》（第12卷），臺北：中國國民黨中央委員會黨史委員會，1984年，第108頁。

〔註5〕蔣介石：《中國之邊疆問題》（南昌，1934年3月7日），秦孝儀：《先總統蔣公思想言論總集》（第12卷），臺北：中國國民黨中央委員會黨史委員會，1984年，第109頁。

放任之羈縻政策和「五族聯邦制」政策，才能很好處理西藏、蒙古問題，此外「如感情之聯絡，文化之勾通，邊政之改進，國界之劃定，國防之整備，固皆籌邊要圖，當然為政府所應切實注意，但以今日國家之情勢言，或則力有未逮，或則時不及待，不如確立根本政策之急要而有效也。」〔註6〕1934年，蔣介石雖遣黃慕松入藏致祭，緩解了國民政府與噶廈關係，但蒙古地區局勢反而更加危急。趙崢對蔣介石1945年西昌之行的研究亦認為，蔣介石巡視期間對邊疆地方社會所採取的政策，仍然不脫帝制時代傳統王朝治理邊疆地區實行「剿撫」和「羈縻」策略的窠臼。逐漸興起的「民族政治」，特別是某些新式邊疆政治人物尋求國家政權承認其民族地位的努力，並沒有得到蔣介石的關注與回應，未能回應某些集團和人物的訴求，亦為國民政府在當地的失敗埋下伏筆〔註7〕。

二、選派黃慕松入藏致祭

1933年12月17日，第十三世達賴喇嘛圓寂，蔣介石決定按清例，選派要員入藏致祭，並在國民政府成立初期即封達賴為「護國宏化普慈大師」的基礎上追封為「護國宏化普慈圓覺大師」〔註8〕。12月25日，蔣介石電函西藏噶廈政府：「司倫、噶廈並轉全藏僧侶官吏民眾同鑒：全藏僧民來電均先後接悉，達賴大師遽示圓寂，震悼殊深，中央業已追贈封號，特與褒崇，並定遣大員入藏慰唁致祭。西藏為國家屏藩之寄，中央視如手足，利害與共。對於藏事之處理，均一本向來親愛維護之至誠出之，繼續無間。務期益加親善，斷非任何人所能搖惑鼓動。切盼各安職業，力維秩序，勿用驚疑。」〔註9〕蔣在電文中明確指出，西藏為中國固有領土，各族應維護團結，一致對外。

國民黨派系複雜，重要職位的人員安排與任命，往往涉及多方派系角鬥。關於選派入藏致祭人選問題，蔣介石與汪精衛、胡漢民爭執不下，最終在各方協商下，確定黃慕松為致祭專使，「藉謀恢復中藏原有關係起見，先從感情

〔註6〕蔣介石：《中國之邊疆問題》（南昌，1934年3月7日），秦孝儀：《先總統蔣公思想言論總集》（第12卷），臺北：中國國民黨中央委員會黨史委員會，1984年，第109頁。

〔註7〕趙崢：《巡視邊疆：1945年蔣介石的西昌之行》，《民國檔案》，2018年第3期。

〔註8〕拉巴平措主編：《西藏學漢文文獻叢書》（第2輯），北京：全國圖書館文獻縮微複製中心，1993年，第142頁。

〔註9〕周美華編注：《蔣中正總統檔案：事略稿本》（第24冊），臺北：「國史館」，2005年，第126～127頁。

聯絡、藏事調查入手，特派慕松入藏致祭」〔註10〕。一方面黃慕松為蔣介石黃埔系成員，另一方面黃慕松深諳軍事、國防與邊疆問題。從地緣派系看，黃慕松能遊走於各派系之間，黃是廣東梅縣人，是同盟會早期會員，汪精衛、胡漢民、孫科等廣東派自然不會反對，黃又屬黃埔系，是蔣介石的部下和親信。因此，黃慕松帶著蔣介石試圖穩妥處理西藏問題的期待，於1934年4月從南京出發，經成都、康定、甘孜、昌都，於8月28日抵達拉薩。

入藏之前，黃慕松於6月15日致電請示蔣介石：「松此次入藏，首謀親善，有待互信共立，然後言事。川康當局對藏問題，純本中央意旨。青、滇電信往復所見，亦無出兵解決藏事，當可為一致之後盾。」6月19日蔣回電：「先示信而後言事，為最穩健之步驟。尚希努力為之。」〔註11〕抵達拉薩後，西藏當局以接待清朝駐藏大臣的禮儀迎接黃慕松，黃在拉薩向西藏各官員贈送禮品，「以表示中央眷念藏人之厚意，而使中藏感情益趨和好也，」〔註12〕並朝拜大小昭寺、哲蚌寺、色拉寺、甘丹寺和布達拉宮。

蔣介石派遣黃慕松入藏，最為迫切處理的是中央政府與西藏地方政治關係問題，希望西藏地方當局能服從國民政府領導，擺脫英國干涉，使中藏關係恢復到「乾隆五十七年以後之辦法」。在9月16日的商談中，黃慕松代表國民政府表示，西藏問題屬於中國內政，噶廈須服從中央，此次入藏必須先進行冊封，然後再舉行致祭達賴儀式。首席噶倫赤門以「冊封為一大喜事，在西藏官民異常悲哀達賴佛圓寂之時，不願舉行，以免藏人反對」而拒絕，黃慕松指出：「政府派員來藏，原為表彰達賴保障西陲及弘揚佛教，故加追封。若不先舉行冊封典禮，不但有違政府派員入藏之初意，並將湮沒達賴保障西陲與維持政教之功」〔註13〕。雙方經過多輪商討，噶廈最終同意，冊封、致祭儀式大典分別於9月23日、10月1日舉行。按照清例，冊封、致祭典禮在布達拉宮舉行，黃慕松代表中央政府追封十三世達賴喇嘛「護國宏化普慈圓覺大師」封號，「典禮的舉行，表明噶廈對國民政府追封十三世達賴喇嘛的

〔註10〕中國第二歷史檔案館、中國藏學研究中心合編：《黃慕松、吳忠信、趙守鈺、戴季陶奉使辦理藏事報告書》，北京：中國藏學出版社，1993年，第7頁。

〔註11〕高素蘭編注：《蔣中正總統檔案：事略稿本》（第26冊），臺北：「國史館」，2006年，第409～411頁。

〔註12〕中國第二歷史檔案館、中國藏學研究中心合編：《黃慕松、吳忠信、趙守鈺、戴季陶奉使辦理藏事報告書》，北京：中國藏學出版社，1993年，第22頁。

〔註13〕孔慶宗：《黃慕松入藏紀實》，西藏自治區政協文史資料編輯部編：《西藏文史資料選輯》，北京：民族出版社，2007年，第422頁。

封號是擁護的，從行動上承認了新的中央政府。」〔註14〕得知致祭大典順利舉行，蔣介石在日記中寫道：「慕松到藏，藏情較有進步也。」〔註15〕

三、無力解決西藏問題

　　冊封、致祭大典結束後，黃慕松與噶廈進一步商談國民政府與西藏地方的政治關係問題，噶廈堅稱，國民政府與西藏為宗教上之施主關係。10月14日，黃慕松電告蔣介石說：「藏方開民眾大會決議仍維持獨立，僅認中央為施主關係。」〔註16〕16日，蔣在西安覆電指示：「僅得宗教上之施主關係，尚未圓滿，仍須忍耐周旋打開僵局。」〔註17〕多次協商無果，黃慕松提出「以致祭事畢為理由，定期回京，此屬萬不得已之辦法」〔註18〕，蔣介石認為「回京之前應多方周旋，預留好感，以為將來說話之餘地也。」〔註19〕

　　10月20日，國民政府行政院長汪精衛致電蔣介石：「根據致祭達賴專使黃慕松來電，西藏政府噶廈函示中藏關係要點中，有共和民國不適合西藏政治制度，西藏為自主之國不願受漢人政府干涉等語。藏方態度已明，黃慕松不妨以致祭事畢為理由，定期回京，又中藏問題可否僅作諮詢藏方意見，暫不作結論。」〔註20〕汪精衛認為當前「中藏問題」已缺失談判的有力條件，向蔣介石建議黃慕松應盡早離藏。儘管蔣介石在北方巡視途中，仍不放棄最後之希望，時刻指示黃慕松在藏談判要點，21日，蔣介石致電黃慕松：「派員說明共和民國與佛教及特權階級並無妨礙，但不必指謫其當局，恐惹是非，不可不慎。」〔註21〕

〔註14〕張皓：《努力與無力：1934年黃慕松入藏與蔣介石嘗試解決西藏問題》，《青海民族研究》，2013年第1期。

〔註15〕《蔣介石日記》，1934年10月1日，美國斯坦福大學胡佛研究所藏。

〔註16〕《黃慕松致蔣中正電》（1934年10月14日），臺北「國史館」藏，《蔣中正總統文物》，典藏號：002-080200-00186-090。

〔註17〕《蔣中正復黃慕松電》（1934年10月16日），臺北「國史館」藏，《蔣中正總統文物》，典藏號：002-090102-00014-311。

〔註18〕《蔣中正致汪兆銘電》（1934年10月27日），臺北「國史館」藏，《蔣中正總統文物》，典藏號：002-090102-00014-307。

〔註19〕周美華編注：《蔣中正總統檔案：事略稿本》（第28冊），臺北：「國史館」，2007年，第348頁。

〔註20〕《汪兆銘致蔣中正電》（1934年10月20日），臺北「國史館」藏，《蔣中正總統文物》，典藏號：002-080200-00187-084。

〔註21〕《蔣中正致黃慕松電》（1934年10月21日），臺北「國史館」藏，《蔣中正總統文物》，典藏號：002-090102-00014-310。

得到蔣介石指示，10 月 24 日，黃慕松率員前往西藏噶廈官署，與各噶倫晤談。黃說：「中華民國五族共和，與西藏政教制度並無牴觸，中央並無改變西藏政教制度之意。」隨後黃慕松又列舉滿、蒙各族發展現狀及政府態度，規勸噶廈傚仿滿族、內蒙人士，服從國民黨中央領導，重獲安寧發展，黃說道：「滿族自清入關後，群居內地，東三省滿人已為數甚少。溥儀之為偽執政，實日本人壓迫所致，非溥儀之本意，目下滿人之任中央政府與各地方政府官吏者甚夥。蒙族則內蒙人士無一不服從中央命令。外蒙受人牢籠，自入地獄，至今外蒙佛教安在？貴族安在？王公、喇嘛逃往何地？究竟誰為佛教保護者，誰為王公保護者，明眼人不難知之。」〔註 22〕各噶倫仍不為所動，堅持西藏政務獨立，以「英人逼近可危，中央力弗能及，並改變現狀，好則無功，壞則受咎」〔註 23〕為理由，堅持西藏民眾大會決議，不承認國民政府統治，因此當日談判破裂。

在分析汪精衛、黃慕松關於藏情彙報後，蔣介石此時感到，強令西藏當局服從國民黨中央，已幾無可能。28 日，身處北平的蔣介石電汪：「中藏關係其始本不應由我方先提出討論，今既提出，彼方必不承認西藏為中國之領土，似當設法善慮，以免弄成僵局也。」〔註 24〕29 日，再電汪「以黃慕松在藏，不必強求藏方表明中藏之政治關係，如萬不得已，可於臨行時送一說帖，與藏方述明漢藏親洽之歷史與西藏為中國之一部分，以為將來交涉之餘地。」〔註 25〕

11 月 9 日，澤墨、郎中、哲康、彭休四噶倫來黃慕松官邸，挽留多住數日。黃略帶氣憤的語氣說道：「原無不可，惟苟誠意商洽中藏問題，須西藏確認西藏為中華民國之領土，及服從中央，然後始有商量之餘地，否則留此何益？」〔註 26〕在看到各噶倫仍堅持西藏政務獨立，並無談判之意後，黃慕松代表國民府做最後之申明：「對外必須一致用中華民國之名義，及共同擁護

〔註 22〕 中國第二歷史檔案館、中國藏學研究中心合編：《黃慕松、吳忠信、趙守鈺、戴季陶奉使辦理藏事報告書》，北京：中國藏學出版社，1993 年，第 39 頁。
〔註 23〕 中國第二歷史檔案館、中國藏學研究中心合編：《黃慕松、吳忠信、趙守鈺、戴季陶奉使辦理藏事報告書》，北京：中國藏學出版社，1993 年，第 39 頁。
〔註 24〕 《蔣中正致汪兆銘電》（1934 年 10 月 28 日），臺北「國史館」藏，《蔣中正總統文物》，典藏號：002-090102-00014-304。
〔註 25〕 《蔣中正致汪兆銘電》（1934 年 10 月 29 日），臺北「國史館」藏，《蔣中正總統文物》，典藏號：002-090102-00014-308。
〔註 26〕 中國第二歷史檔案館、中國藏學研究中心合編：《黃慕松、吳忠信、趙守鈺、戴季陶奉使辦理藏事報告書》，北京：中國藏學出版社，1993 年，第 40 頁。

中央政府，如外交、國防、交通以及西藏重要官吏之任命等，均須一致由中央政府統籌辦理，但西藏人士亦可前往中央參政，蓋中央政權早經開放也。至於對內，則可因地制宜，如允許西藏自治、不干預西藏之自治權限，不改變西藏之原有政教制度。惟西藏既得自治權允許，則中央為完整領土主權計，當必派遣大員常年駐藏，代表中央執行國家行政指導地方自治。」〔註27〕

11 月 16 日，噶廈向黃慕松送來第四次覆函公文，也是對國民政府最後之態度。覆函陳列十條，除承認西藏為中國領土，西藏權力與法規亦可依從中國政府外，其餘各條實則為中央政府不得干涉西藏政務、邊防、外交等，具體條文如下：

第一條　對外西藏為中國之領土，中國政府須答應不將西藏改為行省。

第二條　西藏之內外大小權力暨法規等，無違害政教者，可以依從中國政府之諭。

第三條　西藏內務之政教所有例規，應如現在自權自主，所有西藏之文武權力不由漢政府加以干預，應如先後口允者為準。

第四條　為西藏地方安寧，故邊界之國家及奉行佛法之人類，應予和好如現時，然西藏與外國立約未盡之事，其重要者，由漢政府共同辦理。

第五條　西藏可駐漢政府代表官一員，但主僕從人數以二十五人，此外不得另派官兵。代表請派其真正崇信佛者一員，新舊替換時，往來皆由海道，不得取道西康。

第六條　達賴喇嘛未轉世認定即位、未親政教時，代理法王斯穹登位，以及噶倫以上之官，概由藏政府任命，如現在之狀況。畢後函陳漢政府駐藏之代表。

第七條　西藏所有久住之漢民等，在壬子年（1912）漢藏戰爭以後，即歸西藏政府之農務局管理，屢經維持，將來應遵地方法律，由西藏政府管理，不能由漢政府駐藏代表約束。

第八條　西藏邊界所需守土軍人，由藏政府自派，如現在之狀。外國或者來侵犯時、應發兵之時，方會商漢政府酌行。

〔註27〕中國第二歷史檔案館、中國藏學研究中心合編：《黃慕松、吳忠信、趙守鈺、戴季陶奉使辦理藏事報告書》，北京：中國藏學出版社，1993 年，第 40 頁。

第九條 漢藏和好，永久不發生糾紛，安寧邊界，故東北青藏邊
界應遵行前年交涉，俄洛早經屬於西藏，西藏與四川兩地之邊界，
德格、瞻化、大金寺以上之土地官民，應從速點交西藏政府。

第十條 西藏之僧俗人等，背叛西藏政府逃中國地面者，中國政
府不得收留，任為代表等等。〔註28〕

噶廈還利用宗教派別解釋道：「西藏本為大悲觀世音所管領域，中國為文
殊菩薩管理之區域，各自教化，佛經中亦有分別，且先後交涉有憑可證，為
眾周知。再者，現在西藏之主達賴喇嘛未在位之時，此間是否為領土，僕人
不敢決定主人事，無法承認。」〔註29〕面對西藏當局的強硬態度，蔣介石及
行政院均感無力解決，電令黃慕松盡早返京。噶廈同意國民政府在拉薩設立
蒙藏委員會駐藏辦事處、交通部拉薩無線電臺，並允諾派遣重要人員赴南京
答禮。

蔣介石試圖利用十三世達賴喇嘛圓寂之機會，解決西藏服從中央問題，
最終未能如願。一方面源於噶廈態度強硬，另一方面出於蔣介石此時對外交
戰略的考量，他認為英國侵略中國程度與日、俄極為不同，「英常年對華友好，
一般人或同意聯英，又慮英之不與我聯，此亦昧於事實對英國認識不清之議
論。予相信只須中國國勢稍有轉機，國家地位稍臻鞏固，英國必然樂於與我
攜手。」〔註30〕而「中國最後最大之敵人，厥為蘇俄」，他說：「吾人盱衡大
局，遠矚將來，以為今後中國外交之出路只有聯英。」〔註31〕蔣介石深知英、
俄兩國自清末以來就爭奪西藏控制權，英國勢力常年盤踞西藏，蔣介石無力
解決西藏問題亦顯其外交的妥協。

黃慕松在西藏緊張工作三月有餘，蔣介石所期待的解決西藏與中央政
治關係問題沒有得到解決。但在黃慕松與西藏各方有效溝通下，主持冊封、

〔註28〕中國第二歷史檔案館、中國藏學研究中心合編：《黃慕松、吳忠信、趙守鈺、
戴季陶奉使辦理藏事報告書》，北京：中國藏學出版社，1993年，第43～44頁。

〔註29〕中國第二歷史檔案館、中國藏學研究中心合編：《黃慕松、吳忠信、趙守鈺、
戴季陶奉使辦理藏事報告書》，北京：中國藏學出版社，1993年，第42頁。

〔註30〕蔣介石：《中國之外交政策》（南昌，1934年3月7日），秦孝儀：《先總統蔣
公思想言論總集》（第12卷），臺北：中國國民黨中央委員會黨史委員會，
1984年，第103頁。

〔註31〕蔣介石：《中國之外交政策》（南昌，1934年3月7日），秦孝儀：《先總統蔣
公思想言論總集》（第12卷），臺北：中國國民黨中央委員會黨史委員會，
1984年，第104頁。

致祭儀式，宣告了中央政府在藏主權，噶廈也明確表態，西藏領土歸屬於中國。經過黃慕松的努力，雙方增進互信，遏制了英國在藏活動，為吳忠信入藏主持十四世達賴喇嘛坐床做好了鋪墊。

四、蒙古政策的失敗

關於內蒙問題，蔣介石也計劃實行自由放任之羈縻政策，「即如內蒙德王等要求自治，如政府絕對不許，彼逕自投降偽國，我將如何？故予對此次內蒙之要求，力主容納，並認定唯有寬放的自治政策，方可以相當的應付邊疆問題。」〔註32〕蔣對內蒙「允與自治」，是旨在推動與雲王、德王合作，希冀兩位能組織騎兵部隊「固守抗日前線，保障華北的側翼」〔註33〕。1934 年 4 月，蒙古地方自治政務委員會在百靈廟成立，雲王（雲端旺楚克）任委員長、德王（德穆楚克棟魯普）任秘書長。

得知蔣介石來到北平，10 月 26 日雲王、德王電請蔣前往內蒙地區巡視，在給北平軍政委員會的電文中說道：「頃聞蔣委員長已蒞平，除已致電歡迎蒞會指導外，即請諸位先行代表本會歡迎致候。蔣公如有就便來察綏消息，務請隨時電知，以便歡迎也。」〔註34〕蔣介石因在協和醫院檢查身體未能前往，專派國民政府軍事委員會北平軍分會委員、二十九軍領導人之一的蕭振瀛為代表「赴蒙代達一切，並晤雲王、德王」〔註35〕。11 月 2 日，蕭振瀛在察哈爾省滂江會晤德王，次日蕭振瀛偕同德王赴百靈廟會晤雲王。〔註36〕在百靈廟，蕭振瀛會見內蒙各王公及高級官員，傳達國民政府治蒙方略，並與雲王、德王 6 日下午抵達歸綏，迎候蔣介石。在歸綏，蕭振瀛向記者表示，「此次赴蒙，緣蔣委員長出巡華北，蒙政會電請蒞蒙指導，蔣委員長深念內蒙處境困難，雲委員長、德秘書長維繫邊陲，極為努力，派余前往慰問，與雲德二氏及

〔註32〕 蔣介石：《中國之邊疆問題》（南昌，1934 年 3 月 7 日），秦孝儀：《先總統蔣公思想言論總集》（第 12 卷），臺北：中國國民黨中央委員會黨史委員會，1984 年，第 108 頁。

〔註33〕 後東升：《蔣介石對抗戰前後蒙古問題的處理》，中央民族大學博士學位論文，2013 年，第 33 頁。

〔註34〕 《蒙政會請蔣赴蒙指導》，《新天津》，1934 年 10 月 29 日，第 2 版。

〔註35〕 《蔣委員長日內出院，蕭振瀛今日赴蒙代蔣宣慰》，《京報》，1934 年 10 月 31 日，第 2 版。

〔註36〕 沈雲龍編著：《黃膺白先生年譜長編》（下冊），臺北：聯經出版事業公司，1976 年，第 796 頁。

蒙中知識分子朝夕晤談，經余將中央扶助蒙族固定方針及蔣委員長對蒙族關切之意，確切宣達，內蒙領袖無不十分欣慰，均表示竭誠擁戴中央。」〔註37〕

11月7日上午，蔣介石在綏遠行轅「見雲王、德王、潘王、榮王以及綏遠黨政人員，晚宴蒙王」〔註38〕。會談后德王對採訪記者表示：「蔣對余等處理蒙政，頗為贊許，並允盡力扶植發展蒙地建設事業。余定最近赴鄂托克前旗謁班禪，便中巡視伊盟各旗。華北目前處境艱危，經蔣委員長巡視後，相信國防必有辦法，前途可抱樂觀，余與傅作義、宋哲元均係好友，今後決一致團結，共禦外侮。」〔註39〕

蔣介石對蒙古地區巡視後不久，德王與日本關東軍相互勾結，發動「內蒙古高度自治運動」，在日本特務的幫助下，成立「蒙疆政府聯合委員會」。日軍實際上控制了大半內蒙地區，也宣告蔣介石巡視綏遠地區政治目的全部落空，華北邊疆危機再次加深。蔣介石此時對於同意成立蒙政會追悔不已，1935年12月24日，他在日記中反省道：「對內蒙自治會當時不深考慮清代詔蒙各個分立之原則而貿然通過整個組織，實失策也。」〔註40〕次日又記載道：「建國規模與方略，愧無深謀遠慮之經綸，一著失算，始謀不臧，貽誤全局，不知何時再得補救，可不慎乎！」〔註41〕

第二節　新生活運動的推進

「新生活運動」是1934年國民政府發起的一項全方位社會改良運動，以求國民生活的軍事化、生產化、藝術化，實現國家強盛、民族復興。1934年10月至11月，蔣介石偕夫人宋美齡赴西北、華北諸省進行巡視，著手準備抗戰，進行戰備部署，考察北方各省政情，巡視新生活運動推進情況。在巡視中，蔣介石督促各省禁煙並開展社會改良建設，積極聯絡各地傳教士參與新生活運動。西北、華北各省開展生活衛生運動、婦女解放運動、禁煙運動，規訓民眾生活，提振民族精神，很大程度上加快了西北、華北地區的近代化，

〔註37〕《蔣委員長前晚抵綏，昨閱兵並接見王公》，《京報》，1934年11月8日，第2版。
〔註38〕《蔣介石日記》，1934年11月7日，美國斯坦福大學胡佛研究所藏。
〔註39〕《雲德二王返廟》，《申報》，1934年11月10日，第3版。
〔註40〕《蔣介石日記》，1935年12月24日，美國斯坦福大學胡佛研究所藏。
〔註41〕《蔣介石日記》，1935年12月25日，美國斯坦福大學胡佛研究所藏。

為全面抗戰做出準備，但諸多形式主義、脫離實際的做法極大損害了民眾利益，也是國民黨體制性弊端的反映。〔註42〕

一、新生活運動的興起

　　1934 年 2 月，正值國民黨全力剿共之際，蔣介石在南昌行營發起了聲勢浩大的旨在進行全民族社會改良的新生活運動。他在《新生活運動發凡》中提到：「新生活運動即所以先求全國國民於食衣住行四項實際的基本生活能徹底改進之一種社會教育的運動也。」〔註43〕蔣介石試圖用傳統「禮義廉恥」的固有道德來改造國民生活習慣，使「全民之精神必為之煥然一新，而社會國家之進步不可計量，革命之基本工作於以成功，民族復興之機運可立而待也。」〔註44〕作為蔣介石重要謀士的楊永泰對於蔣介石的講話做出說明，替蔣鼓與呼，並對馬克思主義極盡譏諷：「五四運動以後，高唱思想解放，末流之弊，什麼自由主義，什麼社會主義，甚至馬克思牛克思這一套東西……固有的學術思想和道德，完全被其排斥和破壞，所謂新的文化新的道德，卻並沒有從新建設起來。」〔註45〕蔣介石出身行武，在全國貫徹其「力行哲學」

〔註42〕既往學術研究主要考察了報刊與新生活運動的關係，以及新生活運動與地方治理，對蔣介石出巡考察與新生活運動的關係研究則相對較少。劉文楠：《借迷信行教化：西山萬壽宮朝香與新生活運動》，《近代史研究》，2016 年第 1 期、《規訓日常生活：新生活運動與現代國家治理》，《南京大學學報》，2013 年第 5 期、《蔣介石和汪精衛在新生活運動發軔期的分歧》，《近代史研究》，2011 年第 5 期；宋翔：《抗戰時期婦女新生活運動研究──以〈中央日報‧婦女新運週刊〉為中心》，鄭州大學碩士學位論文，2014 年；何卓恩、李周峰：《實處與窘處：民族復興運動時論中的新生活運動》，《安徽史學》，2015 年第 2 期；朱甜甜：《趕超式富強中的國家與個人──基於新生活運動的考察》，《煙臺大學學報》，2016 年第 3 期；吳倫羽：《從政治化到社會化：〈申報〉「新生活運動」報導研究（1934～1936）》，安徽大學碩士學位論文，2017 年；陳建雲、楊唯汀：《〈大公報〉與國民政府新生活運動》，《蘭州大學學報》，2018 年第 6 期。（日）深町英夫：《教養身體的政治：中國國民黨的新生活運動》，北京：三聯書店，2017 年；李明建：《生活的「革命」道德建設的範式和路向轉換──「新生活運動」的倫理研究》，上海：上海三聯書店，2017 年。
〔註43〕蔣介石：《新生活運動發凡》（南昌，1934 年 2 月 27 日），秦孝儀編：《先總統蔣公思想言論總集》（第 12 卷），臺北：中國國民黨中央委員會黨史委員會，1984 年，第 69 頁。
〔註44〕蔣介石：《新生活運動發凡》（南昌，1934 年 2 月 27 日），秦孝儀編：《先總統蔣公思想言論總集》（第 12 卷），第 69 頁。
〔註45〕楊永泰：《革命先革心，變政先變俗》（南昌，1934 年 6 月 13 日），楊璿熙編：《楊永泰先生言論集》，臺北：文海出版社，1973 年，第 6 頁。

之目的，最終就是實現「要在一個政府、一個主義、一個領袖之下，絕對統一、絕對團結、絕對服從」〔註46〕，就是要通過新生活運動加強個人集權，規訓全體國民，收緊國家對社會的控制。

宋美齡作為新運總會的組織者和領導人，她在談及新生活運動緣起時說道：「過去數十年來，我在國內巡遊了許多地方，親眼看見，人民的生活狀況，不但困苦艱難，不但簡單原始，並且充滿著絕大的危機，社會麻木如死，人民苟安成習，毫無希望可言。中國人心的麻痺，經過了十數世代，已經根深蒂固，倘欲重振精神，不僅有賴於愛國人士的齊心合作，共同改良，還需一種新的刺激來推動我們的工作，於是就發起了新生活運動。」〔註47〕肇始於南昌市的新生活運動，在蔣氏夫婦及國民政府的大力推動下，很快推行至全國各省區。

二、嚴禁北方各省種煙

蔣介石自青年時代起就對於鴉片泛濫十分痛恨，作為一個堅定的民族主義者，對中國近代以來飽受煙毒侵害極為痛心與不滿，他認為當前救國急務「在促起民族的自覺，努力消除民族本身一切不良好的習慣，譬如鴉片，這是唯一淪喪民族精神，消沉民族志氣的惡劣的毒物，務必要嚴切地拒絕它，要知鴉片之危害，較之一切帝國主義、土匪，猶有過之，我們如果要振興中華民族，非從禁煙運動著手不可。」〔註48〕因此在發起新生活運動之初，蔣介石就將禁煙作為中心工作，在端納的影響下，蔣多次強硬表態要嚴禁鴉片。

1934年5月，蔣介石發布六年禁毒計劃，徹底實行禁種、禁售及禁運。10月9日，蔣嚴令十省禁止種煙，並公布《嚴禁腹地省份種煙，取締採辦邊省產土章程》〔註49〕，令鄂、豫、皖、蘇、湘、浙、閩、贛、陝、甘各省「嚴禁種煙，於二十三年（1934年）內力行禁止播種，來年不准再有煙苗出土，凡已經呈報禁止播種肅清煙苗縣份，倘檢舉或據密察人員密報，仍有煙苗發見

〔註46〕高軍：《中國現代政治思想史資料簡編》，成都：四川人民出版社，1983年，第628～631頁。

〔註47〕王亞權編：《蔣夫人言論集》（上），臺北：「中華婦女反共聯合會」，1977年，第42頁。

〔註48〕《厲行禁煙與實施新生活運動》，《警察月刊》，1935年第1期。

〔註49〕周美華編注：《蔣中正總統檔案：事略稿本》（第28冊），臺北：「國史館」，2007年，第238～256頁。

時，該縣縣長與查禁人員以及具有保結紳董種戶，一律依軍法分別從嚴懲處，絕不寬容。駐軍包庇種煙，地方行政督察專員或縣長均得巡電行營核辦。」〔註50〕因而此次北方巡視，禁煙自然成為蔣介石重點關注的領域。

13 日，為迎接蔣介石蒞陝巡視，《西北文化日報》特發表社論歡迎蔣介石，並對蔣於年初發起的新生活運動給予積極肯定：「試看我們的國家到了這樣嚴重的難關，而國人尤自花天酒地，煙賭嫖娼，追逐奢華淫靡之場，不知亡國之恨，所謂『讀書志在做官，做官心存斂錢』，宋世流俗，效尤成風。這樣下去，何足以澄清政治，復興民族。蔣委員長有見及此，痛心疾首，依然以新生活運動為天下倡，教國人吃苦耐勞，實幹苦乾硬幹快幹，恢復中國舊有美德『禮義廉恥』，教人知禮而和，知義而勇，知廉而信，知恥而戰。」〔註51〕次日下午蔣介石召見陝西「民政、財政、建設、教育各廳長，垂詢甚詳，尤對陝省分期禁煙辦法，甚表贊成。並對明年第二期禁煙時多增數縣，以期從速完成全省禁煙計劃。」〔註52〕同時，宋美齡在與陝西省貧民戒煙院院長楊叔吉商議後，在西安成立陝西省婦女戒煙院，「專事收容戒煙之婦女，經費擬定一千元，收容數額一百人為限」〔註53〕。

10 月 17 日，蔣氏夫婦、張學良等人由西安直飛蘭州，甘肅報紙盛讚蔣介石：「為國出力，勞苦功高。自其所倡導之新生活運動，風行全國以後，第二期革命，即自此發軔。中華民族本身之頹喪，由此以振，中國革命前途之黯淡，因而開明。」〔註54〕19 日上午，蔣介石在甘肅省政府會見在甘黨政軍高級幹部及甘肅新生活促進會幹事。他在談話中講道：「此次來甘所見民情淳良、土地肥沃、秩序安定，固有道德未喪，都是他處所沒有的復興基礎，在復興民族的偉大事業上極有裨益，不過僅有此基礎，還靠黨政軍各界的努力，努力的條件就是推行新生活運動。」〔註55〕而民國時期，僻處西北一隅的甘肅在種植、販運和吸食毒品方面均居全國前列，〔註56〕甘肅「連年以來，種植

〔註50〕《蔣令各省嚴禁種煙》，《西京日報》，1934 年 10 月 12 日，第 2 版。
〔註51〕《歡迎蔣委員長的意義》，《西北文化日報》，1934 年 10 月 13 日，第 2 版。
〔註52〕《蔣昨召見陝西各廳長》，《京報》，1934 年 10 月 15 日，第 2 版。
〔註53〕《籌設婦女禁煙院》，《西京日報》，1934 年 10 月 18 日，第 7 版。
〔註54〕《歡迎蔣委員長》，《甘肅民國日報》，1934 年 10 月 18 日，第 2 版。
〔註55〕《蔣張昨離蘭飛寧視察》，《甘肅民國日報》，1934 年 10 月 20 日，第 3 版。
〔註56〕關於民國時期甘肅省禁煙問題，尚季芳教授對此有廣泛深入的實證研究。參見尚季芳：《民國時期甘肅毒品危害與禁毒研究》，北京：人民出版社，2010 年。

鴉片，人民吸食，為禍以深」〔註 57〕。因此蔣介石提出甘肅今後在新生活運動中要「改革惡習，第一是吸鴉片，第二是纏足，第三是從嚴禁防花柳病！」〔註 58〕有鑑於此，蔣介石令甘肅省政府五年內禁絕煙毒，所需經費由國民政府補助，「並令明年為第一年度，先將皋蘭附近等十縣禁絕。」〔註 59〕

在歷經寧夏、山東、北平、察哈爾、綏遠巡視後，蔣介石於 11 月 8 日抵達太原，在當晚日記中預定禁煙辦法與日期，「鴉片為新生活之大敵，亦為中華民族之大患，此一大患比之任何強寇外侮為尤甚，吾人必須共同一致，不顧成敗，認此目標以為吾人生死存亡終身事業繫之。」〔註 60〕在太原迎蔣大會上，蔣介石再次提及推行新生活最大的阻礙就是鴉片問題，他提出「首謂新運，為挽救國家復興民族之基本工作，其目的在使全國民革除一切不良生活習慣，實踐禮義廉恥之固有道德，使民族能續存於現代。新生活最大對象為鴉片、纏足與嫖賭四種，而鴉片尤非徹底戒除不可，否則新生活運動難實現。」〔註 61〕針對鴉片泛濫，蔣介石要求各省必須從嚴治理，「以後各地如有販烈性毒品者，無論吸食販賣，應一律槍決。」〔註 62〕

10 日晚，蔣介石在孔祥熙老家太谷縣與山西省政府主席徐永昌交流如何控制鴉片問題，強調應加大懲戒力度，徐日記記載：「晚飯後與蔣先生談話頗久，渠謂對丹料販懲辦固應嚴，對吸食者亦不應寬，對幫運料面不論鐵路、郵局人員，只要有據，即可處決，渠負其責，對禁吸食如責成村長，且可使用連坐法。」〔註 63〕

蔣介石巡視西北、華北期間於各地巡視新生活運動，皆強調禁煙之重要性，在太原，他還回顧了到西北巡視後發現的種種問題：「此次在西北各省巡視，有數種最明顯的事，均不合於新生活。第一即是婦女纏足，此事在南方並不多見，但在西北則甚多，所以新生活中對於婦女纏足一事，並未列入，

〔註 57〕 《蔣令甘省限五年禁絕煙毒，甘肅經費由中央補助》，《西京日報》，1934 年 11 月 11 日，第 6 版。
〔註 58〕 《蔣張昨離蘭飛寧視察》，《甘肅民國日報》，1934 年 10 月 20 日，第 3 版。
〔註 59〕 《蔣令甘省限五年禁絕煙毒，甘肅經費由中央補助》，《西京日報》，1934 年 11 月 11 日，第 6 版。
〔註 60〕 《蔣介石日記》，1934 年 11 月 8 日，美國斯坦福大學胡佛研究所藏。
〔註 61〕 《太原軍政各界昨舉行迎蔣大會》，《京報》，1934 年 11 月 11 日，第 2 版。
〔註 62〕 《太原軍政各界昨舉行迎蔣大會》，《京報》，1934 年 11 月 11 日，第 2 版。
〔註 63〕 徐永昌：《徐永昌日記》（第 3 冊），1934 年 11 月 10 日，臺北：中央研究院近代史研究所，1991 年，第 202 頁。

此點尚須加以改良；第二即是鴉片的盛行，煙毒彌漫。要實行新生活，非將鴉片戒除；三是賭博，四是嫖娼，若不加以改革，新生活運動即便無法進行。」〔註 64〕在蔣介石發表關於禁煙的講話和國民政府頒布禁煙章程後，各省皆秉承旨意落實禁煙，但由於鴉片帶來的巨額收益，各省皆未進行徹底的禁煙革命，加之國民黨基層組織渙散、紀律鬆散、派系林立、政治腐敗、政權效能低下，蔣介石一系列措辭嚴厲的講話最終淪為「口號政治」。

以甘肅省為例，自 1933 年蔣介石任命軍人出身的朱紹良任甘肅省政府主席以來，在「安定中求進步」的施政方針指導下，國民政府及國民黨在甘肅省逐步穩定了政權及黨權。作為蔣親信的朱紹良，自然對新生活運動的推行不敢有絲毫怠慢。1934 年 5 月，朱紹良在《甘肅省政府訓令各縣縣長屬行新生活運動》中講道：「目前中國之最大危機，而為一切之革新之障礙者，為民族性之沒落，與社會風俗之頹敗；而公務員之勾心鬥角，殉情貪污，虛偽浪漫，驕奢淫逸，尤為萬惡之先導」〔註 65〕。在朱紹良的推動下，甘肅省政府各單位、國民黨甘肅省黨部、新聞媒體都將宣傳促進新生活運動放在工作的中心環節之一，省政府於 9 月 18 日組建甘肅新生活運動促進會來推動本省新運的開展，涉及婦女、禁煙、衛生、教育、提升民眾國家觀念等方面。

甘肅省新生活運動在蔣介石巡視之後，立刻緊鑼密鼓開展起來。在甘肅新促會第一期工作計劃中，要求各機關必須組織宣傳隊、指導隊、糾察隊，在甘肅省各紀念周活動中，要求「儀容整齊，馬褂復興」，並強令各機關之癮君子「一律禁吸，否則不妨槍斃。總之戒煙穿馬褂，實為現下蘭垣之顯著現象。」〔註 66〕國民政府的分期禁絕政策，在甘肅的實施雖起到了一定成效，但總體來說，弊端叢生。各地著眼於鴉片帶來的巨額利潤，致使在執行此政策的過程中，禁絕與煙畝罰款常常糾纏不清，執行者難以遽斷；禁絕縣份與未禁絕縣份之間糾葛紛出，影響禁政效果至巨，很大程度上延緩了甘肅社會的進步發展。〔註 67〕

〔註 64〕周美華編注：《蔣中正總統檔案：事略稿本》（第 28 冊），臺北：「國史館」，2007 年，第 437 頁。

〔註 65〕《甘肅省政府訓令各縣縣長屬行新生活運動》，《新生活運動促進總會會刊》，1934 年第 13 期。

〔註 66〕《蔣令甘省限五年禁絕煙毒，甘肅經費由中央補助》，《西京日報》，1934 年 11 月 11 日，第 6 版。

〔註 67〕尚季芳：《論國民政府分期禁絕毒品政策的弊端──以甘肅省的禁政為中心》，《歷史教學》，2008 年第 24 期。

三、促進社會改良與建設

（一）注重鄉村建設

新生活運動是一場社會改良與國家建設運動，通過整頓市容、加強防疫、革除陋習、鄉村建設等措施改造全體國民，促進社會進步，蔣介石 1934 年北方巡視中多次講話提到要加強社會建設和改善民眾日常生活。

10 月 8 日，蔣介石在漢出席鄂豫皖三省剿匪總司令部擴大紀念周，張學良、何成濬、張群、楊永泰等軍政要員參加。蔣介石在會上發表《推進政治注重農村建設》的講話，共計五千言。蔣介石曾在 1932 年頒訂整理湖北政治綱要十八條，兩年過後，根據綱要檢查，湖北省還有諸多事務尚未辦好，蔣再次重申十八條綱要須一一做到：

一、實施行政督察專員制度，務令完全得以行使其職權。

二、慎重各縣縣長及公安局長人選，應切實考績，加以保障，並屬行獎懲條例。

三、各縣現有警察，及地方自衛之保安隊，應即嚴加整理，改善其編制，核實其名額，確定其餉源，並保障其公有或私有槍枝，切實加以訓練，對於政治常識及國術科目，尤應特別注重。

四、各縣保安隊及其他地方自衛團隊，經整理後，應規定各縣壯丁常備預備後備服役期限，並劃分管區，以寄內政於軍令，由保安處擬具實施方案，分期進行，其第一期之整理工作，應於二十二年三月完成。

五、依編查保甲戶口條例，實行編查保甲戶口，並須遵照編查限期進度表之規定，依限編查完竣，遇有特別情形，確不能依限辦理者，得據實呈明候核，酌為展期，但最遲不得逾二十二年三月，全省必須一律辦竣，並應於同年五月起至九月止，全省亦覆查一次。

六、除湖北省政府及漢口市政府之預算，業經核定外，全省各縣政府及其附屬機關，一切地方經費之收支，應即編造正式預算，呈由財政廳轉呈核定，公布施行。限明年二月起，一律依照新預算實施。

七、省農民銀行及各縣信用合作社之設立，限二十三年三月初步完成。

八、清丈土地，預定五年完成，惟二十二年一月間之初步計劃，應盡先規定。

九、各財政機關應立即實施會計制度。

十、各級財政人員，須取具保證，由主管機關隨時切實監督，如有營私舞弊情事，應切實追賠，依法懲治。

十一、省公路，暫由建設廳擬具一年內築路計劃，分期進行，第一期工作，應於二十二年三月完成。

十二、湖北堤防水利工程，應歸移全國經濟委員會統籌計劃，並由該會所屬之江漢工程局專責辦理，以省駢枝，而杜冒濫。

十三、湖北各縣中，尤其被匪區內，除依土地處理條例及農村合作社條例，努力農村復興之工作外，應選擇適當地區，創辦集團農場，試行最新耕作及管理方法。

十四、中小學教育，應在各種課程中，激勵學生之民族意識，養成為國犧牲之精神。

十五、小學及初中，應積極訓練童子軍。

十六、初中以上之學校，應注重軍事教育，並使學生生活軍隊化。

十七、平民識字運動，由教育廳規定一年計劃，先從武漢實行。

十八、各級司法機關，對於訴訟積案，應限期清理完竣，嗣後民刑訴訟，應依法定程序，最多不得逾一個月了結，以免民眾因訟受累。〔註68〕

尤其編查保甲戶口，清丈土地，編造各縣地方正式預算，推行各縣合作事業，創辦集團農場等諸多工作尚未開展，蔣介石督促盡快落實。蔣介石再次著重強調黨政人員的辦事準則，即「做事要著重實際，不要專講表面；要多為鄉村一般最貧苦的平民造福；要上下一致，以勤勞的精神助物質的不足；善用民眾勞力，來增進民眾本身利益。」〔註69〕

（二）加強道德培養

1934 年 11 月 4 日，蔣介石夫婦抵達張家口，同日蔣介石出席張北軍民

〔註68〕蔣介石：《推進政治注重鄉村建設》（漢口，1934 年 10 月 8 日），秦孝儀編：《先總統蔣公思想言論總集》（第 12 卷），臺北：中國國民黨中央委員會黨史委員會，1984 年，第 560～563 頁。

〔註69〕蔣介石：《推進政治注重鄉村建設》（漢口，1934 年 10 月 8 日），秦孝儀編：《先總統蔣公思想言論總集》（第 12 卷），臺北：中國國民黨中央委員會黨史委員會，1984 年，第 567 頁。

歡迎大會，發表了題為《英雄之志業何在》的演講，在演講中蔣介石始終不忘推行其新生活運動的宗旨主張，他教導部下和民眾奠定成功立業的基礎是：

> 最簡單的最基本的途徑，就是要實踐「禮義廉恥」之四維。我們要從自己起，推而至於所有的部下以及一般國民，個個都要做一個「明禮義，知廉恥，負責任，守紀律」的現代國民！首先就要使我們的生活，無論食、衣、住、行，都能合乎「禮義廉恥」的精神。我們做官長的人能夠如此，便可以為一般人的模範，也一定可以感化一般部下和民眾，而奠定我們成功立業的基礎，也必須如此，才不愧為革命軍人，不愧為黃帝的子孫，無負於國家、民族和生我們的父母，教我們的師長！〔註70〕

6日晚8時，蔣氏夫婦與端納、傅作義、宋哲元、李服膺、趙承綬等人乘專車抵達綏遠首府歸綏，7日，綏遠省主席傅作義在省府為蔣介石接風，綏遠各界在歸綏舉行了聯歡大會歡迎蔣介石一行，蔣介石在《唯時勢能造英雄》的講話中仍將重點放在宣傳新生活運動上。

蔣介石提到，要想達到民族復興的目的，就要有「忠、孝、仁、愛、信、義、和、平」的美德，只要共同實踐八德，「如此，即可以穩定建國的基礎，發揚民族的光輝！這種精神的基礎，和道德的光輝，比什麼飛機大炮還要有力量，無論敵人有怎麼大的武力也打不破！」〔註71〕而蔣介石所講的「忠、孝、仁、愛、信、義、和、平」八德與新生活運動的根本精神「禮、義、廉、恥」四維不但互有關聯，而且互相符合：「禮義廉恥」就是忠孝仁愛信義和平的基礎。一個人如果明禮義，知廉恥，一定是忠孝，一定是仁愛，也一定講信義，尚和平！一切不忠不孝，背仁棄義，寡信好亂，苟安偷惰，貪生怕死，都是起於不明禮義，不知廉恥！於此可知新生活運動真正意義之所在。」〔註72〕

〔註70〕蔣介石：《英雄之志業何在》（張北，1934年11月4日），秦孝儀編：《先總統蔣公思想言論總集》（第12卷），臺北：中國國民黨中央委員會黨史委員會，1984年，第576頁。

〔註71〕蔣介石：《唯時勢能造英雄》（綏遠，1934年11月7日），秦孝儀編：《先總統蔣公思想言論總集》（第12卷），臺北：中國國民黨中央委員會黨史委員會，1984年，第580頁。

〔註72〕蔣介石：《唯時勢能造英雄》（綏遠，1934年11月7日），秦孝儀編：《先總統蔣公思想言論總集》（第12卷），臺北：中國國民黨中央委員會黨史委員會，1984年，第580頁。

他對巡視西北後發現的種種惡習提出批評：「禁止隨地吐痰，就是新生活運動第一件要緊的事情。這件事已成中國人普通最不好的習慣，實在是最容易傳染疾病，最妨害公共衛生，也是最為外國人看中國人不起的事情。我們提倡新生活，就是要先將這一類看似甚小而關係很大的不好事情改良。只要我們能以身作則，並且勸導得法，使一般民眾都明白隨地吐痰的害處，這件事應當是很容易辦到的。這不過是舉一個例來講，此外如嫖、賭、裹足、吸煙等等野蠻的墮落的舊習慣，統統是與新生活絕對相反，我們應當要以最大的決心努力來改革才好！」〔註73〕而整個國家來說最危險最可痛的現象，「就是一般的風氣太壞，差不多無論走到什麼地方，都是因循頹廢，暮氣沉沉的樣子，一般國民，甚至於一般知識分子，都不認識自己對社會國家所負的重大責任，一味的自私自利，苟且偷安混下去，因此社會日益腐敗，國家日益衰弱，而演成現在這個危急的局勢！」〔註74〕

針對國家衰敗情形，蔣介石要求在場人員，要救亡民族，要復興國家，必須從各個人自己起，「提起朝氣，奮發精神，改革過去一切不良的舊習氣，徹底實行現代的新生活，然後才可以創造個人和國家的新生命，亦才可以做一個現代的國民，建立一個現代的國家！」本著「自強不息」，「日新又新」的精神，「來努力改革一切不良的舊習氣，實行合乎禮義廉恥之新生活！並且隨時隨地要以身作則來感化一般部下和民眾，使他們個個人都能實行新生活，發生新的精神，創造新的生命！」〔註75〕蔣介石最後講道：

> 凡屬不合禮義廉恥的精神，不適合現代人類之生活，有礙於民生與社會國家的利益之一切事物，我們都要一掃而光！我們要從自己本身起，推而至於全國四萬萬同胞，大家努力實行新生活，創造新生命，以建立一個適合現代生存的新國家。很希望在察綏的各位同志，同胞，大家精誠團結，共同一致來奮鬥，以完成我們革命

〔註73〕蔣介石：《唯時勢能造英雄》（綏遠，1934 年 11 月 7 日），秦孝儀編：《先總統蔣公思想言論總集》（第 12 卷），臺北：中國國民黨中央委員會黨史委員會，1984 年，第 581 頁。

〔註74〕蔣介石：《唯時勢能造英雄》（綏遠，1934 年 11 月 7 日），秦孝儀編：《先總統蔣公思想言論總集》（第 12 卷），臺北：中國國民黨中央委員會黨史委員會，1984 年，第 581 頁。

〔註75〕蔣介石：《唯時勢能造英雄》（綏遠，1934 年 11 月 7 日），秦孝儀編：《先總統蔣公思想言論總集》（第 12 卷），臺北：中國國民黨中央委員會黨史委員會，1984 年，第 580～581 頁。

建國的使命！〔註76〕

　　蔣介石在察綏兩省的講話既宣傳了新生活運動的主張，又起到聯絡各方情誼、穩定塞北局勢的作用。

（三）改良日常生活

　　自綏遠抵達山西後，11 月 10 日，蔣氏夫婦參加了山西各界人士迎蔣蒞並大會，蔣介石在會上發表演講《復興國家民族惟有實行新生活》，再次宣揚新生活運動與國家建設的緊密關係。他首先講到山西相較於其他各省在新生活運動方面成效甚大，「此次由陝甘而晉綏，視察新生活，惟山西進行甚為嚴厲，成績甚佳。」〔註77〕新生活運動事關民族國家復興，「在國家痛苦危難之際，肩負繼往開來之重責，保全祖先固有之美德，開闢將來無窮光榮的歷史，就要從新生活做起，明禮儀，知廉恥，守紀律，負責任。」〔註78〕在國家復興發展問題上，蔣介石認為：「我國現在的國力，十年以後亦不配與各國比較。復興國家民族，不一定要武力，武力也不是復興國家民族的要點。」〔註79〕在太原提出的新生活要點似乎與其他各地演講內容並無二致，但是明確提出「不靠武力」，這與閻錫山、徐永昌的觀點相近，「山西厲行蔣介石發起的新生活運動，蔣又接受閻、徐的觀點，中央與地方在意識形態建設上也獲得了共鳴。」〔註80〕蔣最後說：「新的生活就是新的生命，拿固有的道德、天賦的本能做基礎，來求國家民族之生存。」〔註81〕

　　自蔣巡視山西以後，山西省新生活運動也加速開展起來，在已經成立的山西省新生活運動促進總會統一部署下，閻錫山、徐世昌親自擔任指導員，相繼成立了「整理市容服務團」「工廠勞動服務團」「學校服務團」「婦女勞動

〔註76〕蔣介石：《唯時勢能造英雄》（綏遠，1934 年 11 月 7 日），秦孝儀編：《先總統蔣公思想言論總集》（第 12 卷），臺北：中國國民黨中央委員會黨史委員會，1984 年，第 582 頁。

〔註77〕周美華編注：《蔣中正總統檔案：事略稿本》（第 28 冊），臺北：「國史館」，2007 年，第 432 頁。

〔註78〕周美華編注：《蔣中正總統檔案：事略稿本》（第 28 冊），臺北：「國史館」，2007 年，第 432 頁。

〔註79〕周美華編注：《蔣中正總統檔案：事略稿本》（第 28 冊），臺北：「國史館」，2007 年，第 434 頁。

〔註80〕劉文楠：《尋找理想的中央—地方關係——蔣介石與晉綏地方實力派的博弈（1931～1934）》，《史林》，2015 年第 5 期。

〔註81〕周美華編注：《蔣中正總統檔案：事略稿本》（第 28 冊），臺北：「國史館」，2007 年，第 437 頁。

服務團」「童子軍服務隊」等新生活服務組織，整頓市容環境、注重防疫衛生、提倡體育運動、革除舊風陋習等詳細舉措逐步實施，在短期內取得顯著效果，各地整修馬路、灑掃街衢、清除垃圾、增設廁所，完善了城市的基礎設施與市政服務，「過去大街小巷，率皆污穢不堪，今則街道清潔，氣象煥然一新」〔註83〕。而反纏足與反溺嬰的措施，對女性而言，更是涉及身體與生命的直接關照，對衛生、清潔的重視也增強了女性的身體素質。從歷史發展的脈絡分析，山西「新生活運動」期間開展的公共衛生建設客觀上還是起到一定的作用，達到了初步目標，而且其組織形式、推行方式、實施步驟、具體內容等方面仍能提供一些可以借鑒的經驗和教訓。〔註84〕

四、聯絡傳教士以推動新運

　　蔣介石於1930年受洗加入基督教，與來華傳教士交往密切，多次接見傳教士並肯定其對中國的貢獻；在新生活運動中，蔣介石號召傳教士積極參與，借助傳教士為國家建設服務〔註85〕。30年代來華、并與宋氏三姐妹都有不錯關係的美國女記者埃米莉·哈恩發現，「蔣氏夫婦每到一地，只要把當地閱歷最深、最有經驗的傳教士找來，一切問題便可迎刃而解。」〔註86〕事實也正是如此，蔣介石檢閱各省新生活運動，頻繁接見了各地傳教士及宗教團體，在宋美齡與外籍顧問端納的陪同下，較輕鬆地就獲得了外籍人士的支持。

　　蔣氏夫婦與傳教士親近合作，也更有利於得到西方國家在政治、經濟、軍事上的支持。在陪同蔣介石巡視西北及華北過程中，宋美齡更是發揮了她特殊的作用，「在旅行期間，她開始以自己的頭銜出現於公眾面前。她必須每天去演說，這使她不再膽怯，使她能夠克服好像搞競選活動那樣的疲勞而且變得堅強起來。每到一個城市，她就召集婦女，敦促她們協助全國性的改革

〔註83〕袁振邦：《清源新運頗著成效》，《山西省新生活運動促進會會刊》，1935年第12期。

〔註84〕夏文華：《公共衛生與近代山西民眾日常生活——基於1930年代山西「新生活運動」的考察》，《山西師大學報》，2017年第6期。

〔註85〕張德明：《世俗與宗教之間：蔣介石與來華傳教士（1927～1941）》，《社會科學輯刊》，2013年第5期。

〔註86〕（美）埃米莉·哈恩：《蔣氏夫婦1934年西北視察紀行》，見岳渭仁等編：《外國人眼中的蔣介石和宋美齡》（上），西安：三秦出版社，1994年，第176頁。美國記者兼作家埃米莉·哈恩曾在中國生活多年，是宋靄齡的朋友，曾親自訪問宋氏三姐妹，獲得大量一手資料，40年代撰寫《宋氏家族》一書，出版後引起廣泛重視。

工作。她大講反對中國的舊習慣，反對大家閨秀足不出戶，反對鴉片、骯髒和貧困的威脅。她懇求她們發揮社會責任感。」〔註87〕在西安期間，宋美齡專門召集西安高級官員夫人開會，勉勵她們努力開展婦女工作，關心婦女兒童福利，關注社會公共事業，並在邵力子夫人陪同下參觀陝西省立孤兒院。時人評價「關於國府的政策和新生活運動的目標，做著啟迪各個團體的工作。附帶地，在蔣委員長與外人間的一向不甚密切的友誼上，展開了新的一頁。後一個運動之推進，大體是蔣夫人努力的結果。」〔註88〕

1934 年 10 月 14 日，蔣介石專門召集了陝西黨政軍人員及旅居西安的外國宗教團體和傳教士參加茶話會，蔣介石和宋美齡分別用漢語和英語發表演說，大力讚揚傳教士來華所做出的貢獻，並呼籲他們協助推廣新生活運動，傳教士均表示願意合作，並成立委員會敦促新生活運動在陝開展。宋美齡說：「（這種合作）無論是對於他們自己的團體或對於新生活運動都是很有益處的」〔註89〕。《華北日報》針對此事報導稱：「輿論認為蔣介石西安之行與共產黨對四川的威脅不無關係，國共的任何行動都會變該省為一主要戰線。但蔣委員長暨夫人卻大肆鼓吹新生活運動。昨日下午，該所有外國傳教士被邀參加茶話會，實為開明之舉。蔣將軍、宋美齡先後做即席演說，讚揚傳教士對中國所做出的貢獻，並呼吁他們對新生活運動應盡力協助之，如同在江西所取得的優異成效樣。」〔註90〕該報導對蔣氏夫婦極盡之讚美，「在座的無不讚歎蔣委員長暨夫人的尊嚴和風度，深為中國的首腦層中能有這般才智、活力和獻身精神的人物而釋懷不已。」〔註91〕

美國女記者埃米莉·哈恩評論了蔣氏夫婦此次在西安接見外國傳教士的行為：「傳教士們遠不止只是讚歎，他們實在感到有些驚訝。他們最樂觀時，也從未指望過中國的領導人會像蔣氏夫婦在茶話會上那樣找他們來瞭解情況。蔣夫人用英文解釋說，蔣委員長和她本人都渴望進行真正的改革。他們認識到，傳教士是與中國人民生活在一起並瞭解他們疾苦的，因而他們能夠

〔註87〕（美）羅比·尤恩森著，趙雲俠譯：《宋氏三姐妹》，北京：世界知識出版社，1984 年，第 84～85 頁。

〔註88〕董顯光著，蔣鼎黼、姜君衡校譯：《中國最高領袖蔣介石》，上海：文史研究會，1946 年，第 387 頁。

〔註89〕王亞權編：《蔣夫人言論集》（上），臺北：「中華婦女反共聯合會」，1977 年，第 204 頁。

〔註90〕《蔣昨召見陝府各廳長》，《華北日報》，1934 年 10 月 15 日，第 3 版。

〔註91〕《蔣昨召見陝府各廳長》，《華北日報》，1934 年 10 月 15 日，第 3 版。

說出怎樣才能改造和提高社會風尚。傳教士還有一種特殊的獨立地位，他們可以講實話，不必像官員那樣由於害怕和野心而有所顧慮。蔣夫人央求他們誠懇陳言，並代表政府保證合作。」〔註92〕她又談道：「這類事從未發生過，無怪乎傳教士們起初感到不相信，甚至懷疑。多少年來，他們當中較關注社會問題的曾以筆頭、祈求和耍花樣等方式，來尋找與哪怕是最低級官員談話的機會，但幾乎無人成功。可現在委員長本人和夫人卻主動讓他們指出他們各自地區的弊端，以及糾正這些弊端的對策。」〔註93〕從埃米莉‧哈恩的報導文字中可以看出，蔣氏夫婦為在全國推行新運、實現蔣介石心中「煥然一新之國家」是不遺餘力的，也給在華傳教士留下了深刻印象。

由陝抵甘後，10月18日，蔣氏夫婦舉行茶會招待在甘傳教士，蔣介石說：「新生活運動與教會助人工作，有相同之目的」，宋美齡表示「願與外人合作，以達成此目的其首先著手者，為勸人戒煙與放足之宣傳，各院將另設戒煙處。」〔註94〕與會傳教士「聞者感動，當場組織委員會，與省主席及新生活運動領袖共同合作。」〔註95〕10月23日，蔣氏夫婦於開封邀請在豫各傳教士參加茶會，在茶會上，蔣詳盡解釋了在全國展開的新生活運動的宗旨，高度讚揚傳教士在中國所做出的努力，保證對傳教士的工作給予最大的自由，懇請全體傳教士給予合作，以實現新生活運動的目標。隨後宋美齡用英語講話，她特別呼籲女傳教士與官員夫人合作，掀起美好家庭運動。開封高級傳教士、加拿大教堂傳教團的坎農‧西蒙斯對蔣介石、宋美齡夫婦的呼籲給予最由衷的響應，他代表在座的二十幾位傳教士表示，將不惜一切努力與政府通力合作，提高民眾的道德、精神以及經濟文化水平。〔註96〕

11月7日，蔣介石接見察綏地區傳教士、牧師，希冀他們繼續為新生活運動做出貢獻。9日蔣氏夫婦與山西外國傳教士舉行茶會，解釋宣傳新生活運動之「真諦」，「外籍傳教士決定組織委員會，與新運領袖切實合作。」〔註97〕

〔註92〕（美）埃米莉‧哈恩：《蔣氏夫婦1934年西北視察紀行》，見岳渭仁等編：《外國人眼中的蔣介石和宋美齡》（上），西安：三秦出版社，1994年，第173頁。

〔註93〕（美）埃米莉‧哈恩：《蔣氏夫婦1934年西北視察紀行》，見岳渭仁等編：《外國人眼中的蔣介石和宋美齡》（上），西安：三秦出版社，1994年，第174頁。

〔註94〕《蔣昨由寧夏抵西安》，《京報》，1934年10月21日，第2版。

〔註95〕《蔣昨由寧夏飛抵西安》，《新天津》，1934年10月21日，第2版。

〔註96〕（美）埃米莉‧哈恩：《蔣氏夫婦1934年西北視察紀行》，見岳渭仁等編：《外國人眼中的蔣介石和宋美齡》（上），西安：三秦出版社，1994年，第176頁。

〔註97〕《太原軍政各界昨舉行迎蔣大會》，《京報》，1934年11月11日，第2版。

在此次巡視過程中，蔣介石、宋美齡與傳教士相處融洽，各取所需，蔣極力邀請在華傳教士參與新生活運動，通過塑造虔誠的基督徒形象，作為走向基督徒的一種路徑，以便將後者納入其政治的軌道，為其所用，為構建黨派認同和政治合法性服務〔註98〕。基督教會基於適應中國社會和擴大傳教之目的，在30年代蔣介石聲譽遞陞和權威穩定之時，對蔣的信仰與呼籲給予了熱烈回應，他們積極參與新生活運動，尤其體現在醫療衛生方面，他們創設醫院，尤其是在缺醫少藥的西北地區，教會醫院減輕了民眾疾病痛苦，培養了一批西式醫學人才，初步改變著民眾的衛生意識，也使民眾對西醫有了正確的認識，這些舉措推動了邊疆地區的醫學近代化和社會變遷。〔註99〕

第三節　西北開發的促進

在關注西北地區政治、經濟地位重要性的同時，時人呼籲西北地區的青年人積極投身西北建設：「西北為中國之一部分，而屏障西疆，地勢險要，歷史悠久，天產豐富。從全國而言，固應努力於西北之開發，從西北本身而言，尤應積極建設，直接以促進西北本身之繁榮，間接盡國民救國之責任……西北青年應凜於責任之重大，充實人人之智識能力及品性，俾得為民族復興西北建設預備之一員，以挽回國運，洗刷國恥，恢復我民族歷史之光榮。」〔註100〕蔣介石在1934年的西北巡視中，亦對西北開發建設有頗多考量，尤其交通建設背後是經濟與軍事要素的多重考量。

一、西北交通事業發展

西北各地產業未興，文化落後，原因固多，但交通閉塞實為一重要原因。從農產品出口、貨物運輸、工礦企業開發等方面來說，西北發展因交通而困境重重，「西北皮毛之原料，其輸出之工具，不外大車、駱駝、木船、皮筏等，須經數月或數十日，始北達平津，南達滬漢，且有匪劫與覆舟等種種危險。國外及外省的製造品輸入，以及文化用品等之入西北也亦然。故西北各地的

〔註98〕楊衛華：《蔣介石基督徒身份的建構與民國基督徒的政治認同》，《四川大學學報》，2015年第3期。

〔註99〕尚季芳：《亦有仁義：近代西方來華傳教士與西北地區的醫療衛生事業》，《西北師大學報》，2011年第3期。

〔註100〕高良佐：《西北隨軺記》，蘭州：甘肅人民出版社，2003年，第31頁。

農產、畜產及其副產物，價甚廉而農民困。於是惟恃易於運輸之鴉片，以求現金。輸入之煤油等日用品，價昂數倍，有時且不易得。教科圖書及化學藥品等，經年始達，日報經月始達。種種情形，非東南人所能想像。如欲改進農業，振興水利，開礦產，設工廠種種大機器，更無法運輸，何從開發」〔註101〕。因此便利交通為開發西北的第一問題，否則無從著手。「西北國防之空虛，政治文化之不進，經濟之枯滯，產業之不振，民生之困弊，無不由此」〔註102〕。據馬鶴天的調查，至1932年西北已有水陸交通如下：

（一）鐵路。只有北平到包頭的一路，僅通過察哈爾綏遠一部。

（二）汽車道。蒙古境內，有張庫（張家口至庫倫）及庫恰（庫倫至恰克圖）二路。綏遠、寧夏、甘肅境內，有包寧（包頭至寧夏）、寧蘭（寧夏至蘭州）二路。新疆境內，有塔城至俄境一線，係俄人所築。

（三）航路。最大的是黃河航路，由青海經甘肅、寧夏至綏遠河口。此外外蒙古的色楞格河、庫蘇古泊、烏魯克木河等，多於夏季通航。新疆伊犁河及額爾齊斯河尚可通輪，惜皆由俄人經營。

如上所列，幾等於零。且平綏、綏包鐵路，一切簡陋。張庫汽車路，自外蒙古獨立以來，大受影響，最近已不能通行。包寧路因時局關係，每每無車通行。寧蘭路向無客車，不過軍政界專車，有時通行。此外外蒙古庫倫與四部間，並五原、庫倫間，亦可勉強通車，但行者甚少。至青海、甘肅、寧夏、綏遠間黃河航路，僅用皮筏、木筏，時時擱淺，且有危險。〔註103〕

關於西北落後的交通狀況，孫中山在《建國方略》中即有詳細開發規劃。蔣介石長期標榜自己為孫中山最忠實的追隨者，在國家建設方面亦有繼承，「所以交通救國，早成確論，而總理於民元辭大總統以後，欣然就全國鐵路督辦之職，正復為此。不幸格於時勢，有志未成。至於今日，歲月蹉跎，為時已晚，國家窮困，建設維艱，惟吾人誓當秉總理之遺志，悉力以赴此救國之

〔註101〕馬鶴天：《開發西北的幾個先決條件》，《開發西北》，1934年第1卷第1期。
〔註102〕馬鶴天：《開發西北的幾個先決條件》，《開發西北》，1934年第1卷第1期。
〔註103〕馬鶴天：《開發西北之交通問題》，《新西北》，1932年第1卷創刊號。作者署名為「前甘肅教育廳廳長馬鶴天」。

要圖」〔註104〕。他積極踐行「交通救國」主張，因此在西北地區開發方面極為重視鐵路、公路建設。1934年3月，蔣介石在南昌行營商議邊疆問題，他認為，交通與國家安全有密不可分之聯繫，要想緩解邊疆危機，開發邊疆經濟，必須大力發展交通：

> 雖然，「有人斯有土」，惟過去為全然，時至今日，因科學之發達，物質文明之進步，文化政治，每受經濟之支配，故一面為「有人斯有土」，一面又為「有土斯有人」。此所謂「有土」者，即政治與經濟力量之支配，今日政治與經濟力量之開拓，乃以交通為首要之前提。凡我交通未達到之區域，事實上即為化外獨立之地方，隨時皆可自動離叛，或被他人侵佔。故交通之開發，乃治國經邦第一要務。一切政治家、外交家、軍事家，不可不首先注意。今日國家所以紛亂，邊疆所以危殆，泰半皆交通梗塞有以致之。試觀日俄英法諸帝國主義，無不以鐵道包圍或深入我邊疆，挾交通為其蠶食鯨吞之基本工具。再今日之戰爭即交通之戰爭，帝國主義者之所以敢於肆意深入，視我數十萬軍隊如無物，亦即欺我交通之缺乏也。〔註105〕

蔣介石認為要想治國安邦，發展經濟，實現全國真正的統一與建設，唯有致力於交通建設，「公路、鐵道能多修一里，必多修一里，多修一里即為國家多存一里土地！輪船、飛機能多製一隻，即多製一隻，多製一隻即為民族多闢一線生機！大抵內地之交通，應力謀公路、鐵道之興築，邊疆之開發，只能盡力擴充航空。果能循此猛進，即可以充實國力，使帝國主義者有所忌憚。總之：籌邊禦侮，治國安邦，悉於交通是賴，吾人亟宜悉力圖之。」〔註106〕馬鶴天認為西北交通發展應「隴海、包寧兩鐵路，應速完成，綏新、陝新兩公路，應速建築，無線電，應迅遍設，黃河水運，應速修濬，並備汽船。交通問題，

〔註104〕蔣介石：《中國之邊疆問題》（南昌，1934年3月7日），秦孝儀：《先總統蔣公思想言論總集》（第12卷），臺北：中國國民黨中央委員會黨史委員會，1984年，第109頁。

〔註105〕蔣介石：《中國之邊疆問題》（南昌，1934年3月7日），秦孝儀：《先總統蔣公思想言論總集》（第12卷），臺北：中國國民黨中央委員會黨史委員會，1984年，第109頁。

〔註106〕蔣介石：《中國之邊疆問題》（南昌，1934年3月7日），秦孝儀：《先總統蔣公思想言論總集》（第12卷），臺北：中國國民黨中央委員會黨史委員會，1984年，第110頁。

有相當辦法，其他問題，才可以有解決的希望」。〔註107〕林競關於西北地區發展交通的具體舉措建議因地制宜：「開發西北首宜從交通入手，而交通之先後及種類，則宜因地而異。余意黃河上游各地域，與其建築鐵路，不如先疏濬黃河，蓋輪船之利遠勝於火車也。沿岸各市鎮，輔以長途汽車，伸水陸銜接，則各地之脈絡靈活矣。況河道既修，則水災永免，其所得又豈可勝數乎！至於蒙古、新疆、青海，無舟楫之利，而有廣大之平原，及寬長之驛道。以今日國家情勢言，欲待火車完成，河清難俟。惟有創設長途汽車，而輔以飛機，此事簡而易行，可收事半功倍之效，惟在當局者誠意為之耳」〔註108〕。

在1934年4至5月間，宋子文先期視察了西北經濟，宋提到：「西北根本的病，在交通，貧、愚、弱的總因，只因交通隔絕，科學廢後、教育與工業資本化、西北文化因此漸落後、以愚民為政策的割據，皆利用此點，只有交通能救此弊。」〔註109〕

因此1934年10月8日，蔣介石電示湘鄂川黔陝五省主席，命令五省公路限年內實現通車。具體經過路線與地點：

　　一、貴州至四川，由貴陽經息烽、遵義、桐梓、松坎、綦江、重慶、潼南、簡陽而達成都。

　　二、湖北至四川，由漢口經應城、沙洋、十里鋪、宜昌、巴東、恩施、利川、萬縣、渠江、蓬溪、中江而達成都。

　　三、湖南至貴州，由長沙經湘潭、寶慶、武崗、洪江、黔陽、芷江、晃縣、玉屏而達貴陽。

　　四、湖北至陝西，由十里鋪經荊門、宜城、襄陽、穀城、淅川、荊紫關、商南、商縣、藍田而達長安。

　　五、陝西至四川，由長安經陝縣、洋縣、南鄭、寧羌、廣元、劍閣、綿陽而達成都。〔註110〕

以上五條公路為蔣介石開發西北西南各省經濟而籌劃，更重要的是，中共主力部隊戰略轉移至西南地區，蔣介石為便於剿共，堵截紅軍北上，而督促

〔註107〕馬鶴天：《開發西北的幾個先決條件》，《開發西北》，1934年第1卷第1期。
〔註108〕林競：《蒙新甘寧考察記》，蘭州：甘肅人民出版社，2003年，第92頁。
〔註109〕《宋子文昨由寧夏飛省，視察西北完畢》，《西京日報》，1934年5月18日，第6版。
〔註110〕《蔣中正致鄂湘黔川陝五省主席電》（1934年10月8日），臺北「國史館」藏，《蔣中正總統文物》，典藏號：002-090102-00001-303。

五省主席加緊修築。

到達西安後，蔣介石對各界歡迎會及宴會等一律謝絕〔註111〕，對陝西政治發展狀況極為關心。在邵、楊陪同下，蔣介石召見了陝西黨政軍各地方長官，會見西安各界知名人士，授予邵力子、楊虎城施政要訣曰：「人盡其才，地盡其力，物盡其用，乃軍事政治之要訣也。」〔註112〕得知蔣介石將巡視至陝西，國民黨陝西籍元老于右任，多次致電蔣介石關注陝西經濟開發。13 日，蔣介石覆電監察院長于右任談入陝之感受：「中正因參加洛陽軍分校開學，順道西行，昨抵西安。見軍民協和，氣象昭蘇，珂鄉之福，亦先生潛移默化之功。」〔註113〕14 日，再次覆電于右任：「西行入陝，發願數年，今始克遂，至為快慰。此邦歷史悠久，憑藉深厚，誠足為復興民族之根基。但只賴天利而未盡人力，不免稍行缺陷耳。」〔註114〕

西蘭公路（西安—蘭州）是溝通陝、甘、青、新四省的重要交通要道，1934年 2 月 23 日，蔣介石電令陝甘兩省領導人楊虎城、邵力子、朱紹良，「限兩月內修築西蘭公路，以利運輸。」〔註115〕10 月 14 日，蔣介石再次電令胡宗南詢問西蘭公路建設問題：「馬鹿鎮至天水公路線究有幾里，以現在就近兵力與徵工辦法，最快何時可通？其間石山易開否？應即組織石工隊，以兵工隊官長為主，挑選各團官兵共三十人，學習石工橋工，以為入川開路之預備。」〔註116〕

在陝期間蔣介石考慮整頓陝政，仍將交通建設放在首位，具體措施有「甲、修陝北公路；乙、修西安近郊公路；丙、設電力廠；丁、設公共場所；戊、令愛惜禽獸；己、令保護藥物品；庚、令取締乞丐；辛、令嚴禁鴉片；壬、設貧民工廠。」〔註117〕

〔註111〕《蔣前日抵陝，歡迎會宴會均謝絕》，《京報》，1934 年 10 月 14 日，第 2 版。
〔註112〕周美華編注：《蔣中正總統檔案：事略稿本》（第 28 冊），臺北：「國史館」，2007 年，第 271 頁。
〔註113〕周美華編注：《蔣中正總統檔案：事略稿本》（第 28 冊），臺北：「國史館」，2007 年，第 269 頁。
〔註114〕周美華編注：《蔣中正總統檔案：事略稿本》（第 28 冊），臺北：「國史館」，2007 年，第 273 頁。
〔註115〕《蔣電令陝甘當局兩月修成西蘭公路》，《華北日報》，1934 年 2 月 25 日，第 3 版。
〔註116〕周美華編注：《蔣中正總統檔案：事略稿本》（第 28 冊），臺北：「國史館」，2007 年，第 272 頁。
〔註117〕黃自進、潘光哲編：《蔣中正總統五記：困勉記》（上冊），臺北：「國史館」，2011 年，第 430 頁。

18 日，蔣介石在蘭州致電國民政府行政院長汪精衛、鐵道部長顧孟餘：

> 隴海鐵路潼西段有展築至咸陽之必要。蓋陝省自引涇、引洛、引渭通渠後，則渭北必為農產之中心。且此間燃料奇缺，亦待耀縣一帶各種礦產之開探，以資解決，故西蘭鐵路縱不能一氣呵成，而由西安造橋渡過渭河直達咸陽，無論就經濟政治及軍事觀察，尤其為該路本身之回頭貨運計，均應趕速進行。請鐵部飭下隴海路局即行派員勘測，並準備工料，繼續興工。〔註 118〕

蔣介石本日也自記道：「經營西北，速成隴海路」〔註 119〕。

10 月 20 日，在返回西安後當晚，蔣介石即刻接見陝西黨政領導人邵力子、楊虎城及楊永泰、鐵道部政務次長兼隴海鐵路局局長錢宗澤等人，交流此次甘、寧之行的感受，並對巡視甘寧後的下一步工作進行了安排部署。《西京日報》報導：「聞蔣委員長此次視察甘寧歸來，印象極佳，尤對西北天時地利之環境，益覺積極建設，刻不容緩，西北建設前途，當可樂觀云。」〔註 120〕蔣介石本人對西北交通建設極為重視，尤其是隴海鐵路修築情況，此次西北巡視陪同人員中就有鐵道部次長錢宗澤。10 月 30 日，錢宗澤在北平向記者通報了隴海鐵路的修築進展，他說：「本人日前隨蔣委員長赴西北視察，蔣委員長對一切建設，甚為注意，且本人對西北情形頗熟悉。西北各省如公路水利建設，近來均有顯著進步，將來極有希望，隴海路西段，定十一月一日通至臨潼，年底可達西安，並擬展至蘭州，正在籌劃經費。」〔註 121〕至 1934 年 12 月，隴海鐵路築抵西安，次年 6 月，潼西段工程大體竣工。

1935 年 6 月，潼西段通車，鐵道部遂將潼西段工程局改組為隴海西段工程局，繼續向西展築西安至寶雞的鐵路，名為西寶段。該段由西安轉向西北，越灃河、渭河以達咸陽，然後沿渭河北岸經興平、眉縣而至寶雞，全長 173 公里。工程採用逐段興建辦法，初由西安築至咸陽，嗣後再展修至寶雞〔註 122〕。1936 年 6 月，隴海客貨列車已正式通車距離西安 45 公里的興平。同年 12 月

〔註 118〕 《蔣中正致汪兆銘等電》（1934 年 10 月 18 日），臺北「國史館」藏，《蔣中正總統文物》，典藏號：002-090102-00001-258。

〔註 119〕 《蔣介石日記》，1934 年 10 月 18 日，美國斯坦福大學胡佛研究所藏。

〔註 120〕 《蔣委員長昨日由寧飛陝》，《西京日報》，1934 年 10 月 21 日，第 6 版。

〔註 121〕 《錢宗澤抵平後談隴海路擬展築至蘭州》，《京報》，1934 年 10 月 31 日，第 2 版。

〔註 122〕 國民黨中央黨部國民經濟計劃委員會：《戰前隴海鐵路及連雲港碼頭建設》，西安市檔案館編：《民國開發西北》，2003 年 10 月內部版，第 463 頁。

20 日，西寶段工程竣工，通車寶雞。1937 年 3 月，隴海線寶雞以東至連雲港1075 公里的鐵路線全線通車。

隴海路的成功西展，結束了陝西沒有鐵路的歷史，極大地改善了西北的交通狀況。鐵道部在擴展隴海路的同時，也對西北的其他相關路線進行了勘測。1936 年 1 月，隴海路西段寶雞至蘭州幹線，業經勘定，取道清水、天水、武山、臨洮、洮沙而達蘭州，全段約長 480 公里。1937 年 5 月，寶成鐵路經鐵道部派員復測後，決定採用東線，由寶雞經鳳縣、襃城、廣元而至成都。鐵道部對西北鐵路線的勘測，為以後的西北鐵路建設打下了堅實的基礎，進而刺激了西北經貿發展和東西部人員往來。〔註 123〕

公路方面，為使陝甘新三省交通網絡得以完全貫通，國民政府曾一再派員視察並擬定有詳細計劃，除將西北各省舊有公路加以修整外，「新闢公路10 條，全長 26500 公里，需耗資 2300 萬元：1. 西安伊犁線；2. 西安漢中線；3. 包頭蘭州線；4. 蘭州疏勒線；5. 包頭塔城線；6. 塔城疏勒線；7. 漢中白城線；8. 西寧玉樹線；9. 西安包頭線；10. 蘭州漢中線」〔註 124〕。此舉目的在於開發西北資源，便利國防交通。這一龐大計劃由於耗資巨大而延緩。國民政府轉而決定集中資金首先建設西蘭（西安至蘭州）和西漢（西安至漢中）兩幹線公路，以彌補鐵路建設的不足，同時也為西北各省修築公路樹立典範。

1934 年 3 月，全國經濟委員會籌款直接修築西蘭公路，至 1935 年 5 月竣工，土路通車，共計耗資 93 萬餘元。西蘭公路的改建，使隴海路的貨物能夠通過公路較快地輸送到西北諸省，加強了西北各省的聯繫，為正在崛起的陝西新工業開闢了廣闊的市場。

西漢公路起自西安，經咸陽、興平、武功、扶風、岐山、鳳翔，過寶雞、鳳縣、留壩、襃城，終至漢中，全長 447.6 公里，不僅是陝西關中通往陝南漢中盆地的唯一公路，也是溝通西南、西北的重要通道。加之紅軍進入陝南山區，國民政府為了對紅軍進行軍事「圍剿」，也急於打通陝南，並進而把西南與西北聯繫起來。國民政府考慮到這條公路的重要性，計劃修成全國示範公路，因此全國經濟委員會曾網羅了當時國內一些著名大學工科畢業生從事

〔註 123〕 容嵐：《抗日時期（1931～1945）國民政府開發西北交通問題研究》，西北大學碩士學位論文，2004 年，第 11～13 頁。
〔註 124〕 《交通雜誌》，1934 年第 2 卷第 4 期。

此路的測量、設計和施工工作。此段公路穿越秦嶺山脈，工程艱巨，於1934年動工，共分三段，西安到鳳翔段原有路面可勉強通車，鳳翔到寶雞段略加修整便可通車，寶雞到漢中段為新建路段，全長254公里。1935年12月始將全路打通，到1936年3月，全路竣工，共計耗資240餘萬元〔註125〕。

此外，經委會還與陝西省合作修築漢寧公路。此路起自褒城，經勉縣、寧強至川隊交界的棋盤關，接成廣（成都至廣元）路，為川陝交通要道，由經委會撥助110萬元經費，陝西省負責修築。從1935年9月設立漢寧路工務所到1936年6月，該路全部工程基本告竣，打通了西北與西南的通道。

1936年2月17日，行政院在其《關於鐵道部籌治西北道路辦法致全國經濟委員會公函》中指出：西北交通亟應開發，宜築鐵路，由於鐵路費用太大，應暫時先整治公路，以濟急需〔註126〕。同年，全國經濟委員會撥款300萬元，興築西北公路。到1936年6月，全國經濟委員會共撥借西北公路基金約148萬元，其中陝西135萬元、甘肅8萬元、青海5萬元。據規劃，西北各省聯絡公路總長為2514公里，而到1936年6月，可通車路線達1601公里。〔註127〕

不難看出，國民政府在加大西北交通建設的同時，是「西北剿共」的迫切需要。1935年西蘭公路通車後，蔣介石迅即調東北軍轉入西北「剿共」，並於1935年10月初在西安設「西北剿總」。東北軍授命後，陸續由河北、湖北兩省開往西安、咸陽等地集中，逐次沿西蘭公路西進和北進，分別駐防在延安、洛川、平涼及蘭州等地。與此同時，各軍奉命修築碉堡，加強防禦工事，用以阻擊過境紅軍。同時，為堵截紅軍北上入陝，國民黨駐豫陝甘各部隊奉令沿西蘭公路和西漢公路頻繁調動，車水馬龍，擁塞於路。

國民政府急於加快西北地區的公路建設，主要是由於紅四方面軍在川陝根據地發展壯大，且1935年2月紅四方面軍在廣昭戰役後，迅速向四川、甘肅邊境的青川、平武方向前進。蔣介石據此判斷紅四方面軍放棄川陝根據地西進，似有在川西北同越過大渡河北上的中央紅軍會師，然後進出甘、青、新，打通國際交通線的企圖。因此，蔣介石在加緊對西北軍事部署的同時，

〔註125〕秦孝儀主編：《革命文獻》第90輯，臺北：中央文物供應社，1981年，第501頁。

〔註126〕中國第二歷史檔案館編：《中華民國史檔案資料彙編》第5輯第1編，南京：江蘇古籍出版社，1994年，第221頁。

〔註127〕秦孝儀主編：《革命文獻》第90輯，臺北：中央文物供應社，1981年，第188～189頁。

大力興築西北地區公路，以便軍運和追繳軍的進駐。一旦發現判斷失誤，紅
軍離川北上陝甘後，已失去軍事價值的公路便立即停建。〔註128〕

二、促進西北整體開發

1934 年 10 月 21 日，蔣介石電令甘肅省主席朱紹良：「此次來甘視察，
以各地部隊就地撥款為阻礙政治最大之弊端，應即從速改正停止。自十一月
份起，不得任令各部就地撥款，並將各部隊數目切實裁編，務以一兵必有一
餉（照中央餉章）為其兵額之標準，並希以此意轉告各將領為要」〔註129〕。
同日，蔣介石致電四省農民銀行總理徐繼莊：「甘肅省政府可以入股二十五萬
元，希即派員接洽，並籌開分行。又如財政部註冊，可以將四省農民銀行改
中國農民銀行。」〔註130〕

10 月 19 日行政院長汪精衛就新疆開發中如何使用外資問題致電蔣介石，
電文建議「引進歐美資本，以開發新疆，使門戶開放、機會均等主義得以適
用於西北」〔註131〕。27 日，蔣介石回電汪精衛「原則上固極所贊同」，但新
疆問題涉及中英蘇等多邊外交關係，蔣介石心有考量，他在回電中說：

> 外資能否引用，此屬事實問題，若事實上並無相當之醞釀，僅
> 從外交上標明此旨，不特國聯與美未易獲得反響，恐益招蘇俄之大
> 忌。因利乘便，將加緊其侵略之工作。且俄在國聯現如天之驕子，
> 國聯重彼輕我，俄能從中刁難，以障礙我之進行。關於技術合作報
> 告，以業已退盟之日本強烈反對，國聯尚多所顧忌，不敢詳加討論。
> 則彼對蘇俄之態度，更可想而知。則所謂以夷制夷之空想政策，以
> 賈怨於日，或因此而復開罪與俄，結果將適得其反。此事關係甚大，
> 尚祈審慎研究為幸！〔註132〕

〔註128〕容嵐：《抗日時期（1931～1945）國民政府開發西北交通問題研究》，西北大
學碩士學位論文，2004 年，第 15～18 頁。

〔註129〕《蔣中正致朱紹良電》（1934 年 10 月 21 日），臺北「國史館」藏，《蔣中正
總統文物》，典藏號：002-010200-00121-020。

〔註130〕周美華編注：《蔣中正總統檔案：事略稿本》（第 28 冊），臺北：「國史館」，
2007 年，第 349 頁。

〔註131〕呂芳上主編：《蔣中正先生年譜長編》（第 4 冊），臺北：「國史館」、國立中
正紀念堂管理處、財團法人中正文教基金會，2014 年，第 456 頁。

〔註132〕周美華編注：《蔣中正總統檔案：事略稿本》（第 28 冊），臺北：「國史館」，
2007 年，第 347 頁。

11月3日，蔣介石在北平致電盛世才，深表對其惦念之情：

> 前月在牯曾發一長電致弟，不審以達否？凡第以往對流言之
> 誤會，及中對弟遠大之期望，胥於其中詳加剖視。惟恐道遠文長，
> 轉逾翻譯，難免詭脫。茲特因王家曾君應約來新之便，再將原文
> 托帶謄閱，務冀深加體會，恪切遵行。並速改只開前門緊閉後戶
> 之政策，以期上倚中央，下固治基，而收內外相維之效。中此次
> 巡遊西北，周覽陝甘寧夏之形勝，深覺人民質樸，蓋藏豐饒，憑
> 藉甚厚，實為復興我國家民族最良之基礎。新疆天賦又憂甘寧，
> 益念吾弟所負職責使命之重大，想弟身膺疆寄，洞悉邊務，當更
> 深同感也。〔註133〕

蔣介石的回信體現出希望盛世才擔負起守衛邊疆的重任，主動靠攏國民
黨中央，但盛世才在蘇聯方面「幫助」下，儼然將新疆打造成獨立王國，隨後
全面抗戰爆發，收復新疆的計劃也隨之推延。

21日，在西安行轅，蔣介石與張學良特設宴招待邵力子、楊虎城及馮欽
哉，隨後啟程返回洛陽。離陝之前，蔣介石令陝西省政府迅速照辦「修築道
路，設電氣廠，保護物品，愛護牲畜等十事。」〔註134〕在蔣介石預定本周計
劃中，就提出大力發展西北交通事業，他記載：「規定西北經營與寧綏防務計
劃；定隴海路線與京江南萍各鐵路線；高桂滋師調陝；促成陝南公路；視察
豫魯冀省。」〔註135〕

在離開西北後的幾天內，蔣介石在其日記中多次記載考慮「西北建設」、
「西北經營計劃」問題，並提出「經營西北，應籌備隴海路與陝川路」〔註136〕。

29日，蔣介石電令楊虎城：「陝南北各公路修築計劃，例如擔任之部隊名
稱，自何段起至何段止與何時開工何時完成，希詳告。希兄力督速成勿延。」
〔註137〕同日，蔣介石電告甘肅省主席朱紹良，「已令第六十一師開赴甘肅，

〔註133〕周美華編注：《蔣中正總統檔案：事略稿本》（第28冊），臺北：「國史館」，
　　　　 2007年，第405～406頁。
〔註134〕《蔣昨遊茂陵周陵，晚宴邵楊等話別》，《京報》，1934年10月22日，第2
　　　　 版。
〔註135〕《蔣介石日記》，1934年10月21日，美國斯坦福大學胡佛研究所藏。
〔註136〕《蔣介石日記》，1934年10月24日，美國斯坦福大學胡佛研究所藏。
〔註137〕周美華編注：《蔣中正總統檔案：事略稿本》（第28冊），臺北：「國史館」，
　　　　 2007年，第375頁。

定下月十五人集中渭南。並令軍需署每月撥付甘省織呢廠與製革費共五萬元，以一年為限，望從速籌備開辦，勿延。」〔註138〕11月1日，蔣介石「令翁文灝在制定經濟整個計劃書。」〔註139〕

西北、華北歸來後，蔣介石思考「制定進行整個之計劃」，同時自省「政治進行方略不可忘了本末先後之順序」〔註140〕。他規劃接下來的事務有：

1. 改組中央乎；2. 收復西南乎；3. 規劃川滇黔乎；4. 西北準備建設計劃；5. 華北方針；6. 晉察綏蒙之設計；7. 整軍設計與方針；8. 對倭對俄之研究與人選；9. 定川方針；10. 禁絕鴉片計劃；11. 改組浙府；12. 蒙古指導長官；13. 全部之政治與經濟計劃。14. 軍事機關之根本改造；15. 江西善後設施。〔註141〕

三、西北巡視之總結

10月24日，張學良因督剿中共而由開封返回漢口，在漢接受國民黨中央社採訪時，張學良向記者表達了其陪同蔣介石巡視西北之觀感：「蘭州建築物，亦甚雄峻，其氣魄與北平相彷彿，在前清時已有左宗棠所辦之製呢廠等，與黃河大鐵橋，規模均極偉大。寧夏北倚賀蘭山，南臨黃河，形勢尤為壯偉，亦為軍事上之要地，惟土瘠民貧，不如陝甘富庶。本人以為開發西北，須先注意發展交通，好在隴海路已通至渭南，本年底可延至西安，定明元旦通車西安，至蘭州公路，由全國經委會修竣，亦勉可通車，但此仍屬初步工作，此後尚待繼續努力，極盼國人對於西北加以親切注意，共謀邊疆發展，民族前途，實利賴之。」〔註142〕張學良表達了對清末重臣左宗棠收復新疆的敬意：「綜計此次出巡歷地四省，歷時半月，於視察、感想，覺西北之偉大與未至西北以前之想像者，迥然不同。所見左宗棠來新疆時，修築之由潼關至新疆大道兩旁，樹水蔥翠，樹蔭蔽日，行人極為稱便，萬里長城。橫貫境內蜿蜒不斷，又有秦渠唐渠，皆為極偉大之建築，惟路旁之樹木，歷年被伐甚多，近年正力加維護。

〔註138〕周美華編注：《蔣中正總統檔案：事略稿本》（第28冊），臺北：「國史館」，2007年，第373頁。

〔註139〕黃自進、潘光哲編：《蔣中正總統五記：困勉記》（上冊），臺北：「國史館」，2011年，第431頁。

〔註140〕《蔣介石日記》，1934年11月14日，美國斯坦福大學胡佛研究所藏。

〔註141〕《蔣介石日記》，1934年11月12日，美國斯坦福大學胡佛研究所藏。

〔註142〕《蔣昨由洛過鄭抵汴，張學良談西北之偉大》，《西北文化日報》，1934年10月24日，第2版。

但一念及吾人，不惟未具遠代祖宗建設精神，難較近代祖宗亦遠不如」〔註143〕。

11月18日，蔣介石於江西臨川答中央社記者詢問視察各省之感想，對於各省市施政及黨務情形之觀察如下：

一、鄂豫兩省府均已遵照行營規定之大綱，實行合署辦公，蓋此為目前統一政令，集中事權，增進效率，節減冗員之唯一有效辦法，鄂省條理井然，程功已著，豫省亦將全案實施，必可收效，又兩省財政自經三省總部及行營切實指導整理後，現已趨向正軌，日見穩定，其各縣地方財政向來漫無稽考，弊竇叢生者，亦已由各該省政府遵照總部所頒縣地方財政整理章程分別整理，現在各縣多已編制豫決算，而收支亦力求核實，概有軌道可循矣。

二、鄂豫兩省為最先試行督察專員制度之地，兩年來凡由專員兼領駐在地縣長之縣份，庶政設施，多有相當成績，大體足為所轄各縣楷模，即專員對於轄縣之指導監督，亦克收相當之效力，至各省裁局改科，辦法以前實行者僅有數省，今則其餘各省均在籌劃實行，此為改進縣政之必要措施，各省應毅然行之，又地方保安團隊多已經過整理，目下指揮、教練、風紀、經理、人事各方面均能表現長足之進步，此後如能統一，於縣區省及中央之四個階段依次進展，必可充分發揮國民武力之效用也。

三、各省黨部特派員制實行後，事權集中，黨務整理日有起色，此制可謂已著成效。

四、陝西對於水利工程頗為注重，涇惠渠之建設可謂一大成功，據報告，此渠所灌溉之區域農產額，約較昔增加三倍至四倍，該省有興修各渠整個計劃，引涇工作既已相當收效，引惠、引洛工作亦在積極進行中，農村復興，計日可待。又陝西向為種煙省份，近已決定分三期禁絕，每期兩年，現在絕對禁種縣份先從舊關中道起，已達四十一縣矣。

五、西安殘廢軍人教養院教養有方，頗能注重生產，成績較優。各省此類殘廢軍人，所在多有，教養實均不容稍忽，應彼此互為借鏡。

〔註143〕《蔣昨由洛過鄭抵汴，張學良談西北之偉大》，《西北文化日報》，1934年10月24日，第2版。

六、陝西向產棉花，靈寶花尤為有名，即洛陽一帶毗連靈寶之縣份，農民亦競植棉花，豫西關中各地植棉事業，將來極有希望，陝豫花之產量質量恐將駕鄂花而上之。

七、甘肅歷年貧苦於患匪，軍隊數額龐大，開支浩繁，財政極端困難，建設無由進行，近來土匪幸已肅清，而軍隊改編亦將就緒，此後政費自可漸見充裕，建設事業亦可循序進展矣。

八、寧夏設立軍士班，教以測量技術，實行清丈土地，第一期現已完成，此事極有意義。惟甘肅、寧夏兩省鴉片尚未著手禁種，不能不謂為政治上之污點，已令照陝西辦法限期禁絕。

九、山東沙廠窰廠之設置已著成效，各縣平民工廠亦在先後成立，其灌溉設計甚佳，虹吸引黃淤田工程極切實用，據報，若全部設施完成，可得淤地面積至一萬七千頃之多，該省保衛團隊之組織嚴密，指揮統一，及實行全省公務員暨各縣佐治人員之分期集中訓練，則尤為該省政治上之特色。

十、北平市之秩序與交通以及衛生行政，事項皆有顯著進步，最近該市建設遊覽區計劃，實為繁榮平市發揚文化之有效辦法，當早日促其實現。

十一、河北一省除去年之戰區外，各縣盜匪漸告肅清，社會秩序日即安定。

十二、察省交通與畜牧皆有相當進步，秩序亦佳。

十三、綏省以少數之經費而能刻苦實行建設，其最著者為織呢廠，農產館與產馬比賽會之完成，此外各種倉庫與合作事業之進步，畜牧之獎勵，以及造林之見效，均屬難能可貴，而該省各公眾機關房舍器具，整齊清潔，簡單樸素，堪稱各省之冠。

十四、山西同蒲鐵路之建築，迅捷省費，極為經濟。向來兵工築路成績，多無可觀。此次晉省以兵工築同蒲路，收效極大，其重要原因，乃在經過嚴密之設計，規定一種「工作單位」，每人每日，能完成一工作單位者，付給一單位之工資，多成多給，以是類推。有此獎勵辦法，故士兵樂於從事，各省各種建設事業，均應仿行。晉省之兵工廠，大部分均已改為普通製造廠，出品門類甚多，大如同蒲路應用之機車車皮鐵軌，及抽水機電風扇，小

至火油燈磅秤圖釘縫針等，無不應有盡有，俱切實用。其他如織毛製革織布陶瓷火柴等等工廠，均能成績斐然。晉省各工廠開辦費，均極節省，而管理方面，復能嚴密注意，此切合中國經濟情形之需要者。晉省對於新生活運動之切實推行，不遺餘力，尤可矜式。〔註144〕

蔣介石對巡視觀察各省突出之問題詳細做出評論，關涉黨務、監察、水利、民政、農業、匪患、禁煙、工業、衛生、盜匪等諸多方面。針對各省問題，蔣介石提出整改及發展計劃：

第一，各省對於道路之開闢與秩序之整飭，已有相當之努力，因交通發達與警衛嚴密之結果，除少數地區外，盜匪均告肅清，社會漸臻安定，人民亦漸入於休養生息之佳境，此後凡百政治設施，當易為力。

第二，各省對於建設事業皆有發展與進步，此固為一極好現象，但大都缺乏整個與普遍之計劃，不惟省與省間不能連繫貫通，即一省之內亦往往發生畸形發展之病態，此種畸形或單獨發展之結果，不惟財力人力兩不經濟，無裨於永久基本之事業，且將發生半途而廢或互相妨害之流弊，故各省應互相合作，斟酌損益，務能以最經濟之人力財力，發展最適當之事業，蓋各種建設工作固須因地制宜，因時制宜，而一貫之政策與通盤之籌劃，則亦必不可少，此應由中央負責規劃，乃能調劑得宜也。

第三，西北各省之建設事業，除救濟農村另有整個步驟以外，其他自應以造林、水利、畜牧開墾與交通最為重要。現在除道路一項已普遍注重進行，畜牧與合作事業間亦有籌辦者外，造林開墾與水利則皆未十分注重，不知森林為農業水利一切之基本事業，培植森林，其利甚溥，且造林亦屬輕而易舉之事，況一省人口自數百萬以至數千萬，一縣人口自數萬以至數十百萬，如能設法統計，令國民每人每年種一樹苗，則一年之間一省可種數百萬至數千萬之樹苗，但造林不難，而保護與培養則極難，政府應嚴定法令，以期實行，此固非政府造林之全部計劃。不過舉其一端耳，水利之事，各省

〔註144〕《蔣視察各省之觀感，對一般情形印象良好，指示八點望合作努力》，《大公報》（天津）1934 年 11 月 21 日，第 3 版。

多畏難不辦，誠以今之言水利工程者，動謂此項需費數千萬元，某項需費數萬萬元，似非地方財力之所能勝，故多廢而未舉，其實此種工程大有大辦，小有小辦，且可以軍士為主幹，訓練技術，並及時施行徵工，利用兵力民力，按部就班，日積月累，則雖極大之工程，亦終有完成之一日。

第四，各省教育大都無甚特殊之進步，青年之精神與體力除少數之童子軍外，皆多見其萎靡衰弱，此乃向來教育不注重體育與德行之流弊，學生時代既缺乏國民與世界常識之素養，故一般國民情性，日增向上性與自信力俱極薄弱，民族意識無由強固，以致根本不能明瞭對於國家應負之責任，且各省負教育責任之人員，自教育廳長以下，其精神奮發，儀表端莊者固亦甚多，而曲背垂頭，意志消沉者亦所在多有，為教師者言語舉動不僅為青年之師表，尤當樹社會之楷模，本其教育救國之重大責任，以自強自立日新又新之精神教育國民，感化社會，轉移風氣，並於課餘之暇，為社會教育稍盡其導化之義務，無論識字運動、衛生運動，以及一切新生活運動，均應熱心有恆，以參加之，則以一化十，以十化百，風聲所播，於掃除文盲，提高文化，當有極大極速之效力，此固有待於政府之提倡與獎勵。然而今日救國根本，首在於智識分子之負責盡責，教育家必具雖無文王猶興之氣概，則教育乃有進步，而救國方有基礎，教育一項實為今日救國唯一之要務，各省皆知其重要，而不加注意，以未積極進行，反不如各種物質建設之普及與發展，此改進今日地方政治本末倒置之不良現象，甚望各省當局有以急起直追，而力圖改進者也。

第五，總理於建國大綱中規定調查戶口、清丈土地、興辦警衛、開闢交通為訓政時期之四大要政，今各省對於警衛與交通皆知注意實行，今後但須嚴其考核，勤其督察，慎防有名無實之弊，則不難計年責效。惟對於清丈土地與調查戶口，除寧夏一省外，尚多畏難不前，不惟未及實行，甚至未著手設計，此應從速促進實施，以符訓政之旨，蓋土地為勞力與資本之基礎，古人所謂「有土此有財」土地不能清查整理，則經濟之基礎不固，一切建設均無法實施矣。

第六，鴉片與烈性毒品，除少數地方已漸告禁絕外，其餘猶未掃除，此乃我國家民族惟一之大患。又各地苛捐雜稅，雖有裁撤，但其間仍有未盡遵辦，且有全未撤銷者，此鴉片毒品與苛捐雜稅，吾人決視為革命之勁敵，必當以全力掃蕩，此敲骨吸髓亡國滅種之弊害，革命之成敗，民族之興廢，亦實於此繫之。

第七，此行遊覽古代勝蹟頗多，其關係歷史文化民族精神之雕刻建築等等，美不勝收，足徵吾先民創造文化力量之偉大，實足以使為之子孫者感慨奮發，而求所以自立之道，惟凋零窳敗，荒涼之象亦隨處見之，甚至有名存實亡，而片瓦寸木不留者，復可見吾國人毀滅歷史摧殘文化之惡習成性，由來已久，此誠為可痛之事。又西北各省人民狃於故步，富於靠天吃飯之觀念，如唐代長安附近有八水灌溉之利，以成關中沃野，千里之樂土，今則西安一隅，水利廢弛已久，故陝西大旱六年，而民多餓殍，兩年來雨量稍平，方有轉機，今後如無人定勝天之決心與努力，則前途自仍未可樂觀也。

第八，此外各省市政治上常有兩種通病，即一地方同負政治責任之人員，往往分工而不能合作，致一切設施不能收整齊劃一彼此相得益彰之效驗，又各人雖知努力邁進，各求發展，而缺乏因時因地之中心工作，致本末先後不免參差，實未能確示其大政方針之所在，則勞而無功，亦固其所。總之，此行觀感所及，要以樂觀方面為多，甚望各省市軍民長官與各界領袖，今後務宜統一意志，協同步調，以鍥而不捨之精神，首謀教育之改進，以立救國之根本，次及政治之刷新與經濟之建設，節節盤根進展，良匪易易，惟念總理生平揭舉知難行易之說，而歸結於有志竟成，我各省軍民長官與各界領袖倘能知所先後，自強不息，由小而大，由近而遠，以克盡本身之職責，則所貢獻於國家民族者必極大，國家方處艱難之際，努力奮鬥，不容稍懈，此竊願與諸同志共勉之也。〔註145〕

民國著名報人董顯光評論了蔣介石這次華北、西北之行的收效：「在旅行

〔註145〕《蔣視察各省之觀感，對一般情形印象良好，指示八點望合作努力》，《大公報》（天津）1934 年 11 月 21 日，第 4 版。

中，蔣委員長對華北和西北的經濟、財政、政治、教育、道德與統治情形，做著仔細的視察。就他看來，陝西、甘肅、山東、綏遠及山西幾省，似乎有了長足的進步，顯示著如果當局是有決心和良心的，不顧充分財力的缺乏，它們仍可以為民眾的福利而做些事情。」〔註146〕董顯光也察覺到各省在開發建設方面存在的問題，「然而，照蔣委員長的意見，這些省份都有一個共同的缺點，就是：當個別的省份在建設上有著進步的時候，它們中間卻缺少了一個共同的目標。如果所有的省份計劃合作起來，就可以獲得時間、費用與人力的節約。此外各當局方面，都疏忽了對造林與護河問題的解決。造林是像中國這樣一個農業國的最重要的工作，並且是農村復興的先決條件。在大多數的省份裏，還有著一種教育改良的缺乏。」〔註147〕

蔣介石 1934 年的西北、華北之行，經豫、陝、甘、寧、魯、察、綏、晉、北平等省市，參觀遊覽的景點達幾十處，在緩解行軍疲勞、調劑身心的同時，也在做處理國家大事的全局思考，巡視不同省份，關注點也各有側重，西北注重禁煙、北平對日交涉、察綏加強籠絡、山西督導建設。通過巡視，蔣介石了解了西北、華北各方態勢，基本做出了抗戰準備與部署，也認定「抗戰已有把握」，1942 年蔣介石再次赴西北巡視時仍提起 1934 年的北方之行「是決定了我國抗戰的大計」〔註148〕，在決定了抗戰大計的背後，是新生活運動的大力推行給蔣介石增添的巨大信心。

此外，蔣介石巡視北方諸省，聯絡各方，考察政情，對加強國民政府的全國統治起到積極作用。曾跟隨蔣介石西北、華北之行，與蔣氏夫婦私交甚篤的澳籍顧問端納亦做出了評價：「的確，對鞏固蔣介石政權的統治是起了一定的作用。不僅使蔣的中央政府和地方當局之間的關係密切了一些，另外也使蔣介石瞭解了一些大西北的各方面的情況、這一切都有利於強化蔣介石政權」〔註149〕。

〔註146〕董顯光著，蔣鼎黼、姜君衛校譯：《中國最高領袖蔣介石》，上海：文史研究會，1946 年，第 391 頁。

〔註147〕董顯光著，蔣鼎黼、姜君衛校譯：《中國最高領袖蔣介石》，上海：文史研究會，1946 年，第 392 頁。

〔註148〕蔣介石：《西安軍事會議開幕詞》（西安，1942 年 9 月 6 日），秦孝儀編：《先總統蔣公思想言論總集》（第 19 卷），臺北：中國國民黨中央委員會黨史委員會，1984 年，第 230 頁。

〔註149〕（澳）端納口述，澤勒記錄整理，符致興編譯：《端納與民國政壇秘聞》，長沙：湖南出版社，1991 年，第 307 頁。

　　隨著新運推行，很多舉措成為形式主義，脫離實際的做法更讓百姓大呼有名無實，蔣介石也說：「三年來新運的結果，只做到表面一時更新，而未達到永遠徹底的改革」〔註 150〕。羅比·尤恩森也談到新生活運動對於 30 年代中國普通百姓的生活並無極大改觀：「在西北之行期間，美齡同中外教會團體討論了本年初發起的新生活運動。這種運動雖然有其價值，但它在某些方面卻受到人們的嘲笑和蔑視。中國人民正受到戰爭、饑荒、洪水、乾旱、疾病、蝗蟲和其他各種各樣災難的威脅。他們沒有心思聽取什麼禮、義、廉、恥的教訓。說什麼如果不用袖子揩鼻子，不在街上撒尿，或者不貪污受賄，生活就會改善云云，他們對這些是難以理解的。」〔註 151〕這既是國民黨體制性弊端的反映，也是蔣介石一貫堅持反共，不全面改善民眾生活所造成的必然影響。〔註 152〕

　　但事實上，蔣介石此次西北巡視客觀上推動了西北、華北各省新生活運動的開展，各地展開生活衛生運動、婦女解放運動，規訓了民眾的日常生活，很大程度上加快了西北華北地區的近代化〔註 153〕。全面抗戰爆發後，華北淪陷，西北地區作為抗戰大後方，不僅是抗戰精神的重要策源地，更是中國抗戰勝利的精神源泉〔註 154〕。一些戰地服務組織紛紛興起，開展了如勞軍捐款、傷兵慰問、難民救濟、戰時支持等活動，極大地支持了前線抗戰，有利於全面抗戰的勝利。此外，國民政府還配套發起了國民精神總動員運動、國民經濟建設運動、文化建設運動和戰時服務運動，民眾的國家意識、民族意識空前提高，西北經濟在 40 年代又迎來了新的開發熱潮。

〔註 150〕蔣介石：《新生活運動三週年紀念訓詞》，《讀書青年》，1937 年第 4 期。

〔註 151〕（美）羅比·尤恩森著，趙雲俠譯：《宋氏三姐妹》，北京：世界知識出版社，1984 年，第 84～85 頁。

〔註 152〕沈茂鵬：《控制與建設：1942 年蔣介石甘肅之行》，《檔案》，2018 年第 4 期。

〔註 153〕劉文楠：《規訓日常生活：新生活運動與現代國家治理》，《南京大學學報》，2013 年第 5 期。

〔註 154〕尚季芳：《論西北抗戰大後方的地位》，《歷史教學》，2020 年第 10 期。

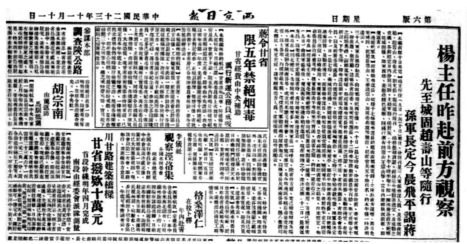

圖一　《蔣令甘省限五年禁絕煙毒，甘肅經費由中央補助》，《西京日報》
1934 年 11 月 11 日，第 6 版。

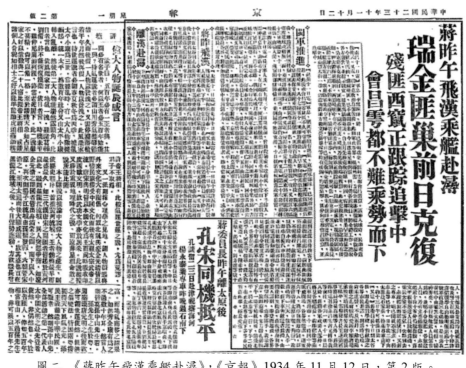

圖二　《蔣昨午飛漢乘艦赴潯》，《京報》1934 年 11 月 12 日，第 2 版。

第三章　1935～1938年西北行

　　1935～1936年蔣介石三次巡視西北地區，源於中央紅軍經過一年的戰略轉移，已成功抵達西北，在紅軍長征過程中，以曾希聖為代表的中央軍委二局情報員，多次精準破譯蔣介石與前線將領的來往密電，為中央軍事安排提供準確情報，從而造就了「毛主席用兵真入神」的「歷史神話」。蔣介石多次往來於南京、成都、西安各地，在促進西北開發的同時，主要以督剿紅軍為主要目的，也藉此對各地方實力派進行中央化整合。

第一節　紅軍轉移西北與蔣赴西安「督戰」

　　1935年9月，中央紅軍突破國民黨重重包圍，在陝北與劉志丹、徐海東領導的紅軍部隊會和後，蔣介石立刻加強西北地區圍剿戰力，調整西北地區軍事全盤部署。9月26日，蔣介石親自任西北剿匪總司令，派武昌行營主任張學良為西北剿匪副總司令，統籌西北地區剿共事宜。10月5日，蔣介石日記曰：「匪情大部西竄，應速定辦法。」〔註1〕10月7日晨，蔣介石由成都飛抵西安，與張學良、楊虎城、邵力子等大員會商西北剿共計劃，至10日離開西安。

　　10月，中央紅軍抵達陝北吳起，蔣介石擔心「以毛澤東部在吳起川一帶休養，不久必將大舉進擾，加以陝北之共軍經各路軍進剿後，恐亦將北向寧夏，共軍如聯合進攻，則寧夏極為可慮」〔註2〕。30日，蔣電令寧夏省主席

〔註1〕《蔣介石日記》，1935年10月5日，美國斯坦福大學胡佛研究所藏。
〔註2〕《蔣中正致馬鴻逵電》（1935年10月30日），臺北「國史館」藏，《蔣中正總統文物》，典藏號：002-020200-00030-051。

馬鴻逵，督促其派有力部隊集中扼守豫旺、羊圈山及火焰山一帶，「必須籌得確實辦法，如能擔負全責，希確保定邊安邊堡之安全。」〔註3〕馬鴻逵也隨即加緊了軍事部署。1935 年 11 月 1 日，在中國國民黨四屆六中全會開幕式後，行政院長汪精衛在合影時突然遭受槍擊，這使蔣介石「精神甚受刺激也」〔註4〕。加之國民黨「五全大會」的召開、華北危機嚴重促使「一二九」運動的爆發，內政外交的壓力使得蔣介石在全力剿共的力度上有所放緩，側重於處理黨內事務和對日交涉。

　　1936 年春，中央紅軍突破晉綏軍黃河防線，進入山西發動東征，經過兩個多月的戰鬥，在政治上、軍事上、經濟上都取得了重大勝利，一方面宣傳了中共在「瓦窯堡會議」上制定的抗日救亡主張，擴大紅軍 8000 餘名，俘虜官兵 4000 餘名，另一方面也使得紅軍在財力、武力上得到極大補充。隨著中央紅軍在陝北逐步站穩腳跟，蔣介石也在此時決心騰出手來，一舉解決中央紅軍。

　　1936 年 4 月 13 日至 19 日，蔣介石巡視西南地區，在成都、昆明、貴陽等地接見西南各軍事將領，安排追剿紅軍事宜。29 日，蔣介石判定朱德、徐向前領導的紅四方面軍與賀龍、蕭克的紅二六軍團即將形成合力，「預料其將來企圖，必一股竄回滇西，而以其主力由冕寧竄入西昌。至其最後目的，仍在川滇黔邊區造成匪巢」〔註5〕。基於此判斷，蔣介石於當日電令龍雲、顧祝同、劉湘，加快部隊跟進，「不使匪竄越金沙江南岸為唯一要旨，並設法使匪眾聚殲於北岸也」〔註6〕。

　　4 月 30 日，蔣介石在南昌考慮當前剿共形勢說：「西南剿匪處理，已告段落矣，而西北則股憂正盛，以張學良、楊虎城之無遠見，不肯努力也，可歎！」〔註7〕可見蔣介石對於主持西北剿共的張、楊已心有不滿。

　　東征紅軍主力於 5 月 5 日返回陝北後，又於 5 月 18 日組成西征軍，爭取

〔註3〕《蔣中正致馬鴻逵電》（1935 年 10 月 30 日），臺北「國史館」藏，《蔣中正總統文物》，典藏號：002-020200-00030-051。

〔註4〕《蔣介石日記》，1935 年 11 月 1 日，美國斯坦福大學胡佛研究所藏。

〔註5〕呂芳上主編：《蔣中正先生年譜長編》（第 5 冊），臺北：「國史館」、國立中正紀念堂管理處、財團法人中正文教基金會，2014 年，第 63 頁。

〔註6〕呂芳上主編：《蔣中正先生年譜長編》（第 5 冊），臺北：「國史館」、國立中正紀念堂管理處、財團法人中正文教基金會，2014 年，第 63 頁。

〔註7〕周琇環編注：《蔣中正總統檔案：事略稿本》（第 36 冊），臺北：「國史館」，2008 年，第 485 頁。

奪取寧夏，打通與蘇聯、蒙古的聯繫通道。針對中央紅軍的戰略部署，5 月 27 日，蔣介石再次急電西北剿總副司令張學良：「辭修（陳誠）邊區名義既已表，此後匪之行動如不向寧夏北竄，則必急向甘肅西竄，而竄甘之公算為尤多，且其行動必在半月之內必可實現。務催甘、寧各部須於個月內到達指定防地布置完妥，勿使漏網，否則當照連坐法處治其最高指揮，且以縱匪論罪」。〔註8〕同日電令甘肅綏靖公署主任朱紹良曰：「今已發表辭修（陳誠）為晉陝綏寧邊區總指揮，此後匪之行動，以急向甘肅西竄之公算為多。現雖派孝侯（于學忠）所部進駐環縣一帶，竊恐匪行動迅速，不待我軍佈防，而匪已西竄，切望吾兄從速準備，密定截擊計劃，但務必先行公開。」〔註9〕

　　紅軍經過兩個月的艱苦作戰，控制了隴東環縣和寧夏鹽池等地，將陝甘根據地成功擴大為陝甘寧革命根據地，由於得到較多人力補充，至 1936 年秋天，紅一方面軍和陝甘的地方紅軍數量發展到 3 萬餘人，顯示了向西北發展的良好前景。在與東北軍的戰鬥中，紅軍對東北軍被俘人員以禮相待並歸還武器，雙方關係得以進一步緩和。

　　1936 年 8 月 6 日，蔣介石電甘肅綏靖公署主任朱紹良說：「川康殘匪必竄甘入寧或轉青，務希妥慎布置。如何部署，望以有線電或航快信詳報，最好前方各部隊少用無線電，以匪方偷我電報甚精，應通令亟防。」〔註10〕

第二節　紅軍會師與蔣再赴西安

　　國民黨內部派系角鬥嚴重，以蔣介石為首的江浙派和以胡漢民為首的廣東派常年爭鬥不斷，1936 年 5 月，胡漢民去世，蔣介石認定此乃一舉解決兩廣問題之良機，決定改組廣東政府，將中央勢力滲透至兩廣地區，不料兩廣實力派陳濟棠、李宗仁先發制人，舉兵反蔣。局勢危急，蔣介石擔心兩廣一旦生起戰端，山西閻錫山、山東韓復榘、陝西張學良、楊虎城等各地實力派皆有異動，「西北孫匪，廣西李白，粵陳、魯韓、晉閻、陝楊諸人，亦為邊藩之

〔註8〕《蔣中正致張學良電》（1936 年 5 月 27 日），臺北「國史館」藏，《蔣中正總統文物》，典藏號：002-010200-00159-024。

〔註9〕《蔣中正致朱紹良電》（1936 年 5 月 27 日），臺北「國史館」藏，《蔣中正總統文物》，典藏號：002-010200-00159-025。

〔註10〕《蔣中正致朱紹良電》（1936 年 8 月 6 日），臺北「國史館」藏，《蔣中正總統文物》，典藏號：002-010200-00164-014。

第二，可不慎乎？」〔註11〕因此蔣介石通過分化瓦解粵軍余漢謀等主要將領，通過一系列政治手段和平解決兩廣事變。

兩廣事變的和平解決，使得蔣介石在國民黨內部地位和影響力愈加提升，而一舉徹底剿滅紅軍是蔣介石當前最迫切之願望。1936年10月，紅一方面軍與紅二、四方面軍成功在甘肅會寧和寧夏將臺堡會師，會師時，紅一方面軍和陝甘紅軍共3萬人，紅二方面軍有1.1萬人，紅四方面軍有3.6萬人，總計8萬人的三大主力紅軍會師，給蔣介石以極大刺激，加之張學良、楊虎城在剿共前線屢遭敗仗，10月22日，蔣介石不顧多方勸阻，再次抵達西安「督戰」。

10月24日，蔣介石自華清池至華山，遊覽華山美景，在經過百尺峽時，蔣介石不禁感慨：「陡削險峻，古今志乘之所形容者，皆不足以當之。余以為不經此峽，不能識中華祖先之偉烈，豈僅華山之勝已也？」〔註12〕同日，蔣介石在西安電令甘肅綏靖公署主任朱紹良、第三軍軍長王均、第三十七軍軍長毛炳文、第一軍軍長胡宗南等前線剿共將領，指示「進剿」中共部隊之戰術：「此次進剿部署，各縱隊皆應縱深梯次配備，而且其各梯隊之距離不可過三十里。又各縱隊間之間隔亦不可太遠，務在一日行程之內。使能以彼此策應、互相聯繫。」〔註13〕

26日，蔣介石自華山返回華清池。次日，蔣主持西安軍官團開學典禮，並訓話。28日，蔣介石電令朱紹良，加緊恢復西蘭公路交通為第一要務，以利於「清剿」。隨後接見張學良，再次督促東北軍全力與陝北紅軍作戰，東北軍與紅軍作戰，損失慘重，雙方在很大程度上已經達成默契，張學良也在此時向蔣介石彙報，請求國共雙方和平談判，一致抗日，並說：「軍事家只有三個處置，即勝、敗、降是也。」〔註14〕張學良此言遭蔣介石怒斥，是日，蔣介石日記曰：「漢卿（張學良）乃如此無識，可為心痛！」〔註15〕可見蔣介石對張學良已極為失望，29日，蔣介石無奈離開西安。

〔註11〕《蔣介石日記》，1934年2月17日，美國斯坦福大學胡佛研究所藏。

〔註12〕《蔣介石日記》，1936年10月24日，美國斯坦福大學胡佛研究所藏。

〔註13〕秦孝儀主編：《總統蔣公大事長編初稿》（卷三），臺北：中國國民黨中央委員會黨史委員會，1978年，第340頁。

〔註14〕秦孝儀主編：《總統蔣公大事長編初稿》（卷三），臺北：中國國民黨中央委員會黨史委員會，1978年，第341頁。

〔註15〕《蔣介石日記》，1936年10月28日，美國斯坦福大學胡佛研究所藏。

三大紅軍主力會師後，為鞏固和擴大西北革命根據地，並打通蘇聯通道獲取援助，中共中央軍委決定發起寧夏戰役，紅四方面軍第五、九、三十軍西渡黃河，組成西路軍，與黃河右岸的部隊一起，奪取寧夏。蔣介石此時急忙調集胡宗南、關麟征等精銳部隊，向紅軍猛撲而來，位於河東的紅軍被迫撤離至海原、打拉池一帶，黃河兩岸的紅軍就此隔開，寧夏戰役始終無法實施。

此時，蔣介石認為紅軍遠征疲憊，讓各部大膽追擊。中央軍委決定採取逐次轉移、誘敵深入、在預定有利地區集中兵力殲敵的方針，主要打擊蔣介石的嫡系胡宗南部，而對不願打內戰的東北軍部隊則積極開展統一戰線工作。紅軍的逐步退卻造成了敵人的錯覺，胡宗南部第一軍孤軍深入，分三路向豫旺城進攻。中央軍委指示，紅軍主力「應即在豫旺城以東，向山城堡迅速靠近，集結全力，準備打第一仗」。

山城堡地區地形複雜，便於隱蔽，利於紅軍部隊發揮伏擊作戰優勢。但此地人煙稀少，糧水均缺，又給數萬紅軍作戰帶來較大困難。11 月 20 日，胡宗南部右路第七十八師進佔山城堡。紅軍前指迅速做出部署：以第一、十五軍團主力以及第四、三十一軍在山城堡之東、南、北地區隱蔽待機出擊，紅二方面軍等部鉗制其他各路敵人。11 月 21 日，國民黨七十八師由山城堡繼續向東攻擊，預伏在山城堡的周圍的紅軍主力突然向國軍發起猛烈進攻，並截斷其西撤退路，紅軍在火力弱的情況下發起夜間攻擊。經一夜戰鬥，胡宗南一個旅又兩個團被紅軍殲滅，胡宗南部因此迅速撤退，紅軍在山城堡戰役取得成功。

22 日，蔣介石接到山城堡前線關於戰役失利的消息後，「甚憂慮」，認為「以第一軍失利對內部不良，影響甚大也」〔註 16〕。23 日，蔣介石電第一軍軍長胡宗南，告以應注意準備事項：「一、構築陣地，嚴防共軍反攻；二、時時與空軍聯絡；三、指揮部設於部隊陣地中間，並嚴密搜索民房；四、官長不准掛肩帶，服裝與兵同色；五、行軍時加強側衛兵力，免遭襲擊；六、前衛指揮官留心以備臨時戰鬥；七、下午三時以後集中宿營，構築工事，不准行軍，嚴防夜襲；八、練習埋伏與誘敵動作。」〔註 17〕從蔣介石的電文中

〔註 16〕《蔣介石日記》，1936 年 11 月 22 日，美國斯坦福大學胡佛研究所藏。
〔註 17〕《蔣中正致胡宗南電》（1936 年 11 月 23 日），臺北「國史館」藏，《蔣中正總統文物》，典藏號：002-010200-00168-062。

安排戰術內容細緻入微，可見山城堡戰役的失利對蔣介石信心打擊極大，「第一軍七十八師在山城堡失利，實為剿匪最大之打擊，以對匪影響猶小，而對友軍輕視及以後進剿之關係實大也。」〔註18〕本月反省錄中，蔣介石說：「第一軍之挫折、綏東之戰爭、倭德與倭意之協定皆出人意料之外，故預定各事皆不能如計實施。而第一軍之挫折，因之剿匪工作受一大打擊，此為本月最不幸之事也」〔註19〕。

同日蔣介石電令張學良說：「王以哲以後目標改為山城堡、洪德城，不必先占環縣可也。但望嚴令王以哲軍於廿五日以前佔領山城堡，使胡（宗南）軍仍照預定計劃鹽池安心進展。」〔註20〕張學良消極應對之，蔣介石認為「張（學良）要求帶兵抗倭，而該部王以哲軍無故撤兵，實受第一軍失利影響，而匪之煽惑乃得計矣。」〔註21〕從張學良內心看，其已經完全無心與紅軍作戰，山城堡戰役的失利與蔣介石的頻繁敦促，更加促使張學良、楊虎城下決心「逼蔣抗日」。

張學良心態的變化以及東北軍的異動，蔣介石也有所察覺。11月25日蔣介石日記寫道：「東北軍態度惡劣，防東北軍之變亂」〔註22〕。26日，蔣記曰：「東北軍調赴陝北之利害如何？與其在隴東妨礙進剿，則不如令其調防也」〔註23〕。11月28日蔣介石斥責張學良要求抗日不願剿共，「漢卿（張學良）要求帶兵抗日，而不願剿共，是其無最後五分鐘之堅定力也」〔註24〕。

第三節　山城堡失利與蔣三赴西安

1936年11月30日，圍剿紅軍失敗以及內政外交困局使蔣「幾不成寐」，他在該月反省錄中記載了其當前的困頓心情：「預期事項皆未能達到，如聚殲

〔註18〕《蔣介石日記》，1936年11月28日，「本周反省錄」，美國斯坦福大學胡佛研究所藏。

〔註19〕《蔣介石日記》，1936年11月30日，「本月反省錄」，美國斯坦福大學胡佛研究所藏。

〔註20〕《蔣中正致張學良電》（1936年11月23日），臺北「國史館」藏，《蔣中正總統文物》，典藏號：002-020200-00030-138。

〔註21〕《蔣介石日記》，1936年11月28日，「本周反省錄」，美國斯坦福大學胡佛研究所藏。

〔註22〕《蔣介石日記》，1936年11月25日，美國斯坦福大學胡佛研究所藏。

〔註23〕《蔣介石日記》，1936年11月26日，美國斯坦福大學胡佛研究所藏。

〔註24〕《蔣介石日記》，1936年11月28日，美國斯坦福大學胡佛研究所藏。

殘匪、對倭交涉、整軍方案、財政問題、行政機構與國防會議皆未著手。」〔註 25〕12 月 2 日，張學良赴洛陽拜見蔣介石，稱「西安將有變亂，情勢迫不及待」〔註 26〕，請求蔣赴西安「撫慰」，蔣介石考量：「此月內察北匪偽未退，倭寇交涉將裂，而陝甘邊區殘赤將渡河西竄而未竄之時，東北軍心為察綏戰事動搖，幾將功虧一簣，實為國家安危最後之關鍵，故不可不進駐西安震懾，生死早置度外矣。」〔註 27〕12 月 4 日，蔣介石乘車由洛陽抵達西安，以「震懾東北軍」。

蔣介石抵達西安後，於 12 月 8 日再次電令胡宗南：「剿共戰術最重夜間動作，若襲擊尤應在夜間，對於使用當地土人與便衣偵探之戰術，更應研究，對我方封鎖消息，斷絕各要口行人之出入，亦甚緊急。每夜行軍進至八十里以上，再加嚴守秘密，則剿共必成。望將此意轉告全軍官兵練習。」〔註 28〕

12 月 9 日為北平「一二九」學生抗日遊行一週年紀念日，西安學生團體集體遊行請願，要求立即抗目，先於西北剿匪總司令部門前集合喊叫，後至陝西省政府向省主席邵力子請願，最後又計劃赴臨潼向蔣介石請願。行至灞橋，與軍警發生衝突。張學良此時趕到，對學生說：「我可為你們的代表，有話可以代達；同時我亦可為委員長的代表，可酌量考慮你們的要求」〔註 29〕。張學良對學生承諾一星期內可答覆學生抗日要求，蔣介石得知此事後，「嚴責張學良放任反動言論」〔註 30〕。蔣介石已對張極為不滿。

10 日下午，蔣介石與張學良談話，斥責道：「一人決不能做兩方面代表而站在中間，所謂信仰領袖應如此乎？」蔣介石以張學良「在西安收容人民陣線，招納反動政客，放任所謂救國聯合會者，對學校及軍隊煽惑反動，頓使西北社會浮動，人心不安」〔註 31〕，甚為「悲憤」，對張學良更嚴厲斥責。

〔註 25〕《蔣介石日記》，1936 年 11 月 30 日，「本月反省錄」，美國斯坦福大學胡佛研究所藏。

〔註 26〕秦孝儀主編：《總統蔣公大事長編初稿》（卷三），臺北：中國國民黨中央委員會黨史委員會，1978 年，第 359 頁。

〔註 27〕《蔣介石日記》，1936 年 12 月 2 日，美國斯坦福大學胡佛研究所藏。

〔註 28〕高素蘭編注：《蔣中正總統檔案：事略稿本》（第 39 冊），臺北：「國史館」，2009 年，第 392～393 頁。

〔註 29〕呂芳上主編：《蔣中正先生年譜長編》（第 5 冊），臺北：「國史館」、國立中正紀念堂管理處、財團法人中正文教基金會，2014 年，第 196 頁。

〔註 30〕呂芳上主編：《蔣中正先生年譜長編》（第 5 冊），臺北：「國史館」、國立中正紀念堂管理處、財團法人中正文教基金會，2014 年，第 196 頁。

〔註 31〕高素蘭編注：《蔣中正總統檔案：事略稿本》（第 39 冊），臺北：「國史館」，2009 年，第 439 頁。

是日，蔣介石自省：「對漢卿（張學良）說話不可太重，但於心不安。」〔註32〕
又曰：「此人小事精明，心志不定，可悲也。」〔註33〕

11日晚，蔣介石召見西北剿匪副司令張學良、西安綏靖公署主任楊虎城、甘肅省主席于學忠與各將領來行轅會餐，商議進剿計劃。楊、于均未到，詢問張，知楊、于先在西安招待來陝之中央軍政長官。在當晚的會見中，蔣介石察覺張學良形色匆忙，精神恍惚，「甚覺有異」，「此殆以彼昨來見時受余責斥，因而不快樂？或彼今日已聞余訓責黎天才之言而不安？」〔註34〕

12月12日凌晨，震驚中外的「西安事變」爆發，在中共等各方共同協調下，蔣介石改變「攘外必先安內」政策，最終以「停止內戰，共同抗日」的主張而和平解決。

第四節　1938年再訪西安

全面抗戰爆發後，中國將士拼死抵抗，東部國土仍大片淪喪。1938年後國際局勢變化莫測：西歐列強召開慕尼黑會議，英、法採取姑息政策，希特勒氣焰因而日上，蘇聯則備受孤立。對日關係上，蔣介石仍希望藉由和平談判以恢復七七事變以前之狀態，但另一方面，也主張對蘇友好，希望蘇聯能提供軍事援助，共同抗日。

1938年10月後，軍事上徐州、開封、廣州、武漢等重鎮一一陷落，國民政府行政中心由武漢西遷至重慶。蔣介石抵達重慶後並未長住，隨即趕赴西安。武漢淪陷後，蔣先後在南嶽、桂林召開會議，對第一期抗戰作總評，以振士氣。西安軍事會議亦在其計劃之內。

12月1日，剛抵達桂林，蔣介石在其日記「預定」一欄寫下：「六日飛渝，十日飛陝」〔註35〕，後因事務繁忙及天氣原因，於8日才飛赴重慶。抵達當日，蔣又在日記「注意」一欄中記下「預計赴陝日期與工作」〔註36〕。不曾想抵達重慶後，蔣介石因天氣濕冷兼水土不服，工作一度停滯，也耽誤了赴陝時間。18日，蔣病體剛愈，即想飛赴西安，無奈「西安氣候不良，

〔註32〕《蔣介石日記》，1936年12月10日，美國斯坦福大學胡佛研究所藏。
〔註33〕《蔣介石日記》，1936年12月10日，美國斯坦福大學胡佛研究所藏。
〔註34〕《蔣介石日記》，1936年12月11日，美國斯坦福大學胡佛研究所藏。
〔註35〕《蔣介石日記》，1938年12月1日，美國斯坦福大學胡佛研究所藏。
〔註36〕《蔣介石日記》，1938年12月8日，美國斯坦福大學胡佛研究所藏。

又不能起飛」〔註37〕。

1938年12月20日天氣晴好，感冒也已痊癒，蔣介石在下午由重慶起飛，4時半飛抵西安，隨後乘車到咸陽武功，駐節農校。蔣介石手錄1936年12月25日在西安事變「蒙難」時告國民之遺囑，其文曰：

> 中正不能為國自重，行止輕簡，以致反動派乘間煽惑所部，構陷生變。今事至此，上無以對黨國，下無以對人民，惟有一死，以報黨國者報我人民，期無愧為革命黨員而已。我死之後，中華正氣乃得不死，則中華民族終有繼起復興之一日，此中正所能自信，故天君泰然，毫無有所繫念，惟望全國同胞對於中正平日所明告之信條：一、明禮義。二、知廉恥。三、負責任。四、守紀律。人人嚴守而實行之，則中正雖死猶生，中國雖危必安，望勿以中正個人之生死而有顧慮也。中華民國萬歲，中國國民黨萬歲，三民主義萬歲，國民政府萬歲，國民革命成功萬歲〔註38〕。

21日至23日，蔣介石連續3日在咸陽召開軍事會議。21日，「會見高級將領十餘人。下午開會六小時，訓誡不遺餘力」〔註39〕；公布第五戰區轉進時各將領功過：「（甲）許紹宗在界嶺灌河、徐源泉在麻城，無令撤退，致影響後方布置，應予處分。（乙）當時該方面敵軍挺進與襲擊，不過小部隊擾亂，如我能沉著應戰，敵必無能力也。」〔註40〕當日聽聞汪精衛叛國出逃，潛飛至雲南，蔣介石憮然曰：「此事殊所不料，當此國難空前未有之危局，不顧一切，藉口不願與共黨合作，拂袖私行，置黨國於不顧，豈是吾革命黨員之行動乎，痛惜之至，惟望其能自覺回頭耳」〔註41〕。

22日，「下午訓話二次，自覺肺腑之言太直太硬，但此時惟有以一片忠誠處理一切，至於成敗利鈍，則聽之於天而已」〔註42〕。此次會議蔣介石策劃已久，本不該如此匆匆結束，但蔣剛到西安時，即聞汪精衛出逃的消息，汪向來

〔註37〕《蔣介石日記》，1938年12月18日，美國斯坦福大學胡佛研究所藏。
〔註38〕國立政治大學人文中心主編：《民國二十七年之蔣介石先生》，臺北：國立政治大學人文中心，2016年，第664頁。
〔註39〕《蔣介石日記》，1938年12月21日，美國斯坦福大學胡佛研究所藏。
〔註40〕國立政治大學人文中心主編：《民國二十七年之蔣介石先生》，臺北：國立政治大學人文中心，2016年，第666頁。
〔註41〕《蔣介石日記》，1938年12月21日，美國斯坦福大學胡佛研究所藏。
〔註42〕《蔣介石日記》，1938年12月22日，美國斯坦福大學胡佛研究所藏。

主張與日本謀和，蔣料定他此番出走必是投靠日本，連日考慮汪事之處置，不得已提前結束會議，蔣氣憤異常：「黨國不幸，乃出此無廉恥之徒。無論如何人誠心義膽，終不能當其狡詐姦偽之一顧，此誠姦偽之尤者也」〔註43〕。

23 日，「昨晚失眠，至三時方睡著，但今日精神如常，會見八十餘將領，不覺疲乏也」〔註44〕。關於汪精衛出逃，蔣介石記注意事項：一、閻（錫山）受共黨愚弄挑撥已深。二、廣東軍人是否受汪影響。三、政府內部受汪影響之人幾何。四、速定全會開會日期。五、對汪叛黨之制裁。並憤慨道：「以德報怨，固非人情之常，但救人即所以自救，忠恕待人，寧人負我，我決不負人，為求心之所安而已。」〔註45〕

12 月 24 日，蔣在西安陸軍軍官學校第七分校訓話後，於當日下午飛返重慶。會議雖然短暫，但蔣頗自信其效用，會見各將領八十餘人，認為「時間雖急促，但精神之影響必大也」〔註46〕。

從 1938 年 12 月 8 日蔣介石進駐重慶，到 1945 年 8 月 15 日日本宣布投降，重慶抗戰時期歷時約 7 年，在此期間蔣介石坐鎮西南後方，領導全國抗戰，期間共歷隨棗會戰、第一次長沙會戰、桂南會戰、棗宜會戰、豫南會戰、上高會戰、晉南會戰、第二次長沙會戰、第三次長沙會戰、浙贛會戰、鄂西會戰、常德會戰、豫中會戰、長衡會戰、桂柳會戰、湘西會戰以及滇緬會戰等 17 次重大會戰。

〔註43〕《蔣介石日記》，1938 年 12 月 22 日，美國斯坦福大學胡佛研究所藏。
〔註44〕《蔣介石日記》，1938 年 12 月 23 日，美國斯坦福大學胡佛研究所藏。
〔註45〕國立政治大學人文中心主編：《民國二十七年之蔣介石先生》，臺北：國立政治大學人文中心，2016 年，第 669 頁。
〔註46〕《蔣介石日記》，1938 年 12 月 23 日，美國斯坦福大學胡佛研究所藏。

第四章 1942 年西北之行與「建國」準備

　　1942 年，中國抗戰已經度過了極其困難的五年，此時在蔣介石心中，與堅持抗戰同樣重要的國家建設問題已經被提上議事日程。抗戰時期的西北政局呈現出多方勢力糾葛的複雜局面，1942 年蔣介石歷時一月的西北巡視，是在國際國內戰局與時局急劇變化下做出的戰略抉擇。蔣介石巡視西北不僅體現抗戰時期西北大後方戰略地位的提升，亦能反映西北各軍事集團與國民黨中央的權勢轉移，對西北戰略區的愈發重視是影響日後國共關係發展的重要因素之一。自 1942 年 8 月 15 日起，蔣介石遠赴甘、青、寧、陝四省巡視，此次西北巡視豐富了蔣介石對西北政治、經濟、軍事形態的認知，更堅定了蔣介石將西北作為「建國根據地」的信心。

第一節　國際局勢變化與西北地位提升

一、中國國際地位的提升

　　1941 至 1942 年間，國際反法西斯戰爭格局發生巨大變化。1941 年 12 月 7 日，日軍偷襲珍珠港，太平洋戰爭爆發，美國被迫參戰。12 月 8 日，蔣介石緊急召開中國國民黨中央常務委員會特別會議，蔣認為太平洋戰爭爆發之後，中國的戰略地位「雖不能說有舉足輕重之勢，但被侵略各友邦今

後對日態度能否一致，我國實可操決定之影響。」〔註1〕會議決定今後對世界戰局之方針：「（一）太平洋反侵略各國應即成立正式同盟，由美國領導並推舉同盟國聯軍總司令；（二）要求英美蘇與中國一致實行對德意日宣戰；（三）聯盟各國應相互約定，在太平洋戰爭勝利結束以前，不對日單獨媾和。」〔註2〕

9日，英國首相丘吉爾致電蔣介石，表示中英美同被日本攻擊，應同對一敵，共同奮鬥。蔣覆電表示：「中國受日本之殘暴侵略，已將四年有半，對於日寇所施於英美之詭詐與攻擊，舉國更深震憤。詭詐所以鑄成仇讎，而道德乃足以造成友誼。從此中英兩國人民並肩作戰，勢必掃除共同之仇敵，而英國予美國以迅速而堅決之支持，尤為欣慰，中國人民切願對英國傳統之友誼，有所酬報也。」〔註3〕

同日，美國總統羅斯福致電蔣介石，稱讚中國四年半來的英勇抗戰，表示要與中國聯合共同抗擊日本。蔣介石覆電羅斯福表示願與美國以及各友邦國家團結一致，奮鬥到底。電文談道：「際茲文明遭受悲劇之時，美國亦受狡詐侵略者之攻擊，中國對於美國所曾給予之援助與歷來傳統之友誼，重申其永誌不忘之感。現時我兩國已對共同之公敵而作共同之奮鬥，中國自當貢獻其所能，及其所有，期與友邦美國以及各與國團結一致，奮鬥到底，必使太平洋以及全世界人類正義，在野蠻暴力與無窮詭詐之空前劫運下，獲得解救而後已。」〔註4〕

在中英美領導人往來電報交流就可以看出，中國戰場多年來對於抗擊日本所做出艱苦卓絕的貢獻，獲得了英美政府的認可和支持。有了美國參戰和英美對中國戰場的肯定和幫助，同盟國的聯合作戰，極大緩解了蔣介石對於中國單獨抗擊日本的焦慮，逐步增添了抗戰勝利的信心，中國抗戰

〔註1〕周美華編注：《蔣中正總統檔案：事略稿本》（第47冊），臺北：「國史館」，2010年，第606頁。
〔註2〕周美華編注：《蔣中正總統檔案：事略稿本》（第47冊），臺北：「國史館」，2010年，第606～607頁。
〔註3〕《丘吉爾致蔣中正電》、《蔣中正復丘吉爾電》（1941年12月9日），臺北「國史館」藏，《蔣中正總統文物》，典藏號：002-020300-00040-013、002-020300-00040-014。
〔註4〕《羅斯福致蔣中正電》、《蔣中正復羅斯福電》（1941年12月10日），臺北「國史館」藏，《蔣中正總統文物》，典藏號：002-020300-00016-005、002-020300-00016-006。

局面迎來了新的轉機。蔣介石在 1942 年新年賀詞中說：「過去半年來，尤其是這一個月以來，抗戰形勢和從前完全不同，過去我們是單獨奮鬥，在國境內以抵抗日寇，現在我們已經和英、美、蘇聯與其他各友邦安危一致，並肩作戰，來徹底消滅人類的公敵。」〔註5〕在蔣介石看來，此時「我中國抗戰與世界反侵略戰爭業已連成一片，此誠我中國轉危為安，轉敗為勝之重要時機」〔註6〕，「抗戰政略之成就，至今已達於頂點」〔註7〕，抗戰形勢有了新的變化。因此在抗戰新形勢下，國家戰略需及時調整，蔣介石將國家建設問題擺在突出位置。1942 年元旦，由美、英、蘇、中四國領銜，26 國簽署的《聯合國家宣言》正式公布，「標誌著反對軸心國的盟國陣線正式形成」〔註8〕，中國對國際反法西斯戰爭的貢獻得到了國際認可，中國順理成章成為四大國之一。

從 1937 年 7 月全面抗戰爆發到 1941 年 4 月《日蘇中立條約》止，蔣介石在對蘇態度上基本以主動示好、爭取援助為主，對於蘇聯的抗戰物資援助也一再表示感謝，1938 年 5 月 31 日蔣介石致電斯大林、伏羅希洛夫說：「承蒙諒解中國實際困難，同情中國抗戰，並允盡一切可能協助，實深感激。」〔註9〕1938 年 6 月 12 日，蔣在武漢黨政軍各界總理紀念周上講道：「日本是中蘇共同的敵人，中蘇兩國已處於同生死共存亡之境地，應力謀互助合作，嚴防中敵離間。」〔註10〕

但日蘇兩國外交關係的發展很快超出了蔣介石的預料，蘇聯為防止日、德兩國東西夾擊聯合攻蘇，避免腹背受敵，1941 年 4 月蘇聯外長莫洛托夫與日本外相松岡洋右在莫斯科簽署了《蘇日中立條約》，並發表共同宣言：

〔註 5〕蔣介石：《蔣委員長民國三十一年元旦昭告國民書》，《浙江省地方行政幹部訓練團團刊》，1942 年第 1 期。

〔註 6〕蔣介石：《加強抗戰力量確立建國基礎》（重慶，1941 年 12 月 15 日），秦孝儀：《先總統蔣公思想言論總集》（第 18 卷），臺北：中國國民黨中央委員會黨史委員會，1984 年，第 438 頁。

〔註 7〕（日）古屋奎二：《蔣介石秘錄》（第 4 卷），長沙：湖南人民出版社，1988 年，第 278 頁。

〔註 8〕金以林：《流產的毛蔣會晤：1942～1943 年國共關係再考察》，《抗日戰爭研究》，2015 年第 2 期。

〔註 9〕呂芳上主編：《蔣中正先生年譜長編》（第 5 冊），臺北：「國史館」、國立中正紀念堂管理處、財團法人中正文教基金會，2014 年，第 535 頁。

〔註 10〕葉健青編注：《蔣中正總統檔案：事略稿本》（第 41 冊），臺北：「國史館」，2010 年，第 633 頁。

雙方共同尊重所謂「蒙古人民共和國」和「滿洲國」領土完整及邊疆神聖不可侵犯〔註11〕。這實際上也宣告了蘇聯單方面撕毀 1937 年中蘇兩國簽訂的《中蘇互不侵犯條約》，為中蘇關係蒙上了陰影，蔣介石氣憤異常：「此乃俄損人利己一貫之伎倆，如果屬實，則為俄國在國際信義上之最大損失，而非我之害也。」〔註12〕4 月 12 日，蔣介石日記記載：「俄與南國（南斯拉夫）既訂不侵犯條約，鼓勵南國抗德，而未經五日，又允德國出售大量汽油，以接濟侵略之軸心國，一面又與倭寇松岡商談密約，妄冀避免戰禍。而專謀嫁禍於人，以鄰為壑，此其用心太過，反形示弱，正與德、倭以輕俄謀俄之機，斯大林至此似形槍法漸亂，應付殆窮之象矣。」〔註13〕蔣介石此時考慮到蘇聯援華物資的重要性，表面上不與蘇聯直接發生衝突，但內心卻對蘇逐漸冷淡，中蘇關係逐步降至冰點。

二、西北地位的空前提升

毛澤東敏銳地觀察了國共關係與世界局勢後指出：「國內關係總是隨國際關係為轉移」〔註14〕。1942 年國際戰局發生的巨大變化也影響到蔣介石對於蘇聯和中共的態度，是年 4 月，日軍佔領緬甸後，由於缺乏制空權，導致中國遠征軍第一次入緬作戰失敗，滇緬公路這一國際重要援華物資通道被切斷，中蘇陸路通道的戰略價值陡然提升，入新疆經河西走廊的中蘇西北國際通道的安全尤為重要，急需蔣介石在與蘇聯及中共關係上做出調整。

但長久以來，在蔣介石心中，對於蘇聯大國強權主義極其反感，曾多次對蘇聯在新疆、外蒙問題上的干涉表達不滿。對待中共方面，更是極其仇視，必欲除之而後快，再者對於「西安事變」，蔣介石也始終無法釋懷。全面抗戰爆發後國民黨對中共採取「限共、溶共、防共」之政策，進而全部消滅。因此無論蔣介石要繼續反蘇反共還是主動示好，都必須再次巡視西北地區，以探查各方態度，做出具體的安排部署。

〔註11〕蔣緯國編注：《國民革命戰史第三部·抗日禦侮》（第二卷），臺北：黎明文化事業公司，1978 年，第 194 頁。

〔註12〕呂芳上主編：《蔣中正先生年譜長編》（第 6 冊），臺北：「國史館」、國立中正紀念堂管理處、財團法人中正文教基金會，2014 年，第 529 頁。

〔註13〕《蔣介石日記》，1941 年 4 月 12 日，美國斯坦福大學胡佛研究所藏。

〔註14〕《毛澤東致周恩來電報》（1942 年 9 月 15 日），中共中央文獻研究室編：《毛澤東年譜（1893～1949）》中卷，北京：中央文獻出版社，2013 年，第 454 頁。

在太平洋戰爭爆發前，國民政府遷都重慶，因此國家開發建設的重心都在西南地區，大量工廠、科研機構的內遷，給西南經濟發展帶去了源源不斷的動力。但是由於後方準備不充分，戰時建設屢遭困難，到1941年底，西南大後方建設已放緩，各項生產難以滿足抗戰需求，「單純只是依靠西南大後方難以繼續維持國民政府的抗戰」〔註15〕。有鑑於此，蔣介石一方面加大爭取外援，另一方面轉移視角，將目光投向廣袤的西北，以此完成其抗戰建國的準備。

1941年底，隨著抗戰的持續進行、太平洋戰爭爆發和國際環境的急劇變化，西北地區在全國抗戰中的國防戰略中地位愈發重要。早在1939年，時人就提出：「西北是我們進行華北抗戰的重要支點」，「西北不但是屏蔽西南的重地，也是國際交通的孔道。」〔註16〕而此時蔣介石也認為「今後我國局勢，西北重於西南，對內重於對外，整軍重於作戰，經濟重於政治也。」〔註17〕

西北地區的政治、經濟、民族問題複雜多變，雖然蔣介石在1934年巡視西北後，自稱印象極佳，但青海馬步芳、河西馬步青、寧夏馬鴻逵、新疆盛世才等地方實力派始終是縈繞在蔣介石心頭的巨大隱患。蔣介石通過剿共將中央軍勢力滲透到粵、滇、黔、川，而廣袤的西北，還需要國民黨中央繼續加強控制，實現全國政令統一。1939年蔣介石在重慶演講《政治的道理》時，講中庸九經的功用和要義，提出以「柔遠人」及「懷諸侯」的政策對待邊疆民族問題：

> 所謂「柔遠人」，在我們這個時代就是對邊疆民族的同胞，我們要一視同仁，為他們開闢交通，便利往來，尊重他們特有的習慣，使他們起居供給便利。如果文化程度上和內地有所差異，那麼我們對於他們的缺點，切不要菲薄他，譏評他；而對於他們中比較進步的分子，更要特別的獎勵他，扶助他，這就是「嘉善而矜不能」。

> 所謂「懷諸侯」，這一段更是我們中國古來最高尚與最博大的政治理想，我們決不乘人之危，反之我們要仗義尚俠，替別人謀幸福。我們一切要自給，並不取求於人。我們還要多所貢獻於人，

〔註15〕潘洵：《論抗戰大後方戰略地位的形成與演變——兼論「抗戰大後方」的內涵和外延》，《西南大學學報》，2012年第2期。
〔註16〕《西北的輪廓》，《申報》，1939年11月26日，第15版。
〔註17〕張其昀：《黨史概要》（第4冊），臺北：中央文物供應社，1962年，第1678頁。

這就是所謂「厚往而薄來」。〔註18〕

　　蔣介石對「懷柔」要義新的注釋似乎頗富有「人情味」。在中央力量尚不強大的情況下，採用這種政策對待邊疆民族地區，自然要比一味地政治高壓巧妙和高明，這種「欲取先予」的手段，使中央與邊疆地區的關係感情化，在蔣介石與西北各實力派的關係上，這種政策為維繫和發展他們之間的政治「聯盟」也起了重大的作用，籠絡而控制西北諸馬是其經略西北之要圖，因此從治理控制西北的角度來說，蔣介石巡視顯得尤為重要。

　　在蔣介石之前，國民黨高層政要陸續來到西北。1941年夏，蔣介石長子蔣經國參加國民政府「西北宣慰團」，考察西北一月有餘後發出感慨「今天，我們要建設新的中國，非但要建設新的東南，同時要建設新的西北，為西北同胞謀幸福的生活，所以，我們應當說有志的青年，應當回到我們這古老的故鄉去，有志的青年，應當到西北去！」〔註19〕

　　1941年7月15日，中央組織部部長朱家驊「由渝飛抵蘭州，視察甘寧青三省黨務及中英庚款會在西北主辦之各教育機關。」〔註20〕9月至12月間，國民政府監察院長于右任赴甘肅、青海、陝西等各縣，考察西北古遺、縣政黨務、行政監察等工作，「行期三月，行程萬里」〔註21〕。同年10月，國民政府蒙藏委員會委員長吳忠信以考察黨政工作為名，帶領甘寧青黨政工作考察團來到西北，「考察黨政，復可視察蒙旗，更可藉此致祭成吉思汗靈寢，主持青海秋季祭海典禮，與夫布施寺院等」〔註22〕。這些考察調研一定程度上為蔣介石巡視西北打好了基礎。因此抗戰前後西北戰略地位的提升與凸顯，既與救亡圖存的偉大使命息息相關，又與國民黨遏制共產黨的政治關注密不可分，同時也與國家工業化的實施及振奮民族精神、鼓舞持久抗戰的文化感召密切相聯。〔註23〕

〔註18〕秦孝儀主編：《總統蔣公大事長編初稿》（卷四上），臺北：中國國民黨中央委員會黨史史料編纂委員會，1978年，第315～316頁。

〔註19〕蔣經國：《偉大的西北》，銀川：寧夏人民出版社，2001年，第35頁。

〔註20〕《朱家驊抵蘭視察》，《申報》，1941年7月17日，第7版。

〔註21〕高大同編著：《高一涵先生年譜》，上海：上海文化出版社，2011年，第144頁。高一涵時任陝甘青監察使，陪同于右任西北考察。

〔註22〕吳忠信：《吳忠信日記（1941）》（1941年9月13日），香港：開源書局，2020年，第108頁。

〔註23〕方光華、梁嚴冰：《抗戰前後國民政府的西北建設戰略》，《南開學報》，2014年第3期，第48頁。

　　抗戰時期的長途飛行，對乘坐者來說亦是一大考驗，蔣介石乘坐的是美國的軍用飛機，遠不及專機舒適，蔣回憶：「十時後由九龍坡起飛，今日乘機為美國運貨機，初入機時，適為陽光所蒸，其悶熱如入蒸籠，為從來所未有之難堪，若不急飛，則妻與余皆將昏厥矣，而妻之面色已呈灰青矣，幸即起飛轉涼，乃漸復元」〔註 24〕。除長途乘機較為不適外，蔣介石巡視西北還具有極大危險性，抗戰期間，日本為逼迫中國盡早投降，發起了名為「斬首行動」的專門針對國民政府高級領導人的刺殺活動，蔣介石是「斬首行動」的最高目標。戰爭期間，蔣介石行蹤的保密與個人安危，體現著蔣氏衛隊的安保與日方多方面偵察與追殺的博弈。

第二節　抗戰信心的鼓動與宣傳

　　1942 年 8 至 9 月間，蔣介石自重慶飛赴蘭州，歷時一月巡視甘、青、寧、陝四省，途經蘭州、西寧、酒泉、嘉峪關、張掖、武威、寧夏、西安等重要城市，一則會見各地方軍政要人、宗教領袖，情誼籠絡並「面授機宜」，二則探查西北政情，推動西北經濟持續開發。此次巡視西北各省，蔣介石亦各有側重，甘肅著重指導經濟建設，青海、寧夏加強民族團結，情誼攏絡，陝西反思軍事戰略布署，新疆力促回歸中央。

一、宣傳動員與情誼聯絡

　　全面抗戰爆發後，蔣介石於 1939 年發起了國民精神總動員活動，旨在全面動員全國百姓為抗戰服務，而直到 1942 年 3 月，國民政府才頒布《國家總動員法》。相較於 1934 年 10 月至 11 月間巡視西北、華北，蔣介石 1942 年西北巡視的公開講話和參與紀念日活動更加頻繁，所到蘭州、西寧、寧夏、西安等西北重要城市，總理紀念周、擴大紀念周等活動一律參加，一方面利用孫中山遺像、遺囑，國民黨黨歌、國歌等政治符號，另一方面利用陝西、甘肅悠久歷史文化、英雄人物等歷史符號，進行抗戰宣講，其目的就是在全民族抗戰背景下，向各民族廣泛地宣傳抗戰，激發民族自信心，增強抗日民族主義意識，以取得抗戰的偉大勝利。

〔註 24〕《蔣介石日記》，1942 年 8 月 15 日，美國斯坦福大學胡佛研究所藏。

甘肅地處「西北咽喉」，相較於寧、青、新三省，「甘省居於領導地位」〔註25〕。蘭州因其重要的地理位置和悠久的歷史文化，備受國人關注。首任市長蔡孟堅在接受記者採訪更是這樣評價：

> 蘭州位居全國中心，雄踞西北高原兼握國際交通樞紐，不特控制西北，屏藩內陸，為國防重鎮，且為國父手定未來之陸都。舉凡西北之「軍事」「政治」「文化」「經濟」「交通」，無不以蘭州為據點。以戰時形勢言，西北位處高原，對於收復中原，居高臨下，有高屋建瓴之勢，是以鞏固西北，實為收復華北，乃至復興民族之張本。唯有緊握此抗戰之優越地位，然後乃足以收復華北，經略華中，支持西南，分擔抗戰建國之責任。再就交通而言，今後之世界交通，將進入陸空交通之時代，已有多少專家之研究與證實。在中國之本土上，最適宜於此種未來之陸空交通中心，亦然蘭州莫屬。……蘭州實居大西洋與太平洋間國際鐵路的樞紐，商業隨著繁盛，必將發展為一個國際的都市。……故建設西北，應以蘭州為起點，為服務站，將來由點而線，由線而面，模範西北，貢獻中央，蘭州之前途未可限量也。〔註26〕

蔡孟堅作為市長，對蘭州的定位和未來的走向給出了非常有見地的判斷，揆諸史實，全面抗戰時期的蘭州已然成為西北地區的政治、經濟、文化和交通中心，成為復興中華民族的重要根據地。

蔣介石深知成功控制甘肅意味著自己在西北戰略上的勝利，因此西北巡視的第一站就來到了甘肅，並在蘭州停駐十餘天。1942 年 8 月 15 日，蔣介石夫婦在錢大鈞、顧祝同、戴笠、吳忠信、賀耀祖等機要隨從陪同下，自重慶直飛甘肅蘭州，下午一時抵達併入住西關外九間樓，開始為期一個月的西北之行。到達蘭州當晚，蔣介石即手書本星期規劃：

> 擬孔誕節告書。雲南戰備，第六軍主力調至昆明附近。星六日召集軍官訓話，行政人員參加。星期日飛青海。甘肅省志。研究整軍各案。研究世界戰局與其結果。西北國防與交通經濟之準備。經濟與黨團之設計。約見優良官紳。保障新疆方案。建設甘肅與拓殖

〔註25〕謝覺哉：《謝覺哉日記》（上），北京：人民出版社，1984 年，第 135 頁。
〔註26〕本志記者：《蘭州市政——蔡市長訪問記》，《旅行雜誌》，1944 年第 18 卷第 1 期，第 73～74 頁。

西北方案。〔註27〕

　　從蔣介石巡視計劃中即可看出，此行關乎整軍作戰、國防交通、經濟開發、收復新疆。17 日上午，蔣介石在蘭州西北幹訓團團部主持召開各界擴大紀念周活動，在講話中他高度評價了西北地區的戰略價值，此時東部港口大多被日軍封鎖，西北已成為中國國際交通的重心，自迪化—猩猩峽—蘭州的陸上通道和中蘇空中航線是重要的國際運輸通道，他講道：「現在的蘭州，較之六年前一切都有了進步，我們抗戰建國的基礎已經穩固奠定了。這對於我們國民革命與各位事業的前途，實在是很可安慰的！」〔註28〕他提及西北的戰略價值時說：「自從我們的海口被敵人封鎖以後，目前我們國家的國際交通，又已移到了西北，而西北所處的地位，亦已恢復到從前一樣的重要了」，他要求西北軍政人員「必須認清西北目前的形勢與其在國際上的重要性，大家要一致努力，來建設西北，鞏固西北，要使我們的三民主義的革命事業，能夠在這雄偉險要廣大無邊的西北建立起深固的基礎！」〔註29〕

　　蔣介石鼓勵西北軍人要有效忠國家的抱負和馬革裹尸的勇氣，「一方面固然要精練軍事技術與方法，以增強我們部隊的武力，一方面還要實行耕種、墾荒、開渠，以充裕我們軍事的需要」〔註30〕。西北地區諸雄割據、各自為政，蔣介石始終心有不滿，此番赴甘就是旨在通過一系列有效手段限制西北諸馬與新疆盛世才的政治勢力。蔣介石對於清末收復新疆的左宗棠十分推崇，專門委託湖南省政府主席薛岳在長沙購買了幾部《左文襄公文集》，寄予朱紹良、谷正倫、胡宗南等駐紮西北的心腹大將，希冀他們效法左宗棠收服西北諸雄。蔣談道：「我們軍人本是男兒志在四方，要馬革裹尸還葬，為國盡勞，應不憚馳驅萬里。今後我們要保護國土，開拓國運，就必須知道西北的重要，以得在西北服務為榮幸，我們在西北的一般軍人，一方面固然要精練軍事技術與方法，

<hr>

〔註27〕《蔣介石日記》，1942 年 8 月 15 日，美國斯坦福大學胡佛研究所藏。
〔註28〕蔣介石：《開發西北的方針》（蘭州，1942 年 8 月 17 日），秦孝儀：《先總統蔣公思想言論總集》（第 19 卷），臺北：中國國民黨中央委員會黨史委員會，1984 年，第 170 頁。
〔註29〕蔣介石：《開發西北的方針》（蘭州，1942 年 8 月 17 日），秦孝儀：《先總統蔣公思想言論總集》（第 19 卷），臺北：中國國民黨中央委員會黨史委員會，1984 年，第 181 頁。
〔註30〕蔣介石：《開發西北的方針》（蘭州，1942 年 8 月 17 日），秦孝儀：《先總統蔣公思想言論總集》（第 19 卷），臺北：中國國民黨中央委員會黨史委員會，1984 年，第 182 頁。

以增強我們部隊的武力，一方面還要實行耕種、墾荒、開渠，以充裕我們軍事的需要。」〔註31〕會議結束後，蔣介石視察了西北幹訓團宿舍講堂，隨後到省政府會客，「各高級官長與成績優良者皆單獨召見，垂詢工作。」〔註32〕

　　為彌補 1934 年因大雪封路而未能巡視青海的遺憾，蔣介石專程由蘭州飛抵西寧，進行為期 3 天的巡視。8 月 26 日抵達西寧，晚間返回西寧城內休息，為消除馬氏兄弟的戒備心理，蔣下榻於青海省政府，除錢大鈞、朱紹良、顧祝同、谷正倫、胡宗南、戴笠等幾個心腹大員外，只帶 4 名貼身保鏢。蔣介石在西寧當眾嘉獎馬步芳、馬步青兄弟，稱譽馬步芳的部隊為「岳家軍」，鼓勵馬步芳父子「精忠報國」，以岳飛相期許。

　　27 日上午，拜謁馬步芳之父馬麒（閣臣）墓，以示憑弔。而後召集青海各漢滿蒙回藏士紳、活佛、阿訇、王公、千戶、百戶及各地代表千餘人開會，發表了《中華民族整個共同的責任》的演講，旨在加強民族團結，蔣介石首先說明中華民族各單位融合一體的性質和關係：

> 　　我們中華民國，是由整個中華民族所建立的，而我們中華民族乃是聯合我們漢滿蒙回藏五個宗族組成一個整體的總名詞。我說我們是五個宗族而不說五個民族，就是說我們都是構成中華民族的分子，像兄弟合成家庭一樣。詩經上說「本支百世」，又說「豈伊異人，昆弟甥舅」，最足以說明我們中華民族各單位融合一體的性質和關係。我們集許多家族，而成為宗族，更由宗族合成為整個中華民族。國父孫先生說「結合四萬萬人為一個堅固的民族」，所以我們只有一個中華民族，而其中各單位最確當的名稱，實在應稱為宗族。我們中華民族聚居於東亞大陸廣大肥美的土地，經過五千年來歷代祖先慘淡經營的結果，直到我們國父領導我們革命，才建立了現在這個偉大莊嚴的中華民國。歷史的演進，文化的傳統，說明我們五大宗族是生命一體，不只是榮辱與共，而且是休戚相關。〔註33〕

〔註31〕蔣介石：《開發西北的方針》（蘭州，1942 年 8 月 17 日），秦孝儀：《先總統蔣公思想言論總集》（第 19 卷），臺北：中國國民黨中央委員會黨史委員會，1984 年，第 181 頁。

〔註32〕《蔣介石日記》，1942 年 8 月 17 日，美國斯坦福大學胡佛研究所藏。

〔註33〕蔣介石：《中華民族整個共同的責任》（西寧，1942 年 8 月 27 日），秦孝儀：《先總統蔣公思想言論總集》（第 19 卷），臺北：中國國民黨中央委員會黨史委員會，1984 年，第 216 頁。

　　在全民族抗戰中，少數民族在各條戰線發揮了重要作用，蔣介石在講話中號召以整個中華民族的努力，堅持對日作戰：

　　　　我們的中華民族是整個的，我們的國家更是不能分割的，我們
　　　這次對日寇抗戰，奮鬥到五年以上，能夠造成這樣一個勝利的基礎，
　　　這完全是由於我們全國同胞，不論宗族，不分宗教，大家都知道我們
　　　五千年來中華民族的根源及其不可分離的關係，都知道抵禦外侮復
　　　興民族是我們人人應負的使命和應盡的責任，因而精誠團結，犧牲
　　　奮鬥，才能得到今天這樣光榮的歷史。我們過去既然有了這種偉大
　　　的表現，今後自然更要認識我們自己的地位和我們大家對於整個中
　　　華民族與中華民國的關係。

　　　　就我們對於整個中華民族的關係而言，我們無論屬於漢滿蒙回
　　　藏那一宗族，大家同是中華民族構成的一分子，猶如一個家庭裏面
　　　的兄弟手足，彼此的地位是平等的，生死榮辱更是相互關聯的。就
　　　我們對於國家的關係而言，我們人人都是中華民國的國民，都是中
　　　華民國的主人，對於建立中華民國，大家都負有共同的責任，都應
　　　該盡到共同的義務。亦都能享受平等的權利。至於國內各種宗教，
　　　都是我們民族文化構成的一種要素，政府自然要保障人民信教的自
　　　由，而無所輕重。各位同胞們明白了這個根本要旨之後，則今後在
　　　精神上更須團結一致，在感情上更要親愛精誠，彼此密切提攜，共
　　　同奮鬥，來驅除我們當前的敵寇，恢復我們錦繡的河山，等到抗戰
　　　勝利，建國成功之日，我們漢滿蒙回藏全體同胞，就可以真正享受
　　　到平等自由的幸福。根據我們國父的指示，我們中華民族應自求解
　　　放，國內各宗族應一律平等，至於人民的宗教信仰，應絕對自由，
　　　所以全國國民，不分宗族，不分宗教，對於中華民國和整個的中華
　　　民族，大家都有共同的責任，那就是要盡到我們共同一致的建設三
　　　民主義新中國的任務！〔註34〕

　　蔣介石在青海的講話，以「國家領袖」的名義，團結各族群眾，提倡民
族平等，號召抵禦外侮，要求各族民眾「盡到抗戰建國的職責，完成復興中華

〔註34〕蔣介石：《中華民族整個共同的責任》（西寧，1942年8月27日），秦孝儀：
　　　　《先總統蔣公思想言論總集》（第19卷），臺北：中國國民黨中央委員會黨史
　　　　委員會，1984年，第216～218頁。

民族的大業」，對全民族抗戰局面的鞏固有一定的積極意義。

9月14日，蔣介石在西安主持召開戰時幹部訓練團擴大國父紀念周，西安黨政軍學各界人士參加，蔣介石宣揚陝西歷史文化之悠久，要有建功立業之決心。他說：「陝西這個地方實在就是我們中華民族發祥的根據地，而現在的西安是古代的長安，就是我們中華民族五千年來歷史文化的中心。因此我們在陝西，尤其是在西安工作的同志，格外要知道：我們能在這個富有歷史意義的地方，得到一個工作的機會，決非偶然之事，實在是人生難得的際遇！所以我們必須立定志向，竭盡智慧，要在我們民族發祥的所在地，來建立中華民族復興的基礎。」〔註35〕

全面抗戰進行至第五個年頭，蔣介石作為全國抗戰領袖，積極鼓動宣傳，增強抗戰信心：「所以我們必須立定志向，竭盡智慧，要在我們民族發祥的所在地，來建立中華民族復興的基礎，我覺得現在世界上無論那一個民族，都比不上我們中華民族，這樣的偉大優秀，無論那一個民族的歷史，都比不上我們中國歷史這樣的悠久光榮，只要我們現在能夠埋頭努力，將我們祖先歷史的光榮恢復轉來，那我們不僅可以驅除侵略的倭寇，解脫各國從前所加於我們中國的桎梏，而且可以作亞洲被壓迫民族的救星，使他們大家都能獲得自由獨立，進而使全世界所有的民族，大家都能享受和平共存的幸福。」〔註36〕

蔣介石最後鼓勵在場人員：「立定成仁取義的志願，不攘功，不求名，切切實實的做一個革命的信徒，然後才不愧為一個自由獨立的國民。這是我們在西安工作的各位同志努力的要旨，也就是我今天對於各位懇切的希望！切盼大家矢勤矢勇，刻苦奮鬥，團結一致，互助合作，實踐黨員守則，以為實行主義復興文化的起點，進而樹立全國各地黨政軍學各部門工作的楷模，完成我們建設陝西，復興民族的使命！」〔註37〕

〔註35〕蔣介石：《陝西各界同志之責任與應有的努力》（西安，1942年9月14日），秦孝儀：《先總統蔣公思想言論總集》（第19卷），臺北：中國國民黨中央委員會黨史委員會，1984年，第304頁。

〔註36〕蔣介石：《陝西各界同志之責任與應有的努力》（西安，1942年9月14日），秦孝儀：《先總統蔣公思想言論總集》（第19卷），臺北：中國國民黨中央委員會黨史委員會，1984年，第305頁。

〔註37〕蔣介石：《陝西各界同志之責任與應有的努力》（西安，1942年9月14日），秦孝儀：《先總統蔣公思想言論總集》（第19卷），臺北：中國國民黨中央委員會黨史委員會，1984年，第306頁。

民國著名報人、有「文壇巨擘，報界宗師」之稱的張季鸞，於 1941 年 9 月病逝於重慶，靈柩安放於西安興善寺。由於張季鸞曾擔任孫中山先生秘書，起草了《臨時大總統宣言書》等文件，後又長期擔任《大公報》主筆，因此蔣介石、于右任等黨政領導人對張季鸞極為敬重。9 月 5 日晚六時，蔣介石在《大公報》總經理胡政之陪同下赴西安興善寺，祭拜張季鸞先生陵墓〔註 38〕。9 月 13 日下午，蔣介石再次與胡宗南前往張季鸞墓祭奠，瞻視遺物後，對張氏遺孀表示慰問。〔註 39〕

二、巡視甘青寧政情

8 月 28 日蔣介石在西寧接見馬步青、馬步芳兄弟，在談到青海目前發展問題時，蔣介石認為：「為國立業發展，柴達木東西交通在玉樹、都蘭二區西部，多設設置局，全力開通西寧至玉樹公路與開設其中間飛機場站。」〔註 40〕談及西藏問題，蔣介石說：「對西藏以政治統制為本，軍事為輔，用兵最多西至黑河，東至昌都為止，不可以軍事直占拉薩，只要藏政歸中央統治，不受外國牽制足矣。中央之所以必須統制西藏者，其宗旨全在解放藏民痛苦，保障其宗教與生活自由，而不被外國所愚弄與束縛而已。」〔註 41〕蔣介石對西藏的政策，沿襲了 30 年代制定的放任自由之「羈縻政策」。

儘管青海之行時間短暫，但青海物產豐盈與戰略位置之重要給蔣介石留下深刻印象，「青海面積遼闊，土地肥美，水源遍地，物產豐富，人民淳樸，皆超於甘肅，而蒙、藏、回番雜處，宗教錯綜，更覺其地之重要。由青入藏之方略，從此得以開始進行，實植經營新疆、西藏之基礎耳。」〔註 42〕唐縱也評價馬步芳治青：「青海政令統一，機構簡單，辦事認真，不若內地政令分歧，組織龐大複雜，辦事敷衍，各方應付，故昔江浙專家博士多而成就甚少，才不能盡其用也，青海專家少而事舉，人盡其能也。」唐縱的評價，吹捧奉承無疑。〔註 43〕

〔註 38〕周美華編注：《蔣中正總統檔案：事略稿本》（第 51 冊），臺北：「國史館」，2011 年，第 145 頁。

〔註 39〕《蔣委長蒞西安，曾兩次祭奠張季鸞氏》，《陣中日報——太原》，1942 年 9 月 28 日，第 1 期。

〔註 40〕《蔣介石日記》，1942 年 8 月 28 日，美國斯坦福大學胡佛研究所藏。

〔註 41〕《蔣介石日記》，1942 年 8 月 28 日，美國斯坦福大學胡佛研究所藏。

〔註 42〕《蔣介石日記》，1942 年 8 月 29 日，美國斯坦福大學胡佛研究所藏。

〔註 43〕《唐縱日記》（1942 年 9 月 15 日），唐縱：《蔣介石特工內幕——軍統「智多星」唐縱日記揭秘》，北京：團結出版社，2011 年，第 186 頁。

28 日下午二時蔣介石乘機飛抵嘉峪關機場，即刻回電馬步芳、馬步青「刻已安抵目的地，勿念，並請代謝各界禮遇為感。」〔註44〕下午四時入酒泉城內，登上城中心之鐘樓，「遠眺祁連山，雪峰連迤，山腹雲海彌漫，更見其雪峰之秀麗可愛，其西側則為賀蘭山脈之合黎山麓，嘉峪關即在祁連與賀蘭兩山口之間，平坦浩蕩，其正面之寬約三十里至五十里，誠中華西部大開關也。」〔註45〕

29 日，在機場送宋美齡赴新疆之後，蔣介石在谷正倫、胡宗南的陪同下參觀嘉峪關城，感慨「規模雄宏，建築堅強，令後人愧惶無已，唏噓久之。」〔註46〕而後路經石油河礦廠巡視油井，見十五座油井即將完工，感歎道「觀此廠工程，歎草創之難，經營之苦，尤其機器缺乏，工作因之阻礙，觀此露天油坑原油之多，更歎人工之建設，不敵天產之富厚，而此事業之廣大無極，思之甚可喜也！」〔註47〕玉門煉油廠能在邊遠的西北戈壁堅持生產，供給抗戰前線所需油料，實屬不易，蔣介石巡視之後感慨道「本日往來途中承孫越崎總經理之招待，並對國內各種礦產分布數量詳為說明，足足五小時之久，頗感我國人才並不缺乏也，乃令其對於鋼鐵、以及機器製造與電工器材，各種事業擬訂五年計劃呈閱。」〔註48〕

30 日上午十時，蔣介石由嘉峪關機場起飛，五十分鐘後抵達張掖機場，乘車入張掖城，見「道路不修，人民不見，欲清道戒嚴」，憤怒至極：「（這）形同往時軍閥之出巡，一見此狀憤怒又起。」〔註49〕張掖巡視結束後，蔣介石感歎「甘州土地肥美，水流縱橫，天然景色實為北方所僅有，若善修之，無異一天成美園樂土也。然今已毀敗，污積不堪矣，而民氣之閉塞，女孩竟有不著褲者，國家至此，痛心曷已！」〔註50〕

〔註44〕周美華編注：《蔣中正總統檔案：事略稿本》（第 51 冊），臺北：「國史館」，2011 年，第 115 頁。

〔註45〕呂芳上主編：《蔣中正先生年譜長編》（第 7 冊），臺北：「國史館」、國立中正紀念堂管理處、財團法人中正文教基金會，2015 年，第 196 頁。

〔註46〕《蔣介石日記》，1942 年 8 月 29 日，美國斯坦福大學胡佛研究所藏。

〔註47〕呂芳上主編：《蔣中正先生年譜長編》（第 7 冊），臺北：「國史館」、國立中正紀念堂管理處、財團法人中正文教基金會，2015 年，第 197 頁。

〔註48〕周美華編注：《蔣中正總統檔案：事略稿本》（第 51 冊），臺北：「國史館」，2011 年，第 120 頁。

〔註49〕《蔣介石日記》，1942 年 8 月 30 日，美國斯坦福大學胡佛研究所藏。

〔註50〕呂芳上主編：《蔣中正先生年譜長編》（第 7 冊），臺北：「國史館」、國立中正紀念堂管理處、財團法人中正文教基金會，2015 年，第 198 頁。

31日，蔣介石校閱張掖騎兵分校與騎兵第十師，精神技術皆甚低劣，蔣介石喟然歎曰：「譚輔烈之愚拙，實不堪任用，足見人選之難，如余不來親閱，恐無人能代任勞怨以改革之也。」〔註51〕下午三時蔣介石視察了張掖縣黨部和青年團部，召集張掖國民黨員訓話，對整個張掖地區黨員發展、黨部建設提出批評。甚至在返回重慶後仍批評此事：「這次我到張掖，要縣黨部召集所有的黨員與青年團員開會，屆期全縣黨員團員到了一千多，只有縣長未到，後來我問該縣縣長是否黨員，他們說是黨員，但是縣黨部卻沒有通知他，這種情形，就是由於地方黨政不能聯繫一致的結果。」〔註52〕蔣介石對於張掖團部、黨部的發展極為不滿，基於此，其在建黨方面有了自己的思考「縣黨部主委以縣長兼任為原則，縣團部應設於同黨部之內，共同辦公。」〔註53〕

31日下午，蔣介石自張掖抵達武威，蔣介石在其8月反省錄中回顧了半月以來巡視西北之建設成就，他認為，「此次巡視西北，甚覺我公路政策與禁煙政策，生效最大，此雖至今皆未完成，然而以種鴉片之地田換種糧食，其間接效果之大，實不可言喻。否則抗戰期間，川、滇、黔、陝、甘、青、寧與綏西之軍糧民食，皆無法繼續，則抗戰與經濟更難維持矣。」〔註54〕關於新疆問題及西北國防戰略，他說「本月巡視西北，自覺心得非鮮。新疆對中央心理已完全悅服矣。寧、青、綏西之軍民心理，以及政情、地理、種族、宗教、物產，尤其是西北國防方略，皆已得有領悟矣。」〔註55〕

9月1日下午五時，蔣介石夫婦偕陳布雷、谷正倫、陳誠、朱紹良飛抵寧夏，馬鴻逵帶領寧夏黨政軍官員前往機場迎接，參加迎接儀式的還有來自阿拉善旗的喇嘛活佛和回族阿訇教主，以及寧夏中學、寧夏師範、女子學校和護士學校的學生，機場上歡迎聲音此起彼伏，也有高呼「蔣委員長萬歲」口號。蔣介石抵達寧夏城後，當晚與第八戰區副司令長官傅作義、寧夏省主席馬鴻逵、第六集團軍總司令陳長捷會談。

〔註51〕周美華編注：《蔣中正總統檔案：事略稿本》（第51冊），臺北：「國史館」，2011年，第124頁。

〔註52〕蔣介石：《視察西北之觀感及中央同人今後應有之努力》（重慶，1942年9月22日），秦孝儀：《先總統蔣公思想言論總集》（第19卷），臺北：中國國民黨中央委員會黨史委員會，1984年，第320頁。

〔註53〕《蔣介石日記》，1942年9月1日，美國斯坦福大學胡佛研究所藏。

〔註54〕黃自進、潘光哲編：《蔣中正總統五記：困勉記》（下冊），臺北：「國史館」，2011年，第857頁。

〔註55〕《蔣介石日記》，1942年8月31日，美國斯坦福大學胡佛研究所藏。

　　2 日十時，馬鴻逵在寧夏省政府禮堂舉行迎蔣大會，陳誠、吳忠信、朱紹良、傅作義、谷正倫、馬鴻賓及寧夏省政府各廳長、黨部委員、教育、工商、婦女、宗教各界人士共約千人參加。蔣介石在講話中說，寧夏是抗戰的大後方，全國同胞必須共度國難，精誠團結，抗日救國，國人有錢出錢，有力出力。同時褒獎馬鴻逵在水利灌溉、地畝清丈、保甲編制等方面的工作。〔註56〕馬鴻逵在講話中表示：「決不辜負領袖的重託，今後竭盡全力效忠黨國」。蔣介石對於寧夏的政治建設是比較滿意的，唐縱 9 月 14 日日記記載：「此次委座巡視甘寧青陝西北各地，政治建設，寧青高於甘陝，中央政治尚有漸色。」〔註57〕從唐縱的記載亦能反映出蔣介石對於寧青西北馬氏的統治策略，政治地位上肯定維護，財政經濟上撥款扶持，通過傳統羈縻統治與現代黨政領導相結合，力促西北馬氏對國民黨中央的政治認同，進而使防共、限共部署得到堅決落實。

　　同日，在寧夏省婦女運動委員會主持下，寧夏省城各界婦女代表召開了歡迎宋美齡大會。參加大會的有婦女運動委員會主任馬書城（馬鴻逵庶母）、劉慕俠（馬鴻逵四姨太）、總幹事瞿亞明（馬鴻逵二兒媳）及寧夏省、廳官員的夫人，此外寧夏婦運會全體成員、各中學女性師生及各小學女教師等參加歡迎大會，會上宋美齡表彰了婦運會，並獎勵該會五萬元法幣作為活動經費。當天下午，宋美齡參觀了寧夏婦運會紡織合作社、識字班等，受到婦運會全體教職員工夾道歡迎。當晚馬書城在中山公園宴請宋美齡一行人員。

　　3 日上午，蔣介石召見第八戰區高級將領與馬氏家族成員。第八戰區副司令長官傅作義向蔣介石彙報綏遠省政治經濟發展及對日防禦部署情況，蔣評價「宜生慎重精明，亦有為之才，惟其太沉默，不肯多說耳。」〔註58〕傅作義出身國民黨晉綏系，並非蔣介石嫡系，而傅憑藉其軍事才能，屢立戰功，贏得蔣介石發自內心的垂賴〔註59〕。駐伊克昭盟之第 67 軍軍長何文鼎向蔣介石詳細彙報了伊克昭盟情勢以及陝北軍情，並提出國民黨中央人員在伊克昭盟

〔註56〕那英俊：《1942 年蔣介石來寧夏》，中國人民政治協商會議銀川市委員會文史資料委員會：《銀川文史資料》（第 9 輯），內部出版，1998 年，第 16～17 頁。

〔註57〕《唐縱日記》（1942 年 9 月 14 日），唐縱：《蔣介石特工內幕——軍統「智多星」唐縱日記揭秘》，北京：團結出版社，2011 年，第 186 頁。

〔註58〕《蔣介石日記》，1942 年 9 月 3 日，美國斯坦福大學胡佛研究所藏。

〔註59〕陳紅民：《細品蔣介石：蔣介石日記閱讀箚記》，北京：人民出版社，2016 年，第 439 頁。

工作中態度不正。蔣介石評價何文鼎「能扼要詳告，又於以後處理方法，陳述甚當，此生乃血性有為之才也。」〔註60〕蔣介石對傅作義、何文鼎提出要求，在擴大抗日戰果的同時仍需時刻盯防與綏遠毗鄰的陝甘寧邊區，限制中共通過寧夏、綏遠溝通蘇聯。同日，蔣介石一行乘機自寧夏抵達西安，在西安停駐十天有餘。

西北巡視將畢，蔣介石再次考慮到西北的交通、領土、國界安全問題。在蔣介石12日的本星期預定科目中，就記有「甘新與青藏驛運方案，河西守將人選等問題。」在西安期間，宋美齡視察陝西婦女工作，特撥款五萬元，為陝西省「新運會婦女工作委員會補充費」，並贈陝西省保育院兒童糖果費五千元。〔註61〕返回重慶後，宋美齡也向重慶婦女界介紹新疆富藏，積極宣傳開發西北之必要性。〔註62〕

三、成陵祭祀的「儀式政治」

美國著名人類學家、歷史學家大衛·科澤認為沒有儀式和象徵就沒有國家和政治，「儀式不單有助於保持現狀，也是重要的政治鬥爭工具，無論是穩定社會中的爭權者，還是動盪社會中的敵對雙方，都對之青睞有加。」〔註63〕抗戰時期關於成吉思汗英雄形象的塑造及祭祀活動就深刻反映了特殊歷史和戰爭背景下，關於政治話語、政治權勢的表演和爭奪。

1935年日軍侵佔察哈爾及綏遠後，一年前還向蔣介石保證守衛邊疆的蒙古德王公然投靠日本，建立「蒙疆聯合自治政府」。為確保該政府在蒙族群眾中的合法性，日軍慫恿德王劫盜成吉思汗靈柩，矇騙、離間蒙族群眾，從而實現日軍進一步分裂中國的目的。在國家危急存亡之秋，成吉思汗這一蒙古族地方民族英雄逐漸被塑造成為中華民族英雄。伴隨著日軍步步緊逼，成陵被迫西遷，成吉思汗的祭祀和紀念活動也頻繁舉行。1939年1月，在日軍即將攻佔伊克昭盟之際，伊克昭盟盟主沙王（沙克都爾扎布）向國民政府建議遷移成吉思汗靈柩，國民政府高度重視，專派鄧寶珊協同沙王負責移靈事宜。

〔註60〕《蔣介石日記》，1942年9月3日，美國斯坦福大學胡佛研究所藏。
〔註61〕《蔣夫人撥款輔助婦工會》，《工商日報——西安》，1942年9月29日，第2版。
〔註62〕《蔣夫人向婦女界談新疆富藏》，《新華日報》，1942年9月22日，第2版。
〔註63〕（美）大衛·科澤著，王海洲譯：《儀式、政治與權力》，南京：江蘇人民出版社，2015年，第119頁。

　　是年 6 月 10 日，成陵從伊克昭盟伊金霍洛旗起陵，經榆林、延安、西安，最終於 7 月 1 日抵達蘭州榆中縣，安放於興隆山大佛殿，甘肅省主席朱紹良親自主持祭陵大典。國民政府包括蔣介石本人也極其重視此次遷陵，因其背後有著巨大的政治意圖，「國民政府將成吉思汗陵寢遷移至內地以保護『成吉思汗』，運用成吉思汗這一政治資源打造自身權威或強化政治權力。該次遷移的政治操演給社會、特別是沿途民眾產生很大影響，強化了人們對成吉思汗的記憶，建構出成吉思汗的國家意象。」〔註64〕1941 年秋，國民黨元老于右任來興隆山拜謁成吉思汗陵，並寫下《天淨沙‧謁成陵》：

　　　　興隆山畔高歌，曾瞻無敵金戈。

　　　　遺詔焚香讀過，大王問我：「幾時收復山河？」

　　正是國難危機時刻，1942 年 8 月 18 日上午，在胡宗南等人陪同下，蔣介石專程前往榆中縣興隆山拜謁成吉思汗陵，感歎「其廟貌威嚴雄偉，敬慕無已」〔註65〕，拜謁後「以茶會慰勉守護成陵之蒙籍人士」〔註66〕。從蔣介石自身來看，積極參與各種紀念會活動，「通過主持儀式，發表訓詞、書告等，宣傳國家大政方針，也表明自己在國家中的權威地位」〔註67〕，更是向西北民眾表明，自己才是中國抗戰領袖和「最高領袖」、「唯一領袖」，逐步建構出「蔣介石崇拜」。中國較於日本，在政治、經濟、軍事、社會方面相當落後，因此 1942 年蔣介石赴西北巡視，所進行的一系列動員活動和講話，也都具有抗戰與建國的雙重性質。〔註68〕

　　蔣介石拜謁成陵不僅是出於民族團結的考量，更是在抗戰建國的大背景下，彰顯自己全國抗戰領袖的地位，同時利用成吉思汗民族英雄的符號和祭祀

〔註64〕郭輝：《抗戰時期「成吉思汗」紀念及其形象塑造》，《福建論壇》，2017 年第5 期。關於中共在抗戰時期的成吉思汗祭祀，參見李俊領：《儀式政治——陝甘寧邊區政府對黃帝與成吉思汗的祭祀典禮》，《中共歷史與理論研究》，2015年第 2 期。

〔註65〕秦孝儀主編：《總統蔣公大事長編初稿》（卷五上），臺北：中國國民黨中央委員會黨史史料編纂委員會，1978 年，第 180 頁。

〔註66〕秦孝儀主編：《總統蔣公大事長編初稿》（卷五上），臺北：中國國民黨中央委員會黨史史料編纂委員會，1978 年，第 182 頁。

〔註67〕郭輝：《國家紀念日與抗戰時期「蔣介石崇拜」》，《四川師範大學學報》，2016年第 5 期。

〔註68〕段瑞聰：《抗戰、建國與動員——以重慶市動員委員會為例》，陳紅民編：《中外學者論蔣介石——蔣介石與近代中國國際學術研討會論文集》，杭州：浙江大學出版社，2013 年，第 138～160 頁。

成陵這種「儀式政治」,「通過儀式產生、強化並得以宣傳,利用符號的象徵性及儀式的動員力,民族國家可以達到整合、凝聚族群,強化國族認同的目的」〔註69〕,進而振奮全國軍民的抗戰信心。

9月14日下午5時半,蔣介石由西安起飛,8時返回重慶。自8月15日以來的西北巡視,至此為時一個月。此番巡視西北,蔣介石在蘭州、西寧、西安主持召開總理紀念周,發表《開發西北的方針》、《中華民族整個共同的責任》、《陝西各界同志之責任與應有的努力》等講話,以歷史、民族、復興為綱,積極宣傳國家統一、抗戰建國的思想,並會見西北蒙、藏、回各族領袖,對其多加籠絡與撫慰,以求穩定西北政局,激發全民族抗戰熱情,藉以表明其抗戰領袖的地位,也進而塑造了一個不辭勞苦的「國家領袖」形象。

第三節 「建國根據地」之策定

一、「建國根據地」的確定

8月17日,蔣介石在蘭州主持召開西北幹訓團擴大紀念周,並提出「抗戰與建國必須同時進行」〔註70〕,他說道:「大家不要以為,在抗戰期中不能建國,要知道:我們一貫的國策,就是要一面抗戰,一面建國,因此,我們一切建國事業,必須在抗戰期中,努力完成,國家的前途才有希望。否則,如要等到抗戰結束以後,才來建國,那寶貴時機一經錯過,不僅國家要蒙受很大的損失,而且要重陷於危險的境地。」〔註71〕可以看出蔣介石巡視西北各地,對於經濟開發、資源多寡,畜牧植被等極為重視。

全面抗戰爆發後,大批工業內遷,本地新創工業蓬勃興起,蘭州的工業化步伐加快。國民政府在蘭州設立第八戰區,使蘭州控御西北的作用得到更

〔註69〕儲競爭:《英雄崇拜與國族建構:國族關懷下的成陵西遷及祭祀》,《青海民族研究》,2014年第1期。

〔註70〕蔣介石:《開發西北的方針》(蘭州,1942年8月17日),秦孝儀:《先總統蔣公思想言論總集》(第19卷),臺北:中國國民黨中央委員會黨史委員會,1984年,第170頁。

〔註71〕蔣介石:《開發西北的方針》(蘭州,1942年8月17日),秦孝儀:《先總統蔣公思想言論總集》(第19卷),臺北:中國國民黨中央委員會黨史委員會,1984年,第172頁。

大的發揮。隨著國際形勢的變化，中蘇兩國共同開闢西北國際通道，蘇聯的
援華物資源源不斷運達蘭州，再由蘭州通過西蘭公路運抵前線，而中國的易
貨償債物資也彙集蘭州，通過蘭新公路運往蘇聯。斯時，國立西北師範學院
遷蘭，成為西北師範教育的搖籃；省立甘肅學院升為國立，國立西北技藝專
科學校、西北醫學專科學校相繼成立，蘭州的文教事業得到了前所未有的發
展。總之，民國時期蘭州地位日漸凸顯，一度成為西北地區的政治中心、國
防中心、交通中心、民族交融中心、商貿中心和文教中心，成為支持抗戰、建
設西北、振興民族的重要基地〔註72〕。

　　蔣介石在全面抗戰關鍵時期，提出建設國家的考慮自然有其原因：「現在
中國因五年餘的艱苦抗戰，已被認為世界四強之一，而且我們是一個人口最多，
土地最廣，物產最富的國家，更是抗敵作戰時期最長的一個國家，我們以五
年多的時間，犧牲了無數的將士和民眾，才創造出今天這個光榮的歷史與國
際地位。」〔註73〕國際地位的極大提高，美國援助不斷抵達抗戰前線，四大
國領袖地位的確立，都讓蔣介石此時的個人聲譽和信心達到了一個前所未有
的高度。「現在的戰爭，已不是中日兩國的戰爭，而是整個世界的戰爭，因為
中日戰爭，不過是世界戰爭之一部分，所以中日戰爭之結束，亦不是中日兩
國單獨可了，而是要隨世界戰爭之總解決，始能獲得真正的解決。」〔註74〕
因此，此時的蔣介石考慮的不僅是抗戰如何成功，而且是要在抗戰同時進行
國家建設，建設一個其心中的「新中國」。

　　蔣介石在寧夏與傅作義、馬鴻逵、陳長捷等高級將領會談時，談及剛巡
視甘、青的感受：「此次巡視河西、寧、青，比廿四年（筆者注：應為民國
二十三年）巡視甘、陝、晉、綏之意義與成效更大，廿四年乃為決定抗戰國策
之最大因素，而今則為決定抗戰決勝，鞏固西北唯一之實力也，故此行為收穫
最後勝利必不可少之行動也。」〔註75〕蔣介石認為，此次西北巡視對於抗戰

〔註72〕尚季芳主編：《蘭州通史・民國卷》，北京：人民出版社，2021年。
〔註73〕蔣介石：《開發西北的方針》（蘭州，1942年8月17日），秦孝儀：《先總統
　　　　蔣公思想言論總集》（第19卷），臺北：中國國民黨中央委員會黨史委員會，
　　　　1984年，第172頁。
〔註74〕蔣介石：《開發西北的方針》（蘭州，1942年8月17日），秦孝儀：《先總統
　　　　蔣公思想言論總集》（第19卷），臺北：中國國民黨中央委員會黨史委員會，
　　　　1984年，第172頁。
〔註75〕秦孝儀主編：《總統蔣公大事長編初稿》（卷五上），臺北：中國國民黨中央委
　　　　員會黨史史料編纂委員會，1978年，第186頁。

勝利，建設國家來說是必不可少的，西北地區地域遼闊，資源眾多，正是理想的「建國之根據地」。在對河西寧夏等地實際情況探訪後，蔣介石逐漸有了比較清晰的「建國計劃」，回到重慶後，蔣介石立即著手開始實施。他說：「河西、新疆、綏西與寧夏現狀實情，由此次西北之行，益得明瞭，有助於建國計劃固矣。」〔註76〕在西安，蔣介石赴陝西省主席熊斌公館，與熊斌、胡宗南、張治中、賀耀祖進行會談，商討西北開發建設計劃。〔註77〕

　　9月21日，返回重慶一周後，蔣介石在主持中央國父紀念周時，正式回顧、總結了此次西北巡視的收穫與感想，他提出的一系列西北建設的思考和規劃，很快影響到了國民政府的西北開發戰略的實施。蔣介石講道：「這一次本席視察西北的結果與上次所見的情形比較，覺得這六年之中，我們西北無論政治、經濟、社會各方面都有了極大的進步。我想現在全國各省的政治，恐怕要以西北幾省的成績最好，尤其是我們政治上幾件基本的工作，他們都在積極進行，而且有許多已經完成了。」〔註78〕在提及巡視甘肅的印象時，他說：「至於甘肅方面，無論教育，實業，這幾年也有長足的進步，最近甘肅舉行了四個盛大的展覽會，——歷史文物展覽會，物產展覽會，礦產展覽會和工業展覽會，——我們看了之後，就知道我們過去以為甘肅地瘠民貧的觀念，完全是錯誤的；實際上一切農礦物產，甘肅無不應有盡有；尤其是石油和硝礦生產量的豐富，更是全國各省所無！」〔註79〕

　　除此西北得天獨厚的優勢條件外，廣闊的戰略縱深不僅增添了蔣介石抗戰勝利的信心，並且使其對建設國家的前景也增添了無窮的希望，他發出感慨：

　　　　我們只要翻開地圖一看，就可以知道我們還有十分之六的領土

　　　　連敵人的飛機都沒有到過，他現在傾全國之力，侵略了五年以上，

〔註76〕《蔣介石日記》，1942年9月30日，「本月反省錄」，美國斯坦福大學胡佛研究所藏。

〔註77〕胡宗南著，蔡盛琦、陳世局編輯校訂：《胡宗南先生日記》（上），臺北：「國史館」，2015年，第149頁。

〔註78〕蔣介石：《視察西北之觀感及中央同人今後應有之努力》（重慶，1942年9月22日），秦孝儀：《先總統蔣公思想言論總集》（第19卷），臺北：中國國民黨中央委員會黨史委員會，1984年，第317頁。

〔註79〕蔣介石：《視察西北之觀感及中央同人今後應有之努力》（重慶，1942年9月22日），秦孝儀：《先總統蔣公思想言論總集》（第19卷），臺北：中國國民黨中央委員會黨史委員會，1984年，第317頁。

還只能侵佔到我們平漢線附近的幾點幾線，如果他要滅亡我們，那
他就是再過五個五年，甚或十個五年，也必不能達成他的妄想。我
們有了這樣的廣土眾民與豐富的物產，只要我們能奮發努力，自立
自強，那不僅不怕敵人來侵略，而且可以在抗戰中間，使我們建國
的基礎一天一天的臻於鞏固，使我們抗戰建國的大業同時完成……
如果我們說西南各省是我們現在抗戰的根據地，那麼，西北各省就是
我們將來建國最重要的基礎！〔註80〕

除地理歷史視野的擴展外，蔣介石再次鼓勵政府官員、商團組織前往西
北考察，投資貿易，移民發展，「我從前提倡大家到西北去，現在照國家的
形勢和需要來說，大家更應該到西北去。老實說我們如果有遠大的志向，要成
功一番事業，就只有到西北去。因為現在東南西南各省，差不多已經開發了，
而西北地廣人稀，地利未闢，國防未固，整個的開發，都有待於我們的努力。
大家都知道：西北各省一切建國的條件，可以說都已具備，唯一的缺陷，就
是人口稀少，所以我們政府應該想種種辦法，來鼓勵移民，便利移民；使他
們到西北去從事開發，以奠立建國的基礎。」〔註81〕

蔣介石最後鼓勵中央同仁說：

此次由西北歸來，對於抗戰建國的前途，實在充滿了無限的
信心和希望。我覺得我們抗戰建國的大業是必然成功的，只要我
們全國同胞自立自強，對於各種條件，事先作充分之準備而已。
尤其是各位主官與中央同人一定要明瞭自己職責範圍，負起責任，
一切紀綱法令，務要嚴格遵守，不好使中央的法令由我們中央的
人自己來破壞。更須認清自己的地位和身份，一言一行，都要無
虧職責，不失體統。對於部下的工作人員，必須嚴加督促，屬行
賞罰。我們當此戰時，又要進行建國的工作，必須是人人負責任，
事事明賞罰，才能達到我們的目的。希望各位同志今後以革命的
職責自勉，以革命的紀律自做，兢兢業業加緊努力，來完成我們

〔註80〕蔣介石：《視察西北之觀感及中央同人今後應有之努力》（重慶，1942 年 9 月
22 日），秦孝儀：《先總統蔣公思想言論總集》（第 19 卷），臺北：中國國民
黨中央委員會黨史委員會，1984 年，第 318～319 頁。

〔註81〕蔣介石：《視察西北之觀感及中央同人今後應有之努力》（重慶，1942 年 9 月
22 日），秦孝儀：《先總統蔣公思想言論總集》（第 19 卷），臺北：中國國民
黨中央委員會黨史委員會，1984 年，第 318 頁。

抗戰建國、實行主義的使命！〔註82〕

9月22日，《大公報》就蔣介石巡視西北歸來發表短評，認為西北開發需要「辛苦經營」，「西北關係國運。」〔註83〕在蔣介石9月反省錄中，他回顧說：「此次西北之行，對於我國整個形勢與國防要旨，方領悟大要，是為人生學識又一進步也。」〔註84〕

蔣介石1942年西北巡視，再次將開發西北作為一項國家戰略持續推進，進而得出「西北是建國的根據地」的論斷。加之蔣介石此次巡視正值太平洋戰爭爆發後，美援加大使蔣介石信心大增，此時蔣與1934年巡視西北時的境遇完全不同，他堅信抗戰勢必成功，而如何在抗戰中完成「建國」任務是其當下思考的首要問題，因此抗戰大後方的戰略重心逐漸由西南向西北傾斜。隨著蔣介石巡視結束返回重慶，新一輪的西北建設高潮即刻到來。

二、西北黨務的頓挫發展——以國民黨甘肅省黨部為例

蔣介石巡視西北後，以西北為建國根據地的思考日益清晰，蔣認為西北地區作為建國根據地的條件也已具備。但是就國民黨西北統治的基礎而言，仍是軍事高壓為主，很難涉及基層的治理與發展，國民黨黨務發展困境不斷，這注定無法實現蔣既抗戰又建國的政治夙願。以國民黨甘肅省黨部為例，在接連不斷的派系糾葛之下，不僅抗戰動員、黨務發展收效甚微，而且一步步淪為甘肅政局中的邊緣化角色，蔣介石以西北為建國根據地注定無法成為現實。

全面抗戰時期的國民黨甘肅省黨部，在地方實力派、CC系、三青團等各派勢力相互角力下，在抗戰動員、黨員發展、民眾訓練等方面收效甚微，國民黨中央為此頗為不滿。再加之受到經費困難等制度性因素掣肘，國民黨甘肅省黨部在「內耗」中失去了其應有的政治地位，在甘肅政局中逐步成為邊緣化的角色，國民黨高層的一系列黨務指導和考察，根本無力改變甘肅省黨務工作的混亂與衰敗，這一定程度上可以反映國民黨在甘肅的「弱勢獨裁」

〔註82〕蔣介石：《視察西北之觀感及中央同人今後應有之努力》（重慶，1942年9月22日），秦孝儀：《先總統蔣公思想言論總集》（第19卷），臺北：中國國民黨中央委員會黨史委員會，1984年，第332頁。

〔註83〕《蔣委員長西北歸來》，《大公報》，1942年9月22日，第3版。

〔註84〕《蔣介石日記》，1942年9月30日，「本月反省錄」，美國斯坦福大學胡佛研究所藏。

和薄弱統治力。

自 1927 年國民黨全國建政，以黨治國、以黨統軍的黨國體制在全國範圍內初步確立，1938 年國民黨臨時全國代表大會召開，國民黨的黨治政體正式形成。然而在具體的政治實踐中卻是另外一番景象，國民黨只在中央一級「以黨統政」，在地方則是黨政分離，黨只管黨，政只管政，〔註85〕權力序列由法理上的黨、政、軍變為實際運作中的軍、政、黨，軍權成為一切權力的源頭，黨力衰微。國民黨政治設計中一省之黨部，權力地位作用突出明顯，而在具體實行過程中，省黨部的發展緩慢、基礎薄弱、作用虛化，不得不依附政府甚至軍隊。「國民黨地方黨部的組織與發展形態，仍是反映區域政治、中央與地方關係的重要內容之一。」〔註86〕

通過觀察抗戰時期國民黨甘肅省黨部的發展，既可透視出國民黨中央與甘肅政局關係的複雜面相，也是區域政治史視角下研究的重要內容之一。近年來國民黨史研究成為熱點，社會史、區域史視野下的黨政關係、國民黨體制機制、派系政治等方面研究如雨後春筍。目前，關於國民黨地方黨部的研究，大都集中在江蘇、浙江、湖南、廣東等國民黨的「一級省份」〔註87〕，而西北、西南地區的省黨部研究則相對較少。

（一）甘肅省黨部領導的抗日救亡活動

1926 年國共雙方合作期間，國民黨員李世軍與共產黨員宣俠父等人真誠合作，初步籌建國民黨甘肅省臨時黨支部，至 1927 年 11 月，國民黨甘肅省

〔註85〕王奇生：《黨員、黨權與黨爭：1924～1949 年中國國民黨的組織形態》，北京：華文出版社，2014 年，第 330 頁。

〔註86〕段金生、郭飛平：《回顧與展望：國民黨滇川黔地方黨部研究綜論》，《北方民族大學學報》，2017 年第 2 期。

〔註87〕主要期刊論文有呂芳上：《尋求新的革命策略──國民黨廣州時期的發展》，《中央研究院近代史研究所集刊》，第 22 期上（1993 年 6 月）；王奇生：《戰時國民黨黨員與基層黨組織》，《抗日戰爭研究》，2003 年第 4 期；王奇生：《清黨以後國民黨的組織蛻變》，《近代史研究》，2003 年第 5 期；李巨瀾：《試論抗戰前國民黨地方黨部的邊緣化》，《華東師範大學學報》，2006 年第 2 期；趙崢：《「黨化」邊疆：抗戰時期的國民黨西康黨務活動（1938～1945）》，《抗日戰爭研究》，2013 年第 1 期；段金生：《脆弱的統合之基：抗戰前國民黨在雲南的組織與發展》，《民國檔案》，2015 年第 2 期；劉大禹：《朱家驊與戰時國民黨湖南省黨部的改組（1940～1944）》，《民國檔案》，2015 年第 2 期；梁馨蕾：《抗戰時期朱家驊系權勢的消長──以國民黨陝西省黨部與調統室糾紛案為中心》，《民國檔案》，2018 年第 1 期等。

黨部正式成立。〔註88〕成立初期，「因環境之惡劣，故當時工作唯一之步驟，只在吸引優秀分子，造成本黨忠實同志，逐漸散植本黨之種子而已」〔註89〕。省黨部於蘭州成立後，在馬鶴天、楊耀東、曾三省等人的指導下，各市縣黨部紛紛成立並開展工作〔註90〕。

全面抗戰爆發後，國民黨甘肅省黨部與中共合作，開展起抗日救亡活動。1937 年 8 月 13 日，中共代表謝覺哉、彭加倫與國民黨甘肅省政府代主席賀耀祖、國民黨甘肅省黨部特派員鄧寶珊、馬愚忱、田崑山等會晤，商討開展民運、整頓軍隊等事宜。〔註91〕8 月 24 日，謝覺哉在寫給賀耀祖的信中說道：

> 加強黨部對救亡工作的領導，抗敵須彙集民眾力量，而民眾發動之樞機則在於黨。十三年國民黨改組後，民運勃興，北伐成功，其失嚆矢，人人當時服務黨部。竊驚其運動力量之偉大，未歷史所未有遍者。黨之工作似遜於前，謂宜恢復總理三大政策之精神……國民黨為全國得政之唯一大黨，救亡運動之領導非國黨莫屬，此時充實工作非常必需。至於兩黨合作，自中央以至地方，均宜在共同綱領之下，互相協助，相互規勉。任務既然相同，疑慮當可悉泯，兩黨人士均應為此努力焉！〔註92〕

在謝覺哉等人的努力與八路軍駐蘭辦事處的積極協作下，各種抗日救亡團體在蘭州如雨後春筍般被組織起來。「甘肅省留外學生抗戰團」、「甘肅青年抗戰團」、「甘肅婦女慰勞會」〔註93〕等志願團體紛紛成立，為「統一領導、

〔註88〕中國人民政治協商會議甘肅省委員會文史資料委員會編：《甘肅文史資料選輯》（第 45 輯），蘭州：甘肅人民出版社，1996 年，第 174 頁。

〔註89〕朱紹良：《甘肅省黨務整理委員會工作報告》，甘肅省圖書館西北地方文獻室藏，1934 年，第 3 頁。

〔註90〕國民黨甘肅省黨部在蘭州、皋蘭、榆中、平番、紅水、定西、會寧、靜寧、隆德、平涼、涇川、靈臺、崇信、化平、寧縣、華亭、鎮原、合水、正寧、寧定、環縣、慶陽、莊浪、固原、海原、靖遠、古浪、武威、鎮番、永昌、張掖、金塔、高臺、酒泉、山丹、東樂、敦煌、玉門、安西、洮沙、狄道、渭源、隴西、通渭、武山、伏羌、天水、秦安、清水、西和、禮縣、成縣、徽縣、兩當、武都、文縣、西固、岷縣、臨潭、金家崖特別區、公安局特別區、一條山特別區、拉卜楞特別區等地成立分黨部。整理自：朱紹良：《甘肅省黨務整理委員會工作報告》，甘肅省圖書館西北地方文獻室藏，1934 年，第 11～16 頁。

〔註91〕謝覺哉：《謝覺哉日記》（上），北京：人民出版社，1984 年，第 126 頁。

〔註92〕謝覺哉：《謝覺哉日記》（上），北京：人民出版社，1984 年，第 139 頁。

〔註93〕黃選平：《隴原抗戰烽火：甘肅抗戰史料選編》，蘭州：甘肅文化出版社，2015 年，第 376 頁。

掌握控制」各進步團體的活動，國民黨甘肅省黨部於 1937 年 7 月 17 日成立「甘肅民眾抗敵後援會」（地址設省黨部內），並以「出力不受酬為原則」，規定各團體「不得濫加民眾負擔或動用募得之救國善款」〔註 94〕。在「有錢出錢，有力出力」的號召之下，省黨部首先發動了「獻金運動」。由於甘肅人民同仇敵愾情緒十分高漲，各抗戰團體熱烈配合，不到三月，募捐到現洋十萬多元。1940 年 9 月 16 日，蘭州市舉行中秋節慰勞抗戰將士大會，甘肅省民眾抗戰後援會發慰勞金 20000 元。〔註 95〕在此之後省黨部也多次發起捐款運動，支持前線抗戰〔註 96〕。

　　隨著抗戰形勢的發展，在國民黨省黨部支持下，進步的文化活動也逐漸在蘭州開展起來，如「血花劇團」的成立和演出；《熱血》、《號角週刊》、《民眾通訊》、《老百姓報》、《政論》、《苦幹》等十餘種進步刊物創刊，〔註 97〕積極向大後方民眾宣傳抗日救亡的主張，其中《苦幹》中《希望將來的光榮蓋過現在的恥辱》寫到：

> 　　從被敵人炮火轟得血肉橫飛的首都逃來，到了這後方的甘肅，未免有點偷生怕死，說來真個慚愧！不但慚愧，簡直是恥辱！莫空慚愧！莫忘恥辱！這是國民革命第二期過程中應有的遭遇。我們的事業尚未成功，我們仍需繼續努力，我們不能憑白地死了。當大時代來臨，國家固然需要在火線上拼命的戰士，也需要後方人們的苦幹。我們愧未能效死疆場，我們願作文字救國，借這小小刊物，來討論些有關抗戰的意見，貢獻些有關建國的方策，期將「不抵抗難以建國，非建國無以抗戰」、「抗戰高於一切」、「抗戰到底」的主張，傳播到後方每個角落裏，激動每個同胞的心靈，這就是《苦幹》來蘭創刊的旨意。〔註 98〕

　　1938 年夏，解放區的文藝家如塞克、蕭軍等先後來蘭，從事抗日救亡宣傳活動。蕭軍並通過他與省黨部特派員馬愚忱的師生關係，在《甘肅民國日報》

〔註 94〕《各地抗敵後援會組織及工作綱要》，《陝西省政府公報》，1937 年第 97 期。
〔註 95〕楊增寬：《永恆的榮光：甘肅抗戰老兵口述實錄》，蘭州：甘肅文化出版社，2015 年，第 259 頁。
〔註 96〕《關於發動慰勞豫中前方將士捐款運動致蘭州市政府代電》，甘肅省檔案館藏，檔號：059-009-1222-0012。
〔註 97〕易鳳葵：《謝覺哉和賀耀組的三次重要交往》，《甘肅文史資料選輯》（第 22 輯），蘭州：甘肅人民出版社，1985 年，第 51 頁。
〔註 98〕張培森：《希望將來的光榮蓋過現在的恥辱》，《苦幹》，1938 年第 8 期。

副刊欄創辦了《西北文藝》週刊，介紹進步文學作品。此外，國民黨甘肅省黨部創辦機關報《黨言》、第八戰區國民黨特別黨部主辦的《軍黨月刊》、國民黨甘肅省執行委員會宣傳組主辦的《黨務月刊》、第八戰區政治部主辦的《政論》半月刊等紛紛創辦〔註 99〕，積極宣傳抗戰、保衛西北，宣傳國際援助，以增強抗戰信心和激發抗戰鬥志。

　　1940 年 4 月，國民黨社會部「誠恐前線時疫流行，影響抗戰將士健康，特發動徵募防疫及治傷治病等藥品」〔註 100〕，甘肅省黨部積極響應，在全省範圍內廣泛宣傳，將所徵募藥品大量送往抗戰前線，中央黨務月報稱「經核該省徵募藥品運動，推行普遍，效果優良，經函覆予以嘉勉。」〔註 101〕1941 年 10 月 3 日，湖南北部抗日大捷，蘭州各界紛紛致電祝賀，國民黨甘肅省黨部匯 30000 元慰勞將士。〔註 102〕

　　抗戰後期戰局頓入困局，前線兵源短缺，蔣介石發起知識青年從軍運動，1944 年 11 月 3 日，甘肅省知識青年志願從軍征集委員會成立，由省政府主席谷正倫任主席，聘趙文龍、楊集瀛、宋恪、寇永吉、李燕、齊清心、張維等14 人為委員並於同日下午舉行第一次會議，對從軍運動做了全面規劃，甘肅省政府主席谷正倫也積極發動青年從軍：「一般國民狃於舊日的錯誤見解，多視當兵為畏途，現在光明在望，軍事萬急，我希望由此喚起全省同胞認清當兵服役的真諦，以大無畏的精神來負荷歷史賦予我們光榮的使命任務，促使知識青年從軍運動更加廣泛地開展。」〔註 103〕在國民黨甘肅省黨部及三青團、婦女委員會、工會、教育委員會的努力下，1945 年 2 月甘肅省徵委會工作報告統計：「全省登記總數 10316 人，女 232 人，共有 10547 人，檢查合格者，男有 6720 人，女 100 人，共有 6820 人」。〔註 104〕在抗戰建國背景下，國民

〔註 99〕周勇：《中國抗戰大後方出版史》，重慶：重慶出版社，2015 年，第 249～250頁。

〔註 100〕秦孝儀主編：《革命文獻》第 101 輯，臺北：中央文物供應社，1984 年，第309 頁。

〔註 101〕《嘉勉甘肅省黨部徵募藥品運動》，《中央黨務月報》，1940 年第 39 期。

〔註 102〕楊增寬：《永恆的榮光：甘肅抗戰老兵口述實錄》，蘭州：甘肅文化出版社，2015 年，第 259 頁。

〔註 103〕谷正倫：《新歲獻辭》，《軍黨月刊》，1945 年第 1 期。

〔註 104〕《甘肅省徵委會工作報告（1945 年 2 月）》，中國第二歷史檔案館編：《中華民國史檔案資料彙編》第五輯第 2 編政治（5），南京：江蘇古籍出版社，1988年，第 377 頁。

政府發起的知識青年從軍運動，雖有黨團派系之爭，但仍能激發民眾抗戰熱情，提升青年愛國熱情，是提高軍隊素質的愛國舉措。

國民黨甘肅省黨部領導的抗戰救亡活動，雖有濃厚的黨派政治意圖，但從抗戰全局的角度來看仍有其積極意義，對抗戰勝利做出了不可忽視的貢獻。

（二）甘肅省黨務的頓挫發展

關於黨務工作，蔣介石多次談道：「現在黨德墜喪，黨紀廢弛，最可恥的，就是黨員對於黨不負責任，亦不知責任所在，所以黨員不能彼此勉勵，互相規勸，而且視若路人，漠不相關。這固然由於黨員無黨德所致，亦是由於黨無紀律所致，黨因為無監察，便無紀律，更無賞罰；所以黨就渙散了，如一盤散沙」〔註105〕。「本黨最普遍的一個毛病，就是一般負責同志只要求名位，爭奪權利，而不盡責任，不關心事業，無論是委員或其他職員，將來大家都有一定的職位，有一定的任務，但是，大家不僅不負責任盡其本職，而且連事業的成敗和黨的存亡，概不過問。幾乎完全不知道自己的責任，近年來我們黨務的失敗，最大的一個原因，就是在此！」〔註106〕

黨務工作是執政黨賴以生存和發展的關鍵，但西北各省黨務工作長期以來持續低迷令蔣介石頗為不滿，尤以甘肅為甚。甘肅省是蔣控制西北的關鍵省份，蔣介石考察甘肅政治與黨務發展情況，以此鞏固和加強對甘肅省的控制。蔣來蘭第三天「到省政府會客廳，各高級官長與成績優良者皆單獨召見，垂詢工作，聽取省委廳長彙報，」並稱「甘省各幹部皆多優秀人才，甚有希望，惟黨務甚不振作，應加改正。」〔註107〕8月17日上午，蔣介石在蘭州西北幹部訓練團部主持總理紀念周上的講話《開發西北的方針》中談道：「舉凡宣傳主義，喚起民眾，訓練民眾等事，都是要由黨來領導，大家同心協力，一致推動，才能發生成效。黨的基礎之鞏固建立，是實行三民主義建設新的西北最重要的事項，對於西北黨務的健全發展，一般黨務工作同志，固然要盡到這個職責，其他軍政教育各界主官，也同樣的要擔負起這個責任……現在

〔註105〕蔣介石：《建國建黨的要務和黨德的表現》（武昌，1938年4月3日），秦孝儀：《先總統蔣公思想言論總集》（第15卷），臺北：中國國民黨中央委員會黨史委員會，1984年，第217頁。

〔註106〕蔣介石：《救國必須救黨》（武昌，1938年5月30日），秦孝儀：《先總統蔣公思想言論總集》（第15卷），臺北：中國國民黨中央委員會黨史委員會，1984年，第272頁。

〔註107〕《蔣介石日記》，1942年8月17日，美國斯坦佛大學胡佛研究所藏。

西北各省的黨務，比較的不發達，也很缺少進步。以後無論黨政軍各界負責人員，對於黨務必須特別注重。」〔註108〕

甘肅黨務正如蔣所言，甚不振作，毫無生機，存在黨政職責不分、「黨紀渙散」、黨員「懶惰、虛偽、散漫、遲滯」〔註109〕等問題。蔣介石之所以有此深刻反思，源於他在張掖召開黨團大會時的情形給他留下的印象，在返回重慶後不久，蔣介石回顧甘肅之行說道：「這次（1942 年）我到張掖，要縣黨部召集所有的黨員與青年團員開會，屆期全縣黨員團員到了一千多，只有縣長未到，後來我問該縣縣長是否黨員，他們說是黨員，但是縣黨部卻沒有通知他。」〔註110〕以「他者」的眼光來看國民黨地方黨務組織的腐敗與混亂似乎更能映襯出蔣介石對西北黨務極為不滿的理由，八路軍駐蘭州辦事處代表謝覺哉在 1938 年 1 月 28 日的日記中記載到：「上午至王洽民處談，王言省、縣黨部有機關無黨員，因為從沒開過黨員會或關於訓練的文件，黨員和黨沒有關係，等於沒黨員。又言，省府各負責人各不相屬，名叫不合作也不不合作。黨部中之某派倒還經常開會，但基礎是利益的分配，如決定某人去某機關等，又其人不管怎樣貪贓，只要將其餘款繳黨就對。」〔註111〕可見國民黨黨員不知黨、不認黨、不從黨已成為常態。加之黨組織渙散、紀律鬆散、派系林立，造成甘肅政治腐敗與政權效能低下，嚴重影響了國民黨治甘策略的實施。

蔣介石關於黨務工作的講話分析了國民黨「黨建」的缺陷，但講話僅僅流於形式，沒有進行革命性的改革，卻頑固堅持軍事反共，這也是其最終走向失敗的重要原因之一。甘肅省黨部具體開展的眾多活動如黨政紀念周、總理擴大紀念周、革命紀念日、國恥紀念大會、國民革命軍誓師紀念日、五五紀念日、七月七日紀念日、民族復興節紀念日、北伐陣亡將士紀念日、總理

〔註108〕蔣介石：《開發西北的方針》（蘭州，1942 年 8 月 17 日），秦孝儀：《先總統蔣公思想言論總集》（第 19 卷），臺北：中國國民黨中央委員會黨史委員會，1984 年，第 177 頁。

〔註109〕蔣介石：《喚醒黨魂發揚黨德與鞏固黨基》（重慶，1939 年 1 月 23 日），秦孝儀：《先總統蔣公思想言論總集》（第 16 卷），臺北：中國國民黨中央委員會黨史委員會，1984 年，第 33 頁。

〔註110〕蔣介石：《視察西北之觀感及中央同人今後應有之努力》（重慶，1942 年 9 月 22 日），秦孝儀：《先總統蔣公思想言論總集》（第 19 卷），臺北：中國國民黨中央委員會黨史委員會，1984 年，第 320 頁。

〔註111〕謝覺哉：《謝覺哉日記》（上），北京：人民出版社，1984 年，第 224 頁。

廣州蒙難紀念日、煙毒檢查宣傳大會等活動〔註112〕，**謝覺哉記載其參加由省黨部召集的紀念群眾會，「其告民眾書及標語均空洞」**〔註113〕，活動效果不言而喻。

　　一方面國民黨黨務工作長期停滯不前，另一方面在基層黨部的制度建設上也困境重重。1938 年 4 月 8 日，蔣介石在國民黨五屆四中全會上稱：「由於黨部辦事人員採用有給制，現在縣以上各級黨部委員和一般黨部辦事人員，都是在黨部支領俸給，形式上和一般機關人員沒有兩樣，而且此項生活費占每年黨費支出一大部分，黨費的預算又是包括於國家預算之內，這是和從前秘密時代顯然不同的一個大異點，也是招致外間譏評和不諒解不重視的一個主因」。〔註114〕在他看來，「黨養黨員」的現象必須修正。但在實際運作中，「黨養黨員」現象十分普遍，不少人仍依附於各級黨部，實現其「當官、發財夢」。1940 年，鑒於甘肅在抗戰大後方建設中地位的日益重要，國民黨中央將甘肅省黨部由第三級黨部升格為第一級。但長期的黨務經費拮据，使甘肅省黨部在抗戰動員、黨員培訓、民眾訓練方面力不從心，省以下各級黨部更是入不敷出。是時甘肅省黨部，所屬市縣局數有 70 個，每月縣均經費 300 元（法幣），所需經費總數 21000 元，但實際上到賬經費 11294.21元，每月所差經費達 9705.79 元。

　　甘肅省作為「協餉省」，地瘠民貧，財力不能自給，全面抗戰爆發後經濟有所發展，但財力仍然有限，省級財政無法按期撥付各級黨務費用。1942 年甘肅省政府每月撥付省黨部經費 6600 元，縣黨部 13494.21 元，保安黨部 6505元，合計共 26599.21 元，〔註115〕拮据的財政撥付根本無法維持各級黨部的正常運作。此外，本就捉襟見肘的黨務經費，各級黨務工作人員中飽私囊更是司空見慣，致使許多黨務工作和抗日救亡活動也無法開展。制度困境還不僅於此，抗戰開始後，戰區各省省黨部主任委員，大多由省主席兼任，而省主

〔註112〕 參見甘肅省檔案館藏檔案，檔號：067-001-0229-0015，067-001-1222-0012，
　　　　 067-001-1210-0014，059-001-0038-0008，059-009-0749-0015，059-009-0749-
　　　　 0009，059-009-0748-0010。
〔註113〕 謝覺哉：《謝覺哉日記》（上），北京：人民出版社，1984 年，第 151 頁。
〔註114〕 蔣介石：《改進黨務與調整黨政關係》（武昌，1938 年 4 月 8 日），秦孝儀：
　　　　 《先總統蔣公思想言論總集》（第 15 卷），臺北：中國國民黨中央委員會
　　　　 黨史委員會，1984 年，第 222 頁。
〔註115〕 崔之清、江沛：《國民黨結構史論（1905～1949）》（下），北京：中華書局，
　　　　 2013 年，第 788 頁。

席又大多由戰區軍事首領擔任，這種省級黨政軍一體化，實際上是蔣介石以軍權支配黨權和政權的體制由中央向地方的進一步延伸。〔註116〕但在實際運行中「黨與政府的職權範圍，混淆不清……不是黨部反對政府，破壞政府，就是政府抵制黨部，阻礙黨部，結果不論黨與政府，威信一概喪失……我們黨部沒有認清楚自己的地位和責任，總以為黨務工作不如政府所辦的事情容易表現成績，而要爭作政府應作的事；即如民眾組織訓練以及保衛，教育，合作事業等等。」〔註117〕抗戰爆發後國民黨甘肅省黨部主任一直由賀耀祖、朱紹良、谷正倫等省主席兼任，但省黨部內的各派均不甘心於成為省主席黨政軍大權獨攬的附庸，因此明爭暗鬥不斷。

（三）派系角力內耗不斷

國民黨甘肅省黨部自建立之日起，就成為中央各勢力在甘肅爭權奪利的舞臺，省黨部的組織機構經過了特派員制、派任的執行委員會和選舉的執、監委員會三個階段。組織機構幾度變更，負責人員頻繁更換，影響了甘肅省黨部的健康發展。

西安事變發生時，甘肅省主席、東北軍將領于學忠將國民黨在蘭高級軍政人員全部扣留，唯獨省黨部的常務委員凌子惟等卻處之泰然，絲毫未受影響。事變後，蔣介石認為國民黨甘肅省黨部態度模糊，服從中央命令不夠堅定，一度停止了甘肅省黨部的活動。次年春，甘肅省政府醞釀改組，四月，省黨部也隨之改組，恢復活動。賀耀祖、馬愚忱、楊集瀛被任命為省黨部常務特派員，馬煥文、劉經泮、戴愧生、李少陵等為特派員，趙清正為書記長。〔註118〕

1938年7月，國民黨中央任命朱紹良兼任省黨部主任委員，同時省黨部的組織機構也由特派員制改組為派任的執行委員會，委員人數也陸續增加，趙清正為委員兼書記長。1938年至1944年7月「甘肅省第三次黨員代表大會」前，擔任過省黨部執行委員的約有二十多人。由於這些人來歷不同、背景

〔註116〕王奇生：《黨員、黨權與黨爭：1924～1949年中國國民黨的組織形態》，北京：華文出版社，2014年，第332頁。

〔註117〕蔣介石：《改進黨務與調整黨政關係》（武昌，1938年4月8日），秦孝儀：《先總統蔣公思想言論總集》（第15卷），臺北：中國國民黨中央委員會黨史委員會，1984年，第224頁。

〔註118〕蘇耀江：《抗戰期間國民黨甘肅省黨部活動的回憶》，《甘肅文史資料選輯》（3），蘭州：甘肅人民出版社，1963年，第54頁。

各異，因而黨內情況十分複雜。以其派系關係而言：屬於老牌 CC 系的有王仙槎、韓達（在隴東的中統負責人〔註119〕）、朱貫三、陸錫光、周鼎珩（陳立夫介紹來甘從政人員之一）；屬於張厲生一派的有趙清正（甘肅省糧管局局長）〔註120〕、馬愚忱、馬煥文（回族，兼西北回民中學校長）；屬於朱家驊一派的有楊德翹、段焯、吳正桂；屬於復興社分子的有李少陵（胡宗南的親信、司法廳秘書長）、胡維藩（甘肅三青團負責人之一）；以地方大紳和教育界人士身份先後被 CC 系吸收參加的有楊集瀛（甘肅省社會處處長）與張維；被朱紹良賞識提拔起來的有陳克忠、孫靜工（朱的秘書）、王爾黼（甘肅農校校長）；以其他背景而來的有劉經泙（孫連仲介紹）、壽天章。〔註121〕截至 1939 年夏，省黨部又設監察委員一人，國民黨中央監察委員會先派壽天章兼任，壽死後又派吳正桂兼任。省黨部的機構設置有組織、宣傳、社會、總務四個科和人事、會計兩個室。

　　1938 至 1944 年六年間，省黨部書記長三易其人：即趙清正、楊德翹與韓達。趙清正是國民黨中央組織部長張厲生的親信骨幹，1936 年來甘後，他積極接受張厲生的指示，在甘肅迅速開展活動，當時曾拉攏了省黨部總務科長孫宗濂、代宣傳科長楊樾、《甘肅民國日報》總編輯蘇耀江等人，準備發展「誠社」組織。誠社以「擁護一個黨、一個主義、一個領袖」為宗旨，提倡中國本位文化、建立綱常禮教，並以「以文會友，以友輔仁，敦品勵學，尊師重道」為號召，成員以青年學生為主。1938 年春，國民黨在武漢召開全國臨時代表大會，通過了所謂「取消黨內一切小組織」的決議，強調「黨外無黨，黨內無派」。〔註122〕因此，蘭州誠社還未正式開展活動，隨即夭折，其他各派系在表面上也同時取消活動，實際上卻互相傾軋，從未停止。由於各派系對當時總攬甘肅省黨、政、軍大權的朱紹良一致表示服從，因而在一些重要權利問題上，只要「長官決定」，彼此都無異言。1941 年 12 月，楊德翹接任了省黨部委員兼書記長。這時正是朱家驊繼張厲生擔任國民黨中央組織部長後，別樹一幟，組織所謂「新

〔註119〕《為派韓達任甘肅省黨部執行委員的公函》，甘肅省檔案館藏，檔號：013-001-0090-0017。

〔註120〕劉國銘：《中華民國國民政府軍政職官人物志》，北京：春秋出版社，1989 年，第 293 頁。

〔註121〕蘇耀江：《抗戰期間國民黨甘肅省黨部活動的回憶》，《甘肅文史資料選輯》（3），蘭州：甘肅人民出版社，1963 年，第 55 頁。

〔註122〕榮孟源：《中國國民黨歷次代表大會及中央全會資料》（下），北京：光明日報出版社，1985 年，第 476 頁。

幹部派」，力謀奪取二陳地位而代之的時期，〔註123〕楊德翹正是朱家驊派來甘肅的「關鍵人物」。由於楊德翹為英國倫敦大學經濟學博士，本人又以「學者」自命，且善於言詞，因而也取得了朱紹良的信任。

在對待派系問題上，楊德翹當時標榜「黨團一家」，因而與三青團甘肅支團部負責人寇永吉、胡維藩、駱力學等過從甚密，表示合作；而與田崑山派的嫡系朱貫三、陸錫光等，明爭暗鬥，傾軋最烈。〔註124〕1944年春，國民黨中央標榜實行「黨內民主」，通過各省召開黨員代表大會，選舉省的執行、監察兩委員會，成立所謂正式省黨部。楊德翹對大會代表的選舉，十分重視，同年五六月間，即以「監選」為名，親自委派親信，分赴各縣進行活動，旨在選出親信分子，充當代表，以便控制大會選舉。田派的活動也不示弱，結果由於田派把持甘肅黨務多年，已經根深蒂固，特別是隴東各縣，別的派系很難插手，因而楊德翹控制代表的計劃，沒有全部實現。

1944年7月17日，「國民黨甘肅省第三次黨員代表大會」在蘭州開幕，出席代表87人，會議的核心議題是委員選舉。從代表報到之日起，緊張的競選活動就已開始，參加者有楊派、田派和三青團三方面的候選人。活動的方式花樣繁多，如利用私人關係甚至是「裙帶」關係互相拉票。一時飯館、妓院成為請客活動的重要場所。在候選人提名時，對名額分配問題，三青團和省黨部在會上爭執得不可開交，經中央監選員谷正鼎的調和，作了分配，即在規定的28個執委候選人中，田派占12名，楊德翹派占6名，三青團占5名，其他方面5名；在12名監委候選人中，田派5名，楊派2名，三青團3名，其他2名。當時楊德翹感到他的力量不夠，決定與三青團合作。起初估計，可與田派在選舉中「平分秋色」，可是到了選舉前夕，田派為了打擊對方，乃以隴東票為基礎，與河西的一部分票來了個合作交換（即隴東票保證支持河西候選人；河西票保證支持隴東候選人）。7月23日選舉的結果以田派勝利，楊德翹和三青團的計劃失敗而告終。選出的執行委員是：朱紹良、楊集瀛、陸錫光、韓達、張維、朱貫三、段焯、楊德翹、胡維藩、強鎮英、王爾鼎〔註125〕；

〔註123〕蘇耀江：《抗戰期間國民黨甘肅省黨部活動的回憶》，《甘肅文史資料選輯》
　　　　（3），蘭州：甘肅人民出版社，1963年，第56頁。
〔註124〕張開選：《三民主義青年團在甘肅的始末》，《甘肅文史資料選輯》（3），蘭州：
　　　　甘肅人民出版社，1963年，第83頁。
〔註125〕《關於省三次代表大會選舉大會選舉朱紹良等十一人為本會執行委員會給
　　　　高院檢察處的通知》，甘肅省檔案館藏，檔號：013-001-0297-0016。

候補為吳正桂、於衡達、李上林、王維墉、張文郁。監察委員為李少陵、曹啟文、成鴻志、張翰書、謝壽國；候補為劉文傑、朱恪、張作謀。〔註126〕最後國民黨中央指定朱紹良仍為執行委員會的主任委員、韓達兼書記長。同時改科為處，由陸錫光兼任組訓處長，段坤兼任宣傳處長，秘書處長由書記長兼任。自此，CC系重新掌握了省黨部實權，「黨團摩擦」更為激烈。

在各派系爭奪委員名額的背後，實為省黨部權勢之爭。不斷爭鬥使得甘肅省黨部正常的抗戰動員、黨員發展工作進展緩慢，也極大影響了甘肅省黨部在甘肅政局中的地位，無疑也失去了自己的發展機會。

蔣介石深知國民黨黨務發展的缺點，在五屆四中全會上他深刻認識到：「黨部人員採行有給制，失去秘密時代對黨工作之精神；黨員多無固定的職業，引起依黨為生的觀感，且不能在各部門職業中，深植黨的基礎；黨員訓練缺乏，監察不嚴，無考查，無獎懲，以致賞罰不行，精神渙散；本分不明，職責不分，黨政由疏隔而對立，力量因分散而抵消；黨員無法律觀念，缺乏重秩序，守紀律的精神；黨員無責任心和義務心，固有黨德，喪失殆盡。」〔註127〕在抗戰建國的政治背景下，蔣介石發表了一系列管黨治黨的講話〔註128〕，總結黨員素質低劣、黨務發展緩慢之原因，試圖「喚醒黨魂，提高黨德」。但多數講話浮於表面，許多問題不深究調查，管黨治黨不力，國民黨一些體制機制得不到完善改革，根基不穩，最終國民黨政權的轟然倒塌也成為歷史的必然。

國民黨甘肅省黨部本就因黨務經費匱乏、體制混亂等制度性因素而發展緩慢，抗戰動員、民眾訓練工作收效甚微，因派系爭權奪利而引起的糾紛更

〔註126〕張開選：《三民主義青年團在甘肅的始末》，《甘肅文史資料選輯》（3），蘭州：甘肅人民出版社，1963年，第85頁。

〔註127〕蔣介石：《改進黨務與調整黨政關係》（武昌，1938年4月8日），秦孝儀：《先總統蔣公思想言論總集》（第15卷），臺北：中國國民黨中央委員會黨史委員會，1984年，第221頁。

〔註128〕參見蔣介石：《革新黨務，鞏固黨基》（1938年6月1日）；《整頓黨務之要點》（1939年1月29日）；《改進黨務政治經濟之要點》（1939年11月15日）；《黨員守則之意義》（1939年11月20日）；《今後發展黨務的途徑》（1939年12月24日）；《健全黨務刷新政治加緊軍事與經濟建設》（1941年3月24日）；《改進黨務政治之途徑與方針》（1942年11月23日）；《本黨同志今後努力之方向》（1943年10月3日）；《革命黨員要重義務輕權利》（1944年7月11日）；《黨員確立革命哲學之重要》（1945年5月21日），秦孝儀編：《先總統蔣公思想言論總集》（第15卷～21卷），臺北：中國國民黨中央委員會黨史委員會，1984年。

嚴重影響了甘肅省黨部正常工作的開展。自省至縣的各級黨部，依出身、地域、代際、政見不同而起的矛盾衝突層出不窮，地方黨政之間、黨團之間在權勢地位、成員吸納方面更是牴牾不斷，內部各派系的持續傾軋角力和「內耗」嚴重損耗了國民黨一省之黨力，不斷破壞國民黨政權形象，無法樹立權威，加速了國民黨腐化的進程。抗戰時期甘肅省既是作為國民政府統合西北的重要省份，又是西北抗戰大後方的重要戰略基地，但甘肅省黨部發展緩慢、力量薄弱，內部各派相互傾軋角力，在抗戰大背景下，不僅在抗戰動員、黨員發展方面收效甚微，而且一步步淪為甘肅政局中的邊緣化角色，嚴重影響了國民黨治甘策略的實施。

圖一　1942年蔣介石與第三十四集團軍總司令胡宗南

圖片來源：臺北「國史館」、臺灣「國防部」、臺灣「中華戰略學會」

圖二　1942 年 8 月 17 日蔣介石巡視甘肅蘭州

圖片來源：臺北「國史館」、臺灣「國防部」、臺灣「中華戰略學會」

圖三　1942 年 8 月 26 日蔣介石（前中）
接受青海蒙古二十九旗王公致敬後合影

圖片來源：臺北「國史館」、臺灣「國防部」、臺灣「中華戰略學會」

圖四 1942年8月26日蔣介石對青海駐軍訓勉

圖片來源：臺北「國史館」、臺灣「國防部」、臺灣「中華戰略學會」

圖五 黃河鐵橋

圖五為1934年，美國牧師卡特‧霍頓（中文名海映光）拍攝有關蘭州鐵橋的照片。

圖六　白塔山

圖七　五泉山

蔣氏夫婦 1942 年 8 月 15 日抵達蘭州後，當天下午就在谷正倫夫婦陪同下遊覽
五泉山，見「泉水清澈，古木參天，足滋欣賞」，頗為輕鬆，看到黃河北岸植被
稀疏，認為「此乃政治與國家之羞」，命令谷正倫「極力造林，以償平生之願」。

圖八　蘭州興隆山成吉思汗文物陳列館

圖八為蘭州興隆山成吉思汗文物陳列館。1942 年 8 月 18 日上午，在胡宗南等人陪同下，蔣介石專程前往榆中縣興隆山拜謁成吉思汗陵，感嘆「其廟貌威嚴雄偉，敬慕無已」，拜謁後「以茶會慰勉守護成陵之蒙籍人士」。

圖九　中正亭

圖十　中正碑　　　　　　　　圖十一　中正碑

中正亭位於蘭州市徐家山中山中部柏樹臺，六角仿古涼亭。亭前是 1942 年 9 月所立的中正碑，碑高 2 米，寬 0.8 米，碑文正面「中正山」及碑背面文字均由當時的甘肅省政府主席谷正倫撰寫。蘭州市徐家山柏樹臺立有《中正山造林碑記》，碑陽鐫「中正山」三大字，上款「中華民國三十二年八月吉日」，下款「谷正倫敬題」。碑陰鐫《中正山造林碑記》，由蘭州人高光壽書丹，碑今存。此碑記載 1942 年夏，蔣介石巡視蘭州，撥專款 200 萬元，用作南北兩山造林事宜。谷正倫將金城關至棗樹溝長達 10 多里的面城山地，命名為中正山。開掘水平溝、魚鱗坑以利蓄水保墒，栽植白榆、沙棗、側柏、紅柳等耐旱樹種，以雇工為主，省城黨政機關、軍隊、學校師生為輔的方式，開展造林工作。到 1944 年成林，美國副總統華萊士登山參觀，給予好評。現為國家級森林公園。

圖十二　張掖大佛寺

圖十三　張掖大佛寺

1942年8月30日，蔣介石抵達張掖，參觀大佛寺，蔣記載：「其臥佛之長為十一丈，殊罕見也，且佛像多為唐代遺物，古蹟巍然，惟此尚存舊跡，彌足珍貴，然亦不完整矣。」

圖十四　武威文廟

圖十五　武威文廟

9月1日，視察武威孔廟，饒有興趣鑒賞文昌殿之西夏碑，又遊大榮寺舊址，登上鐘樓瞭望全城，感嘆「全城在目，山明水秀，不愧為武威也。」

第五章 「鞏固西北」的國家戰略

　　1942 年西北巡視，蔣介石探查西北政情，廣泛宣傳抗戰，進行戰爭動員，召開軍事會議，總結戰爭經驗、探討成敗得失、反思戰略戰術、整頓軍事紀律。在軍事部署方面，蔣介石積極布置重兵，封鎖陝甘寧邊區，凸顯其反共本質，以政治、軍事手段收服盛世才，保證了國民政府對處於半獨立狀態的新疆的有效控制，維護了國家統一，將馬家軍閥排擠出河西，保證了河西走廊至新疆國際大通道的穩定暢通。蔣介石一方面意在加強西北政治軍事建設以便更好地控制西北，另一方面希望推動西北經濟持續開發，而且妥善解決新疆問題也是蔣介石此行的重點，國民黨要人郝柏村在解讀《蔣介石日記》時也認為此次西北之行重在「走訪西北重鎮，處理新疆盛世才內向問題，即收回主權。」〔註 1〕

第一節　抗日與防共的軍事部署

　　軍事建設是蔣介石建立全國統治的重要基礎，行伍出身的蔣介石特別重視軍隊建設和對軍隊的控制。此次西北巡視，蔣介石視察軍隊建設、召開軍事會議、進行軍事部署，一方面加強西北政治軍事建設以便更好地控制西北，另一方面「積極反共」，督促「西北馬」、胡宗南封鎖共產黨及其革命力量在陝甘寧地區的發展。既往研究聚焦於蔣介石對西北建設的宏觀討論〔註 2〕，

〔註 1〕郝柏村：《郝柏村解讀蔣公八年抗戰日記（1937～1945）》，臺北：遠見天下文化出版股份有限公司，2013 年，第 962 頁。
〔註 2〕王建朗：《試論抗戰後期的新疆內向：基於〈蔣介石日記〉的再探討》，《晉陽學刊》，2011 年第 1 期；楊天石：《蔣介石收復新疆主權的努力——蔣介石日

通過對蔣介石 1942 年西北巡視中的軍事問題研究，可以辨析 1942 年蔣介石
西北軍事部署的緣由及成敗。

一、紀律整頓與戰術反思

　　蔣介石 1942 年來到西北後，視察了國民黨第 29 集團軍和寧夏馬鴻逵部
隊，在張掖檢閱了馬步芳騎兵第十師，在蘭州興隆山、寧夏謝家寨、西安王
曲多次召開軍事會議，參觀沙盤演習，國民黨第一、二、四、五、八戰區軍事
長官參加，探討抗日成敗得失。

（一）重振協同精神，改進軍事戰術

　　8 月 22 日，蔣介石在蘭州興隆山朝元觀主持召開駐甘肅各軍團長軍事會
議，在會上，蔣介石發表《抗戰形勢之綜合檢討》的講話。蔣介石對國軍具體
作戰情形提出八項檢討：

　　1. 協同精神之缺乏，其原因為：戰略單位之指揮官實戰時仍不免有未徹
底理解各兵種之性能，並且不能就大局著眼，甚至毫無判斷，國軍封建意識
和「部落觀念」仍不能破除，感情用事，引起人事之磨擦，單線配備，逸失重
點，備多力分。

　　2. 指揮系統紊亂破壞會戰秩序，其原因為：前線指揮員不靈活機動，對
上級指示照例承轉，並且對下級報告不加以判斷，越級呈報。

　　3. 保持機密之意義及不能保持，其原因為：少數指揮官及幕僚，不明了
機密之內容，忽視機密為部隊之生命，常於無意間洩露。

　　4. 不能確實掌握部下和改進戰術，其原因為：少數指揮官不能精確注視
戰況。

　　5. 關於築城工事：應自宜擇戰略要點，並加強維修。

　　6. 關於交通整備：為使第一戰區之後方交通補給，不受隴海路洛華段之拆
除而感不便計，對於新舊洛潼及長坪公路之整修，及盧氏西坪大車道之修築，
必須及時完成，西北公路哈密至蘭州之橋路面，為使增大運輸計，亦宜積極整
修，此外甘川（蘭州─綿陽），寶平（寶雞─平涼）兩公路之修築，於戰略上之
價值甚大，凡交通主管機關（運輸統制局及西北公路局）宜分別趕期完成。

記解讀》（上、下），《江淮文史》，2013 年第 4、5 期；潘曉霞：《抗戰主題下
的建國努力：1942 年蔣介石西北之行》，《蘭州學刊》，2016 年第 7 期，側重
於西北經濟建設的角度。

7. 關於兵要地志：需詳細偵察。

8. 關於學術上修養：軍師長首應精研軍師之統御指揮，連排長首應精研連排之戰鬥指揮，又如擔任河川防禦期間，自應精研河川防禦之戰術與技術，在準備攻擊敵據點之陣地期間，自應精研攻擊敵據點之戰術與技術是也。〔註3〕

蔣介石最後要求與會各級指揮官：「戰勝為綜合多種條件所構成，常因一極細微之事，而招致全般之不利，以上就敵情作戰及與作戰有關之築城，交通，兵要地理調查等，所列舉事項，亦僅為概略之檢討，余如後勤之補給衛生等無不能與作戰以至大之影響。其他有關抗戰勝利之事件，何止千條萬緒能舉一反三，見微知著，各本其職域，精益檢討」，則「抗戰勝利，實利賴之。」〔註4〕軍事會議講評結束後，蔣介石自記曰：「西北軍事，經此次指導，當有進益也。」〔註5〕

9月8日上午，蔣介石會見來參加西安軍事會議的第五戰區司令長官李宗仁、以及李品仙、孫連仲、蔣鼎文等高級將領，在聯絡感情之餘，就對日正面戰場作戰和對陝甘寧邊區防禦做了部署。〔註6〕下午三時，蔣介石出席軍事會議並聽取各戰區軍事彙報，在聽取第二戰區王靖國彙報後，蔣介石認為「第二戰區王靖國所述作戰方法，多有可採取者」，並令「會中注意研究，蓋不可以人廢言也」〔註7〕。

蔣介石在西安軍事會議上，專題講話共六次，發言四萬七千餘言，並多次接見高級將領垂詢訓話。蔣介石日記記載：「余之如此言諄諄不倦，未知一般高級將領，果能實行幾分乎？若果能如訓奉行，作戰治軍，未有不成功也。關於對敵作戰方針與精神作戰之意義，實為此次訓示之特點。」〔註8〕

〔註3〕蔣介石：《抗戰形勢之綜合檢討》（蘭州，1942年8月22日），秦孝儀：《先總統蔣公思想言論總集》（第19卷），臺北：中國國民黨中央委員會黨史委員會，1984年，第208～215頁。

〔註4〕蔣介石：《抗戰形勢之綜合檢討》（蘭州，1942年8月22日），秦孝儀：《先總統蔣公思想言論總集》（第19卷），臺北：中國國民黨中央委員會黨史委員會，1984年，第215頁。

〔註5〕黃自進、潘光哲編：《蔣中正總統五記：困勉記》（下冊），臺北：「國史館」，2011年，第857頁。

〔註6〕周美華編注：《蔣中正總統檔案：事略稿本》（第51冊），臺北：「國史館」，2011年，第158頁。

〔註7〕《蔣介石日記》，1942年9月8日，美國斯坦福大學胡佛研究所藏。

〔註8〕《蔣介石日記》，1942年9月10日，美國斯坦福大學胡佛研究所藏。

　　蔣此前已電函邀請第二戰區司令長官閻錫山來西安參加軍事會議，襄贊軍務，閻錫山託詞未到，派親信晉綏軍第十三集團軍總司令王靖國、第七集團軍總司令趙承綬赴西安。5 日晚間，蔣介石在西安軍事委員會辦公廳接見王、趙二人，蔣介石日記中表達了對閻錫山未到西安的不滿，「趙乃閻派往太原與敵接洽之代表，而今派其來西安赴會，未知其用意何在，閻本人則不敢應召來會，此其尚有良心存在，無言以對故人乎？抑其心懼不敢來見乎，余仍以至誠應之。」〔註9〕

　　7 日蔣介石對此事仍憤憤不平，「閻錫山不來會議，只派趙承綬出席，其既為閻之代表，赴太原與敵軍接洽投降條件，又派其來此與會，恐影響會中各將領之精神與紀律，此種不知廉恥之人，實羞與為伍也。德鄰（李宗仁）既欲反對，然不能不敷衍閻錫山，處置頗覺為難。」〔註10〕蔣介石最後決定「不令趙出席報告，亦不指明其過去之行動，使王靖國轉告之，以望閻錫山能改過也。」〔註11〕蔣閻鬩牆，可見一斑。

　　10 日下午，蔣介石主持西安軍事會議閉幕典禮，並發表講話。他提醒將領要體悟官兵困難、統一戰術思想、抓緊軍事訓練，力求戰爭勝利，他總結道：「此次集合長江以北各戰區長官和高級將領於一堂，會議四天，報告和討論都很詳盡。對各個問題也都有具體的指示，大家如能依照指示和大會的決議，切實力行，將來的成效一定非常宏大！當此長期苦戰之際，我們高級將領最重要的一點就是要知道前方官兵的痛苦和困難，尤其要知道部隊的缺陷和弱點，而加以補救和改進。軍隊必力求充實，應實行裁減大單位、充實小單位。戰術思想要絕對統一，部隊編制既經決定只有絕對遵行。對敵方略應乘虛抵隙，斷行攻擊，不使有喘息、整理或抽兵換防的機會。」〔註12〕當日晚，蔣介石又召集各戰區長官參加宴會，討論會議後軍事戰略部署的具體實施辦法。

〔註 9〕《蔣介石日記》，1942 年 9 月 5 日，美國斯坦福大學胡佛研究所藏。

〔註10〕黃自進、潘光哲編：《蔣中正總統五記：困勉記》（下冊），臺北：「國史館」，2011 年，第 859 頁。

〔註11〕黃自進、潘光哲編：《蔣中正總統五記：困勉記》（下冊），臺北：「國史館」，2011 年，第 860 頁。

〔註12〕蔣介石：《西安軍事會議閉幕詞》（西安，1942 年 9 月 10 日），秦孝儀：《先總統蔣公思想言論總集》（第 19 卷），臺北：中國國民黨中央委員會黨史委員會，1984 年，第 297～300 頁。

（二）強調軍民溝通，整頓政治紀律

針對國民黨軍隊政治工作的衰敗頹勢，9 月 2 日下午三時，蔣介石在寧夏謝家寨召開的第八戰區軍事彙報會上發表講話，陳誠、吳忠信、朱紹良、傅作義、谷正倫、馬鴻逵、馬鴻賓等高級將領參會，蔣介石就國民黨部隊的政治工作提出要求，他提出「政治部作為軍隊與民眾互相結合的媒介，要將駐軍附近的社會民眾與軍隊聯合起來，使軍民能夠打成一片，我們的力量才能發揮，政治訓練能收到成效。」〔註13〕蔣介石也深刻吸取中共動員群眾的經驗，告誡在場的高級軍事將領，要想得到民眾的擁護，就必須發動民眾，依靠民力，他說道：「我們用兵，如果只限於軍隊本身的力量，那是有限的；唯有民眾的力量，才是無限的！」〔註14〕他還提到在日常工作中，軍事長官應該「組織民眾，訓練民眾，協助政府宣傳民眾，來增進民眾的知識，提高民眾的程度」〔註15〕，為適應目前抗戰的需要，蔣介石最後要求部隊將領要「以身作則，崇尚實行，緊張嚴肅，篤實力行，一心一德」，才能「成就事業，戰勝敵人」〔註16〕。軍隊士兵方面，針對逃兵問題，蔣介石分析原因為：「冒名頂替、想念家庭、官長虐待、生活苦痛、膽怯怕死、對流作用、兵販子勾引、自由補兵。」以下為蔣提出具體解決之方法：

> 注重新兵調查統計，以消除冒名頂替之弊——兵役署須注意之點；注重士兵家庭狀況及其困難，使之安心軍營生活；官長對於士兵應注重教育感化，嚴禁打罵虐待；新兵入營特重生活教育，並應提倡運動娛樂，調劑身心；加強政治教育，增長其智識，鍛鍊其膽量，袪除新兵怕死心理；嚴禁中途截兵，防止對流作用；兵販子勾引逃兵，須特加嚴懲，事先尤應密於防範；禁止團長以下官長，

〔註13〕蔣介石：《寧夏軍事會報訓詞》（銀川，1942 年 9 月 2 日），秦孝儀：《先總統蔣公思想言論總集》（第 19 卷），臺北：中國國民黨中央委員會黨史委員會，1984 年，第 221 頁。

〔註14〕蔣介石：《寧夏軍事會報訓詞》（銀川，1942 年 9 月 2 日），秦孝儀：《先總統蔣公思想言論總集》（第 19 卷），臺北：中國國民黨中央委員會黨史委員會，1984 年，第 223 頁。

〔註15〕蔣介石：《寧夏軍事會報訓詞》（銀川，1942 年 9 月 2 日），秦孝儀：《先總統蔣公思想言論總集》（第 19 卷），臺北：中國國民黨中央委員會黨史委員會，1984 年，第 223 頁。

〔註16〕蔣介石：《寧夏軍事會報訓詞》（銀川，1942 年 9 月 2 日），秦孝儀：《先總統蔣公思想言論總集》（第 19 卷），臺北：中國國民黨中央委員會黨史委員會，1984 年，第 228 頁。

私自補兵——軍政部應負責遵行。〔註17〕

蔣介石還對賭博、走私、吸運鴉片、擾民、經營商業、加入幫會、軍官眷屬住在部隊附近、新兵毆打接兵官、中途嘩變、部隊接收新兵之弊病等問題提出嚴厲批評〔註18〕，甚至「就地槍決，先殺後報」、「一律視作通敵論罪」〔註19〕

9月6日，蔣介石在西安王曲國民黨中央軍校第七分校主持軍事會議開幕典禮，他提醒在場的軍事將領說「我軍勝利基礎已經確立，但勝利愈近，危險愈大，稍有怠忽，便將功敗垂成，望大家貫徹總理知難行易哲學，爭取最後勝利。」〔註20〕關於軍隊黨務工作，蔣介石說：「政治教育與黨務教育為部隊根本，應以健全運用連小組為實施之重點」，要提高士兵戰鬥的意志和精神，「就完全要看我們軍隊的政治訓練和黨務訓練之有無效果以為斷！」〔註21〕

此次蔣介石西北巡視，所到之處無不宣揚自己的「力行哲學」，督查各地新生活運動開展情況。7日，蔣介石主持西安軍事會議將校及軍校第七分校師生紀念周，在會上蔣介石勖勉軍事將領和軍校師生發揚「親愛精誠」的革命精神，團結全國軍隊的精神，統一全國民眾的精神，促使中國進步復興。在生活方面他要求合乎「禮義廉恥」的革命軍人現代生活，「當前部隊最嚴重的毛病在虛偽、怠惰與浪費，而矯治之良方。則為誠實、勤勞與節儉。希望大家革除上述三種舊習氣，養成三種新風氣，來樹立建國的模範，完成革命的使命！」〔註22〕

〔註17〕蔣介石：《西安軍事會議講評（一）》（西安，1942年9月9日），秦孝儀：《先總統蔣公思想言論總集》（第19卷），臺北：中國國民黨中央委員會黨史委員會，1984年，第244～250頁。

〔註18〕蔣介石對兵役問題高度重視，對相關弊端有較充分的瞭解，因國民黨基層的薄弱統治力，最終嚴重影響軍隊的戰鬥力和形象。參見鄭發展：《抗戰時期蔣介石對兵役弊端的認知與應對》，《近代史研究》，2020年第6期。

〔註19〕蔣介石：《西安軍事會議講評（三）》（西安，1942年9月10日），秦孝儀：《先總統蔣公思想言論總集》（第19卷），臺北：中國國民黨中央委員會黨史委員會，1984年，第278～284頁。

〔註20〕蔣介石：《西安軍事會議開幕詞》（西安，1942年9月6日），秦孝儀：《先總統蔣公思想言論總集》（第19卷），臺北：中國國民黨中央委員會黨史委員會，1984年，第233頁。

〔註21〕蔣介石：《西安軍事會議閉幕詞》（西安，1942年9月10日），秦孝儀：《先總統蔣公思想言論總集》（第19卷），臺北：中國國民黨中央委員會黨史委員會，1984年，第300～301頁。

〔註22〕周美華編注：《蔣中正總統檔案：事略稿本》（第51冊），臺北：「國史館」，2011年，第152～153頁。

（三）鞏固基礎儲備，安排軍隊經營

在現代戰爭中，給養的重要性超出以往，武器裝備和軍需後勤是決定戰爭勝敗的關鍵因素之一。此外，由倉庫、醫院、兵站、郵局組成的交通線體系，形成了軍隊的戰略後方。〔註23〕全面抗戰爆發後，國民政府採取緊急動員機制，軍費預算大大增加，但是遠在西北抗戰後方，軍費及後勤補給捉襟見肘，蔣介石亦專門提出軍事經營建設的要求。

在築城工事、交通整備方面，蔣提出加緊修築戰略意義重大的甘川（蘭州—綿陽），寶平（寶雞—平涼）兩公路，他說：「我們現在西北的軍人，尤其是團長以上的主官，如果不認識交通、運輸、墾植、畜牧的重要，沒有這種常識和訓練，那不僅不能打仗，而且根本就無法生存！」〔註24〕他督促西北部隊經營建設要：「軍民合作，從事屯墾；愛護牲口，發展畜牧；興辦水利，開墾荒地；保護森林，注重造林；製造車輛，增強運輸。」〔註25〕

在寧夏，蔣介石在講話中對綏西與伊克昭盟交通運輸、軍墾、囤糧問題極為重視，安排傅作義、陳長捷擬定報告快速辦理，諄囑「觀察一個地方的實際需要，協助民眾畜牧耕種，造林開渠，以灌輸民眾生產的常識與技能……凡是民眾的苦痛，我們都要惟力是視，給他們以慰藉，民眾的困難，我們幫助他們解決。」〔註26〕

關於前方部隊糧食與軍服匱乏問題，蔣介石提出要「能自給自足，其方法在利用防地民力與土地，從事生產建設，並發展驛運，便利交通。」〔註27〕他勉勵抗戰將士「從『勤儉』兩字做起，以身作則，力戒奢侈、浪費、

〔註23〕（德）克勞塞維茨著，中國人民解放軍軍事科學院譯：《戰爭論》第二卷，北京：解放軍出版社，2021年，第454～478頁。

〔註24〕蔣介石：《興隆山軍事會報訓詞》（蘭州，1942年8月22日），秦孝儀：《先總統蔣公思想言論總集》（第19卷），臺北：中國國民黨中央委員會黨史委員會，1984年，第189頁。

〔註25〕蔣介石：《興隆山軍事會報訓詞》（蘭州，1942年8月22日），秦孝儀：《先總統蔣公思想言論總集》（第19卷），臺北：中國國民黨中央委員會黨史委員會，1984年，第183頁。

〔註26〕蔣介石：《寧夏軍事會報訓詞》（寧夏，1942年9月2日），秦孝儀：《先總統蔣公思想言論總集》（第19卷），臺北：中國國民黨中央委員會黨史委員會，1984年，第223頁。

〔註27〕蔣介石：《西安軍事會議開幕詞》（西安，1942年9月6日），秦孝儀：《先總統蔣公思想言論總集》（第19卷），臺北：中國國民黨中央委員會黨史委員會，1984年，第237頁。

傲慢、懶惰與虛偽的惡習，一切不依賴他人，自強自立，赤手空拳，創造新天地。」〔註28〕

9月8日晚間蔣介石又召見各戰區高級軍事將領，商討對日作戰及防共事宜，並對當前軍隊建設問題提出批評說：「軍糧兵役，百弊叢生，甚至槍油滲水、毛織混棉，拖欠誤期，猶在其次，百孔千瘡，幾乎無一無弊，言念前途，不知何以建軍！」〔註29〕關於軍糧的徵收，蔣命令「以後縣長的考績，軍糧占百分之三十五，兵役也占百分之三十五，其他占百分之三十。」〔註30〕此外「廣闢耕地，繁殖騾馬牛羊雞鴨魚豬，供給軍食或作軍用。」〔註31〕

（四）重塑政治建軍，反思戰略局勢

寧夏和綏遠地區，連接著蘇聯與蒙古，尤其是烏蘭察布盟和土默特旗相繼淪陷後，綏遠戰略地位愈發重要。時人分析：「伊克昭盟不唯是蒙旗中金甌無缺的地區，並且也是大西北國防的前哨，所以整個伊盟的情形，都為全國上下所極端關心，尤其是伊盟各旗的漢蒙關係。」〔註32〕蔣介石告誡軍事將領：

> 要講到國際形勢。現在你們大家因為駐紮在內蒙綏西與寧夏一帶，對於蘇日的關係，特別注意。我想蘇日的戰爭，將來或難避免；但現在還不能斷定其必然發生。就是一旦戰爭發生，也不一定就是日寇的迅速失敗！我們處在這個國際形勢瞬息萬變的緊急時期，最要緊的就是要我們自身時刻有準備有決心。我們抗戰到現在，最後勝利一半已經確定，今後的一半就全看我們的精神與準備如何而定，

〔註28〕蔣介石：《西安軍事會議開幕詞》（西安，1942年9月6日），秦孝儀：《先總統蔣公思想言論總集》（第19卷），臺北：中國國民黨中央委員會黨史委員會，1984年，第237頁。

〔註29〕黃自進、潘光哲編：《蔣中正總統五記：困勉記》（下冊），臺北：「國史館」，2011年，第860頁。

〔註30〕蔣介石：《西安軍事會議講評（一）》（西安，1942年9月9日），秦孝儀：《先總統蔣公思想言論總集》（第19卷），臺北：中國國民黨中央委員會黨史委員會，1984年，第256頁。

〔註31〕蔣介石：《西安軍事會議講評（一）》（西安，1942年9月9日），秦孝儀：《先總統蔣公思想言論總集》（第19卷），臺北：中國國民黨中央委員會黨史委員會，1984年，第257頁。

〔註32〕馬鶴天：《大西北的國防前哨伊克昭盟》，《邊聲月刊》，1940年第1卷第6期。

如果我們精神懈怠，準備缺乏，那無論國際形勢如何有利，我們仍要失敗！而一般先烈將士以他們的熱血頭顱所奠立的一點基礎，就要在我們手裏斷送！因此，我們今後越是持久抗戰，越要戒慎恐懼，國際形勢越是好轉，越要緊張努力，要憑我們的腦筋與血汗，來充實反攻準備，爭取最後勝利。〔註33〕

在蔣介石看來，寧夏、綏遠的重要性不僅是對日作戰的前線，更是反共防共的前線，能牢牢扼守住陝甘寧邊區的北大門。全面抗戰時期，蔣介石多次試圖進攻中共陝甘寧邊區，而駐紮西北地區馬家軍、傅作義和胡宗南部隊，是蔣介石為進攻陝甘寧邊區做的重要軍事準備。

自寧夏飛抵西安後，蔣介石召集各戰區高級將領參加軍事會議，總結當前國際戰局，以便進行下一步軍事部署。9月6日，蔣介石在西安王曲國民黨中央軍校第七分校發表致辭。蔣介石首先回顧了1934年巡視西北的感想，他認為「二十四年（筆者注：應為二十三年）視察西北的結果在決定抗戰大計，」〔註34〕而第四次巡視西北，蔣介石具有長遠的規劃和考量：

此次視察的結果，和二十四年視察的感想當然不同，我覺得西北不但是我們抗戰的根據地，而且更是我們建國最重要的基礎。現在我可以大膽的說，日本是決不能滅亡我國的。只要我們全體軍民尤其是各位高級將領，能夠努力奮鬥，貫徹到底，可以說今後不僅日本帝國主義者不能滅亡我們的國家，而且我們中華民族必能從此復興。〔註35〕

蔣介石談及目前世界戰局，他認為1941年底太平洋戰爭爆發後，以日本海軍的實力，遠不能與英美海軍長期相抗衡，日本海軍的運輸能力也極其有限，遠不能維持目前的海上交通，失敗不可避免。他認為「敵人在海上既有英美強大的海軍，在陸上復有我中國堅強的陸軍來和他周旋，還有蘇聯始終壓在他的

〔註33〕蔣介石：《寧夏軍事會報訓詞》（寧夏，1942年9月2日），秦孝儀：《先總統蔣公思想言論總集》（第19卷），臺北：中國國民黨中央委員會黨史委員會，1984年，第226頁。

〔註34〕蔣介石：《西安軍事會議開幕詞》（西安，1942年9月6日），秦孝儀：《先總統蔣公思想言論總集》（第19卷），臺北：中國國民黨中央委員會黨史委員會，1984年，第229頁。

〔註35〕蔣介石：《西安軍事會議開幕詞》（西安，1942年9月6日），秦孝儀：《先總統蔣公思想言論總集》（第19卷），臺北：中國國民黨中央委員會黨史委員會，1984年，第231頁。

頭上，我以為敵人無論他佔領多少土地，奪取多少物資，一定是無法持久的，而且他今後的失敗，一定是很快的。」〔註36〕蔣介石此時對世界反法西斯戰局的觀察不無道理，雖說在太平洋戰場和東南亞戰場上日軍攻勢強勁，但戰略資源匱乏、戰線分散複雜等問題會嚴重限制日軍，加之英美中同盟軍的聯合作戰，蔣介石堅定地認為日軍失敗是必然的論斷無疑是正確的。蔣介石此時的軍事論斷，一方面基於其對國際國內軍事戰局的觀察及對日本的了解，另一方面也受毛澤東《論持久戰》及蔣百里軍事思想的影響。

11日，蔣介石在西安參觀軍事沙盤演習，召見各軍長、各政治分校校長、政治部主任百餘人。12日，蔣介石再次與李宗仁、湯恩伯會面，商談山東局勢等問題。13日下午，蔣介石前往軍事委員會西安辦公廳，會見軍政機關幹部，並加以勉勵。在西安，蔣介石檢閱駐陝部隊，對胡宗南治軍頗為滿意，他在年底的反省錄中說：「各戰區紀律廢弛，精神散漫，逃兵之多，衛生之壞，思之寒心。惟西安第七軍分校與胡宗南所屬部隊進步甚多，稍足自慰。」〔註37〕此次西安軍事會議，總結了過去一段時間國民黨正面戰場存在的種種問題，安排了各戰區具體戰略、戰術，蔣介石說：「西安軍事會議，實為近年來不可多得之良機，軍事當有一大進步，必與西北各省此後政治之進步相稱矣，此行於家於國皆有大益也。」〔註38〕

二、毛蔣會晤與閃擊延安計劃的流產

西北地域廣袤，擁兵者眾多，甘、寧、青、新、綏等省都有國民黨地方軍事集團，1942年蔣介石西北之行，除與各軍政將領情誼聯絡外，安排部隊封鎖遏制陝甘寧邊區、徹底解決新疆內附問題是其此行的重點。吳忠信在蘭州向蔣介石彙報「鞏固邊疆」的具體措施，提出「建設甘肅、穩定寧青、鞏固西康、調整新疆、控制西藏、溝通外蒙」〔註39〕，在西安，吳忠信再次提出解

〔註36〕蔣介石：《西安軍事會議開幕詞》（西安，1942年9月6日），秦孝儀：《先總統蔣公思想言論總集》（第19卷），臺北：中國國民黨中央委員會黨史委員會，1984年，第232頁。

〔註37〕《蔣介石日記》，1942年12月31日，「三十一年總反省錄」，美國斯坦福大學胡佛研究所藏。

〔註38〕《蔣介石日記》，1942年9月30日，「本月反省錄」，美國斯坦福大學胡佛研究所藏。

〔註39〕吳忠信著、王文隆主編：《吳忠信日記1942》，香港：開源書局，2020年，第95頁。

決青海問題三原則：「調整青海、鞏固甘肅、相機收復新疆」〔註40〕。時人亦報導，蔣介石在西安召集第一、第二、第八戰區首腦部會議，召開軍事會議之目的是「一、對共產黨及共產軍之關係；二、回教軍閥及地方雜軍整編統合問題。」〔註41〕

毛澤東曾敏銳地觀察了國共關係與世界局勢後指出：「國內關係總是隨國際關係為轉移」〔註42〕，1942年國際戰局發生的巨大變化影響到蔣介石對於蘇聯和中共的態度。國民黨寧夏、綏遠駐軍緊鄰陝甘寧邊區，自全面抗戰爆發至1942年，國民黨駐陝、甘、綏部隊連續在隴東、關中、綏德、三邊等地發起軍事封鎖及反共高潮，八路軍359旅等部隊堅決果斷擊退國民黨部隊，不僅取得了反摩擦鬥爭的勝利，而且實現了保衛邊區政府、擴大抗日民族統一戰線的目的。1942年4月，蔣經國前往西安，14日與胡宗南會晤，提出「陝北問題應即解決，先從政治入手，地方入手」。〔註43〕因此蔣介石在1942年的西北巡視中，多次部署駐西北部隊要隔斷中共與蘇聯的陸上聯繫，時刻嚴防陝甘寧邊區的擴大，加緊對陝甘寧邊區的封鎖：「現在西北的部隊，還有一件事妨礙我們訓練進行的，就是對隴東陝北一帶的防禦問題。現在接近這一帶地區的碉堡線已經建立，但我們也不必呆板的擺起來，當然共黨什麼時候來進擾，我們不得而知，必須時刻提防，但我們總要記住訓練第一；不可因防務而停止我們的訓練，所以今後凡屬可以抽調的部隊，必須抽調下來，實施我們預定訓練的計劃。」〔註44〕蔣介石嚴厲要求：「現在前方或後方的部隊，除了對漢奸與共產黨的活動，應該嚴密防範之外，還有青紅幫分子，亦應絕對防止其混入部隊。」〔註45〕

〔註40〕吳忠信著、王文隆主編：《吳忠信日記1942》，香港：開源書局，2020年，第95頁。

〔註41〕《蔣介石飛甘陝召各首腦會議》，《新天津》，1942年9月18日，第1版。

〔註42〕中共中央文獻研究室編：《毛澤東年譜（1893～1949）》中卷，北京：中央文獻出版社，2013年，第454頁。

〔註43〕胡宗南著，蔡盛琦、陳世局編輯校訂：《胡宗南先生日記》（上），臺北：「國史館」，2015年，第122頁。

〔註44〕蔣介石：《興隆山軍事會報訓詞》（蘭州，1942年8月22日），秦孝儀：《先總統蔣公思想言論總集》（第19卷），臺北：中國國民黨中央委員會黨史委員會，1984年，第195頁。

〔註45〕蔣介石：《寧夏軍事會報訓詞》（寧夏，1942年9月2日），秦孝儀：《先總統蔣公思想言論總集》（第19卷），臺北：中國國民黨中央委員會黨史委員會，1984年，第221頁。

　　蔣介石此行西北，提出與毛澤東會晤，周恩來認為蔣目的「未可測」，因此周提出兩個解決辦法：「（一）以林彪為代表，赴西安見蔣；（二）要求蔣借周至西安，然後周飛延安，再同一人（林彪或其他負責人）回西安見蔣。」〔註46〕為此毛澤東多次致電在重慶的周恩來，希望與蔣介石會商國共關係發展。8月22日，毛澤東出席中共中央政治局會議，會議討論毛澤東與蔣介石會談問題，決定先派林彪去，看情況再定〔註47〕。9月3日毛澤東覆電周恩來，重申親自見蔣介石的重要性，指出：「目前不在直接利益我方所得之大小，而在乘此國際局勢有利機會及蔣約見機會我去見蔣，將國共根本關係加以改善，這種改善如果做到，即是極大利益，哪怕具體問題一個也不解決也是值得的。蔣如約我到重慶參加十月參政會，我們應準備答應他。」〔註48〕

　　5日，周恩來致電毛澤東，再次陳述對毛澤東會見蔣介石一事的意見。周恩來認為見蔣「時機尚未成熟」，蔣對人「包藏禍心」，國際國內局勢也「非對我有利」〔註49〕。周恩來指出毛與蔣會晤恐出事端，不能不防，即蔣「約毛來渝開參政會後，藉口留毛長期駐渝，不讓回延」，「若如此，於我失太大」〔註50〕，因此，提議林彪出面，觀察蔣介石的態度。在周恩來建議下，毛蔣會晤流產。〔註51〕

　　蔣介石巡視西北過後，其分析日蘇戰爭即將來臨，在其「溶共、防共、限共」的指導思想下，國民黨西北各方勢力加緊對陝北地區控制權的爭奪，西北國共軍事對峙形勢愈發緊張，駐守西北的中央軍及地方實力派武裝在蔣介石親自授意下，企圖於1943年夏閃擊延安。因中共獲悉計劃詳情，廣泛製造輿論

〔註46〕中共中央文獻研究室編：《毛澤東年譜（1893～1949）》中卷，北京：中央文獻出版社，2013年，第449頁。

〔註47〕中共中央文獻研究室編：《毛澤東年譜（1893～1949）》中卷，北京：中央文獻出版社，2013年，第451頁。

〔註48〕中共中央文獻研究室編：《毛澤東年譜（1893～1949）》中卷，北京：中央文獻出版社，2013年，第453頁。

〔註49〕中共中央文獻研究室編：《周恩來年譜（1898～1949）》，北京：中央文獻出版社，1998年，第551頁。

〔註50〕中共中央文獻研究室編：《毛澤東年譜（1893～1949）》中卷，北京：中央文獻出版社，2013年，第453～454頁。

〔註51〕關於1942～1943年毛蔣會晤流產以及國共關係史的考察，詳見金以林：《流產的毛蔣會晤：1942～1943年國共關係再考察》，《抗日戰爭研究》，2015年第2期。

壓力，積極進行政治抗議和軍事自衛，蔣介石被迫暫停軍事行動。〔註52〕國民黨閃擊延安計劃的失敗促使中共重新定位與國民黨的政治關係，不僅反映出國民黨反共本質和弱勢統治力，亦能凸顯中共強大的政治整合和輿論引導能力。

在政治建軍方面，中共走出了一條「黨指揮槍」和「支部建在連上」的建軍之路，黨組織牢牢掌握部隊，強大的戰鬥力、組織力、凝聚力因此形成。應星研究表明，中國共產黨在抗日戰爭根據地進行局部執政時所展現出來的軍事發包制，一方面在中央層面建立起一元化的領導體制，另一方面又在各根據地軍區和軍分區兩級分別建立起與上級的軍事承包關係。這種關係具體體現為：軍事決策的自由裁量權；財經的自給自足；在屬地建立一元化領導，實行屬地化管理、戰果導向和人格化擔責。軍事發包制有效解決了動員和控制、集權和分權的張力問題，把分割狀態下的局部執政當成鑄造現代政黨之軍政能力的重要通道，為1949年後全面展開的國家政權建設做好了準備〔註53〕。

而國民黨軍隊，在逐步發展中因派系、代際、地域矛盾，軍隊逐步變為各地方將領權勢角逐的重要資本，除中央軍外，地方軍隊幾乎無政治和黨務教育可言，政工、黨務儼然成為軍隊的附庸。〔註54〕蔣介石在西北的一系列講話，涉及逃兵問題、兵役問題、軍糧問題、軍隊編制問題、敵人的優點與弱點、軍風軍紀問題、教育與訓練問題、對敵戰略與戰術問題，卻沒有從深層次解決，軍隊的政治部門以及黨務工作長期停滯，這造成了國民黨部隊紀律鬆散、作風渙散，戰鬥力下降〔註55〕。蔣介石自身也未深刻反思，在具體戰役中越級指揮，而駐紮在西北地區的東北軍、西北軍、馬家軍、陝軍、晉綏軍等「非嫡系」「雜牌軍」的偏見也造成國民黨軍隊在作戰時貌合神離，失敗似乎不可避免。

軍人出身的蔣介石始終重視軍隊建設，並且時刻注重加強對軍隊的控制，蔣介石1942年西北巡視，在蘭州、寧夏、西安召開軍事會議，宣揚抗戰信心，進行多方軍事部署，在高度評價了西北重要戰略價值的同時，探討軍事成敗

〔註52〕耿磊：《1943年中共就國民黨閃擊延安計劃之應對》，《黨的文獻》，2018年第5期；賀江楓：《蔣介石、胡宗南與1943年閃擊延安計劃》，《抗日戰爭研究》，2016年第3期。

〔註53〕應星：《軍事發包制》，《社會》，2020年第5期。

〔註54〕關於國民黨政治派系以及戰時軍隊見：金以林：《國民黨高層的派系政治：蔣介石「最高領袖」地位的確立》，北京：社會科學文獻出版社，2016年；王奇生、陳默等：《中國抗日戰爭史》第四卷，北京：社會科學文獻出版社，2019年。

〔註55〕仲華：《試論抗戰時期國民黨軍隊的腐敗問題》，《軍事歷史研究》，2003年第4期，第91～97頁。

得失、分析國際國內軍事局勢，做出了一些較為準確的判斷。

　　另一方面，長期以來存在於國民黨軍隊內部的派系鬥爭、貪污腐化、打罵士兵、娼毒泛濫等政治和作風問題，始終沒有得到解決，在與各地方實力派的具體交往中，顯示出蔣介石及國民黨中央的弱勢「統治力」。軍隊本身是一個層級嚴密的組織，上下關係十分清楚，對於上級的命令要求絕對服從，蔣介石從擔任黃埔軍校校長開始，在軍事方面長時期居於領導者的地位，除了與各個不同軍系領導者之間需要維持友好關係，以便於運用各軍系掌控的部隊外，與各個軍事將領間，長期處於長官與部屬或校長與學生的關係，公誼多於私情，其人際關係實不如黨、政方面明顯。〔註 56〕

　　面對甘寧青新綏各軍事集團及所屬地位，蔣介石從傳統綱常教義出發，巡視、慰問、授勳、召見各軍政領袖並配以私情籠絡、經濟收買、政治威脅的方式，實現其對邊疆地區的領導，這種通過私人情誼、「羈縻」懷柔的領導方式貫穿整個抗戰時期國民黨軍隊作戰的全過程。這不僅是國民黨長期建軍統軍的政策性和體制性弊端，而且是國民黨中央與地方權勢轉移的必然結果。〔註 57〕

第二節　西北建設的困境與限界

　　全面抗戰爆發後，蔣介石在其政治規劃中始終堅持抗戰與建設並重。1938年 3 月，國民黨在重慶召開臨時全國代表大會，制定《抗戰建國綱領》，通過的《對於政治報告之決議案》稱「抗戰與建國宜同時並進，國家政治，宜與艱苦抗戰之中，即奠立國家復興之基礎，以完成三民主義的國家建設。」〔註 58〕因此 1942 年的西北巡視是蔣介石踐行自己政治規劃的重要一步。

一、巡視西北經濟建設情況

　　1942 年 8 月至 9 月間，蔣介石來到甘、青、寧、陝四省實地巡視，他堅信

〔註 56〕劉維開：《蔣介石的軍人人脈》，汪朝光主編：《蔣介石的人際網絡》，北京：社會科學文獻出版社，2011 年，第 79 頁。

〔註 57〕陳默：《蔣介石「越級指揮」再詮釋——兼論抗戰時期國民黨軍中的內在邏輯》，《史林》，2009 年第 4 期；趙崢：《巡視邊疆：蔣介石 1945 年的西昌之行》，《民國檔案》，2018 年第 3 期。

〔註 58〕《中國國民黨臨時全國代表大會通過重要決議案》（1938 年 3 月 31 日），中國第二歷史檔案館編：《中華民國史檔案資料彙編》第五輯第二編「政治」（一），南京：江蘇古籍出版社，1997 年，第 380 頁。

在堅持抗戰之餘，必須堅持建設國家。而如何開發西北則成為國民政府上下考量的重大戰略之一，此行蔣介石對國家未來建設和發展做出了自己的規劃。正如時人評論說：「西北的開發，是重慶政權在大東亞戰爭勃發，海外路線完全被阻斷後，欲由西北路線的開發，以行他力抗戰，並欲由西北本身的經濟開發，以為抗戰力的培養，即所謂以一石投二鳥之策而著手的。」〔註59〕

8月17日上午，蔣介石在蘭州西北幹訓團擴大紀念周上發表了其對當前西北開發的看法，並就下一步甘肅建設提出鼓勵。蔣介石談及西北的建設事業說：「我們不到西北，就不知道中國的偉大與我們事業前途之無可限量，而凡是到西北尤其是在西北工作的人，就知國家事業之待我們興辦建設者，雖然是我們畢生的精力與時間，亦作不完，而決不患沒有事業可作。而且我們西北既有如此廣大肥美的土地，復有開採不盡的寶藏，不僅我們一生事作不完，就是我們後代子孫三五百年以後，仍將是作不完的。但是我們要求國家民族能夠世世代代繼續生存下去，就必須趁此抗戰的時機，由我們這一代手裏來建立千年萬世永固不拔的基礎！否則，我們便將枉費一生，對不起祖先和後代子孫。」〔註60〕

蔣介石鼓勵與會人員在西北建設的事業中要確立方針、抱定決心。他還提道：「開疆拓土應在西北，東南為海，無疆可拓也。昔日之吐谷渾即今日之上海，而人不知者，因今人之忽略邊務也。」〔註61〕蔣介石也回憶起1934年巡視西北時，西北政治發展的情況：

> 政治方面：西北的政治，目前應該改革與建設的事項太多了，今天舉不勝舉。回憶我六年前來看西北的時候，覺得民國二十四年時代的中國，國家一切基礎，都是破壞到了極點，不僅政治制度，社會道德，教育文化與行政事務悉遭破壞，連到山林川澤，村舍土地，乃至於碩果僅存的漢渠唐渠，也都敗壞完了，從陝甘兩省以至西北其他各地，幾乎都是如此，舉目四矚，到處童山濯濯，但見一片荒涼，真可說是「山荒水竭，文物凋零」，結果人不像人，地不

〔註59〕《華北施政現狀（一）》，《申報》，1943年4月15日，第2版。
〔註60〕蔣介石：《開發西北的方針》（蘭州，1942年8月17日），秦孝儀：《先總統蔣公思想言論總集》（第19卷），臺北：中國國民黨中央委員會黨史委員會，1984年，第173頁。
〔註61〕胡宗南著，蔡盛琦、陳世局編輯校訂：《胡宗南先生日記》（上），臺北：「國史館」，2015年，第146頁。

像地，一切騾馬牲畜，都是疲弱倒斃，不成樣子，當時我看到國家
這種情形，實在為我們民族前途憂慮！〔註62〕

1934年巡視西北，西北的貧窮落後與破敗給蔣介石留下深刻印象。1942
年再次來到西北，蔣介石認為經過新生活運動、國民經濟建設運動及近十年
來的西北開發建設，西北各省有了巨大的進步和變化，全面抗戰爆發後，在
國民政府「抗戰建國」綱領指導下，西北出現了開發新熱潮。以甘肅為例，作
為抗戰大後方的甘肅蘭州，在政治、經濟、文化、教育各方面得到國民政府
的大力扶持和建設。省主席谷正倫以「在進步中求安定」為治甘原則，以「因
抗戰推進建設，以建設充實抗戰」為施政目標，使得蘭州經濟發展在制度政
策的有效保障下有了長足進步。建設廳廳長張心一提出「五年建設計劃綱
要」，對蘭州經濟的發展與繁榮做出了諸多努力。蘭州傳統農業、手工業和商
業在穩步發展的同時，社會經濟結構也發生了明顯變化。工礦、交通、郵電
通信、金融等現代產業，已不再處於零星萌芽狀態，而是在蘭州社會經濟生
活中起著舉足輕重的作用。蘭州經濟發展為抗戰作了重要貢獻，對戰時軍需
民用物資的流通和調劑功不可沒。

二、確立西北開發方針

蔣介石提出，西北目前的政治要務，一是要保護森林渠塘。蔣介石以左
宗棠經營西北時愛護森林環境為例，要求一般的行政官吏與黨務人員，必須
注重森林保護，要求部隊「每開到一地或駐紮一處，一定要嚴禁官兵夫役砍
伐樹木，破壞森林，大家對保護森林樹木，較之愛護自己的生命還要重視，
如此才可以保存現有的一點建設基礎。至於其他川澤渠塘水利事業，更是培
植森林開發農業之所必需，大家亦必須同等注重，加意保護為要。」〔註63〕
二要保護畜牧牲口。蔣說道：「現在我們要開發西北，機器動力既然有限，就
仍要效法古人的精神，利用現有巨大的獸力與物力，所以騾馬牲畜之與西北
建設，較之機器還要重要。保護騾馬牲口，實在是我們今日開發西北最重要的

〔註62〕蔣介石：《開發西北的方針》（蘭州，1942年8月17日），秦孝儀：《先總統
蔣公思想言論總集》（第19卷），臺北：中國國民黨中央委員會黨史委員會，
1984年，第177頁。

〔註63〕蔣介石：《開發西北的方針》（蘭州，1942年8月17日），秦孝儀：《先總統
蔣公思想言論總集》（第19卷），臺北：中國國民黨中央委員會黨史委員會，
1984年，第179頁。

一件事，希望各位黨政軍工作同志，一定要特別注意才好。」〔註64〕

關於甘肅建設發展問題，蔣介石始終將造林綠化放在首位，在 8 月 15 日下午遊覽蘭州五泉山時，就命令谷正倫「極力造林，以償平生之願」〔註65〕，17日下午偕宋美齡與谷正倫夫婦上望河樓眺望黃河風景，蔣「諄囑谷正倫在北山造林」〔註66〕，並且制定「蘭州造林計劃與經費」〔註67〕。之所以林業在蔣心中佔據重要位置，因為戰爭時期，「交通建設所需之鐵路枕木及鐵路公路橋樑，國防建設之炮壘、戰壕、機場等之建築及槍炮、飛機、艦船及炸藥等之製造，燃料、工業建設原料等皆直接間接與林業有密切之關係。」〔註68〕除了保護森林渠塘與騾馬牲畜之外，今後西北各省建設的要務，蔣介石提出發展下列各項：

（一）造林。西北山地遼闊，大抵荒旱廢棄，我們現在所要開發的，這就是最重要的一部分。必須訂定詳細計劃與具體辦法，動員人力經費，實行大規模造林，以涵蓄水源，調節氣候，防止風沙，開發地利。

（二）開渠。西北最多平原待耕的土地，目前我們要實行墾殖。增加生產，必須多開渠塘，便利灌溉，這亦是各級政府應斟酌實情，訂定計劃，倡導人民，一致努力興辦的。

（三）發展畜牧。在西北畜牧一項，不僅為人民衣食生活之所必需，而且為軍事與交通所不可或缺；當此抗戰建國時期，騾馬牲畜的功用，格外顯得重要。故應特別注意改良品種，發展畜牧，以應當前的需要。

（四）開發驛運。大家都知道：我們現在要建設西北，首要開發交通，而開發交通固然要注重公路與航空，利用新式的機器，但在目前國家艱苦的情況之下，我們不能專靠飛機與汽車，而要儘量利用人力與獸力，所以有騾馬的地方，就要用大車，並且沿路要設置驛運站，利用人力畜力，節節遞運，以利交通。這種方法，雖然緩慢一點，但在目前這是唯一必取的途徑。只要大家

〔註64〕 蔣介石：《開發西北的方針》（蘭州，1942 年 8 月 17 日），秦孝儀：《先總統蔣公思想言論總集》（第 19 卷），臺北：中國國民黨中央委員會黨史委員會，1984 年，第 179 頁。

〔註65〕 周美華編注：《蔣中正總統檔案：事略稿本》（第 51 冊），臺北：「國史館」，2011 年，第 55 頁。

〔註66〕 周美華編注：《蔣中正總統檔案：事略稿本》（第 51 冊），臺北：「國史館」，2011 年，第 66 頁。

〔註67〕 《蔣介石日記》，1942 年 8 月 18 日，美國斯坦福大學胡佛研究所藏。

〔註68〕 劉興朝：《抗戰時期之西北林業》，唐潤明：《抗戰時期大後方經濟開發文獻資料選編》，重慶：重慶出版社，2006 年，第 425 頁。

辦理得有計劃、有條理，能夠艱苦忍耐，持之以恆，則三年五年之後，必可以借驛運之便利，完成各種偉大的建設。還有諸如新縣制、保甲制、教育事業、農礦工業之推廣與發展等，蔣介石都做了安排。〔註69〕

　　8月23日下午，蔣介石到甘肅省政府會客二十餘人，五時後在後花園船廳內，參加甘肅省主席谷正倫招待英、美、俄人士四十餘人茶會，會後即到建設、農業、交通各展覽會參觀，驚歎「甘肅物產之豐富與進步之速，殊堪欣慰，此為西北破天荒之盛會也。」〔註70〕蔣介石在本周末的反省錄中也寫道：「蘭州之各種展覽會，殊令人更覺西北物產之豐富與我國之偉大也。」〔註71〕在31日的本月反省錄中，蔣介石又談起了參觀甘肅建設成就展覽給其留下的深刻印象：「又見蘭州展覽會中，川陝公路中雙河鋪附近，盤壁穿岩工程之艱巨，更見川康、樂西與滇緬路工程之偉大，此非抗戰恐亦不易成功如此之速也。」〔註72〕

　　同日蔣介石日記記載其預定的西北應即刻解決之事項：「一、西北文化團體之指導與組織應速著手。二、文化團體應以喇嘛為中心，推及回蒙各民族與宗教為方針。三、拉卜楞寺與敦煌為組織之基地。四、移民計劃之速定。五、移民貸款與宣傳。六、西北交通委會與運輸計劃之調制。」〔註73〕

　　24日上午，蔣介石在蘭州參加國民黨甘肅省黨部紀念周活動，接見黨部與青年團各幹部。正午討論新疆方針與政策時，他認為建設西北總方案包括以下幾個方面：「甲、交通；乙、造林；丙、水利；丁、移民；戊、屯墾；己、文化；庚、宗教；辛、種族；壬、制度；癸、教育。」〔註74〕目前西北開發建設的重要環節，包括「一、西北開發首要劃區，選人負責主持；二、各區應分宗教、語文、種族、經濟、衛生、教育分工進行；三、速辦殖邊蒙、回、藏學院；四、維繫與培植各種族與各宗教之方針與辦法；五、陝、豫造林令。」〔註75〕針對全國抗戰建國之情勢，蔣介石認為：「徵收實物與統一金融、財政三大政策之成功，實為抗戰建國最重要之工作，然而艱危苦痛，冒險犯難之

〔註69〕蔣介石：《開發西北的方針》（蘭州，1942年8月17日），秦孝儀：《先總統蔣公思想言論總集》（第19卷），臺北：中國國民黨中央委員會黨史委員會，1984年，第179～180頁。

〔註70〕《蔣介石日記》，1942年8月23日，美國斯坦福大學胡佛研究所藏。

〔註71〕《蔣介石日記》，1942年8月29日，美國斯坦福大學胡佛研究所藏。

〔註72〕《蔣介石日記》，1942年8月31日，美國斯坦福大學胡佛研究所藏。

〔註73〕《蔣介石日記》，1942年8月23日，美國斯坦福大學胡佛研究所藏。

〔註74〕《蔣介石日記》，1942年8月24日，美國斯坦福大學胡佛研究所藏。

〔註75〕《蔣介石日記》，1942年8月24日，美國斯坦福大學胡佛研究所藏。

情狀，亦非外人之所得知也。」〔註76〕

在蔣介石1942年9月制定的大事表上，幾乎都是關於西北開發建設的事項，他提出要「充實河西計劃；西北移民與駐練兵方案；西北訓練，騎兵計劃；前方裁減各師移駐西北；預定民國卅三年統制西藏計劃；張掖開辦日報館；預期明年統制新疆計劃；增進運輸以發展驛運，完成天寶與黔桂二鐵路，及青康公路為首要。」〔註77〕在9月末的反省錄中，蔣介石亦記載了其關於西北建設思考的問題，「河西與新疆土地不但尚未開發，而人民且未開化，此乃不到實地未能測見也，乃知西北建設開發與開化，須同時並舉，此其所以較難耳。」〔註78〕

三、西北開發的大力推動

9月14日蔣自西安返回重慶，次日陳布雷前往拜謁，陳日記記載：「委員長謂，西北情形甚佳，觀其神態愉適，知其衷心快慰也。」〔註79〕22日蔣介石在出席中央總理紀念周上回顧了此次西北考察之行，西北豐富的礦產資源使得蔣介石感歎道「如果我們說西南各省是我們現在抗戰的根據地，那麼，西北各省就是我們將來建國最重要的基礎！」〔註80〕

蔣介石的西北之行，極大推動了國民政府開發西北的熱潮，在國民黨「最高領袖」的帶動下，政府要員、工商企業家、工程建築專家紛紛來到西北，國民政府更是組織規模龐大的「西北工業考察團」「西北建設考察團」，將30年代以來就提出的西北開發方案舉措落到實處，農林、交通、工礦、實業、金融等都開始取得長足發展，蔣介石更是親自召見西北建設考察團，「面授機宜」〔註81〕。國民黨中央宣傳部專門主辦「西北開發廣播周」，目的

〔註76〕《蔣介石日記》，1942年8月31日，美國斯坦福大學胡佛研究所藏。

〔註77〕《蔣介石日記》，1942年9月1日，「本月大事預定表」，美國斯坦福大學胡佛研究所藏。

〔註78〕《蔣介石日記》，1942年9月30日，「本月反省錄」，美國斯坦福大學胡佛研究所藏。

〔註79〕陳布雷：《陳布雷從政日記（1942）》，1942年9月15日，香港：開源書局，2019年，第145頁。

〔註80〕蔣介石：《視察西北之觀感及中央同人今後應有之努力》（重慶，1942年9月22日），秦孝儀：《先總統蔣公思想言論總集》（第19卷），臺北：中國國民黨中央委員會黨史委員會，1984年，第319頁。

〔註81〕沈雲龍、林能士、藍旭男：《凌鴻勳先生訪問紀錄》，臺北：中央研究院近代史研究所，1997年，第177頁。

就是「要叫全國同胞們認識西北，因為認識了西北，然後才說得到開發西北⋯⋯『開發西北』、『重建西北』不但是今日抗戰的大計，而且更是明日建國的大計。」〔註82〕1942年11月12日至27日，國民黨第五屆中央委員會第十次全體會議在重慶召開，全會通過了《積極建設西北以增強抗戰力量，奠定建國基礎案》，進一步明確了開發西北的基本原則和國家戰略。

回到重慶後蔣介石發布一系列關於西北開發建設、軍事準備的命令。令何應欽「研擬西北騎兵最大限度之組織與訓練，以三年完成為期之計劃；速擬呈報西北交通委員會人選及西北運輸計劃；擬定停徵青海寧夏甘肅之河西壯丁改徵驃馬之計劃。」〔註83〕令王世杰「希照所示各項目，擬具西北建設方案呈報，對於各種族之政策與制度尤應詳加研究。」〔註84〕令孔祥熙、陳儀擬定西北移民方案，籌設移民機構。令馬鴻逵儲備駱駝萬匹，充實寧綏運輸。令谷正倫「應設法積極獎勵民間畜牧與多備運輸工具，以發展驛運。」〔註85〕令玉門油礦總經理孫越崎呈報「鋼鐵電工器材等事業之計劃，以及各種有經歷成緒工程人才與各項主管者之物色。」〔註86〕

交通問題一直是制約甘肅與東部地區交流和自身發展的巨大障礙，「西北公路之建設及西北開發之成否，乃決定重慶抗戰命運最大之問題，重慶以必死之態度而進行。」〔註87〕因此在1942年後的新一輪西北開發中，國民政府將發展交通事業放在重中之重的位置。8月21日，蔣在蘭州時，鐵道專家凌鴻勛就提出早日修通寶蘭路、天成路、蘭肅路、肅塔路以及西北鐵路系統必須與川省聯通的建議。〔註88〕同年10月10日，交通部頒布《西北十年建設計劃交通建設大要》，計劃一年完成寶天鐵路，籌劃天蘭鐵路、天廣鐵路（天水至

〔註82〕張道藩：《為什麼我們要開發西北》，《大公報》，1943年2月27日，第3版。
〔註83〕周美華編注：《蔣中正總統檔案：事略稿本》（第51冊），臺北：「國史館」，2011年，第238頁。
〔註84〕周美華編注：《蔣中正總統檔案：事略稿本》（第51冊），臺北：「國史館」，2011年，第239頁。
〔註85〕周美華編注：《蔣中正總統檔案：事略稿本》（第51冊），臺北：「國史館」，2011年，第243頁。
〔註86〕周美華編注：《蔣中正總統檔案：事略稿本》（第51冊），臺北：「國史館」，2011年，第244頁。
〔註87〕《蔣介石飛甘陝召各首腦會議》，《新天津》，1942年9月18日，第1版。
〔註88〕《蔣介石關於建設西北鐵路今後步驟與張嘉璈等來往代電》（1942年10月7日），第二歷史檔案館編：《中華民國史檔案資料彙編》第五輯第二編「財政經濟」（十），南京：江蘇古籍出版社，1997年，第192頁。

廣元）、西北鐵路（蘭州至塔城）、蘭包鐵路、蘭西鐵路（蘭州至西寧），將蘭州建設成為全國通信十一大中心之一，新增鄭蘭、綏蘭、蘭涼、蘭青、蓉蘭等航空線路，計劃在甘肅新建郵局 12 家，郵政代辦所 125 家，信櫃 111 處，郵站 18 處，郵政代售處 19 家。〔註 89〕

　　農林發展，水利為首，自 30 年代起甘肅水利工程建設方興未艾，張嘉璈記載道：「近時新式灌溉也在次第興辦⋯⋯甘肅省引漕河水的舊有渠道，多至 100 里以上，就中臨洮一帶，最為發達，河西各縣如武威，張掖，酒泉等，均係傍祁連高山，引用雪水，渠溉之利，也極普遍。」〔註 90〕翁文灝也記載道：「甘肅省近來積極開渠，已成功者，有溥惠渠與洮惠渠，祁連山下河西一帶，現亦準備開渠。該處人口據估計較左宗棠時已減少約一倍，皆因水利不修所致。該地土質極為肥沃，當地人流行諺語云：『一年熟兩年足』，如果能興水利，將來定可『一年熟四年足』，故余常曰：『有水斯有糧，有糧斯有人』，此開發西北之基本條件也。」〔註 91〕河西地區因其優越的地理環境和重要的戰略優勢，成為西北水利開發的中心，「祁連山高峰達一萬六千尺至兩萬尺，冰雪深積，終年不消，春夏稍融解。萬壑成溪，聚流成河，居民分引多渠，灌溉田畝，為利甚溥。」〔註 92〕加之蔣介石在視察嘉峪關、酒泉、張掖、武威等地過程中，對發展河西水利灌溉事業極為重視，特意致電孔祥熙由中央每年撥專款 1000 萬元作為水利事業發展經費，以 10 年為期。

　　因此 1942 年後，甘肅水利開發迎來了新的高潮。國民政府行政院水利委員會 1943 年工作報告中提出：「甘肅河西水利自奉令年撥一千萬元交由甘肅水利林牧公司舉辦以來，經由該公司擬具三十二年度實施計劃，並於西北建設考察團，過蘭時商定工作，分為二期，第一期二年整理舊渠，第二期十年開發新渠，並同時進行一切勘測等基本工作、本年以事屬初創，一面徵集資料，一面擬具計劃，積極進行，現已完成之工程已達四十八處，計可灌田五十七萬二千

〔註 89〕《交通部關於擬發「西北十年交通建設計劃」致中央設計局秘書處公函》（1942 年 10 月 10 日），中國社會科學院近代史研究所《近代史資料》編輯部、中國第二歷史檔案館編：《抗戰時期西北開發檔案史料選編》，北京：中國社會科學出版社，2009 年，第 220～245 頁。

〔註 90〕張嘉璈：《如何開發西北》，唐潤明：《抗戰時期大後方經濟開發文獻資料選編》，重慶：重慶出版社，2006 年，第 251 頁。

〔註 91〕翁文灝：《西北開發經濟問題》，唐潤明：《抗戰時期大後方經濟開發文獻資料選編》，重慶：重慶出版社，2006 年，第 263 頁。

〔註 92〕汪昭聲：《西北建設論》，重慶：青年出版社，1943 年，第 49 頁。

三百八十九畝。」〔註93〕在 1944 年計劃中「繼續整理河西舊渠，期能增加溉田面積五十萬畝。」〔註94〕1943 至 1945 年三年間，以辦理甘肅農田水利事業為主要業務的甘肅水利林牧公司開展了大規模的舊渠整理工作，在永登、民勤、武威、民樂、張掖、臨澤、高臺、金塔、酒泉、玉門等地區三年間修理舊渠 168處，受益面積達 1649961 畝。〔註95〕除興建新渠和整修舊渠外，甘肅省水利林牧公司還進行了大量勘測設計工作，在全省築壩修渠，1941～1946 年間甘肅小型農田水利發展迅速。抗戰期間甘肅水利事業面臨政局動盪不安、物價暴漲、交通落後、資金短缺、投資分散等一系列困難，仍然取得了巨大成就，不僅擴大了耕地面積，而且單位面積產量、糧食種類方面都得到大幅度提升。

西北地區礦產資源豐富，因地制宜發展工礦業能有效帶動地方戰時經濟發展。蔣介石回到重慶不久，經濟部即派出由林繼庸帶隊的西北工業考察團，赴西北進行了五個月的考察。此次考察在甘肅境內到達「固原、平涼、徽縣、天水、秦安、皋蘭、永登、武威、永昌、山丹、張掖、高臺、酒泉、玉門、安西等地」，〔註96〕在考察團的報告中談到甘肅「工業資源天賦較差」，並提出甘肅發展工業解決方案：

> 甘肅省則增設一略具規模之煉鐵廠、煉焦廠及興築鐵路，已可解決其目前困難，而速其已有工業之發達，倘再能創設一碾鋼廠，專製油桶之鋼片，以便宜油類之運輸，則更為佳善……甘肅油礦局於戈壁中創辦巨業，亦非易事，然卒能有所成就者則賴政府儘量給予方便，負責者事權統一，故能迎萬難而解耳。〔註97〕

〔註93〕《國民政府行政院水利委員會 1943 年工作報告》（1944 年 1 月），中國第二歷史檔案館編：《中華民國史檔案資料彙編》第五輯第二編「財政經濟」（八），南京：江蘇古籍出版社，1997 年，第 461 頁。

〔註94〕《國民政府行政院水利委員會 1944 年度關於施政方針與中心工作的檢討》，中國第二歷史檔案館編：《中華民國史檔案資料彙編》第五輯第二編「財政經濟」（八），南京：江蘇古籍出版社，1997 年，第 458 頁。

〔註95〕李加福：《20 世紀 40 年代甘肅河西地區水利建設——以水利部河西水利工程總隊為中心的考察》，蘭州大學碩士學位論文，2013 年，第 31～32 頁。

〔註96〕《林繼庸關於西北工業狀況的考察報告》（1943 年 2 月 18 日），中國第二歷史檔案館編：《中華民國史檔案資料彙編》第五輯第二編「財政經濟」（六），南京：江蘇古籍出版社，1997 年，第 170 頁。

〔註97〕《林繼庸關於西北工業狀況的考察報告》（1943 年 2 月 18 日），中國第二歷史檔案館編：《中華民國史檔案資料彙編》第五輯第二編「財政經濟」（六），南京：江蘇古籍出版社，1997 年，第 171 頁。

考察結束返回重慶，林繼庸大聲疾呼：「我們怨恨，西北這有用的勞工，寶貴的工業材料，優美的工業環境，為何如此糟塌？我們不要怪誰，只可歎口氣，問一聲我們的所謂工程專家，工業大師們，你們這些年頭躲在那裡？西北歸來，萬感交集，懷念著過去，把握著現在，希望到將來，不禁奮筆大呼：建工業者向西北去！」〔註98〕在政策促動下，以寶雞、天水為代表的新興工業城市在戰時蓬勃興起，這不僅加快了西北地區工業發展步伐，並且有力地支持了全國抗戰，西北抗戰大後方地位也得到進一步提升。

第三節　收復新疆主權的多重努力

新疆作為中國佔地面積最大、戰略地位極為重要的邊疆地區，歷來皆為中央政府所重視，李燭塵在考察西北後就客觀分析新疆的重要性：「試披覽中國地圖，新疆地處神州大陸之脊，實為中國西北部之首，西藏、蒙古為共兩披肩，青海、寧夏為其左右臂，尤其是河西走廊，更為內外息息相通之咽喉。總之新疆一隅，居高屋建瓴之勢，得之足以屏衛中國，不得則關隴隘其封，河湟失其險，一舉足而中原為之動搖，歷史俱載，斑斑可考……但就地理環境以策將來之安全，吾人以為新疆之國防不在新疆之本身，而在新疆之側翼與後路……均須用政治力量以解決之」〔註99〕。

盛世才自1933年擔任新疆邊防督辦以來，就取得了新疆的實際控制權。盛表面稱新疆永遠為中國領土，但在實際執政中絕不允許國民黨中央插手新疆事務，甚至下令撤銷國民黨新疆省黨部，沒收三民主義教科書〔註100〕，在猩猩峽設立檢查站，嚴守內地通往新疆的通道。國民政府勢力未能完全進入新疆，使得新疆長期處於半獨立狀態，儼然成為獨立王國。而盛世才長期奉行親蘇政策，蘇聯勢力大肆進入新疆活動，並強勢介入新疆政治、經濟、軍事，國民政府勢力被極度壓制，這使得民族主義情結極強的蔣介石大為惱火。

一、收復新疆的政治準備

收復新疆主權長期以來都是蔣介石「夢魂縈懷」之偉大戰略，他說：「每

〔註98〕林繼庸：《西北工業考察歸來的感想》，《大公報》，1943年2月28日。
〔註99〕李燭塵：《西北歷程》，蘭州：甘肅人民出版社，2003年，第130～131頁。
〔註100〕高素蘭：《戰時國民政府勢力進入新疆始末（1942～1944）》，《國史館學術集刊》，2008年總第17期。

聞友人為余述新疆天時、地勢與物產之豐富優容，輒為之神往心馳，夢深繫之……新疆之於我中華民族存亡，實無異於我東北四省，而其資源之豐富與國防之重要，則有過之而無不及也。能不令人夢魂縈懷乎？」〔註101〕尤其是抗戰爆發後，東部大片國土淪喪，蔣介石希望通過對新疆這一中國面積最大省份的收復與實際控制，以達到鞏固西北政局，激發全國抗戰熱情之目的。另一方面，蔣介石擔心中共通過新疆與蘇聯聯繫，因此實際管控新疆成為蔣介石防共、限共的重要舉措，「決不許蘇俄肆行其侵略，也不容中共打通其國際路線，與蘇俄打成一片，來改變整個亞洲的形勢，構成世界和平的威脅」〔註102〕。而蘇聯忙於對德戰爭，也為國民政府收復新疆提供了外部條件。

1940 年 11 月，蘇聯強迫盛世才簽訂《租借新疆錫礦條約》，強佔新疆豐富的礦產資源，盛世才對此十分不滿。得知蘇聯逼迫盛世才簽訂《新錫協定》後，蔣介石稱蘇聯「比之倭寇強逼袁世凱簽訂二十一條者為尤甚，俄之毒狠，可謂帝國主義之尤者矣。」〔註103〕此時蔣介石對盛世才繼續安撫，並要朱紹良轉告盛：「既往一切不但原宥，且均為負責」。1942 年 3 月，盛世才因其弟盛世騏離奇被殺而對蘇聯心懷耿耿〔註104〕，本執意要將新疆加入蘇聯的盛世才在蘇德戰爭爆發後對蘇聯已無任何留戀，決心轉投重慶國民政府。

收復新疆已獲重大轉機，蔣介石即刻令何應欽、副參謀總長程潛、軍令部長徐永昌、政治部長張治中、軍事委員會辦公廳主任賀耀祖、航空委員會主任周至柔組織制定《收復新疆主權方略》，為國民政府進駐新疆、驅逐蘇聯勢力做準備。〔註105〕同年 7 月 13 日，何應欽呈報蔣介石收回新疆主權方略，建言中說：「一面利用盛之地位及力量並扶植之，使其逐漸中央化。一面敷衍蘇聯，延緩其對新之策動，並盡速加強我甘青藏邊軍備，及一切必要之準備，

〔註101〕《蔣介石日記》，1941 年 9 月 30 日，美國斯坦福大學胡佛研究所藏。
〔註102〕蔣介石：《蘇俄在中國》，秦孝儀：《先總統蔣公思想言論總集》（第 9 卷），臺北：中國國民黨中央委員會黨史委員會，1984 年，第 92 頁。
〔註103〕《蔣介石日記》，1942 年 7 月 11 日，美國斯坦福大學胡佛研究所藏。
〔註104〕盛世騏為盛世才四弟，畢業於日本東京士官學校騎兵科、莫斯科紅軍大學，1942 年 3 月 19 日被離奇槍殺。被殺原因有兩種說法：一說他被斯大林收買，盛世才將其處死；一說他不肯服從斯大林的命令，為其妻共產黨員陳秀英刺死，盛世才又殺陳秀英。
〔註105〕黃建華：《國民黨政府的新疆政策研究》，北京：民族出版社，2003 年，第 68 頁。

伺機再確實控制之。」〔註106〕

第八戰區司令長官朱紹良與盛世才結交較早，私交甚篤，因此蔣介石派朱紹良多次往返蘭州、迪化、重慶之間調和盛世才內附問題〔註107〕。7月13日，蔣介石在重慶接見朱紹良，研究解決新疆問題之方針決定：（一）保全盛世才之地位；（二）使蘇俄不致惱羞成怒，留有迴旋餘地，切勿使之對盛絕望為主也。稍後就此問題繼續研究：「應先防制俄共鼓動新疆各地之暴動驅盛，此雖為國際與世界戰局所不容，料俄亦不敢為此，然仍不能不預防也。俄倭戰爭，如終於不起，則我對新疆問題與計劃，亦照預定之程序實施：1. 派兵入新，助盛平亂，鞏固省政。2. 新疆歸入第八戰區。3. 與俄交涉徹底解決新疆各案。」〔註108〕朱紹良抵達迪化後，向盛世才帶來蔣介石親筆信，蔣介石許諾「吾弟之事業即為中正之事業，故中正必為吾弟負責，以解除一切之困難也」。盛世才也逐漸頻頻向國民黨中央釋放緩和關係的信號，有內向之意。蔣介石稱之為「破鏡重圓與浪子回頭之奇蹟」〔註109〕。蔣介石日記記載：「然而河西二馬交防，新疆對中央態勢轉佳，此乃為國際大勢所趨，以整個局勢而論，進步較多。」〔註110〕

與此同時蔣介石派翁文灝與蘇聯交涉新疆能源開發問題，也取得不錯進展，蔣日記記載：「俄國對新疆油礦問題，有與我中央交涉之動向，最近盛世才態度日有進步，此乃一最佳之現象也。」〔註111〕蔣介石1942年西北巡視之前，已經向新疆派遣外交、黨務人員。此次親臨西北，蔣介石就是要在國際局勢有利於自己的情況下，通過政治、軍事、外交多重手段，將新疆正式納入國民政府管轄。

在盛世才準備內向蔣介石、反蘇反共之時，中共已經有所防範。1942年4月18日，周恩來於重慶致電毛澤東並中央書記處，通報蔣介石三次召見盛世才駐重慶代表張元夫，並派張元夫返回新疆向盛世才轉達雙方談判條件。

〔註106〕《何應欽呈收復新疆方略》（1942年7月13日），臺北「國史館」藏，《蔣中正總統文物》，典藏號：002-020300-00042-096。

〔註107〕周開慶編：《民國朱上將紹良年譜》，臺北：「臺灣商務印書館」，1981年，第32頁。

〔註108〕《蔣介石日記》，1942年7月13日，美國斯坦福大學胡佛研究所藏。

〔註109〕《蔣介石日記》，1942年7月11日，美國斯坦福大學胡佛研究所藏。

〔註110〕《蔣介石日記》，1942年6月29日，美國斯坦福大學胡佛研究所藏。

〔註111〕《蔣介石日記》，1942年6月30日，「本月反省錄」，美國斯坦福大學胡佛研究所藏。

周恩來還就蔣、盛合謀反共、意圖製造第三次反共高潮向黨內做了通報，以提高警惕〔註112〕。5月7日，任弼時致電陳潭秋，提醒其需時刻關注盛世才陰謀。7月13日，毛澤東電盛世才：「當次全世界反法西斯、中國抗日勝利在望之際，深望彼此團結一致，共濟時艱。」〔註113〕毛澤東希望盛世才在蘇聯援華、中共前往蘇聯問題上提供幫助。然而此時盛世才已經決心內附蔣介石，因此磨刀霍霍，時刻準備抓捕在新疆的中共黨員，破壞中共黨組織。

二、親臨西北進行部署

1942年8月16日，蔣介石於蘭州電令在迪化的朱紹良和盛世才，通報自己已達蘭州，並邀請盛世才飛赴蘭州，電文說：「中昨已抵蘭州，約駐十日，迪化機場駐有外兵否？如逸兄抽暇可飛蘭州一敘，明日約有機飛迪也。」〔註114〕朱紹良同日覆電蔣介石：「限機蘭電奉悉，職紹良遵即秘密返蘭面呈一切，迪化飛機場並無外兵，謹覆。」〔註115〕

18日，盛世才藉口新疆局勢緊張，無法趕赴蘭州，電函蔣介石說：「17日蘇聯坦克車三輛、裝甲車二輛、汽車三輛，經新二臺向迪化開行，事前未接蘇方照會，經派參謀長汪鴻藻向蘇方交涉。新疆情形複雜，容緩晉謁聆訓，手示敬悉，行旌平安抵蘭，至深欣慰，竊職急願親赴蘭垣晉謁，崇階面聆教誨，惟目前新疆情形仍甚複雜，為策萬全起見，擬懇逸民兄（朱紹良）到蘭後代為請示，再行決定晉謁鈞座辦法。」〔註116〕

19日，朱紹良抵蘭面見蔣介石，朱建議蔣介石親赴新疆巡視，或再次督促盛世才務必來蘭，蔣認為「皆不妥，以迪化機場已有俄國之驅逐機駐在也，最後決由妻代赴新傳達旨意，以壯盛膽，亦所以慰之也。」〔註117〕朱紹良抵達

〔註112〕《周恩來致毛澤東電》（1942年4月18日），中央文獻研究室編：《周恩來年譜（1898～1976）》，北京：中央文獻出版社，1998年，第268頁。

〔註113〕《毛澤東致盛世才電》（1942年7月13日），中央文獻研究室編：《毛澤東年譜（1893～1949）》（中卷），北京：中央文獻出版社，2013年，第444頁。

〔註114〕周美華編注：《蔣中正總統檔案：事略稿本》（第51冊），臺北：「國史館」，2011年，第58頁。

〔註115〕周美華編注：《蔣中正總統檔案：事略稿本》（第51冊），臺北：「國史館」，2011年，第59頁。

〔註116〕周美華編注：《蔣中正總統檔案：事略稿本》（第51冊），臺北：「國史館」，2011年，第69頁。

〔註117〕黃自進、潘光哲編：《蔣中正總統五記：困勉記》（下冊），臺北：「國史館」，2011年，第856頁。

蘭州後，將其與盛世才商議的關於新疆政治、外交、軍事、經濟等各問題向蔣介石做了彙報。

20日，蔣介石電令羅卓英、國民政府航空委員會副主任毛邦初、外交部駐新疆特派員吳澤湘急赴蘭州，安排派員赴迪化與盛世才談判事宜，並擬定收回新疆主權之方案：「一、先派第四十二軍由蘭進駐安西、玉門，以控制哈密俄軍之第八團。二、委派新疆外交特派員，收回外交權歸中央，使俄在新之外交納入正軌。三、肅清新疆共黨。四、令俄軍離新疆境。五、收回迪化飛機製造廠，此對俄、對共之次序也。六、其他黨務特派員、教育廳長與省府秘書長人選確定後，先令其入新疆與盛晤洽後，再加委任發表，以資審慎，總勿使盛疑慮也。」〔註118〕

蔣介石隨即著手進行軍事部署，命令第八戰區長官部在武威成立第29集團軍總部，李鐵軍任總司令，指揮所集中於蘭州、武威、嘉峪關，派胡宗南第42軍由蘭州進駐安西、玉門，〔註119〕遙制哈密之紅八團，並作為國民黨中央進駐新疆的準備。同日朱紹良在蘭州會見胡宗南，朱在會談中透露，「盛世才與蘇聯似已破裂矣，盛可代中央贈馬三萬匹，西北大量發展騎兵。」〔註120〕8月21日，蔣介石於蘭州「擬定新疆進行程序及收回主權方案，研究政治、經濟、交通、國防、科學、工業各項建設要旨。」〔註121〕25日蔣介石「研究新疆金融與派人問題，接見梁寒操談新疆黨務。」〔註122〕

8月26日，蔣介石由蘭州抵達西寧，蔣指示馬氏兄弟要和衷共濟，開闢公路，建設飛機場，以奠定鄰接新疆地區的防衛與開發之基礎，並要求馬氏兄弟要全力支持國民黨中央工作，為中央軍進駐新疆開闢道路〔註123〕。原本馬步青將騎兵師駐紮河西，企圖向新疆擴張勢力，而蔣介石此番親臨西寧指

〔註118〕黃自進、潘光哲編：《蔣中正總統五記：困勉記》（下冊），臺北：「國史館」，2011年，第856頁。

〔註119〕秦孝儀主編：《總統蔣公大事長編初稿》（卷五上），臺北：中國國民黨中央委員會黨史史料編纂委員會，1978年，第181頁。

〔註120〕胡宗南著，蔡盛琦、陳世局編輯校訂：《胡宗南先生日記》（上），臺北：「國史館」，2015年，第147頁。

〔註121〕《蔣介石日記》，1942年8月21日，美國斯坦福大學胡佛研究所藏。

〔註122〕周美華編注：《蔣中正總統檔案：事略稿本》（第51冊），臺北：「國史館」，2011年，第107頁。

〔註123〕高素蘭：《戰時國民政府勢力進入新疆始末（1942～1944）》，《國史館學術集刊》，2008年總第17期。

示，自知軍力有限的馬步青迅即將騎五師從河西撤至青海。蔣介石任命馬步青為柴達木屯墾督辦，此後自甘肅河西走廊至新疆的通道全部暢通，由此奠定經營新疆、西藏的基礎。蔣自記曰：「馬子雲（步青）奉令撤防河西，移駐柴達木屯墾，此則關於統一西北、收復新疆之效用，實非淺鮮，殊為抗戰中最大之成就也。」〔註124〕在蔣介石8月反省錄中也記載：「馬步芳河西駐軍大部已撤退，中央軍接防完妥，此為抗戰與建國、開發西北大根據地之一重大事件也。」〔註125〕

8月26日，蔣介石重要幕僚陳布雷拜謁國民政府主席林森，垂詢外交及邊務等事，陳布雷日記記載曰：

> 對新疆事，謂此時且宜漸漸導之中央化，不汲汲於近功，亦勿計較小利害，尤以開闢交通為首要，而協助地方之建設，如此行之定能有成。對西藏事極注意，謂重要不在新疆問題之下，而處理之艱難或過之。目前亦宜著眼於交通，對其內部政治，只要收回宗主權，即可不必干涉其設施。為國家辦事，應有「成功不必自我」之量，昔年羅文幹、黃慕松之失敗皆因有我見與功名心濃之過也。又謂「謀定後動」之定字最重要，今日中央未始不宵旰以謀，患在未定而輕動耳。〔註126〕

林、陳二人關於新疆西藏的討論，是對於近年來國民政府邊疆政策的肯定，亦能體現蔣介石在收復新疆問題上的堅定態度。

蔣介石本意在巡視青海後，親自赴新疆會晤盛世才，因迪化機場有蘇聯軍隊駐守，情況頗為複雜，出於多方面考慮，29日派宋美齡代為前往，赴新「傳達旨意，慰勞當地軍民，商決保全國家領土主權，還政於中央等問題。」〔註127〕

蔣介石手書致盛世才信函，委託宋美齡親自轉遞，信中說：「千里咫尺，未克面晤為念，今日內子飛新代中慰勞，聊表惓惓之意而已，余托內子面詳，

〔註124〕黃自進、潘光哲編：《蔣中正總統五記：困勉記》（下冊），臺北：「國史館」，2011年，第856頁。

〔註125〕《蔣介石日記》，1942年8月31日，「本月反省錄」，美國斯坦福大學胡佛研究所藏。

〔註126〕陳布雷：《陳布雷從政日記（1942）》，1942年8月26日，香港：開源書局，2019年，第135頁。

〔註127〕蔣介石：《蘇俄在中國》，秦孝儀：《先總統蔣公思想言論總集》（第9卷），臺北：中國國民黨中央委員會黨史委員會，1984年，第93頁。

不盡百一，諸維心照。」〔註128〕29日下午一時，宋美齡在顧祝同、朱紹良、吳忠信、梁寒操、毛邦初、吳澤湘等二十餘人陪同下抵達迪化歐亞機場，盛世才偕夫人邱毓芳及新疆各機關團體、學校婦女代表等到機場迎接，迪化各女校學生及各界民眾列隊歡迎達萬人以上，盛況空前。歡迎儀式結束後，宋美齡在盛世才夫人陪同下入迪化城參觀。〔註129〕參觀後宋美齡抵達盛世才公署，盛向宋美齡彙報了新疆當前政情，宋代表蔣介石對盛氏九年來之治新成績頗多嘉勉，〔註130〕並且就新疆外交、軍事、反蘇、反共等事宜做了安排。盛世才表示：「夫人此次出關，不只使我夫婦感動興奮，更加強為黨國盡忠，為委座效死之心……為國盡忠，為民盡孝，矢志擁護中央，盡忠黨國，絕對服從領袖。」〔註131〕

　　30日，雙方舉行秘密會談，就允許國民黨軍隊進入新疆、籌備設置中國國民黨新疆省黨部等問題達成協議。為了消除盛世才疑慮，吳忠信專門與盛長談兩小時，吳忠信告訴盛，將來新疆各項工作，全由盛決定，只要歸附中央，仍可主政新疆。〔註132〕宋美齡也向隨訪的各國記者表示：「中央堅決相信盛氏，將來新疆各項工作需要中央協助與否，全由盛氏決定」。同日，宋美齡在盛世才夫人邱毓芳陪同下視察新疆省立女子中學，「對今日邊疆婦女教育之驚人發展成就，深表嘉許」〔註133〕，特贈十萬元做建設發展之用。盛世才同日覆函蔣介石：「承蒙賜派尊夫人蒞新指導，惶悚莫名，又承頒行手示，訓誨有加，永銘心版，所有尊夫人轉達鈞座一切意旨，均已敬悉。職今後惟有遵照鈞座一切指示，切實奉行，諸請勿念，至詳情已懇尊夫人回甘回稟。此外，籍便帶呈新省土儀數事，菲物微敬，不成敬意，並請賜收無任，感盼之至。」〔註134〕

〔註128〕秦孝儀主編：《總統蔣公大事長編初稿》（卷五上），臺北：中國國民黨中央委員會黨史史料編纂委員會，1978年，第186頁。

〔註129〕《蔣夫人昨日抵迪，朱司令長官等中央要員同來》，《新疆日報》，1942年8月30日，第1版。

〔註130〕《代表委座視察，蔣夫人飛抵新疆》，《工商日報——西安》，1942年9月1日，第1版。

〔註131〕張大軍：《新疆風暴七十年》（九），臺北：蘭溪出版公司，1980年，第4908頁。

〔註132〕吳忠信著、王文隆主編：《吳忠信日記（1942）》，香港：開源書局，2020年，第90頁。

〔註133〕《蔣夫人關懷邊疆婦女教育》，《新疆日報》，1942年9月18日，第3版。

〔註134〕周美華編注：《蔣中正總統檔案：事略稿本》（第51冊），臺北：「國史館」，2011年，第118頁。

　　9 月 1 日下午，宋美齡等從新疆返回至武威與蔣介石會合，向蔣彙報了與盛世才談判進展。蔣介石致電盛世才：「內子今午回甘，轉達詳情，恍如面晤，欣慰之至。日間巡視各地途中匆促，未克詳告，一俟回渝，再行奉達。承蒙嫂夫人盛情招待，內子特囑代謝。」〔註135〕盛回電曰：「寧電論一切奉悉，夫人平安抵甘，深慰遠懷，惟此次夫人蒞新，正愧招待不周，極感歉仄，奉電言謝，更覺惶悚，謹電奉覆。」〔註136〕這些蔣盛之間的往復電函看來，兩人之間關係有所改善，並有了一定的默契。宋美齡替蔣飛赴新疆，傳達「意旨」，蔣介石盛讚「吾妻獨飛迪化，以安盛氏內向之心，尤為難能也」。〔註137〕

　　蔣介石此時仍擔心新疆地區蘇聯軍隊撤出與國民黨河西部隊快速進駐問題，擔心「盛多疑不決，心神不安，與其神經刺激受病之可慮，應預防萬一之變化。」〔註138〕因此蔣介石電令仍在迪化的第八戰區司令長官朱紹良：「刻接財部電已匯美金一十萬元於新疆省府，專備中央人員兌換新幣之用，請與晉庸（盛世才）兄接洽。」〔註139〕以對盛加以籠絡。5 日上午，蔣介石在西安接見李宗仁、蔣鼎文、孫連仲等高級將領，在會談時談到剛剛巡視河西與寧夏的收穫：「本周巡視河西與寧夏，對於新疆與內蒙一般情況，亦得明瞭，將來處置決策，較有把握矣。」〔註140〕當日下午，蔣介石與宋美齡商談盛世才歸附國民黨中央問題，蔣介石得出結論「新疆盛晉庸（盛世才）對中央心理，已無恐懼之心，惟此一點已收成效，吾人一以誠意待之，至其結果成敗，固不計也。」〔註141〕事實上，經過宋美齡親赴新疆傳達「意旨」，消除了盛世才疑慮，國民黨中央派駐新疆的軍隊、黨務、外交人員行事更為順暢。

〔註135〕周美華編注：《蔣中正總統檔案：事略稿本》（第 51 冊），臺北：「國史館」，2011 年，第 133 頁。
〔註136〕周美華編注：《蔣中正總統檔案：事略稿本》（第 51 冊），臺北：「國史館」，2011 年，第 134 頁。
〔註137〕《蔣介石日記》，1942 年 9 月 30 日，「本月反省錄」，美國斯坦福大學胡佛研究所藏。
〔註138〕《蔣介石日記》，1942 年 9 月 2 日，美國斯坦福大學胡佛研究所藏。
〔註139〕周美華編注：《蔣中正總統檔案：事略稿本》（第 51 冊），臺北：「國史館」，2011 年，第 138 頁。
〔註140〕黃自進、潘光哲編：《蔣中正總統五記：困勉記》（下冊），臺北：「國史館」，2011 年，第 859 頁。
〔註141〕《蔣介石日記》，1942 年 9 月 5 日，美國斯坦福大學胡佛研究所藏。

在 9 月 6 日召開的西安軍事會議開幕式上，蔣介石向在場的高級將領通報了目前新疆的政治情形：「從前的新疆，黨旗是沒有的，黨部是沒有的，中央派去的人也是有限的。現在一切情形都整個的改變過來了。黨部組織了，黨旗也到處可以看見了，外交人員、黨務人員和軍政人員，都要由中央委派了。這種轉變的結果，不但增加了抗戰的力量，而且奠立了我們大後方建國的基礎。」〔註142〕從蔣關於新疆政情的表態中可以看出，此時蔣對於收服盛世才和國民黨實際控制新疆已經有了極大的自信。

1942 年底至 1943 年初，蔣介石在新疆軍事、黨務、宣傳方面進行了全面部署。穩定新疆政局，軍事部署是關鍵所在。為鎮壓阿勒泰地區烏斯滿暴動集團，蔣介石派新編 48 師進駐奇臺縣，新編 45 師分駐哈密、鎮西、吐魯番一帶，預備第 7 師進駐迪化老滿城、伊犁。〔註143〕國民黨中央軍進駐在哈密、鎮西（巴里坤）、奇臺、迪化一線及阿勒泰等地，控制了北疆各戰略要地，並以迪化為中心，分散兵力，佈防於天山南北之戰略要地，徹底打消了盛世才「獨立新疆」的念頭，盛世才在宣傳口調、行政安排上也都極力向國民黨中央靠攏。

三、逐步強化統治

「中央軍之入新，對新疆的動亂有極大的安定力」〔註144〕。盛世才歸附國民政府後，麥斯武德、艾沙、穆罕默德·伊敏等泛伊斯蘭主義、泛突厥主義分子，上書國民政府並要求新疆獨立，他們主張操突厥語族的民族聯合起來，建立一個獨立的伊斯蘭教國家。「此種要求，形同割裂中國領土，背後必有人支持，」基於防止領土分裂的考慮，唐縱建議「準備對新事宣傳要領，同時從速完成部隊進出新疆之各項準備。」〔註145〕「甘寧新均為回教民族，如敵人控制甘寧新以與土耳其、阿富汗相呼應，則大局影響甚大，因此更有置重兵

〔註142〕蔣介石：《西安軍事會議開幕詞》（西安，1942 年 9 月 6 日），秦孝儀：《先總統蔣公思想言論總集》（第 19 卷），臺北：中國國民黨中央委員會黨史委員會，1984 年，第 231 頁。

〔註143〕張大軍：《新疆風暴七十年》（九），臺北：蘭溪出版公司，1980 年，第 5126 ～5128 頁。

〔註144〕張大軍：《新疆風暴七十年》（九），臺北：蘭溪出版公司，1980 年，第 5128 頁。

〔註145〕《唐縱日記》（1942 年 9 月 23 日），唐縱：《蔣介石特工內幕——軍統「智多星」唐縱日記揭秘》，北京：團結出版社，2011 年，第 188 頁。

於新疆之必要。」〔註 146〕因此國民黨中央軍進駐新疆，對於維護祖國領土完整大有裨益，也是國民黨安定統治的根基。

在黨務方面，蔣介石力圖要「黨化新疆」，命令國民黨中央委員賀衷寒親自挑選赴新疆黨務人員，蔣親自接見並發表指示。蔣介石說：「各位入新之後，所在地區不一，業務各殊，然一切言論、行動、主張、態度，必須統一於黨，徹底執行黨的決議，服從黨的領導。」〔註 147〕1942 年 12 月 28 日，中國國民黨第五屆中央執行委員會決議重建國民黨新疆省黨部，「以盛世才為主任委員」〔註 148〕，同時任命盛為第八戰區副司令長官，受朱紹良軍事領導。1943年 1 月 16 日，國民黨新疆省黨部正式成立，在賀衷寒、朱紹良監誓下，盛世才宣誓就職新疆省黨部主任，盛在誓詞中說：「竭誠服從總裁命令，實行三民主義，完成抗建大業。」〔註 149〕新疆省黨部的建立，標誌著國民黨統治新疆有了穩定的統治機器，對蔣介石抗戰建國大業來說也具有一定積極影響，盛坦言：「它意味著新疆在政治方面，是由六大政策的政治路線，走向三民主義的政治路線；在軍事方面，是把反帝軍，改為國民革命軍；在發展文化方面，是由發展以民族為形式以六大政策為內容的民族文化的階段，轉向發展以民族為形式以三民主義為內容的民族文化階段」〔註 150〕。

國民黨通過新疆省黨部迅速發展黨員並建立各級組織以控制新疆。新疆省黨部重建後，在組織方面、訓練方面、宣傳方面、黨團指導方面迅速展開工作，僅 1943 年新疆共成立 31 個縣黨部，84 個區黨部，460 個區分部，808個小組。〔註 151〕省黨部下屬各級組織的建立，使國民黨在當地發展了一批力量，表明國民黨在新疆已邁出一大步。為培訓幹部，國民黨在新疆成立中央訓練團新疆分團，在 1943 年舉辦三期訓練班，共訓練幹部 580 名左右，學員

〔註 146〕 《唐縱日記》（1942 年 9 月 24 日），唐縱：《蔣介石特工內幕——軍統「智多星」唐縱日記揭秘》，北京：團結出版社，2011 年，第 188 頁。

〔註 147〕 蔣介石：《對派赴新疆工作同志之指示》（重慶，1942 年 12 月 21 日），秦孝儀：《先總統蔣公思想言論總集》（第 19 卷），臺北：中國國民黨中央委員會黨史委員會，1984 年，第 404 頁。

〔註 148〕 秦孝儀主編：《總統蔣公大事長編初稿》（卷五上），臺北：中國國民黨中央委員會黨史史料編纂委員會，1978 年，第 266 頁。

〔註 149〕 《新疆省黨部宣告成立》，《西北文化日報》，1943 年 1 月 17 日，第 1 版。

〔註 150〕 盛世才：《四月革命的回顧與前瞻》，《新新疆》，1943 年第 1 卷第 1 期，第26 頁。

〔註 151〕 王中新：《國民黨新疆省黨部活動述論》，新疆大學碩士學位論文，2005 年，第 30 頁。

畢業後多擔任各級黨政幹部，國民黨勢力開始自迪化逐漸深入全疆各地，「這些受訓學員畢業後，很快就分布到新疆各基層，成為當地社會的骨幹。這不僅對鞏固與建設新疆做出了重要貢獻，而且對維護國家統一與整合抗戰資源也具有重要意義。」〔註152〕

在清共方面，蔣介石始終不遺餘力。蔣介石認為過去盛世才親蘇給中共在新疆發展和聯繫蘇聯方面提供便利，「新疆一般公務人員，深受共黨擾亂威脅之苦」，婦女界「受共黨之迷惑甚深」〔註153〕，蔣對中共在新疆的活動深惡痛絕，「（中共）阻礙我黨務之進展者至大，今後務須努力克服，始能達到實行主義之目的。」〔註154〕1943年3月，蔣介石在召見軍法執行總監部派遣的「新疆審判團」重要成員時指出：「對於中共重要人員，應判極刑，對於其他重要人員，也應嚴懲」，「務必肅清中共在新疆的力量」〔註155〕。1943年9月27日，在蔣介石支持下，盛世才將中共在新疆的重要領導人陳潭秋、毛澤民、林基路秘密殺害。

蔣介石在考慮如何更穩定地控制新疆時，絲毫不忘宣傳工作，1942年8月23日在蘭州專電王世杰：「新疆應即籌辦《新疆日報》或派員接替其現有日報，並速由中央通訊社選派卓有成績之記者，常駐新疆工作。整個對新宣傳計劃，希即研擬呈報為要。」〔註156〕隨後大批宣傳人員入疆，接管廣播電臺和新疆日報社，掌握宣傳主動權。

在國民政府政治與軍事雙重威懾下，在蔣介石精神感召、恩威兼施下，盛世才與國民政府代表朱紹良達成協定，盛擔任新疆省政府主席，兼國民黨新疆省黨部主任、新疆邊防督辦、第八戰區副司令長官等職，新疆由此納入中央統一的戰區體系當中，統歸國民政府統一管轄。蔣堅忍在總結蔣介石此

〔註152〕敖凱：《國民黨中央訓練團新疆分團創立之經緯》，《民國檔案》，2018年第3期。

〔註153〕蔣介石：《對派赴新疆工作同志之指示》（重慶，1942年12月21日），秦孝儀：《先總統蔣公思想言論總集》（第19卷），臺北：中國國民黨中央委員會黨史委員會，1984年，第404～405頁。

〔註154〕蔣介石：《對派赴新疆工作同志之指示》（重慶，1942年12月21日），秦孝儀：《先總統蔣公思想言論總集》（第19卷），臺北：中國國民黨中央委員會黨史委員會，1984年，第404頁。

〔註155〕《新疆冤獄始末》編寫組：《新疆冤獄始末》，北京：中國青年出版社，1990年，第159頁。

〔註156〕《蔣中正致王世杰電》（1942年8月23日），臺北「國史館」藏，《蔣中正總統文物》，典藏號：002-070200-00015-062。

次西北巡視時說道：「蔣委員長這次的視察，解決了中國歷史上最大的問題
——新疆省問題，確立了民族復興的基礎。」〔註157〕蔣介石在 1942 年底的
總反省錄中感嘆：「新疆省主席兼督辦於七月間公開反正，歸順中央，效忠黨
國，而河西走廊馬步青軍隊，亦完全撤退於青海。於是蘭州以西直達伊犁直
徑三千公里之領土，全部收復，此為國民政府成立以來，最大之成功」。〔註
158〕而隨著 1944 年盛世才被調離新疆，國民政府在新疆的人事任命、黨化教
育、資源開發更加遊刃有餘，再無掣肘。

　　盛世才以武力起家，憑藉其手中的軍事力量，在中蘇政府間見風使舵，
千方百計維護其權力和地位，其本人兇殘、多疑，以殘酷手段統治新疆多年，
為達目的可謂不惜一切代價。新疆的戰略地位和資源儲備十分重要，作為「最
高領袖」的蔣介石決不甘於盛世才這樣的「危險分子」長期控制新疆，因此
在政治時機有利的情況下，蔣介石剛柔相濟，積極作為，果斷收服盛世才，
使國民黨中央完全控制新疆，避免了領土分裂，維護了國家統一。但是盛世
才在新疆的殘酷統治和積極反共，亦是貫徹蔣介石「意旨」，這也突出蔣介石
反蘇、反共的政治本質。

第四節　戰後定都選址與巡視青遠軍

　　近代以來，中國始終處於外敵侵略威脅之下，而國都建設更事關國之大
者。抗戰後期全民族抗戰勝利在望，民國學界以及政治界在建都問題上展開
激烈爭論，各方從政治、經濟、文化、國防以及各自代表的利益出發，提出自
己的建都理念。論者從國防、經濟建設、自然條件、歷史遺產分析，主張可以
建都的城市有南京、西安、成都、重慶、蘭州、長沙、武漢、洛陽、濟南、北
平、長春等。雖然這次建都論戰沒有最終的結果，也沒有直接影響到國民政府
建都的決策，但從中卻折射出諸多問題，反映了戰時和戰後國人在國家定位和
國際關係上的複雜心態。〔註159〕

〔註157〕《重慶的西北工作與其將來》，《申報》，1942 年 12 月 31 日，第 3 版。
〔註158〕《蔣介石日記》，1942 年 12 月 31 日，「三十一年總反省錄」，美國斯坦福大
　　　　學胡佛研究所藏。
〔註159〕關於抗戰後期建都之爭的研究，學界已有諸多研究，徐暢《抗戰後期建都論
　　　　爭》(《民國檔案》，2004 年第 3 期)全面論述抗戰期間建都論爭問題的論文，
　　　　史料來源上以《大公報》《新中華》《東方雜誌》的報導等為主，建都地點上

在此背景下，1945 年 6 月底，蔣介石巡視西北漢中、天水、西安等城市，一方面巡視青年遠征軍組建及整訓情況，另一方面就戰後建都問題展開實地調研巡視。通過巡視，蔣介石對漢中、天水等陌生城市加深瞭解，認為西安建都的條件愈發成熟。

一、抗戰後期的建都論爭與各方博弈

總體來講，北平與南京的南北之爭夾雜了更多政治色彩，而西部各地與南京的東西之爭則集中體現了理念和原則衝突。建都之爭初起時，爭論主要在學界範圍內進行，大家都較為認真地探討建都的一些基本原則和標準。到了後期，隨著北平政治集團和南京政治集團的加入，論戰才越來越充斥了政治氛圍。

對於西北地區的主要城市西安、蘭州來說，亦是國人較為關注的建都城市。〔註 160〕張君俊認為集中全國的人力和物力開發大西北，將國都建在西北，是開發西北建設和西北的重要推動力之一，「我們力主西安建都，是因為要開發西北，我們主張開發西北，不是為西北而西北，乃是為開發整個中國北部而先從西北下手……若要建設中國北部，非從西北下手不可，須知西北乃中國北部託命之心臟。」〔註 161〕張君俊認為西安對於中國北方的重要性不言而喻，「開發西北有三個聯繫的問題：一是中央直接的監督。二是充足人力之供給，三是充足資金之供給，這三個條件，皆須建都西安始有解決之可能……故建設西北水利，開發西北交通，利用西北的資源，擴充西北的農墾，興盛西北的牧畜，無不在了有待於西安建都，然後才能發生絕大有利之效果。」〔註 162〕

涉及重慶、蘭州、西安、長沙、洛陽、南京、濟南、北平、長春等地；方法論上運用國防、經濟建設、自然條件、歷史遺產角度進行分析；得出的結論是反映了論戰者戰時心態、建國理念、對戰後國際形勢的判斷和如何利用傳統歷史資源等問題。王明德《抗戰後期的擇都之爭》(《甘肅社會科學》，2010 年第 2 期) 該文運用 1943 到 1946 年的部分史料分建都地點爭論、國防建都論、經濟建都論、歷史地理論、陸都論、海都論等觀點進行了論述；文章認為這場爭論反應了國難之時對國家民族命運的關心，顯示了學者參與政治的熱情。

〔註 160〕相關研究有：彭南生、邵彥濤：《民族命運共同體話語下的「蘭州中心說」》，《人文雜誌》，2011 年第 1 期；彭南生、邵彥濤：《陸地中國還是海洋中國？——民國時期第四次建都論戰中的東西之爭及其內涵》，《人文雜誌》，2014 年第 2 期。何科：《抗戰後期的西安建都論》，《西安文理學院學報 (社會科學版)》，2012 年第 2 期。

〔註 161〕張君俊：《西安建都與西北開發》，《輿論》，1941 年第 2 卷第 8 期。

〔註 162〕張君俊：《西安建都與西北開發》，《輿論》，1941 年第 2 卷第 8 期。

　　1943 年後，國內建都論爭升級，張君俊再次從西安歷史地位和戰略重要性出發，系統分析西安建都的重要性和歷史意義。從歷史維度看，漢唐建都長安展現華夏之國威，「聲威大震，四夷慴伏，海外諸國，相繼來朝」〔註163〕，從地勢人力因素來看，「陝西地勢乃高屋建瓴」有利於控制四方，他突出強調西安在國防、軍事、經濟、民族方面的重要性，從以下諸方面展開詳細論述：「首都永奠一勞永逸、政治心理平均發展、民族氣節自應提高、海軍有無皆宜內陸、險要天成易守難攻、防空第一首都第一、西北敵人未雨綢繆、根治黃河永固北方、開發西北人力第一、北宜工業南宜農業、重工業原料多產北方、北方建都長治久安、優秀民族皆在北方、改造民族最妙法門、民族感情即可調和、陸主海隨國策正確、掩護建設基本要圖、強民悍祖統治秘訣。」〔註164〕張君俊特別強調優秀民族與地理環境的調整問題，若建都西安，「即民族本身，屬於素質的改造，也可以迎刃而解了」〔註165〕。

　　歷史學家錢穆以文化史形態的觀念論述了建都西安的緊迫性。他認為，秦漢、隋唐國都在西北為進取期，宋元明清則為退嬰期，在他的內心深處是對漢唐盛世精神的追逐，渴望用漢唐盛世精神來實現國家未來精神復興：「時賢目光所視，在目前之靜態在二三十年之近事，於國內然，其於世界亦然。中山先生則洞視及於千百年以上，千百年以下，不僅與國內，抑且於全球。攝其動勢，略其靜態，漢唐盛世，中國固非開西北之大門以出與天地周旋乎？」〔註166〕

　　此外，丘良任通過分析西安在工業、國防、民族精神的角度，龔德柏從農業與人口發展的角度，柯璜從地理、生理、心理的角度，鄭勵儉從國防交通的角度，史念海從歷史的角度出發，皆深刻闡釋建都西安的重要性與緊迫性〔註167〕。

　　在國內學術界對西安建都必要性展開激烈討論的同時，作為國家領袖的

〔註163〕張君俊：《西安建都之研究》，《東方雜誌》，1943 年 11 月第 39 卷第 17 期。

〔註164〕張君俊：《西安建都之研究》，《東方雜誌》，1943 年 11 月第 39 卷第 17 期。

〔註165〕張君俊：《西安建都之研究》，《東方雜誌》，1943 年 11 月第 39 卷第 17 期。

〔註166〕錢穆：《論首都》，《東方雜誌》，1945 年總第 41 卷第 16 期。

〔註167〕時人關於戰後建都問題的爭論，詳見康國棟：《戰後建都論叢》，重慶：人文書店，1944 年；新中華雜誌社：《中國戰後建都問題》，上海：中華書局，1944 年。王克編：《建都論戰》，臺北：文海出版社，1974 年。以及丘良任：《建都問題再商討》，《中外春秋》，1944 年第 2 卷；史念海：《婁敬和漢朝的建都》，《東方雜誌》，1944 年第 40 卷第 1 期。

蔣介石亦考慮西安地處中國地理交通經濟重心：

> 國防中心，必在四川。先使東北與四川之水路交通發展為第一義：而首都當在西安，以其對東北至同江，對西北之伊犁之距離相等，北至庫倫，至（與）南至瓊州之距離，亦相差無幾。且關中沃野千里，有高峻之南山，直通大河之渭水，而其緯度則在三十五度，無論氣候、地理與經濟之條件，無不具備，將來黃河修濬以後，當使輪船直入渭水，或至潼關，則水陸交通，更完備矣。此中華民族發祥之古都，實為我民族復興天然之基地，又以天府四川為其後方，是欲另覓一首都如西安者，現在再無如此適宜之地矣。〔註168〕

民國初年，孫中山在《實業計劃》中規劃蘭州是中國鐵路系統的中樞，這裡將有十三條鐵路匯合於此。進而在《總理遺教》中他又提出海都南京和陸都蘭州的建議，對蘭州給予了極高的評價和期望。全面抗戰爆發後，隨著民族危機的進一步加深，蘭州的戰略地位更為重要，備受國人關注，「蘭州是甘肅的省會，負山帶河，形勢很為雄壯。地位恰當全國的中心，從此東到海濱，西到帕米爾高原，南到雲南的河口，北到蒙古的恰克圖，路線長短都差不多，這裡是隴海鐵路的終點，全國公路網的會集點，而空路又曾為滬蘭線、蘭包線的中心，在交通上占重要地位」。首任市長蔡孟堅預言蘭州為「未來之陸空交通中心……必將發展為一個國際的都市」，第二任市長孫汝楠提出要將蘭州建成「田園化都市」，建成西北人文薈萃之區。

抗戰後期關於「建都蘭州論」亦有諸多爭論。張其昀認為，「在中國之版圖上，求一疆域之中心，四至八到道里維均者，即為蘭州」，「二金者（指南京和蘭州，南京古稱金陵，蘭州古稱金城）建國大業之要領也。」〔註169〕張其昀列舉了蘭州的十個特點，分別是大陸中心、半壁樞紐、水利淵藪、林牧寶庫、織造巨鎮、石油總站、貿易焦點、鐵道動脈、各族會堂、國際名都。作者特別提到蘭州「夏季氣候爽適宜人，無蚊蠅之擾，終歲可服呢絨，而泉甘土肥，麥粉煙草品質至佳，羊肉羊乳之廉美，尤為他處所未見，宜其為歐人所欣慕，洵為一國際之名都。」並認為今後陸都蘭州規模之宏遠，將遠超漢唐盛世之金城，「建國宏業之完成，要當賴我國民皆能深體陸都之新使命，奮發有為，

〔註168〕《蔣介石日記》，1943年9月3日，美國斯坦福大學胡佛研究所藏。
〔註169〕張其昀：《陸都蘭州》，《大公報》（重慶），1942年10月12日，第2版。

克服環境，以集成我先民建國之精神於茫茫大陸之上也。」〔註170〕

朱文長認為：「建都西北的主要精神是進取的，而不是退罷的。到西北來是招艱難困苦的，不是求舒適安全的……正因為西北威脅大，我們更應該面對他，而不當躲避。……而且事實上如果由於建都蘭州而控制住新疆，則蘭州距西北邊境的距離約與距海南省相等，我們方嫌太遠，怕什麼呢？」〔註171〕就蘭州與西安的比較，他認為：「誠然，就眼前看起來，不論是交通、農業、水利，蘭州都不如西安。但是我得提醒張先生，要論這些，不論哪一點西安在眼前都還趕不上南京。我們既然以超越這些小事的遠大理由贊成建都西北而不建都南京，則因蘭州一時交通、農業、水利上的不如西安，能成為其不合建都的理由嗎？而且正相反，恰正為有著這種事實，我們才更應該建都蘭州。」〔註172〕

但是建都西安亦或蘭州建都論仍然只是停留在思想層面。「近代以來，中國自覺不自覺地展開了海洋化過程，中央政府在治國方略上發生根本性的轉變，並將其重心放在代表現代化的沿海地區，很大程度上造成了內陸與西部地區的邊緣化。」〔註173〕因此，抗戰後期學界、政界對於建都西北大多持懷疑和反對態度，從政治、經濟、氣候、民族等方面提出疑義，沙學浚在《西安時代與北平時代》一文中認為：「唐中葉以前，中國的國防重心在關中，故宜定都長安，自唐中葉以後，國防中心漸移河北，……海洋民族、海洋國家、挾其堅甲利兵，與海洋權力，從海上侵入中國，中國歷史發展的重點，因此而做一百八十度的轉變，由面向西北，變為面向東南，這是東方的海洋時代的開始。」〔註174〕

擇都之爭是社會各界主要是學者廣泛參與的一場關於建都與國家未來發展問題的學術爭論活動。在這場爭論中，新說迭出，名篇紛呈，各具匠心，別有氣勢〔註175〕。對於建都的政治實際來說，學界和政界的種種爭論實然無關鍵性影響，作為抗戰時期的最高領袖，蔣介石的政治思考才是決定建都實際的關鍵。基於此，在抗戰即將接近尾聲之際，蔣介石開始考慮戰後定都問題，在蔣心中有兩個地點可供選擇。一是舊都南京，國民政府在此經營十年，

〔註170〕張其昀：《陸都蘭州》，《大公報》（重慶），1942年10月12日，第2版。

〔註171〕朱文長：《戰後應建都蘭州》，《東方雜誌》，1943年第39卷第16號。

〔註172〕朱文長：《戰後應建都蘭州》，《東方雜誌》，1943年第39卷第16號。

〔註173〕彭南生、邵彥濤：《陸地中國還是海洋中國？——民國時期第四次建都論戰中的東西之爭及其內涵》，《人文雜誌》，2014年第2期。

〔註174〕沙學浚：《地理學論文集》，臺北：商務印書館，1996年，第115～133頁。

〔註175〕王明德：《抗戰後期的擇都之爭》，《甘肅社會科學》，2010年第2期。

各類設施設備都很弄全，環境也為各高級官員所熟悉，戰後還都理所當然。二是遷都西安，西安歷史底蘊深厚；地理上處於中國行政區劃的中心位置，便於統轄各省；軍事上，西安東臨黃河、南靠秦嶺，兩道天然屏障，使外敵易守難攻，有廣闊的戰略縱深。

1945 年 5 月 23 日，蔣介石與戴季陶同遊廣陽壩，歸途中談起首都地點之選擇與歷代地方制度，蔣明確表示「余意今後首都。一、仍回南京。二、或遷西安，以長安與咸陽合併建立都城也」〔註176〕6 月下旬，蔣介石計劃至漢中巡閱青年遠征軍第 206 師，並順道往西安視察。

二、戰後定都選址

蔣介石此番出巡，視察了漢中、天水、西安、赤水等地，檢閱了青年遠征軍第 206 師和赤水第一師部隊，並與各地黨政軍高級人員談話，廣泛瞭解各地政情、軍情與民情，收穫頗豐。對於最關注的戰後首都選址問題，蔣介石在巡視後心裏基本確定以西安為國都。

1945 年 6 月 28 日 16 時半，蔣介石專機由重慶九龍坡起飛，18 時半抵漢中，駐節漢中行營。晚在行營聚餐，與魏德邁談話，聽其視察陝、甘、綏報告。29 日 8 時，蔣介石到 616 兵團閱兵訓話。10 時後回行轅看漢中府志與地圖，巡視專員公署。16 時到北門外白羊觀天台山麓軍官第一分校原址、青年遠征軍第 206 師師部檢閱訓話，與士兵聚餐，在漢中行營，蔣介石召見第 10 軍及第 206 師高級將領，以示慰問〔註177〕。

在面對青年遠征軍第 206 師的講話中，蔣介石敘述個人入伍從軍和立志革命的經過，並對青遠軍提出以下期望：「一、青年遠征軍官兵所負的責任，非常重大，要加緊學習，努力奮鬥，要做全國官兵的模範。二、軍隊乃是國家最基本的力量，從軍入伍乃是國民最大的光榮。國家如果沒有軍隊，必失其獨立，國民如果不作軍人，不能發展其才智，為國家盡大忠，為民族盡大孝。三、要加緊鍛鍊技能，嚴守紀律，服從命令，親愛精誠，互助合作，同生死共患難，來共同完成我們抗戰建國的使命。」〔註178〕蔣介石最後鼓勵

〔註176〕《蔣介石日記》，1945 年 5 月 23 日，美國斯坦福大學胡佛研究所藏。

〔註177〕《蔣介石日記》，1945 年 6 月 29 日，美國斯坦福大學胡佛研究所藏。

〔註178〕蔣介石：《自述從軍之經歷與對於青年遠征軍之期望》（漢中、天水，1945 年 6 月 29、30 日），秦孝儀：《先總統蔣公思想言論總集》（第 21 卷），臺北：中國國民黨中央委員會黨史委員會，1984 年，第 157～160 頁。

青遠軍將士：「抗戰到現在已八年了，光明已經看見，勝利的曙光已經顯露，敵人的崩潰已經沒有問題了。但各位要知道：勝利不可坐致，而必須以血肉來爭取。尤其是要靠我們軍人，——特別是青年遠征軍的官兵——努力奮鬥，消滅敵人，然後才能獲得真正的勝利，亦才能求得我們中國真正的自由平等！」〔註179〕

到漢中後，蔣介石「視察漢中形勢，得窺其全貌。此為十年來之心願，今始得償也，從此對於首都之地點，乃可決定其大體矣」〔註180〕7月1日，上午會見李宗仁，在白羊觀攝影，視察士兵宿舍與病院。

7月1日12時蔣介石旋即飛赴天水，巡視騎兵學校，召見黨政軍人員，對第617團訓話，巡閱鐵路西站，再到伏羲廟視察榮譽軍人工廠。通過漢中天水之行，蔣介石對西北建都地址的選定有初步瞭解，他記載：「漢中天水之行，實為建都地點不能決定之故，故必須親赴實地視察，亦為數年來之一宿願也，今幸得償此願，而於我定都之計劃，補益甚大也」〔註181〕。但是漢中、天水之城市建設、規模、經濟支撐皆不能與西安相提並論，因此在天水短暫停留後，蔣介石於1日20時抵西安，駐節王曲常寧宮別墅。

蔣於7月2日9時到閱兵場參加第7軍官分校第19期生畢業典禮。正午約記者在青龍嶺聚餐談話，4日8時由王曲出發，9時到小雁塔長官部約見美員，指示中美軍事合作及整軍方法。蔣介石對於西安之感頗為複雜，這裡是統合西北的重要城市，亦是西安事變爆發之地，蔣介石抵達西安即前往被幽禁之地，感想自不待言：「唯有感謝上帝保佑我，今日尚能為國家人民以及為上帝意旨服務也。」〔註182〕在省府召見各廳委並接見當地耆紳後，即啟程往飛機場，路途中蔣介石也感慨萬千，「市民夾道歡呼，擁擠不堪，其竭誠狀態，處於情不自禁也。市民與余得能在西安相見，隔世之感深信彼此皆同乎，故想念更切」〔註183〕。13時半回渝寓。

〔註179〕蔣介石：《自述從軍之經歷與對於青年遠征軍之期望》（漢中、天水，1945年6月29、30日），秦孝儀：《先總統蔣公思想言論總集》（第21卷），臺北：中國國民黨中央委員會黨史委員會，1984年，第160頁。

〔註180〕《蔣介石日記》，1945年6月30日，「本周反省錄」，美國斯坦福大學胡佛研究所藏。

〔註181〕《蔣介石日記》，1945年6月30日，「本月反省錄」，美國斯坦福大學胡佛研究所藏。

〔註182〕《蔣介石日記》，1945年7月4日，美國斯坦福大學胡佛研究所藏。

〔註183〕《蔣介石日記》，1945年7月4日，美國斯坦福大學胡佛研究所藏。

此次西北行雖說短暫，蔣介石基本確立定都西安，並設計將西安與漢中、天水聯繫起來，7月7日，蔣介石在上星期反省錄裏明確表示「天水、西安之巡視，又增添余不少之見聞，天水之行更覺有益，此行乃可決定首都當在西安，而非與漢中打成一片，切實聯繫，則西安未能稱為安固也。」〔註184〕

三、國府還都

抗戰勝利後定都問題旋即被提上議事日程，各界要求國民政府盡快還都的呼聲十分強烈，而此時的「擇都」之爭也進入高潮時期，需要蔣介石及國民政府盡快決策。1945年8月23日，蔣介石「與稚老談話，彼又提大事小做之言，主張還都與國民大會必須於年內實行，願明年為一新生更始之年」〔註185〕，蔣表示贊同。此後蔣介石多次就還都問題進行研究，多次考慮「還都方針之研究」，「還都時期及首都地點之研究」〔註186〕。9月12日，蔣介石與戴季陶談首都問題：「彼謂人傑則地靈，南京、北京與西京皆可建首都，要在人為何如耳。余最近以為此後建國，當重東北，為便於控制東北與美國軍事配合計，十年之內軍事基本與機構，不能不在北京也，乃決照明代例，南、北兩京並重，而重慶之陪都，仍留政府各部會之組織也，西京首都之主張，則待十年後再作決定可也」〔註187〕。從蔣、戴交談可見，雖然北平、東北軍事國防地位重要，但是此時遷都亦不合時宜，西安作為首都候選，也已經被蔣介石否定。

關於定都何地，學界的學理性討論，只能作為蔣介石的參考，執掌黨政最高權力的蔣介石則是具有最終決定權。王明德對此有精闢論述，蔣介石在戰後建都問題上有自己的主意。江浙地區是他的統治重心和力源所在。儘管日本的入侵對他的統治基礎構成了嚴重破壞，但靠著美國人的幫助，他很快恢復了對中國本部廣大區域的統治，特別是華東、華南、華中是他志在必得的地方，也最早進入他的統治範圍。而當時的北平和西安則處於中共武裝力量的戰略包圍之中。要蔣介石還都北平或西安，不能不有所顧忌。而且長江

〔註184〕《蔣介石日記》，1945年7月7日，「上星期反省錄」，美國斯坦福大學胡佛研究所藏。

〔註185〕《蔣介石日記》，1945年8月23日，美國斯坦福大學胡佛研究所藏。

〔註186〕《蔣介石日記》，1945年8月25日、9月1日，美國斯坦福大學胡佛研究所藏。

〔註187〕《蔣介石日記》，1945年9月12日，美國斯坦福大學胡佛研究所藏。

流域及東南沿海，素為英、美的勢力範圍，還都南京對於決心投靠美國的蔣介石來說，更易於他們之間的合作。而西北和東北，則受蘇聯影響較深，多數地方已處在中共的控制下。建都北方顯然為蔣介石所不願。再則，南京為法定首都，自孫中山定都南京時起，就成為民國的一種象徵。不能因為日軍的入侵而輕易改變南京的首都地位，以民國正統自居的南京政府，更需要還都南京以正名分，法統重光，繼續它對全國的統治。〔註188〕

　　直到重慶談判後，「國府還都」〔註189〕南京事宜再次被提上日程，經過艱難曲折的籌備，1946年5月，國民政府正式還都南京，蔣介石「告誡軍民同胞，應時時不忘日人過去之侵略，應為東北領土主權之完整，繼續努力，自強不息，以保持勝利戰果，繼承抗戰精神，完成建國大任」〔註190〕。

〔註188〕王明德：《抗戰後期的擇都之爭》，《甘肅社會科學》，2010年第2期。

〔註189〕關於「國府還都」相關研究，可參見劉曉寧：《國府還都》，南京：南京出版社，2015年。朱英：《試論抗戰勝利後的「國府還都」》，《江蘇社會科學》，2020年第4期。

〔註190〕黃時樞編：《還都南京》，上海：上海大成出版公司，1948年，第25頁。

圖一　1942年8月28日蔣介石（中）巡視甘肅玉門油礦

圖片來源：臺北「國史館」、臺灣「國防部」、臺灣「中華戰略學會」

圖二　1942年蔣介石（前右六）巡視寧夏省省政府

圖片來源：臺北「國史館」、臺灣「國防部」、臺灣「中華戰略學會」

圖三　1938年4月中國國民黨在武昌舉行
第五屆臨時全國代表大會，通過《抗戰建國綱領》

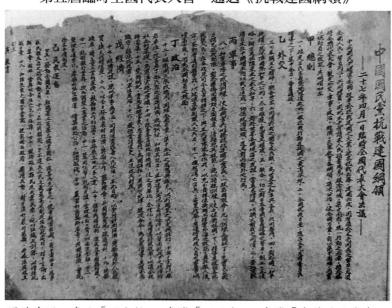

圖片來源：臺北「國史館」、臺灣「國防部」、臺灣「中華戰略學會」

圖四　蘭州興隆山蔣介石別墅

圖五　蘭州興隆山蔣介石別墅

蔣介石別墅位於榆中縣興隆山棲雲山麓，1942 年建成。為磚木結構二層小
樓，建築面積281.58平方米。設陽台、壁爐。一層進門有樓廳、候見室、侍
從人員休息室、會議室。二層有小會議室、小辦公室、機要室、臥室、化妝
室、洗滌間、衛生間。1942 年 8 月中下旬，蔣介石偕夫人宋美齡與隨員居
住。蔣介石在此召開軍事會議，與會者有張治中、朱紹良、白崇禧、顧祝同
等戰區司令長官，會期三天。

圖六　西安常寧宮

圖七　西安常寧宮

圖八 西安常寧宮

圖九 西安常寧宮

圖十　西安常寧宮

圖十一　西安常寧宮

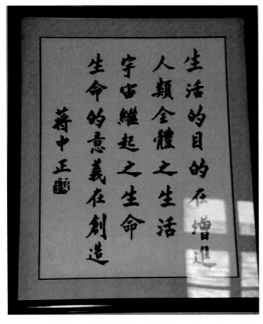

位於長安區（原長安縣城）正南五公里處，臨山望水，景色怡人。此處原為
唐朝皇家禦苑，為躲避日軍的轟炸和防範「張楊兵諫」的重演，由時任國民
黨西北軍政長官兼黃埔軍校第七分校校長的胡宗南，專門為蔣介石精心秘密
建造的西北唯一的行宮。

結　語

　　1934 年 10 月，蔣介石認為「剿共」勝利在望，從而由江西出發，歷經一月，巡視湖北、河南、陝西、甘肅、寧夏、山東、北平、察哈爾、綏遠、山西各省，行程近萬里。蔣介石此次北方之行，是在華北危機嚴重、西北地位提升的背景下展開的。當時「正是敵人得寸進尺向我們實行各種侵略壓迫的時候，我們國家正苦於不能確定一個整個的計劃，來對抗敵人的侵略；因為那時候我們的國防準備還沒有一點基礎，雖然有一點現代的工業，也都集中在沿江沿海一帶，隨時可以被敵人佔領，我覺得要以東南各省為根據，來抵抗敵人的侵略，實在沒有持久奮鬥的把握。」〔註1〕

　　通過歷時一個月的巡視，使蔣介石更加瞭解西北，重視西北，「這一次視察的結果，決定了我們抗戰的方針，我們覺得以西南西北土地之遼闊，物產之豐富，人民之淳樸，實在可以作我們抗戰的根據地，我們有了這個偉大的憑藉，來抵抗敵人的侵略，就一定有勝利的把握！」〔註2〕

　　政治方面，蔣介石巡視陝、甘、寧期間，接見各省黨政軍領導，垂詢談話、籠絡安撫，以「懷柔」方針安定西北政局。蔣介石巡視西北，仍不失其反共本質，著力安排川陝兩省軍事將領「圍剿」紅軍部隊。自西北至華北後，

〔註 1〕蔣介石：《視察西北之觀感及中央同人今後應有之努力》（重慶，1942 年 9 月 22 日），秦孝儀：《先總統蔣公思想言論總集》（第 19 卷），臺北：中國國民黨中央委員會黨史委員會，1984 年，第 317 頁。

〔註 2〕蔣介石：《視察西北之觀感及中央同人今後應有之努力》（重慶，1942 年 9 月 22 日），秦孝儀：《先總統蔣公思想言論總集》（第 19 卷），臺北：中國國民黨中央委員會黨史委員會，1984 年，第 317 頁。

面對華北錯綜複雜的政治局面，蔣介石和平安撫華北各實力派，初步確定了對日親善的外交政策，並未起到壓制日軍侵略的作用，反而刺激了日軍的侵略氣焰，轉年後的 1935 年，華北危機變得空前嚴重。

經濟方面，蔣介石巡視西北，進一步推動了國民政府的西北開發，對西北交通、農牧業尤為重視，上海《新晚報》曾作過這樣的報導：「關於中國西北的開發，時人早有眾多議論。自宋子文視察那一地區後，開發工作已見端倪。當今蔣介石將軍親臨其地，時人大可相信，大力開發西北的計劃不久將付諸實施。」並提醒公眾注意：「正值國人注意西北之際，我們仍願提醒公眾，西北乃中國文明之搖籃，礦物寶藏之集中地。凡去過西北諸省份的人必會即刻認識到中國文明之偉大。但有一點怕許多人仍未曾窺見，那便是不易發現的當地民眾的力量與活力。」

社會方面，1934 年正值蔣介石所倡導的「新生活運動」開局之年，通過巡視西北、華北，蔣介石檢查了各地「新生活運動」開展狀況，推動各地生活衛生運動、婦女解放運動、禁煙運動的興起，一定程度上加快了西北、華北地區的近代化。

蔣介石 1935～1936 年多次前往西北巡視，與中央三大紅軍主力會師西北有關，在東北淪陷、華北危機的生死存亡時刻，蔣介石仍然不顧全國上下團結一致，共同抗日的主張，執拗堅持其「攘外必先安內」的主張，體現了其一向反共的政治本質，這與蔣介石本人的性格、其頑固的統治思想密不可分，也最終導致西安事變的爆發。

在蔣介石 1934 年巡視西北後，1935 年春，「剿共」戰事波及四川、貴州、雲南各省，蔣介石為督率戰事的進行，於 1935 年 3 月 2 日赴川，3 月 24 日飛貴陽指揮軍事，5 月 10 日飛雲南視察，21 日復返貴陽，22 日由黔飛川督導「剿共」戰事，以迄 10 月 7 日離川赴陝為止，總計在西南停留二百餘天。這是蔣介石首度蒞臨西南川、滇、黔諸省。在這次巡視中，蔣對西南此一新天地有切近的觀察，並進行經營的擘劃。在西南巡視的半年時間裏，蔣介石對西南情勢有了更充分的瞭解，還改組了貴州省政府，控制黔省軍政，建立國府在西南的灘頭堡。同時積極拉攏與四川，雲南主政者的關係，奠下了中央權威及國家統一的重要基礎，此外，他還策定四川作為未來對日戰爭的根據地，大力推動川省各項建設工作，對於後來抗戰大計影響

深遠。蔣介石在《四川應作民族復興之根據地》的演講中談及其對四川政治經濟自然條件的肯定：

> 　　就四川地位而言，不僅是我們革命的一個重要地方，尤其是我們中華民族立國的根據地。無論從那方面講，條件都很完備。人口之眾多，土地之廣大，物產之豐富，文化之普及，可說為各省之冠，所以自古即稱「天府之國」，處處得天獨厚。我們既然有了這種優越的憑藉，如果各界同志，大家能夠本著「親愛精誠」的精神，共同一致的努力向上，不僅可以使四川建設成功為新的模範省，更可以使四川為新的基礎來建設新中國！〔註3〕

相較於西北地區靠近蘇聯的艱難外部環境，無疑西南地區更適合作為「建國根據地」，西南優越的自然條件與西北的殘破不堪形成鮮明對比，隨著國民政府對西南的實際掌控，西南超越西北成為更安全、更穩固的抗日根據地，西北的開發和建設在財力不足、資金缺乏的情況下，又缺少了中央的重視，其開發的效果不得不大打折扣。

全面抗戰前的西北開發在宋子文的推動下由輿論熱潮轉向具體實踐，但從國家戰略層面來看，在全國的經濟布局中西北不是最優先考慮的，即使是國難當頭之時，西北也不是國民政府唯一和最優的選擇，當比其各方面條件都優越的西南逐漸獲得國民政府的掌控和青睞時，西北便不得不讓位。因此，在國民政府看來，西北更類似於一個「備選之地」，而不是唯一的選項。

蔣介石1942年西北巡視，基於控制與建設的雙重考量。政治上收服盛世才，保證了國民政府對處於半獨立狀態的新疆的有效控制，維護了國家統一。將馬家軍閥排擠出河西，保證了河西走廊國際大通道的穩定暢通，他積極宣傳抗戰，在高度評價了西北重要戰略價值的同時，他急迫地呼籲：「我們不到西北，就不知道中國的偉大與我們事業前途之無可限量，我們要求國家民族能夠世世代代繼續生存下去，就必須趁此抗戰的時機，由我們這一代手裏來建立千年萬世永固不拔的基礎！」〔註4〕

〔註3〕蔣介石：《四川應作民族復興之根據地》（重慶，1935年3月4日），秦孝儀：《先總統蔣公思想言論總集》（第13卷），臺北：中國國民黨中央委員會黨史委員會，1984年，第113～114頁。

〔註4〕蔣介石：《開發西北的方針》（蘭州，1942年8月17日），秦孝儀：《先總統蔣公思想言論總集》（第19卷），臺北：中國國民黨中央委員會黨史委員會，1984年，第172頁。

　　與此同時，蔣介石在陝北、隴東、寧夏、綏遠地區布置重兵，進一步強化了國民黨中央在西北的軍事部署，與陝甘寧邊區形成對峙局面。經濟上國民政府掀起了新一波的西北開發熱潮，甘肅戰時經濟得到有力發展，但仍顯口號大於實際。蔣介石的巡視體現著其在抗戰建國背景下對西北控制與建設的政治努力，但國民黨在西北的屯集精兵，試圖以軍事手段解決中共問題，在全國上下抗日禦侮的大背景下，給西北乃至全國人民的抗戰熱情蒙上陰影。1942～1943 年間，在第三次長沙會戰、湘贛會戰、鄂西會戰、常德會戰中，國民政府僅能組織起局部反攻，以及國民黨的最終失敗，亦能從蔣介石一系列「口號政治」中找到其失敗的種子。〔註5〕這即是國民黨體制性弊端和抗戰指導思想的反映，又是民國時期西北政治複雜性與多面性的真實寫照。

　　抗戰時期蔣介石巡視西北的政治舉措，與國際局勢和國內政局的變化不無關係。西北地區「小氣候」和國際「大氣候」的變化，以及東北、華北、西南、華南地區政局的動盪，時勢轉移，以及中共實力的變化，都深刻影響了蔣介石以及國民政府何以經略西北。抗戰時期蔣介石多次巡視西北，解決中共問題始終貫穿其中。從中央紅軍轉移至西北地區，到全面抗戰時期在共產黨西北領導抗戰，中共在西北地區的逐步發展，蔣介石皆視若仇讎，中共因素是貫穿蔣介石巡視西北的重要線索，梳理蔣介石巡視西北的政治邏輯，亦是觀察 20 世紀 30～40 年代國共關係的重要視角。蔣介石通過巡視，在與各地方實力派權勢博弈的過程中，亦是其加強其統治、宣揚領袖地位的良機，構築「蔣介石崇拜」。蔣介石巡視西北次數和時間的增加，更加說明了抗戰時期西北地區經濟地位和大後方戰略地位的逐步提高，通過仔細觀察蔣介石的西北戰略觀，也是窺探 20 世紀 30～40 年代的中國和世界的另一視角。反思國民政府與西北開發，是帶有很強的軍事性、政府主導性和短暫性特徵，只有當東部危急之時，國民政府將西北看作戰略支點加以開發，抗戰結束後，國府還都南京，西北開發趨向困境，西北發展存在著傳統與現代交織、救亡與建設並存、進步與落後共生，發展因時、因人、因事的影響較大，缺乏制度治理和長期規劃，〔註6〕西北地區的地位再顯尷尬。

〔註 5〕（日）菊池一隆，袁廣泉譯：《中國抗日軍事史》，北京：社會科學文獻出版社，2011 年；（美）易勞逸，王建朗等譯：《毀滅的種子——戰爭與革命的國民黨中國（1937～1949）》，南京：江蘇人民出版社，2014 年。

〔註 6〕尚季芳主編：《蘭州通史・民國卷》，北京：人民出版社，2021 年。

　　西北是中華民族的發祥地，這裡蘊含著勤勞、質樸、堅強、拼搏、上進、不屈的優秀民族精神，以及悠久的歷史和燦爛的文化，作為中華發源之地，在國難當頭之際，有識之士不約而同將目光投向這裡，力圖發掘這裡古老的人文自然資源，借西北符號以激發民眾的抗戰精神。抗戰時期的西北已然成為中華民族的精神家園，國人都通過自己的方式在此找尋民族之根，以此來開掘民族復興的精神源泉。反思蔣介石歷次巡視西北以及抗戰時期國人對於西北開發的重視，亦能留給當下太多反思，西北的治亂興衰關乎國家安全，西北的經濟發展關乎民族復興，在東南、西南利用時、地、人快速發展之時，純樸的西北人民唯有艱苦奮鬥，才能在這片廣袤的土地上重塑歷史的榮光。

參考文獻

（以出版、發表時間為序）

一、資料彙編

（一）蔣介石資料

1. 《蔣介石日記》（手稿本），美國斯坦福大學胡佛研究所藏。

2. 陳布雷：《蔣介石先生年表》，臺北：傳記文學出版社，1978 年。

3. 秦孝儀主編：《總統蔣公大事長編初稿》，臺北：中國國民黨中央委員會黨史委員會，1978 年。

4. 秦孝儀主編：《先總統蔣公思想言論總集》，臺北：中國國民黨中央委員會黨史委員會，1984 年。

5. 張其昀主編：《先總統蔣公全集》（四卷），臺北：中國文化大學出版社，1984 年。

6. 中國第二歷史檔案館編：《蔣介石年譜初稿》，北京：檔案出版社，1992 年。

7. 周美華編注：《蔣中正總統檔案：事略稿本》（第 12 冊），臺北：「國史館」，2006 年。

8. 周美華編注：《蔣中正總統檔案：事略稿本》（第 24 冊），臺北：「國史館」，2005 年。

9. 高素蘭編注：《蔣中正總統檔案：事略稿本》（第 26 冊），臺北：「國史館」，2006 年。

10. 周美華編注：《蔣中正總統檔案：事略稿本》（第 28 冊），臺北：「國史

館」，2007 年。

11. 周琇環編注：《蔣中正總統檔案：事略稿本》（第 36 冊），臺北：「國史館」，2008 年。

12. 高素蘭編注：《蔣中正總統檔案：事略稿本》（第 39 冊），臺北：「國史館」，2009 年。

13. 葉健青編注：《蔣中正總統檔案：事略稿本》（第 41 冊），臺北：「國史館」，2010 年。

14. 葉惠芬編注：《蔣中正總統檔案：事略稿本》（第 46 冊），臺北：「國史館」，2010 年。

15. 周美華編注：《蔣中正總統檔案：事略稿本》（第 47 冊），臺北：「國史館」，2010 年。

16. 周美華編注：《蔣中正總統檔案：事略稿本》（第 51 冊），臺北：「國史館」，2011 年。

17. 王正華編注：《蔣中正總統檔案：事略稿本》（第 60 冊），臺北：「國史館」，2011 年。

18. 黃自進、潘光哲編：《蔣中正總統五記》，臺北：「國史館」，2011 年。

19. 呂芳上主編：《蔣中正先生年譜長編》（第 1 冊），臺北：「國史館」、國立中正紀念堂管理處、財團法人中正文教基金會，2014 年。

20. 呂芳上主編：《蔣中正先生年譜長編》（第 4 冊），臺北：「國史館」、國立中正紀念堂管理處、財團法人中正文教基金會，2014 年。

21. 呂芳上主編：《蔣中正先生年譜長編》（第 5 冊），臺北：「國史館」、國立中正紀念堂管理處、財團法人中正文教基金會，2014 年。

22. 呂芳上主編：《蔣中正先生年譜長編》（第 6 冊），臺北：「國史館」、國立中正紀念堂管理處、財團法人中正文教基金會，2014 年。

23. 呂芳上主編：《蔣中正先生年譜長編》（第 7 冊），臺北：「國史館」、國立中正紀念堂管理處、財團法人中正文教基金會，2015 年。

24. 國立政治大學人文中心主編：《民國二十七年之蔣介石先生》，臺北：國立政治大學人文中心，2016 年。

25. 國立政治大學人文中心主編：《民國三十一年之蔣介石先生》，臺北：國立政治大學人文中心，2016 年。

（二）其他

1. 張其昀：《黨史概要》（第 4 冊），臺北：中央文物供應社，1962 年。

2. 蔣緯國：《國民革命戰史第三部：抗日禦侮》，臺北：黎明文化事業股份有限公司，1978 年。

3. 秦孝儀主編：《革命文獻》（第 79 輯），臺北：中央文物供應社，1979 年。

4. 秦孝儀主編：《革命文獻》（第 88 輯），臺北：中央文物供應社，1981 年。

5. 秦孝儀主編：《革命文獻》（第 90 輯），臺北：中央文物供應社，1981 年。

6. 秦孝儀主編：《中華民國重要史料初編——對日抗戰時期》，臺北：中國國民黨中央委員會黨史委員會，1981 年。

7. 郭廷以：《中華民國史事誌》，臺北：中央研究院近代史研究所，1984 年。

8. 秦孝儀主編：《革命文獻》（第 101 輯），臺北：中央文物供應社，1984 年。

9. 秦孝儀主編：《革命文獻——抗戰建國史料》，臺北：中國國民黨中央委員會黨史委員會，1985 年。

10. 榮孟源：《中國國民黨歷次代表大會及中央全會資料》（下），北京：光明日報出版社，1985 年。

11. 安徽大學蘇聯問題研究所、四川省中共黨史研究會編譯：《蘇聯〈真理報〉有關中國革命的文獻資料彙編》（第二輯），成都：四川社會科學院出版社，1986 年。

12. 安徽大學蘇聯問題研究所、四川省中共黨史研究會編譯：《蘇聯〈真理報〉有關中國革命的文獻資料彙編》（第三輯），成都：四川社會科學院出版社，1988 年。

13. 中國第二歷史檔案館編：《中華民國史檔案資料彙編》第 5 輯第 2 編政治（5），南京：江蘇古籍出版社，1988 年。

14. 拉巴平措主編：《西藏學漢文文獻叢書》（第 2 輯），北京：全國圖書館文獻縮微複製中心，1993 年。

15. 中國第二歷史檔案館、中國藏學研究中心合編：《黃慕松、吳忠信、趙守鈺、戴季陶奉使辦理藏事報告書》，北京：中國藏學出版社，1993 年。

16. 李嘉穀主編：《中蘇國家關係史資料彙編（1933～1945）》，北京：社會科學文獻出版社，1997 年。

17. 中央文獻研究室編：《周恩來年譜（1898～1976）》，北京：中央文獻出版社，1998 年。

18. 中國社會科學院近代史研究所《近代史資料》編輯部、中國第二歷史檔案館編：《抗戰時期西北開發檔案史料選編》，北京：中國社會科學出版社，2009 年。

19. 唐潤明：《抗戰時期大後方經濟開發文獻資料選編》，重慶：重慶出版社，2012 年。

20. 中央文獻研究室編：《毛澤東年譜（1893～1949）》，北京：中央文獻出版社，2013 年。

21. 黃選平：《隴原抗戰烽火：甘肅抗戰史料選編》，蘭州：甘肅文化出版社，2015 年。

二、時人日記、自傳、回憶錄、口述訪談

1. 楊睿熙編：《楊永泰先生言論集》，臺北：文海出版社，1973 年。

2. 沈雲龍編著：《黃膺白先生年譜長編》（下冊），臺北：聯經出版事業公司，1976 年。

3. 王聿均、孫斌合編：《朱家驊先生言論集》，臺北：中央研究院近代史研究所，1977 年。

4. 王亞權編：《蔣夫人言論集》，臺北：「中華婦女反共聯合會」，1977 年。

5. 沈亦云：《亦云回憶》，臺北：傳記文學出版社，1980 年。

6. 周開慶：《民國朱上將紹良年譜》，臺北：商務印書館，1981 年。

7. 張朋園、林泉訪問，林泉紀錄：《林繼庸先生訪問紀錄》，臺北：中央研究院近代史研究所，1983 年。

8. 謝覺哉：《謝覺哉日記》（上），北京：人民出版社，1984 年。

9. 王世杰：《王世杰日記》（第二冊），臺北：中央研究院近代史研究所，1990 年。

10. 徐永昌：《徐永昌日記》，臺北：中央研究院近代史研究所，1991 年。

11. 沈雲龍訪問，林能士、藍旭勇紀錄：《凌鴻勳先生訪問紀錄》，臺北：中央研究院近代史研究所，1997 年。

12. 蔣廷黻：《蔣廷黻回憶錄》，長沙：嶽麓書社，2003 年。

13. 高大同編著：《高一涵先生年譜》，上海：上海文化出版社，2011 年。

14. 山西省地方志辦公室、山西省政協文史資料委員會編：《閻錫山日記》，北京：社會科學文獻出版社，2011 年。

15. 唐縱：《蔣介石特工內幕──軍統「智多星」唐縱日記揭秘》，北京：團結出版社，2011 年。

16. 胡宗南：《胡宗南先生日記》，臺北：「國史館」，2015 年。

17. 陳布雷：《陳布雷從政日記（1942）》，香港：開源書局，2019 年。

18. 黃郛：《黃郛日記（一九三三～一九三四）》，香港：開源書局，2019 年。

19. 吳忠信：《吳忠信日記（1941）》，香港：開源書局，2020 年。

20. 吳忠信：《吳忠信日記（1942）》，香港：開源書局，2020 年。

三、檔案

1. 《蔣中正致陳誠電》（1934 年 10 月 9 日），臺北「國史館」藏，《蔣中正總統文物》，典藏號：002-020200-00020-064。

2. 《蔣中正致劉鎮華電》（1934 年 10 月 9 日），臺北「國史館」藏，《蔣中正總統文物》，典藏號：002-020200-00020-065。

3. 《蔣中正致劉鎮華電》（1934 年 10 月 14 日），臺北「國史館」藏，《蔣中正總統文物》，典藏號：002-010200-00120-050。

4. 《蔣中正致羅卓英電》（1934 年 10 月 16 日），臺北「國史館」藏，《蔣中正總統文物》，典藏號：002-020200-00020-066。

5. 《蔣中正致井岳秀電》（1934 年 10 月 21 日），臺北「國史館」藏，《蔣中正總統文物》，典藏號：002-090300-00095-172。

6. 《蔣中正致徐青甫電》（1934 年 11 月 10 日），臺北「國史館」藏，《蔣中正總統文物》，典藏號：002-020200-00033-053。

7. 《黃慕松致蔣中正電》（1934 年 10 月 14 日），臺北「國史館」藏，《蔣中正總統文物》，典藏號：002-080200-00186-090。

8. 《蔣中正復黃慕松電》（1934 年 10 月 16 日），臺北「國史館」藏，《蔣中正總統文物》，典藏號：002-090102-00014-311。

9. 《蔣中正致汪兆銘電》（1934 年 10 月 27 日），臺北「國史館」藏，《蔣中正總統文物》，典藏號：002-090102-00014-307。

10. 《汪兆銘致蔣中正電》（1934 年 10 月 20 日），臺北「國史館」藏，《蔣中正總統文物》，典藏號：002-080200-00187-084。

11. 《蔣中正致黃慕松電》（1934 年 10 月 21 日），臺北「國史館」藏，《蔣中正總統文物》，典藏號：002-090102-00014-310。

12. 《蔣中正致汪兆銘電》（1934 年 10 月 28 日），臺北「國史館」藏，《蔣中正總統文物》，典藏號：002-090102-00014-304。

13. 《蔣中正致汪兆銘電》（1934 年 10 月 29 日），臺北「國史館」藏，《蔣中正總統文物》，典藏號：002-090102-00014-308。

14. 《蔣中正致鄂湘黔川陝五省主席電》（1934 年 10 月 8 日），臺北「國史館」藏，《蔣中正總統文物》，典藏號：002-090102-00001-303。

15. 《蔣中正致汪兆銘等電》（1934 年 10 月 18 日），臺北「國史館」藏，《蔣中正總統文物》，典藏號：002-090102-00001-258。

16. 《蔣中正致朱紹良電》（1934 年 10 月 21 日），臺北「國史館」藏，《蔣中正總統文物》，典藏號：002-010200-00121-020。

17. 《蔣中正致馬鴻逵電》（1935 年 10 月 30 日），臺北「國史館」藏，《蔣中正總統文物》，典藏號：002-020200-00030-051。

18. 《蔣中正致馬鴻逵電》（1935 年 10 月 30 日），臺北「國史館」藏，《蔣中正總統文物》，典藏號：002-020200-00030-051。

19. 《蔣中正致張學良電》（1936 年 5 月 27 日），臺北「國史館」藏，《蔣中正總統文物》，典藏號：002-010200-00159-024。

20. 《蔣中正致朱紹良電》（1936 年 5 月 27 日），臺北「國史館」藏，《蔣中正總統文物》，典藏號：002-010200-00159-025。

21. 《蔣中正致朱紹良電》（1936 年 8 月 6 日），臺北「國史館」藏，《蔣中正總統文物》，典藏號：002-010200-00164-014。

22. 《蔣中正致胡宗南電》（1936 年 11 月 23 日），臺北「國史館」藏，《蔣中正總統文物》，典藏號：002-010200-00168-062。

23. 《蔣中正致張學良電》（1936 年 11 月 23 日），臺北「國史館」藏，《蔣中正總統文物》，典藏號：002-020200-00030-138。

24. 《丘吉爾致蔣中正電》（1941 年 12 月 9 日），臺北「國史館」藏，《蔣中正總統文物》，典藏號：002-020300-00040-013。

25. 《蔣中正復丘吉爾電》（1941 年 12 月 9 日），臺北「國史館」藏，《蔣中正總統文物》，典藏號：002-020300-00040-014。

26. 《羅斯福致蔣中正電》（1941 年 12 月 10 日），臺北「國史館」藏，《蔣中正總統文物》，典藏號：002-020300-00016-005。

27. 《蔣中正復羅斯福電》（1941 年 12 月 10 日），臺北「國史館」藏，《蔣中正總統文物》，典藏號：002-020300-00016-006。

28. 《何應欽呈收復新疆方略》（1942 年 7 月 13 日），臺北「國史館」藏，《蔣中正總統文物》，典藏號：002-020300-00042-096。

29. 《何應欽呈收復新疆方略》（1942 年 7 月 13 日），臺北「國史館」藏，《蔣中正總統文物》，典藏號：002-020300-00042-096。

30. 《蔣中正致王世杰電》（1942 年 8 月 23 日），臺北「國史館」藏，《蔣中正總統文物》，典藏號：002-070200-00015-062。

31. 《邵力子等人關於請求辭職致國民政府及行政院的函》，甘肅省檔案館藏，檔案號：4-5-43。

32. 《為派韓達任甘肅省黨部執行委員的公函》，甘肅省檔案館藏，檔號：013-001-0090-0017。

33. 《關於省三次代表大會選舉大會選舉朱紹良等十一人為本會執行委員會給高院檢察處的通知》，甘肅省檔案館藏，檔號：013-001-0297-0016。

34. 《關於發動慰勞豫中前方將士捐款運動致蘭州市政府代電》，甘肅省檔案館藏，檔號：059-009-1222-0012。

四、報刊

1. 《申報》

2. 《大公報》

3. 《甘肅民國日報》

4. 《西京日報》

5. 《西北文化日報》

6. 《山東民國日報》

7. 《華北日報》

8. 《新天津》

9. 《京報》

10. 《漢口市民日報》

11. 《益世報》

12. 《青島時報》

13. 《工商日報——西安》

14. 《新華日報》

15. 《陣中日報——太原》

16. 《新疆日報》

17. 《新新疆》

18. 《新生活運動促進總會會刊》

19. 《浙江省地方行政幹部訓練團團刊》

20. 《農商公報》

21. 《開發西北》

22. 《邊聲月刊》

23. 《讀書青年》

24. 《東方雜誌》

25. 《輿論》

26. 《新西北》

27. 《順天時報》

28. 《西北》

29. 《苦幹》

30. 《警察月刊》

31. 《旅行雜誌》

32. 《中央黨務月報》

33. 《軍黨月刊》

五、論著

（一）時人著作

1. 朱紹良：《甘肅省黨務整理委員會工作報告》，甘肅省圖書館西北地方文獻室藏，1934 年。

2. 汪昭聲：《西北建設論》，重慶：青年出版社，1943 年。

3. 董顯光著，蔣鼎黼、姜君衡校譯：《中國最高領袖蔣介石》，上海：文史研究會，1946 年。

4. 范長江：《中國的西北角》，北京：新華出版社，1980 年。

5. 蔣經國：《偉大的西北》，銀川：寧夏人民出版社，2001 年。

6. 林鵬俠：《西北行》，蘭州：甘肅人民出版社，2002 年。

7. 林競：《蒙新甘寧考察記》，蘭州：甘肅人民出版社，2003 年。

8. 高良佐：《西北隨軺記》，蘭州：甘肅人民出版社，2003 年。

9. 李燭塵：《西北歷程》，蘭州：甘肅人民出版社，2003 年。

（二）今人著作

1. 何應欽：《八年抗戰之經過》，臺北：「國防部」史政編譯局，1955 年。

2. 吳相湘：《第二次中日戰爭史》，臺北：綜合月刊社，1974 年。

3. 張大軍：《新疆風暴七十年》，臺北：蘭溪出版公司，1980 年。

4. 高軍等：《中國現代政治思想史資料簡編》，成都：四川人民出版社，1983 年。

5. （美）羅比·尤恩森著，趙雲俠譯：《宋氏三姐妹》，北京：世界知識出版社，1984 年。

6. （日）古屋奎二：《蔣總統秘錄》，臺北：「中央日報社」，1988 年。

7. 朱順佐：《邵力子傳》，杭州：浙江大學出版社，1988 年。

8. 劉國銘：《中華民國國民政府軍政職官人物志》，北京：春秋出版社，1989 年。

9. 《新疆冤獄始末》編寫組：《新疆冤獄始末》，北京：中國青年出版社，1990 年。

10. 蔣永敬：《蔣中正先生與抗日戰爭》，臺北：黎明文化事業股份有限公司，1991 年。

11. （澳）端納口述，澤勒記錄整理，符致興編譯：《端納與民國政壇秘聞》，長沙：湖南出版社，1991 年。

12. 高屹：《蔣介石與西北四馬》，北京：警官教育出版社，1993 年。

13. 岳渭仁等編：《外國人眼中的蔣介石和宋美齡》，西安：三秦出版社，1994 年。

14. 劉維開：《國難期間應變圖存問題之研究──從九一八到七七》，臺北：「國史館」，1995 年。

15. 沙學浚：《地理學論文集》，臺北：商務印書館，1996 年。

16. 李嘉穀：《合作與衝突：1931～1945 年的中蘇關係》，桂林，廣西師範大學出版社，1996 年。

17. 郭琦等主編：《陝西通史‧民國卷》（8），西安：陝西師範大學出版社，1997 年。

18. 楊天石：《蔣氏秘檔與蔣介石真相》，北京：社會科學文獻出版社，2002 年。

19. 黃建華：《國民黨政府的新疆政策研究》，北京：民族出版社，2003 年。

20. 西安市檔案館編：《民國開發西北》，內部版，2003 年。

21. （日）家近亮子著，王士花譯：《蔣介石與南京國民政府》，北京：社會科學文獻出版社，2005 年。

22. 茅家琦等：《百年滄桑：中國國民黨史》，廈門：鷺江出版社，2005 年。

23. 段瑞聰：《蔣介石と新生活運動》，東京：慶應義塾大學出版會，2006 年。

24. 左雙文：《困境中的突圍：重大突發事件與國民政府的對策》，北京：社會科學文獻出版社，2006 年。

25. 楊者聖：《在胡宗南身邊的十二年──情報英雄熊向暉》，上海：上海人民出版社，2007 年。

26. 楊天石：《蔣介石與南京國民政府》，北京：中國人民大學出版社，2007 年。

27. 楊天石：《找尋真實的蔣介石：蔣介石日記解讀（1）》，太原：山西人民出版社，2008 年。

28. 邢和明：《蔣介石與莫斯科的恩恩怨怨》，北京：人民出版社，2009 年。

29. 楊天石：《抗戰與戰後中國》，北京：中國人民大學出版社，2009 年。

30. 尚季芳：《民國時期甘肅毒品危害與禁毒研究》，北京：人民出版社，2010 年。

31. （美）布萊恩‧克羅澤著，封長虹譯：《蔣介石傳》，北京：國際文化出版公司，2010 年。

32. 程舒偉、鄭瑞峰、李冰梅主編:《蔣介石的人際世界》,北京:團結出版社,2011 年。

33. 呂芳上:《蔣中正日記與民國史研究》,臺北:世界大同出版有限公司,2011 年。

34. 呂芳上:《蔣介石的親情愛情與友情》,臺北:時報文化出版企業股份有限公司,2011 年。

35.(美)黃仁宇:《從大歷史角度解讀蔣介石日記》,北京:九州出版社,2011 年。

36. 汪朝光主編:《蔣介石的人際網絡》,北京:社會科學文獻出版社,2011 年。

37.(日)菊池一隆,袁廣泉譯:《中國抗日軍事史》,北京:社會科學文獻出版社,2011 年。

38. 陳鐵健、黃道炫:《蔣介石:一個力行者的思想資源》,太原:山西人民出版社,2012 年。

39. 陳紅民:《中外學者論蔣介石》,杭州:浙江大學出版社,2013 年。

40. 黃自進:《蔣介石與日本:一部近代中日關係史的縮影》,臺北:中央研究院近代史研究所,2012 年。

41. 劉大禹:《蔣介石與中國集權政治研究》,杭州:浙江大學出版社,2012 年。

42.(美)陶涵著,林添貴譯:《蔣介石與現代中國》,北京:中信出版社,2012 年。

43. 汪朝光、王奇生、金以林:《天下得失:蔣介石的人生》,太原:山西人民出版社,2012 年。

44. 崔之清、江沛:《國民黨結構史論(1905～1949)》(下),北京:中華書局,2013 年。

45. 吳景平:《民國人物的再研究與再評價》,上海:復旦大學出版社,2013 年。

46. 郝柏村:《郝柏村解讀蔣公八年抗戰日記》,臺北:遠見天下文化出版股份有限公司,2013 年。

47. 黃克武編:《海外蔣中正典藏資料研析》,臺北:「國立中正紀念堂管理

處」，2013 年。

48. 桑兵：《治學的門徑與取法———晚清民國研究的史料與史學》，北京：社會科學文獻出版社，2014 年。

49. 王奇生：《黨員、黨權與黨爭：1924～1949 年中國國民黨的組織形態》，北京：華文出版社，2014 年。

50.（美）易勞逸，王建朗等譯：《毀滅的種子———戰爭與革命的國民黨中國（1937～1949）》，南京：江蘇人民出版社，2014 年。

51.（美）大衛‧科澤著，王海洲譯：《儀式、政治與權力》，南京：江蘇人民出版社，2015 年。

52. 黃自進：《阻力與助力之間：孫中山、蔣介石親日抗日 50 年》，北京：九州出版社，2015 年。

53. 劉曉寧：《國府還都》，南京：南京出版社，2015 年。

54. 羅敏：《蔣介石的日常生活》，北京：社會科學文獻出版社，2015 年。

55. 周勇：《中國抗戰大後方出版史》，重慶：重慶出版社，2015 年。

56. 陳紅民：《細品蔣介石：蔣介石日記閱讀箚記》，北京：人民出版社，2016 年。

57. 金以林：《國民黨高層的派系政治：蔣介石「最高領袖」地位的確立》，北京：社會科學文獻出版社，2016 年。

58.（美）周錫瑞、李皓天主編，陳驍譯：《1943：中國在十字路口》，北京：社會科學文獻出版社，2016 年。

59. 施純純：《革命抑反革命：蔣中正革命道路的起源》，臺北：國立中正紀念堂管理處，2017 年。

60. 胡平生：《僕僕風塵———戰後蔣中正的六次北巡》，臺北：元華文創股份有限公司，2018 年。

61. 鄧野：《蔣介石的戰略布局（1939～1941）》，北京：社會科學文獻出版社，2019 年。

62. 郭輝：《國家紀念日與現代中國（1912～1949）》，北京：社會科學文獻出版社，2019 年。

63. 王奇生、陳默等：《中國抗日戰爭史》（第四卷），北京：社會科學文獻出版社，2019 年。

64. （美）張勉治著，董建中譯：《馬背上的朝廷：巡幸與清朝統治的建構
（1680～1785）》，南京：江蘇人民出版社，2019 年。

65. 郭昌文：《國民政府對地方實力派的整合（1928～1937）》，北京：社會科
學文獻出版社，2020 年。

66. 段瑞聰：《蔣介石の戰時外交と戰後構想（1941～1971）》，東京：慶應義
塾大學出版會，2021 年。

67.（德）克勞塞維茨著，中國人民解放軍軍事科學院譯：《戰爭論》（第二卷），
北京：解放軍出版社，2021 年。

68. 尚季芳主編：《蘭州通史·民國卷》，北京：人民出版社，2021 年。

（三）文史資料

1. 中國人民政治協商會議甘肅省委員會文史資料委員會編：《甘肅文史資
料選輯》（第 3 輯），蘭州：甘肅人民出版社，1963 年。

2. 中國人民政治協商會議甘肅省委員會文史資料委員會編：《甘肅文史資
料選輯》（第 22 輯），蘭州：甘肅人民出版社，1985 年。

3. 中國人民政治協商會議甘肅省委員會文史資料委員會編：《甘肅文史資
料選輯》（第 45 輯），蘭州：甘肅人民出版社，1996 年。

4. 中國人民政治協商會議銀川市委員會文史資料委員會：《銀川文史資料》
（第 9 輯），內部出版，1998 年。

5. 西藏自治區政協文史資料編輯部編：《西藏文史資料選輯》，北京：民族
出版社，2007 年。

6. 楊增寬：《永恆的榮光：甘肅抗戰老兵口述實錄》，蘭州：甘肅文化出版
社，2015 年。

六、論文

（一）期刊論文

1. 經天祿：《西北的重要》，《西北》，1929 年第 1 期。

2. 馬鶴天：《開發西北的幾個先決條件》，《開發西北》，1934 年第 1 卷第 1
期。

3. 馬鶴天：《開發西北之交通問題》，《新西北》，1932 年第 1 卷創刊號。

4. 馬鶴天：《開發西北與中國之前途》，《西北問題集刊》，1935 年第 1 卷第

3 期。

5. 馬鶴天：《察綏之現在與未來》，《開發西北》，1935 年第 3 卷第 1 期。

6. 馬鶴天：《大西北的國防前哨伊克昭盟》，《邊聲月刊》，1940 年第 1 卷第 6 期。

7. 張君俊：《西安建都與西北開發》，《輿論》，1941 年第 2 卷第 8 期。

8. 張君俊：《西安建都之研究》，《東方雜誌》，1943 年 11 月第 39 卷第 17 期。

9. 朱文長：《戰後應建都蘭州》，《東方雜誌》，1943 年第 39 卷 16 號。

10. 錢穆：《論首都》，《東方雜誌》，1945 年第 41 卷 16 期。

11. 張力：《近代國人的開發西北觀》，《中央研究院近代史研究所集刊》，1989 年第 18 期。

12. 陳謙平：《1942 年蔣介石訪印與調停英印關係的失敗》，《南京大學學報》，1991 年第 3 期。

13. 黃道炫：《蔣介石「攘外必先安內」政策研究》，《抗日戰爭研究》，2000 年第 2 期。

14. 尚季芳：《國民政府時期的西北考察家及其著作述評》，《中國邊疆史地研究》，2003 年第 3 期。

15. 鹿錫俊：《蔣介石的中日蘇關係觀與「制俄攘日」構想——兼論蔣汪分歧的一個重要側面（1933～1934）》，《近代史研究》，2003 年第 4 期。

16. 仲華：《試論抗戰時期國民黨軍隊的腐敗問題》，《軍事歷史研究》，2003 年第 4 期。

17. 徐暢：《抗戰後期建都論爭》，《民國檔案》，2004 年第 3 期。

18. 高素蘭：《戰時國民政府勢力進入新疆始末（1942～1944）》，《國史館學術集刊》，2008 年總第 17 期。

19. 王建朗：《從蔣介石日記看抗戰後期的中英美關係》，《民國檔案》，2008 年第 4 期。

20. 尚季芳：《論國民政府分期禁絕毒品政策的弊端——以甘肅省的禁政為中心》，《歷史教學》，2008 年第 24 期。

21. 段瑞聰：《1942 年蔣介石訪問印度之分析》，《民國研究》，2009 年第 2 期。

22. 胡平生：《行色匆匆：1947 年蔣介石的兩次北巡》，《中央研究院近代史研究所集刊》，2009 年總第 66 期。

23. 吳景平：《蔣介石與抗戰初期國民黨的對日和戰態度——以名人日記為中心的比較研究》，《抗日戰爭研究》，2010 年第 2 期。

24. 王明德：《抗戰後期的擇都之爭》，《甘肅社會科學》，2010 年第 2 期。

25. 毛光遠：《蔣介石對西北諸馬軍閥軍事控制與反控制》，《甘肅高師學報》，2010 年第 3 期。

26. 吳景平：《1938 年國民黨對日和戰態度述評——以蔣介石日記為中心的考察》，《民國檔案》，2010 年第 3 期。

27. 彭南生、邵彥濤：《民族命運共同體話語下的「蘭州中心說」》，《人文雜誌》，2011 年第 1 期。

28. 王建朗：《試論抗戰後期的新疆內向：基於〈蔣介石日記〉的再探討》，《晉陽學刊》，2011 年第 1 期。

29. 尚季芳：《亦有仁義：近代西方來華傳教士與西北地區的醫療衛生事業》，《西北師大學報》，2011 年第 3 期。

30. 陳紅民、何揚鳴：《蔣介石研究：六十年學術史的梳理與前瞻》，《學術月刊》，2011 年第 5 期。

31. 何科：《抗戰後期的西安建都論》，《西安文理學院學報（社會科學版）》，2012 年第 2 期。

32. 潘洵：《論抗戰大後方戰略地位的形成與演變——兼論「抗戰大後方」的內涵和外延》，《西南大學學報》，2012 年第 2 期。

33. 陳紅民、曹紅臣：《新史料與新觀念——蔣介石與抗日戰爭研究述論》，《抗日戰爭研究》，2012 年第 3 期。

34. 呂芳上：《「最後關頭」的到來：從日記考察蔣介石的抗戰決策》，《抗戰史料研究》，2012 年第 6 期。

35. 段瑞聰：《太平洋戰爭前期蔣介石的戰後構想》，《國史館館刊》，2012 年第 32 期。

36. 張皓：《努力與無力：1934 年黃慕松入藏與蔣介石嘗試解決西藏問題》，《青海民族研究》，2013 年第 1 期。

37. 潘曉霞：《蔣介石 1934 年西北之行》，《抗日戰爭研究》，2013 年第 2 期。

38. 楊天石：《蔣介石收復新疆主權的努力——蔣介石日記解讀》（上、下），《江淮文史》，2013 年第 4、5 期。

39. 劉文楠：《規訓日常生活：新生活運動與現代國家治理》，《南京大學學報》，2013 年第 5 期。

40. 張德明：《世俗與宗教之間：蔣介石與來華傳教士（1927～1941）》，《社會科學輯刊》，2013 年第 5 期。

41. 儲競爭：《英雄崇拜與國族建構：國族關懷下的成陵西遷及祭祀》，《青海民族研究》，2014 年第 1 期。

42. 彭南生、邵彥濤：《陸地中國還是海洋中國？——民國時期第四次建都論戰中的東西之爭及其內涵》，《人文雜誌》，2014 年第 2 期。

43. 方光華、梁嚴冰：《抗戰前後國民政府的西北建設戰略》，《南開學報》，2014 年第 3 期。

44. 施詔偉：《抗戰初期中蘇關係之齟齬考察——迪化飛機場建立個案》，《新北大史學》，2014 年第 15 期。

45. 金以林：《流產的毛蔣會晤：1942～1943 年國共關係再考察》，《抗日戰爭研究》，2015 年第 2 期。

46. 李俊領：《儀式政治——陝甘寧邊區政府對黃帝與成吉思汗的祭祀典禮》，《中共歷史與理論研究》，2015 年第 2 期。

47. 潘曉霞：《「日記中的蔣介石」學術研討會綜述》，《南京大學學報》，2015 年第 3 期。

48. 楊衛華：《蔣介石基督徒身份的建構與民國基督徒的政治認同》，《四川大學學報》，2015 年第 3 期。

49. 劉文楠：《尋找理想的中央—地方關係——蔣介石與晉綏地方實力派的博弈（1931～1934）》，《史林》，2015 年第 5 期。

50. 楊俊：《蔣介石、晉綏系與國民經濟建設運動初步綱領的制定》，《江蘇社會科學》，2015 年第 6 期。

51. 劉文楠：《借迷信行教化：西山萬壽宮朝香與新生活運動》，《近代史研究》，2016 年第 1 期。

52. 賀江楓：《蔣介石、胡宗南與 1943 年閃擊延安計劃》，《抗日戰爭研究》，2016 年第 3 期。

53. 楊奎松:《關於民國人物研究的幾個問題——以蔣介石生平思想研究狀況為例》,《南京大學學報》,2016 年第 3 期。

54. 郭輝:《國家紀念日與抗戰時期「蔣介石崇拜」》,《四川師範大學學報》,2016 年第 5 期。

55. 潘曉霞:《抗戰主題下的建國努力:1942 年蔣介石西北之行》,《蘭州學刊》,2016 年第 7 期。

56. 黃自進、陳佑慎:《蔣介石研究的成果、思路與未來設想》,《澳門理工學報》,2017 年第 1 期。

57.(意)圭德·薩馬拉尼:《歐洲與意大利地區有關蔣介石及其時代的研究》,《澳門理工學報》,2017 年第 1 期。

58. 段金生、郭飛平:《回顧與展望:國民黨滇川黔地方黨部研究綜論》,《北方民族大學學報》,2017 年第 2 期。

59. 段智峰:《差異何其微妙:〈蔣介石日記〉(手稿本)與〈蔣中正「總統」檔案事略稿本〉的對比》,《浙江檔案》,2017 年第 4 期。

60. 張北根:《蔣介石應對居里第二次訪華的策略——以〈蔣介石日記〉為中心》,《民國檔案》,2017 年第 4 期。

61. 郭輝:《抗戰時期「成吉思汗」紀念及其形象塑造》,《福建論壇》,2017 年第 5 期。

62. 王奇生:《閻錫山:在國、共、日之間博弈(1935~1945)》,《南京大學學報》,2018 年第 1 期。

63. 臧運祜:《蔣介石與 1935 年上半年的中日親善——以蔣氏日記為中心的考察》,《民國檔案》,2018 年第 1 期。

64. 蔡梓:《危局中的變與不變——蔣介石的蘇聯認知與對中共問題的因應(1937~1940)》,《黨史研究與教學》,2018 年第 2 期。

65. 項浩男:《熱潮、實踐與困境:抗戰前西北開發的再審視(1928~1937)》,《近代中國》,2018 年第 2 期。

66. 趙崢:《巡視邊疆:1945 年蔣介石的西昌之行》,《民國檔案》,2018 年第 3 期。

67. 敖凱:《國民黨中央訓練團新疆分團創立之經緯》,《民國檔案》,2018 年第 3 期。

68. 賀江楓：《無以為繼：黃郛與 1935 年華北危局》，《近代史研究》，2018 年第 3 期。

69. 沈茂鵬：《控制與建設：1942 年蔣介石甘肅之行》，《檔案》，2018 年第 4 期。

70. 張北根：《蔣介石對待華萊士訪華的態度——以〈蔣介石日記〉為主要材料的分析》，《社會科學》，2018 年第 4 期。

71. 耿磊：《1943 年中共就國民黨閃擊延安計劃之應對》，《黨的文獻》，2018 年第 5 期。

72. 葉曄：《寧夏詞學傳統與詞中「賀蘭」意象的演變》，《文學遺產》，2019 年第 3 期。

73. 陳默：《蔣介石「越級指揮」再詮釋——兼論抗戰時期國民黨軍中的內在邏輯》，《史林》，2019 年第 4 期。

74. 張北根：《蔣介石與威爾基訪華——以〈蔣介石日記〉為視角的考察》，《社會科學》，2019 年第 8 期。

75. 洪富忠：《重慶大轟炸在蔣介石日記中的書寫》，《歷史教學》，2019 年第 18 期。

76. 何飛彪：《皖南事變後蔣介石的對蘇策略》，《中共黨史研究》，2020 年第 3 期。

77. 李俊傑、仲偉民：《蔣介石考量 1945 年中蘇談判的心路歷程——以〈蔣中正日記〉為中心》，《濟南大學學報》，2020 年第 3 期。

78. 朱英：《試論抗戰勝利後的「國府還都」》，《江蘇社會科學》，2020 年第 4 期。

79. 應星：《軍事發包制》，《社會》，2020 年第 5 期。

80. 張北根：《二戰期間蔣介石對待中蘇談判的態度——以〈蔣介石日記〉為中心的考察》，《社會科學》，2020 年第 9 期。

81. 尚季芳：《論西北抗戰大後方的地位》，《歷史教學》，2020 年第 10 期。

82. 鄭發展：《抗戰時期蔣介石對兵役弊端的認知與應對》，《近代史研究》，2020 年第 6 期。

83. 張北根：《「不可救藥」與「熱心可嘉」：蔣介石對居里第一次訪華的矛盾心理》，《近代史學刊》，2021 年第 2 期。

（二）學位論文

1. 容嵐：《抗日時期（1931～1945）國民政府開發西北交通問題研究》，西北大學碩士學位論文，2004 年。

2. 王中新：《國民黨新疆省黨部活動述論》，新疆大學碩士學位論文，2005 年。

3. 郭昌文：《蔣介石對地方實力派的策略研究（1928～1936）——以「剿共」為主要視角》，浙江大學博士學位論文，2011 年。

4. 後東升：《蔣介石對抗戰前後蒙古問題的處理》，中央民族大學博士學位論文，2013 年。

5. 李倩：《從清末民國的西北史地學看學人的邊疆觀與民族觀》，中央民族大學博士學位論文，2013 年。

6. 李加福：《20 世紀 40 年代甘肅河西地區水利建設——以水利部河西水利工程總隊為中心的考察》，蘭州大學碩士學位論文，2013 年。

7. 牛磊：《朱紹良與西北政局（1933～1946）》，西北師範大學碩士學位論文，2015 年。

8. 王松濤：《1930 年代甘肅省主席的更迭與西北政局變遷研究》，西北師範大學碩士學位論文，2016 年。

9. 鍾健：《蔣介石與抗日戰爭幾個問題之研究》，浙江大學博士學位論文，2016 年。

10. 柴德強：《南京國民政府全國經濟委員會研究（1931～1938）》，山東師範大學碩士學位論文，2017 年。

11. 葛娟：《全面抗戰時期蔣介石行跡研究——引「GIS」入人物行跡研究的嘗試》，浙江大學碩士學位論文，2019 年。

附錄一　蔣介石巡視西北大事表

　　南京，原江蘇省省會，1927 年國民政府定都於此，設南京特別市，江蘇省會遷駐鎮江。至 1937 年抗日戰爭全面爆發時，南京作為中國的國都已歷十年之久。蔣介石時任國民政府行政院院長和軍事委員會委員長，辦公地在長江路上的國民政府大樓。蔣介石在南京一共有三處官邸，位於東郊湯山鎮的別墅陶廬、位於黃浦路中央軍校內的憩廬和人稱美齡宮的小紅山官邸。憩廬位於軍校內，環境清幽，安全性高，最為蔣介石鍾愛，1937 年 12 月 7 日蔣介石飛離南京。

1934 年
10 月 10 日，抵達洛陽，參加洛陽軍分校國慶紀念活動。

10 月 11 日，視察洛陽機場與洛陽軍分校。

10 月 12 日，經潼關抵達西安。

10 月 13 日，與宋美齡、楊虎城夫婦遊覽西安碑林。

10 月 15 日，出席陝西民樂團總理紀念擴大周，發表《陝遊之感想與對陝西之希望》演講。

10 月 16 日，遊覽大慈恩寺，並與張學良檢閱駐陝部隊。

10 月 17 日，飛抵蘭州，召見朱紹良、鄧寶珊、胡宗南。

10 月 18 日，出席甘肅省政府歡迎大會並講話，視察國民黨甘肅省黨部、民眾教育館，下午遊覽小西湖、五泉山、甘肅學院。

10 月 19 日，上午召見甘肅黨政軍高級幹部訓話，中午乘機抵達寧夏，接見馬鴻逵、馬鴻賓，參觀寧夏城市建設及製幣廠、軍火廠和煤礦。

10月20日，參加寧夏黨政軍歡迎大會，發表《開發西北建設寧夏》演講，乘機返回西安。

10月21日，與宋美齡、張學良、楊虎城前往咸陽拜謁茂陵與周陵。

10月22日，自西安返回洛陽，與張學良、楊永泰視察中央陸軍軍官學校洛陽分校，並參加總理紀念周活動。

10月23日，抵達鄭州，接見劉峙、蔣伯誠、洪陸東，午時抵達開封。

10月24日，自開封飛抵濟南，聽取韓復榘彙報。下午乘機抵達北平。

10月25日，接見黃郛、翁文灝。

10月26日～29日，在北平協和醫院檢查胃病，並會見宋哲元、商震、萬福麟、于學忠、秦德純、王寵惠、顏惠慶、張東蓀、張繼、傅作義、張伯苓、林戎秀、趙戴文、劉峙。

10月30日，遊覽頤和園，接見高宗武、余翔麟。

10月31日，接見黃郛、包悅卿。

11月1日，在黃郛、王寵惠陪同下，招待各國駐北平外交工作人員。

11月2日，遊覽紫禁城，晚間出席北平各界迎蔣晚宴。

11月3日，在中南海懷仁堂會見高級軍事將領並訓話，下午遊覽居庸關、八達嶺長城。

11月4日，與宋哲元抵達張家口，出席張北軍民歡迎大會，發表《英雄之志業何在》演講。

11月5日，出席國民黨察哈爾省黨部總理紀念周活動，下午抵達大同，參觀雲岡石窟。

11月6日，與宋美齡、端納、傅作義、宋哲元、李服膺、趙承綬一行乘專車抵達歸綏。

11月7日，會見雲王、德王、潘王、榮王以及綏遠黨政人員，出席綏遠各界歡迎大會，發表《唯時勢能造英雄》演講，參觀歸德、綏遠二城及各喇嘛廟、康熙盔甲、農村試驗場和圖書館。

11月8日，乘機飛抵太原。

11月9日，赴閻錫山老家，探望閻父。

11月10日，出席太原各界歡迎大會，並講話，晚間赴太谷孔祥熙老家。

11月12日，乘機抵漢口，隨後乘船赴九江。

1935 年

10 月 7 日～10 日，蔣介石在西安，與張學良、楊虎城、邵力子等人會商「剿共」。

1936 年

10 月 22 日，抵達西安，入住華清池。

10 月 24～26 日，登華山遊覽。

10 月 27 日，主持西安軍官團開學典禮。

10 月 28 日，接見張學良，督促東北軍全力與陝北紅軍作戰。

10 月 29 日，自西安至洛陽巡視。

12 月 4 日，由洛陽抵達西安以「震懾東北軍」，當晚入住華清池。

12 月 6～11 日，多次與張學良、楊虎城、邵力子、于學忠會見，痛斥張學良之「反動言論」。

12 月 12 日，「西安事變」爆發。

　　1938 年 12 月 8 日蔣介石進駐重慶，到 1945 年 8 月 15 日日本宣布投降，這一時期為重慶抗戰時期，歷時約 7 年，期間共歷隨棗會戰、第一次長沙會戰、桂南會戰、棗宜會戰、豫南會戰、上高會戰、晉南會戰、第二次長沙會戰、第三次長沙會戰、浙贛會戰、鄂西會戰、常德會戰、豫中會戰、長衡會戰、桂柳會戰、湘西會戰以及滇緬會戰等 17 次重大會戰。

1938 年

12 月 20 日，乘機抵達西安，隨後轉乘車赴武功。

12 月 21 至 23 日，召開軍事會議，會見馬步青、馬鴻逵、鄧寶珊、衛立煌、谷正鼎等將領。

12 月 24 日，七時在西安杜公祠會客，十一時在第七分校訓話，下午二時乘機，五時返回重慶。

1942 年

8 月 15 日，自重慶飛抵蘭州，駐西關外九間樓，並遊覽五泉山。

8 月 16 日，遊覽榆中棲雲山、朝元觀，並在蘭州接見馬步芳、馬步青。

8 月 17 日，出席蘭州西北幹訓團擴大紀念周，發表《開發西北的方針》演講。

8 月 18 日，前往榆中興隆山，祭拜成吉思汗陵。

8月19日，會見朱紹良，安排收服盛世才問題。

8月22日，在興隆山朝元觀正殿主持召開駐甘肅各軍團長軍事會議，發表《抗戰形勢之綜合檢討》、《興隆山軍事會報訓詞》主題講話。

8月23日，參觀甘肅建設、農業、交通各展覽。

8月26日，乘機抵達青海，遊覽青海湖。

8月27日，召集青海各漢滿蒙回藏士紳、活佛、阿訇、王公、千戶、百戶及各地代表千餘人開會，發表了《中華民族整個共同的責任》的演講。

8月28日，飛抵嘉峪關，遊覽嘉峪關城。

8月29日，巡視酒泉。

8月30日，飛抵張掖，參觀木塔書院、大佛寺。

8月31日，檢閱張掖騎兵分校與騎兵第十師，隨後抵達武威。

9月1日，乘機抵達寧夏，接見傅作義、馬鴻逵、陳長捷。

9月2日，出席寧夏各界歡迎大會，並講話。下午在寧夏謝家寨召開的第八戰區軍事彙報會，發表《寧夏軍事會報訓詞》講話。

9月3日，自寧夏飛抵西安。

9月4日，與蔣緯國遊南五臺山，祭拜董仲舒墓。

9月5日，接見李宗仁、蔣鼎文、孫連仲等將領，祭拜張季鸞墓。

9月6日，在西安王曲國民黨中央軍校第七分校主持軍事會議，在西安軍事開幕式上發表主旨講話。

9月7日，主持西安軍事會議。

9月8日，會見李宗仁、李品仙、孫連仲、蔣鼎文，出席軍事會議並聽取各戰區軍事彙報。

9月9日至10日，在西安軍事會議上聽取戰區司令長官及各軍長彙報，並進行了三場軍事講評。10日下午主持西安軍事會議閉幕式，並發表講話。

9月11日，在西安參觀軍事沙盤演習，召見各軍長、各政治分校長、政治部主任百餘人。

9月12日，與李宗仁、湯恩伯會面，商談山東局勢等問題。

9月13日，前往軍事委員會西安辦公廳，會見軍政機關幹部，並檢閱駐陝部隊。

9月14日，參加戰時幹部訓練團擴大國父紀念周，發表《陝西各界同志之責任與應有的努力》講話。下午乘機返渝。

1945 年

6 月 28 日，16 時自重慶起飛，18 時抵達陝西漢中，駐節漢中行營。

6 月 29 日，8 時到 616 團閱兵訓話，巡視漢中專員公署，16 時到青年遠征軍 206 師部檢閱訓話，召見第 10 軍及第 206 師高級將領。

6 月 30 日，9 時後回漢中行營，召見黨政軍主官。

7 月 1 日，上午會見李宗仁，在白羊觀攝影。視察士兵宿舍與病院。12 時飛赴天水，巡視騎兵學校，召見黨政軍人員，對第 617 團訓話。巡閱鐵路西站，再到伏羲廟視察榮譽軍人工廠。19 時由天水起飛，20 時抵西安，駐節王曲常寧宮別墅。

7 月 2 日，9 時到閱兵場舉行第 7 軍官分校第 19 期生畢業典禮。正午約記者在青龍嶺聚餐談話。14 時由西安乘火車到赤水檢閱第一師部隊。19 時由赤水返西安。往軍分校畢業生總隊聚餐訓話，與美國空軍將領談話。

7 月 3 日，上午與實業家石鳳翔談話。下午約見中西來賓、顧祝同、谷正鼎等，談黨政近情。晚對胡宗南指示整軍與美軍官合作方針。

7 月 4 日，參觀西安事變舊址，接見當地耆紳，13 時乘機返渝。

附錄二　蔣介石西北巡視與旅遊生活

摘要：

　　旅遊是蔣介石日常生活中一項重要的休閒活動，這既是其個人性格和生活習慣使然，也與其職務和工作密切相關。常年的軍旅生活，使得蔣介石精神時常高度緊張，面對錯綜複雜的時局而自感孤立無援的蔣介石，時常通過外出巡視之機飽覽山川。從蔣介石歷次巡視西北來看，其在工作之餘，遊覽北方山河風景，瞭解民俗文化，也激發了蔣介石內心民族主義的情緒，不僅在地域空間觀上得到極大擴展，也能從西北悠久傳統歷史文化中汲取民族復興的力量。

關鍵詞：西北巡視；旅遊生活；空間觀；民族復興

　　蔣介石和宋美齡婚後，時常在日記中流露出對夫妻情感的依戀，特別是當宋美齡不在身邊時，這種「依戀」常常躍然紙上：「思內慮外，未得良法，精誠未孚於人何與……孤身寂寞殊甚，極想愛妻飛回也。」〔註1〕「時思愛妻，望其速回。」〔註2〕而到1932年底時，隨著自信心的增強，他在日記中的筆調也由「淒然」而「釋然」：「以夫妻和睦為人生第一之幸福也。」〔註3〕在宋美齡的陪伴下，蔣介石借出巡遊歷，欣賞山川風景，增進夫妻感情，蔣在日記中就寫道：「妻愛至久彌篤，其誠篤精神，實世無其匹，一生愛人惟母與妻耳。」〔註4〕「夫妻和樂同道，足以制勝一切憂患也。」〔註5〕

〔註1〕《蔣介石日記》，1932年3月22日，美國斯坦福大學胡佛研究所藏。
〔註2〕《蔣介石日記》，1932年3月23日，美國斯坦福大學胡佛研究所藏。
〔註3〕《蔣介石日記》，1932年11月30日，美國斯坦福大學胡佛研究所藏。
〔註4〕《蔣介石日記》，1934年5月6日，美國斯坦福大學胡佛研究所藏。
〔註5〕《蔣介石日記》，1935年4月25日，美國斯坦福大學胡佛研究所藏。

一、愉悅風景的放鬆

1934 年 10 月 12 日，邵力子、楊虎城於當日親自前往渭南迎接蔣介石，隨後同蔣乘車前往西安，路經華山與關中平原，蔣不禁感慨「華山即影於眼簾，雄偉奇麗，注視不倦，北望沃野千里，土地膏腴，關中豐肥，大可經營也。」〔註6〕西安歷史悠久，遺跡眾多，蔣介石視察了陝西黨政各機關和民眾圖書館，並饒有興致的參觀了留存在西安的唐太宗「昭陵六駿」之四幅浮雕石刻，感慨說「其碑雖殘破，然神氣猶生也。應念古人開國壯健奮發，更愧不如前人也。勉之！」〔註7〕13 日，蔣介石、宋美齡在楊虎城夫婦陪同下參觀西安碑林，蔣感歎「誠宇宙間之大觀也」〔註8〕。16 日，前往慈恩寺遊大雁塔，「乃知西京規模宏遠，非北京所能及也。」〔註9〕

10 月 17 日下午，蔣介石由西安抵達蘭州的當天，就與宋美齡登望河樓，眺望白塔山及黃河鐵橋〔註10〕，奔騰壯麗的黃河給蔣介石留下深刻印象，他當晚記載遊覽蘭州的感想：「至此更知中國之偉大與可為也。左公（宗棠）規模之大尤為心領。黃河形勢雄壯，西北物產之豐，倭俄雖侵略備至，如我能自強則無如我何也！極思經營西北，以為復興之基地。」〔註11〕

10 月 18 日，蔣介石前往蘭州莊嚴寺、民眾教育館及國民黨甘肅省黨部參觀。在甘肅省黨部，蔣介石還特意捐款六千元，在上海定鑄孫中山先生銅像一尊，並叮囑將其運送回蘭州〔註12〕。下午蔣遊覽了西郊小西湖名勝、五泉山、甘肅學院，參觀了蘭州製呢廠、造幣廠與兵工廠，稱「大有可為也」〔註13〕。

11 月 4 日下午一時，蔣介石經張家口來到張北草原，欣賞塞北草原風光，他稱「其地自出口外至萬全以北全為高原，但水木皆佳，如略整理，不減江南

〔註6〕呂芳上主編：《蔣中正先生年譜長編》（第 4 冊），臺北：「國史館」、國立中正紀念堂管理處、財團法人中正文教基金會，2014 年，第 446 頁。

〔註7〕黃自進、潘光哲編：《蔣中正總統五記：遊記》，臺北：「國史館」，2011 年，第 77 頁。

〔註8〕周美華編注：《蔣中正總統檔案：事略稿本》（第 28 冊），臺北：「國史館」，2007 年，第 268 頁。

〔註9〕《蔣介石日記》，1934 年 10 月 16 日，美國斯坦福大學胡佛研究所藏。

〔註10〕《蔣委員長昨飛蘭，張副司令宋美齡偕行》，《甘肅民國日報》，1934 年 10 月 18 日，第 3 版。

〔註11〕《蔣介石日記》，1934 年 10 月 17 日，美國斯坦福大學胡佛研究所藏。

〔註12〕《昨日行跡》，《甘肅民國日報》，1934 年 10 月 19 日，第 3 版。

〔註13〕《蔣介石日記》，1934 年 10 月 18 日，美國斯坦福大學胡佛研究所藏。

風光也。惜未能整修，故衰落荒涼矣。然張北猶盛，不見亂後景象。」〔註14〕

　　11月5日，蔣氏夫婦由張家口抵達大同，在傅作義陪同下，前往雲岡石窟參觀，欣賞佛教石窟建築，稱「誠不愧為石刊之祖也。」〔註15〕當晚蔣介石記載其感想，「今日來沿途山河秀麗，土質膏腴，不改江南風光，如果再有森林，則江南不及此矣。」〔註16〕

　　6日，蔣介石遊覽大同上華嚴與下華嚴各寺，「其壁畫與建築皆係北魏本色，精緻堅實，殊所罕見，再見九龍池屏壁，萬古如新，又歎觀止矣。」〔註17〕沿途中蔣介石再次遊覽大同風景，美不勝收，大有感慨「沿途山河秀麗如昨。大同城雄偉，氣魄浩蕩，不愧為北魏都城，但平地泉荒涼衰落，不似元代上都。據傳平地泉源尚離此集寧有廿里之遠，惜天時所阻未克往遊也。」〔註18〕11月已經處於塞北寒冬，蔣介石仍忍耐寒冷，繼續出行，當天他記載「下午3點風沙走石，冷凍已在零度之下。」〔註19〕

　　相較於1934年倉促匆忙的西北行，蔣介石1942年的西北巡視，顯然多了幾分淡然。此時國際環境有利於中國，因此蔣介石在蘭州、西寧、嘉峪關、酒泉、張掖、武威、寧夏、西安各地，指示工作之餘，停留遊覽，欣賞西北風光。

　　蔣氏夫婦8月15日抵達蘭州後，當天下午就在谷正倫夫婦陪同下遊覽五泉山，見「泉水清澈，古木參天，足滋欣賞」，頗為輕鬆，看到黃河北岸植被稀疏，認為「此乃政治與國家之羞」〔註20〕，命令谷正倫「極力造林，以償平生之願」〔註21〕。

　　16日上午，在陝西省政府主席熊斌、蒙藏委員會委員長吳忠信、第三十四

〔註14〕《蔣介石日記》，1934年11月4日，美國斯坦福大學胡佛研究所藏。

〔註15〕黃自進、潘光哲編：《蔣中正總統五記：遊記》，臺北：「國史館」，2011年，第80頁。

〔註16〕黃自進、潘光哲編：《蔣中正總統五記：遊記》，臺北：「國史館」，2011年，第80頁。

〔註17〕黃自進、潘光哲編：《蔣中正總統五記：遊記》，臺北：「國史館」，2011年，第80頁。

〔註18〕秦孝儀主編：《總統蔣公大事長編初稿》（卷三），臺北：中國國民黨中央委員會黨史史料編纂委員會，1978年，第118頁。

〔註19〕《蔣介石日記》，1934年11月6日，美國斯坦福大學胡佛研究所藏。

〔註20〕《蔣介石日記》，1942年8月15日，美國斯坦福大學胡佛研究所藏。

〔註21〕周美華編注：《蔣中正總統檔案：事略稿本》（第51冊），臺北：「國史館」，2011年，第55頁。

集團軍總司令胡宗南、軍事委員會委員長侍從室主任賀耀祖的陪同下來到榆中縣棲雲山、朝元觀遊覽，認為此地「山明水秀，茂林清流，泉聲清澈，風光幽雅，實為皋蘭附近不可多得之風景。」〔註22〕17日下午偕宋美齡與谷正倫夫婦登上望河樓眺望黃河風景。26日下午，蔣氏夫婦由蘭州直飛青海湖中海心山遊覽，見「海水澄清無比，山形如大魚，其巔上有土牆，似有小廟數椽，人數與牛羊群歷歷可數。」〔註23〕

30日蔣介石抵達張掖，下午先到木塔寺師範學校參觀，再到甘泉古蹟，見「泉源混混，不捨晝夜，可愛也。」〔註24〕不久訪甘泉書院舊址，登五雲樓，再到大佛寺參觀，蔣日記記載道「其臥佛之長為十一丈，殊罕見也，且佛像多為唐代遺物，古蹟巍然，惟此尚存舊跡，彌足珍貴，然亦不完整矣。」〔註25〕緊接著到張掖孔廟、農業學校視察，稱「其破敗亦不堪矣」。

31日下午，蔣介石乘機抵達武威，入住馬步青別墅。下午召集「韓錫侯、葉成、范誦堯等開會，建設嘉峪關、猩猩峽、肅州、酒泉等。」〔註26〕9月1日晨，在馬步青別墅中鶴亭靜坐，觀看湖中景色，見幾隻鵝嬉戲水中，蔣介石記曰：「在西北得此雅景，最為樂意，其泉水出入於亭下，泉聲潺潺，更為快樂，其實此亭應名鵝湖也，惜不能久遊，即別此耳。」〔註27〕上午接見武威黨政軍及紳商各界領袖，參觀青雲學校。又視察武威孔廟，饒有興趣鑒賞文昌殿之西夏碑，又遊大榮寺舊址，登上鐘樓瞭望全城，感歎「全城在目，山明水秀，不愧為武威也。」〔註28〕從蔣介石記載文字看，其身心愉悅，與新疆收復取得很大進展不無關係。

9月2日，蔣介石在參加寧夏各界歡迎大會後，參觀寧夏省政府及省城，「巡視省府，棟宇新建，規模初具，登後花園樓上眺望，全城在目，惟覺城廣人稀也。出城到毛織廠、地政局，其內容皆充實可慰。順遊西塔寺，

〔註22〕《蔣介石日記》，1942年8月16日，美國斯坦福大學胡佛研究所藏。
〔註23〕《蔣介石日記》，1942年8月26日，美國斯坦福大學胡佛研究所藏。
〔註24〕呂芳上主編：《蔣中正先生年譜長編》（第7冊），臺北：「國史館」、國立中正紀念堂管理處、財團法人中正文教基金會，2015年，第198頁。
〔註25〕呂芳上主編：《蔣中正先生年譜長編》（第7冊），臺北：「國史館」、國立中正紀念堂管理處、財團法人中正文教基金會，2015年，第198頁。
〔註26〕胡宗南著，蔡盛琦、陳世局編輯校訂：《胡宗南先生日記》（上），臺北：「國史館」，2015年，第148頁。
〔註27〕《蔣介石日記》，1942年9月1日，美國斯坦福大學胡佛研究所藏。
〔註28〕《蔣介石日記》，1942年9月1日，美國斯坦福大學胡佛研究所藏。

其塔形雄偉，修理初成，可喜也。」〔註29〕

　　3日，蔣介石一行乘機離開寧夏，下午抵達西安，入駐常寧宮。次日上午，與同在西安的次子蔣緯國遊南五臺山，「其山形地勢，皆極狹逼，間有古樹數株，沿途寺宇破敗，道路不修，殊為可恥！對於古蹟之修繕、地方之整飭，不及寧夏多矣。」〔註30〕午後訪胡宗南寓所，即董仲舒墓祠所在地，蔣介石稱「此次西安之行，得見董墓，為不虛矣。」〔註31〕在經歷了四天的緊張軍事會議後，蔣介石心情放鬆，他提到此次來西安之感覺：「此次來陝駐節常寧宮，朝夕與南山滴水相望，因此對西安之情感，突覺增長可愛，以過去對西安除歷史以外，並無特殊感覺耳。」〔註32〕

　　13日正午，蔣介石與胡宗南、蔣緯國、戴季陶之子戴安國同遊翠華山，沿途泉流湍急，澎湃奔騰，蔣介石記曰：「其地風景絕佳，山中有湖，其廣約數十畝，四面峰巒，挺然環列，憩坐金聖堂上，仰見山明，俯觀水秀，而一路以來，水聲潺潺，如鳴琴瑟，近年以來，得此幽景甚罕，今日之遊，樂無窮也。」〔註33〕

　　1945年6月底，蔣介石在抗戰期間最後巡視西北地區，7月1日，入漢中城，「遊覽古漢臺，登望江樓眺覽形勢，全景在望」，感歎「漢中山河之固，與盆地面積之大，其地點重要，實勝於西安與成都也」〔註34〕，打算將其定為中都，「今後首都自在西安，而漢中實為西安之基地，乃知漢高之所以勝楚與滅秦有由來也」〔註35〕。在漢中，「出南門，遊覽漢高拜將臺，兩塊土堆而已，祝苕南已建紀念亭碑於其上，亦一古蹟也。出西到機場，一時起飛向西北行，群山爭高，翠蒼層疊，秦嶺之高大深幽，非此不能見其全貌也。慎時白雲如濤，呈現腳下，如入仙境之中。」〔註36〕7月1日十二時乘飛機天水上空，環繞視察一匝，乃在馬跑泉下機，即入（滲金寺）騎兵學校，休息片刻，在校前馬跑泉餐。餐後召見黨政軍人員後，檢閱騎校與第六七團訓話後，乘車到天水，先到鐵路西站巡。「到伏羲廟視察榮譽軍人工廠，是廟漢槐唐柏林立，

〔註29〕《蔣介石日記》，1942年9月2日，美國斯坦福大學胡佛研究所藏。
〔註30〕《蔣介石日記》，1942年9月4日，美國斯坦福大學胡佛研究所藏。
〔註31〕《蔣介石日記》，1942年9月4日，美國斯坦福大學胡佛研究所藏。
〔註32〕《蔣介石日記》，1942年9月10日，美國斯坦福大學胡佛研究所藏。
〔註33〕《蔣介石日記》，1942年9月13日，美國斯坦福大學胡佛研究所藏。
〔註34〕《蔣介石日記》，1945年7月1日，美國斯坦福大學胡佛研究所藏。
〔註35〕《蔣介石日記》，1945年7月1日，美國斯坦福大學胡佛研究所藏。
〔註36〕《蔣介石日記》，1945年7月1日，美國斯坦福大學胡佛研究所藏。

不勝依戀，又起我仰古之心，」「惜此廟究建始於何時？伏羲究為本地生長否？不能深考，殊為遺憾。他日有暇當再研探也」〔註37〕。

二、傳統文化力量的汲取

除欣賞歷史文物、遺跡外，西北、華北雄偉壯闊的自然景觀似乎更能給蔣介石內心留下深刻震撼。尤其 1934 年西北巡視，中國正直外敵入侵，蔣介石在思考對日作戰準備的同時，遊覽大漠、草原、高山、大河更能凸顯英雄主義的氣概和情懷，蔣介石作為一個民族主義者，通過遊覽觀察山川形勢，將其作為國防、軍事戰略決策之參考。蔣介石於 10 月 19 日下午到達寧夏后，登寧夏城眺望形勢，觀賀蘭山與黃河交相輝映，頗有感慨：「連日望見賀蘭山之雄巍，與黃河之深長，興奮萬千。左賀蘭山，右黃河，石嘴子為夏城之屏障，實西北之重鎮，應急設備之。」〔註38〕

在中國歷史上，關於賀蘭山有諸多詩詞名家留下名句詩篇，抗金名將岳飛就有《滿江紅》：

怒髮衝冠，憑欄處、瀟瀟雨歇。抬望眼、仰天長嘯，壯懷激烈。三十功名塵與土，八千里路雲和月。莫等閒、白了少年頭，空悲切。

靖康恥，猶未雪。臣子恨，何時滅。駕長車，踏破賀蘭山缺。壯志饑餐胡虜肉，笑談渴飲匈奴血。待從頭、收拾舊山河，朝天闕。

金代鄧千江《望海潮》詞：

雲雷天塹，金湯地險，名藩自古象蘭。營屯繡錯，山形米聚，喉襟百二秦關。鏖戰血猶殷。見陣雲冷落，時有雕盤。靜塞樓頭，曉月依舊玉弓彎。

看看定遠西還，有元戎閫令，上將齋壇。區脫晝空，兜零夕舉，甘泉又報平安。吹笛虎牙閒。且宴陪珠履，歌按雲鬟。未拓興靈，醉魂長繞賀蘭山。〔註39〕

〔註37〕《蔣介石日記》，1945 年 7 月 1 日，美國斯坦福大學胡佛研究所藏。

〔註38〕秦孝儀主編：《總統蔣公大事長編初稿》（卷三），臺北：中國國民黨中央委員會黨史史料編纂委員會，1978 年，第 112 頁。

〔註39〕鄧千江：《望海潮·上蘭州守》，唐圭璋編：《全金元詞》（上冊），北京：中華書局，1979 年，第 37～38 頁。

　　無論是岳飛名下的《滿江紅》，還是鄧千江的《望海潮》，都是使用賀蘭意象來指代邊塞戰火，所有語涉「賀蘭」的宋詩，「或反映北宋、西夏戰爭，或反映南宋、蒙古戰爭」。〔註40〕「賀蘭」意象的指涉及其範圍變化，是與歷史語境密切關聯。在蔣介石看來，賀蘭山是抵抗外族入侵、實現民族復興的重要地理座標和政治符號，堅守賀蘭山就是堅守中華民族的根脈。巡視甘寧兩省，看到雄偉壯闊的賀蘭山與奔騰不息的黃河，不禁勾起蔣介石內心的民族主義情緒，「見賀蘭山之雄偉而不起漢族復興之念者，非黃帝子孫也。」〔註41〕

　　1934年10月21日上午9時，蔣介石、宋美齡在張學良、楊虎城陪同下前往咸陽拜謁茂陵與周陵，蔣自稱「敬親追先之念油然勃興」，參觀後蔣感慨：「謁文武周公之陵，而不思發揚光大，其先人之基業也，非吾族類矣。」〔註42〕

　　作為文化概念的「長城」指向一個歷史久遠、內涵豐富的現象域，包括了政治、歷史、軍事、建築、文物乃至旅遊等維度。長城自古是防禦外敵入侵的重要屏障，近代以來長城防禦功能不再，但其特有的歷史內涵和壯闊建築會震撼到每位遊覽長城的遊客，1933年的長城抗戰更是激發了全民族的抗敵熱情。1934年11月3日五時，蔣介石抵達青龍橋，登八達嶺、居庸關北口之城樓與西面城上，登臨雄偉的八達嶺長城，蔣介石激動萬分，說道：「不到此處不能見長城之精堅與雄偉也！」於是興致勃發，手書感想：

> 未登長城不知中華民族之偉大，
>
> 一入潼關更覺黃漢歷史之光榮。〔註43〕

　　雄壯詩句不僅能體現蔣介石作為一個民族主義者的民族自豪感，更是其抵禦外侮的堅定宣言。

　　1934年的西北、華北之行，蔣介石經河南、陝西、甘肅、寧夏、山東、北平、察哈爾、綏遠、山西等省市，參觀遊覽的景點達幾十處，在緩解行軍疲勞、調劑身心的同時，也在做處理國家大事的全局思考。1939年11月蔣介石回憶此次華北巡視時說道：「凡余所經遊之地，無不時時念之，尤以自北平跨

〔註40〕葉曄：《寧夏詞學傳統與詞中「賀蘭」意象的演變》，《文學遺產》，2019年第
　　　　3期。
〔註41〕黃自進、潘光哲編：《蔣中正總統五記：遊記》，臺北：「國史館」，2011年，
　　　　第78頁。
〔註42〕黃自進、潘光哲編：《蔣中正總統五記：遊記》，臺北：「國史館」，2011年，
　　　　第78頁。
〔註43〕《蔣介石日記》，1934年11月3日，美國斯坦福大學胡佛研究所藏。

八達嶺，越長城，經宣化、張北、大同，而至歸綏一段遊程，至今雖相隔已有五年，而腦海歷歷，如在目前。此種錦繡河山，民族遺產，何能放棄尺寸與片刻也；倭寇乃欲強佔而有之，其可能乎？如余當民國二十四年（筆者注：應為二十三年）時，不遍歷西北西南，亦不知我國力之雄厚與偉大，恐不能決定抗戰之大計，因此更知遊歷之功效，較任何努力為大也。」〔註44〕

三、文物遺產的保護

20世紀30年代中期日本侵略者覬覦華北，在紛繁複雜的政治時局下，文物保護工作更加緊迫。北平為元、明、清歷朝以來之都城，宮闕、殿宇、苑囿、壇廟為中國古代建築藝術精華所萃，集東方藝術之大成，若將北平規劃建設成為旅遊勝地，使北平成為東方最大的文化都市，定為國際社會所矚目，而又可將國防建設寓於新興的都市計劃與市政建設之中，藉此以遏止日本的侵略圖謀。

蔣介石對於文物古蹟十分喜愛和重視，在遊覽過程中必對年久失修之文物加大保護力度。1934年10月在豫期間，蔣介石捐款五萬元，用於「修理龍門古蹟，建造洛伊二橋。」〔註45〕10月12日，蔣介石、宋美齡、張學良一行人抵達潼關，遊覽風陵渡北之中條山與南十二塞，有感戰略位置之重要，他說：「黃洛渭水，自西北來匯，直注東流，如此形勝，而不固守保存，何以對先人耶？」〔註46〕蔣介石告誡同行人員「城壁堅強，城樓壯嚴，惜年久失修，應速整理焉。」〔註47〕

10月30日，蔣介石在北平遊覽頤和園，「參觀頤和園登排雲殿為止，不敢再登琉璃閣，且待後來之遊也。」〔註48〕當蔣介石得知第五十三軍軍長萬福麟、第三十二軍軍長商震等家屬皆住園內時，蔣介石異常氣憤：「其何不思聚百年國民之脂膏與無數將士與先烈之鮮血，而乃有今日公開之參觀，其何

〔註44〕《蔣介石日記》，1939年11月15日，美國斯坦福大學胡佛研究所藏。

〔註45〕《劉峙返沔談片，洛陽等縣建設無甚進步》，《西京日報》，1934年10月15日，第2版。

〔註46〕黃自進、潘光哲編：《蔣中正總統五記：遊記》，臺北：「國史館」，2011年，第77頁。

〔註47〕黃自進、潘光哲編：《蔣中正總統五記：遊記》，臺北：「國史館」，2011年，第77頁。

〔註48〕黃自進、潘光哲編：《蔣中正總統五記：遊記》，臺北：「國史館」，2011年，第78頁。

忍樂住於此乎，否則慈禧西後沒落與報應之戒，亦應懍然也。」〔註49〕

　　1932年故宮發生了著名的「故宮盜寶案」，超過一萬六千件的故宮珍寶被低價出售轉賣，單就金屬茶藥皮貨物品出售額就達七十萬元以上，引發社會廣泛關注。〔註50〕因此國民政府行政院下決心向南方逐步轉移故宮文物。為加強對北平各文物古蹟的管理，1934年10月30日，蔣介石在北平致電行政院長汪精衛，要求將文物管理權移交北平市政府，電文說：

> 北平各壇廟均具有悠久歷史之偉大建築，足以代表東方文化，但此次抵平，就聞見所及，此項建築，多失舊觀。長此以往，恐將淪為榛莽，至深惋惜。現由內政部所屬北平壇廟管理處保管，考其以往情形，腐敗不堪，殊未周妥，而地方政府專不負管理之責，誠屬非計。又該市天然博物院，即從前之農事試驗場，現隸中央研究院，亦欠完善，於農業殊少成效。近年華北農村破產，為補救計，亟應由地方政府經營大規模之模範農場，俾華北各省有所觀摩。所有北平各壇廟及天然博物院以撥歸北平市政府負責管理為妥。」〔註51〕

　　蔣介石要求內政部與中央研究院分別派員與北平市政府接洽辦理，「事關維護古蹟，復興農村，諒荷贊同。」〔註52〕

　　11月2日，蔣介石登臨紫禁城，視察工事，又至朝陽門及瀛洲白塔上巡視，心有所感：「以如此形勢與堅城，若棄之不守，誠非黃冑矣。」〔註53〕3日上午，蔣介石在中南海懷仁堂會見高級軍事將領並訓話，隨後自西直門坐車，下午4時抵達居庸關，並首先參觀雲臺，得知此云臺是元代所建，並鑄有漢滿蒙回藏五族文字，隨即對陪同人員說「其間雖多殘破，然尚可保存也，亟應修理。」〔註54〕

〔註49〕黃自進、潘光哲編：《蔣中正總統五記：遊記》，臺北：「國史館」，2011年，第79頁。

〔註50〕《故宮售賣古物得價七十萬》，《益世報》，1932年9月10日，第3版。

〔註51〕周美華編注：《蔣中正總統檔案：事略稿本》（第28冊），臺北：「國史館」，2007年，第378～379頁。

〔註52〕周美華編注：《蔣中正總統檔案：事略稿本》（第28冊），臺北：「國史館」，2007年，第379頁。

〔註53〕黃自進、潘光哲編：《蔣中正總統五記：遊記》，臺北：「國史館」，2011年，第79頁。

〔註54〕黃自進、潘光哲編：《蔣中正總統五記：遊記》，臺北：「國史館」，2011年，第79頁。

關於文物保護問題，11 月 30 日，蔣介石返回南京後與行政院長汪兆銘聯名通電保護古物，加強對文物保護重要性的認識，電文曰：

> 凡一民族之發揚，文化之進展，無不有其嬗遞之跡。如欲闡揚文化，必須認識此種固有文化；如欲復興民族，必須認識此鍾民族之歷史。政府以國家古物，近年迭被摧毀，在民族精神上實為重大損失。茲為統籌保管計，爰有中央古物保管委員會之設立。該會既為國家保管古物之法定唯一機關，則以前中央或地方，未經法定所設之保管古物機關，應即分別裁併，以明系統，並望各界對於公布之古物保存法及其施行細則，切實奉行。〔註55〕

隨著對文物古蹟的調查研究日益得到各級政府及學術界的關注，1935 年1 月，稍晚於中央古物保管委員會和中國營造學社而創立的舊都文物整理委員會及其執行機構北平文物整理實施事務處，則是專門從事古代建築修繕保護工程及調查研究的政府機構。自 1935 年 5 月起，在北平文物整理實施事務處成立之初，即開始組織實施名為「北平遊覽區古蹟名勝之第一期修葺計劃」文物整理修繕工程，舊都文物整理實施事務處也以北平市工務局的日常事務工作，與舊都文物整理委員會工作密切配合，制訂計劃將北平歷史文化價值最高而亟待整理的文物古蹟進行系統地維護修繕。北平第一期文物整理工程自 1935 年 5 月開工，至 1936 年 10 月告竣，此間共修繕整理北平重要古建築計有明長陵、內外城垣、城內各牌樓（正陽門五牌樓、東西長安街牌樓、金鰲玉蝀牌樓、東四牌樓、西四牌樓、東西交民巷牌樓等）、東南角樓、西安門、地安門、鐘樓、天寧寺、天壇（圜丘、皇穹宇、祈年殿及殿基臺面、祈年門、祈年殿配殿及圍牆、祈年殿南磚門及成貞門、皇乾殿、北壇門及西天門、外壇西牆）、國子監辟雍、碧雲寺總理衣冠塚（金剛寶座塔）、玉泉山玉峰塔、碧雲寺羅漢堂、西直門外五塔寺、妙應寺白塔、中南海紫光閣等。

四、自然空間觀的擴展

蔣介石在巡視地方之餘，飽覽山水之美，怡情養性，也有觀察山川形勢、思考國事、決定大計等目的〔註56〕。1942 年 8 至 9 月，為期一個月的西北巡

〔註55〕呂芳上主編：《蔣中正先生年譜長編》（第 4 冊），臺北：「國史館」、國立中正紀念堂管理處、財團法人中正文教基金會，2014 年，第 482 頁。

〔註56〕劉維開：《蔣介石的旅遊生活》，羅敏主編：《蔣介石的日常生活》，北京：社會科學文獻出版社，2015 年，第 93 頁。

視極大改變了蔣介石的空間政治觀念，他對西北的地理、人文、政治、經濟環境都有了更深層面的瞭解，8 月 16 日下午六時，青海省主席馬步芳、騎兵第五軍軍長兼柴達木屯墾督辦馬步青來蘭晉謁，共同研究西北形勢，蔣介石說：「青海之柴達木盆地與金沙江上游之通天河流域，此兩區面積之大，每區縱橫各有二千五百華里以上，建立兩省不為太大，甚喜中國事業之多，不禁憂樂交集矣。」〔註 57〕

對於西北邊疆版圖的瞭解，9 月 13 日蔣介石記載：「前、後藏界線以平提拉為準，康、藏界線以丹達山為準。中國應以天山與崑崙山為西部國防之鎖鑰，而以阿爾泰山與希馬拉耶山為其屏藩，東部以鴨綠江與黑龍江為國界，而以長白山與內、外興安嶺為鎖鑰，東以山海關外東三省為東花園，西以玉門關、猩猩峽外新疆、西藏為西花園，即以新疆為我國前門之廣場，而嘉峪關實為中華東西幹線之中心也。」〔註 58〕這一段「預定」反映出蔣介石思想中的中國版圖基本承襲了清末以來的傳統，他不準備承認俄國、日本、英國等列強對中國領土的侵略與滲透〔註 59〕。

對於廣袤新疆的遼闊，蔣介石在西安軍事彙報會上談道：「說到新疆，面積之廣大，土地之肥美，物產之豐富，實足為全國各省之冠。單就其土地面積而論，實已超過了我們東北四省，如以之與內地安徽浙江等省比較，則新疆一省的面積，至少可以當作十二乃至十五個省份，你看這土地何等廣大！……現在西北的土地，單就寧夏、青海、新疆省而言，實超過內地十八省的面積。」〔註 60〕他說：「上次視察，我沒有到過青海和河西，這一次我到過青海，也到過河西的嘉峪關與酒泉張掖武威等地；大家從前都以為嘉峪關是中國極西的偏僻之地，但實際上我們如果從中國東部的海州到西部的伊犁畫一條橫線，則嘉峪關適當其中心。從嘉峪關東至海州約五千公里，西至伊犁亦約五千公里，幾千年來，我們國民安處東南，連國家真正的中心點，都認為是偏僻之地，這是何等錯誤的觀念！」〔註 61〕西北廣闊的戰略縱深、悠久的歷史

〔註 57〕《蔣介石日記》，1942 年 8 月 16 日，美國斯坦福大學胡佛研究所藏。
〔註 58〕《蔣介石日記》，1942 年 9 月 13 日，美國斯坦福大學胡佛研究所藏。
〔註 59〕楊天石：《蔣介石收復新疆主權的努力——蔣介石日記解讀》（上），《江淮文史》，2013 年第 4 期。
〔註 60〕蔣介石：《西安軍事會議開幕詞》（西安，1942 年 9 月 6 日），秦孝儀：《先總統蔣公思想言論總集》（第 19 卷），臺北：中國國民黨中央委員會黨史委員會，1984 年，第 232 頁。
〔註 61〕蔣介石：《視察西北之觀感及中央同人今後應有之努力》（重慶，1942 年 9 月

給蔣介石留下深刻印象，並有了關於國家總體的地理規劃，吳忠信在陪同蔣巡視，亦記載到：「將來應放大眼光，以玉門為大門，新疆為操場，山海關為後門，東三省為後花園，東南為尾閭云云。此誠總裁此次前來西北之偉大認識也。」〔註62〕

　　蔣介石於 1934 年、1935、1936、1938、1942、1945 年多次深入西北內地，在工作之餘，偕夫人放鬆身心，欣賞美景，這呈現出蔣介石在公共領域外的另一個面相，通過《蔣介石日記》、《事略稿本》可見蔣介石在外出遊覽中，觀察山川形勢，瞭解地方事務。蔣介石喜愛旅遊，即使國家內外交困，在出巡期間依舊抽空遊覽參觀，「撫今追昔，感念緬懷，藉此洗煩滌慮，舒緩緊繃的心情，並活絡一下筋骨。其次置身於自然山水、名勝古蹟中，易萌生靈感，獲得啟示，而增進其內涵修養。」〔註63〕作為夫妻的蔣介石與宋美齡，旅遊生活成為他們工作之餘情愛遊憩的慰藉。

22 日），秦孝儀：《先總統蔣公思想言論總集》（第 19 卷），臺北：中國國民黨中央委員會黨史委員會，1984 年，第 318 頁。

〔註62〕吳忠信著、王文隆主編：《吳忠信日記（1942）》，香港：開源書局，2020 年，第 94 頁。

〔註63〕胡平生：《行色匆匆：1947 年蔣介石的兩次北巡》，《中央研究院近代史研究所集刊》，2009 年總第 66 期。

附錄三 大變局下的無奈與糾結：抗戰時期蔣介石對蘇聯的認知與變化

摘要：

　　抗戰時期蔣介石對蘇聯的認知和態度經歷了複雜的歷史過程。九一八事變爆發後，因蘇聯出賣中東鐵路權益，蔣介石加緊了對蘇聯的提防，而日軍全面侵華促成中蘇兩國緊密合作，雙方迎來了長達四年的甜蜜期。1941 年蘇聯出於自身利益和安全的考慮而與日本達成中立，蔣介石氣憤異常，斥責蘇聯損人利己，中蘇關係降至冰點，抗戰後期隨著開羅會議召開以及蘇聯宣布參加對日作戰，蔣介石對蘇態度才有所好轉。縱觀抗戰期間蔣介石對蘇態度，國家利益、民族情感、中共問題、國際政局無疑是重要影響因素。

關鍵詞：抗戰時期；蔣介石；對蘇態度；《蔣介石日記》

　　抗戰時期，因共同的利害關係促使了中蘇兩國關係更加緊密的聯結在一起，而各自在國家權益和外交政策的分歧，導致了兩國十多年間衝突與對抗時常發生。中蘇關係經歷的波峰與波谷，正是 20 世紀 30 至 40 年代國際局勢波譎雲詭、各國領導人角力鬥法的體現。關於抗戰時期中蘇關係的研究，學界關注於重大事件發生後政府應對及外交政策的調整〔註1〕，而以《蔣介石日記》

〔註 1〕王真：《抗戰初期中蘇在蘇聯參戰問題上的分歧》，《歷史研究》，1994 年第 6 期；
　　　　郭秋光、王員：《抗戰前期國民政府對蘇政策論略》，《南昌大學學報》，2006 年

為視角探究蔣對蘇態度的研究則相對較少〔註2〕。本文利用《蔣介石日記》、《蔣中正總統文物：事略稿本》等資料，試圖梳理還原抗戰時期蔣介石對蘇態度演變及對國家外交政策的影響。

一、敵乎？友乎？對蘇矛盾心態的持續（1931年9月至1937年7月）

「九一八事變」發生後，蔣介石聽聞日本佔領瀋陽、營口後「心神哀痛，如喪考妣」，誓言「苟為我祖我宗之子孫，則不收回東省永無人格矣。」〔註3〕9月21日，蔣介石立志「團結內部，統一中國，抵禦倭寇，注重外交，振作精神，喚醒國民，還我東省。」〔註4〕不久，日本迅速北上佔領整個東北，這嚴重威脅到蘇聯遠東地區安全，損害了蘇聯在中國東北的利益，尤其是蘇聯視為遠東利益中樞的中東鐵路運營權，而日本侵華成為改善中蘇兩國自「四一二」政變後敵對關係的「催化劑」，1932年12月，中方在極不情願的情況下與蘇聯正式恢復邦交。對於執意堅持全面剿共方針、維護外蒙和中東鐵路權益的蔣介石來說，面對強鄰蘇聯，其內心頗為煩悶，蔣日記記載：

> 倭寇既得偽滿，其意本足，惟懼大戰將起，恐我乘勢報復，故急欲強我屈服，使為與國共防蘇俄，而又懼蘇俄報復，與我聯合，故更求急進，使制服我也。敵之所最懼者，即我之所最上者，敵之所欲急者，即我之所欲緩也。乃於此中求得其關鍵。〔註5〕

1935年3月，蘇聯為避免與日本直接發生衝突，不惜將中東鐵路的一切權利以日本國金幣一億四千萬的價格出售給偽「滿洲國」，蔣介石對於蘇聯

第2期；李玉貞：《抗戰時期的蔣介石與斯大林》，《社會科學研究》，2010年第5期；施詔偉：《抗戰初期中蘇關係之齟齬考察——迪化飛機場建立例案》，《新北大史學》，2014年第15期。蔡梓：《危局中的變與不變——蔣介石的蘇聯認知與對中共問題的因應（1937～1940）》，《黨史研究與教學》，2018年第2期。
〔註2〕鄧野：《蔣介石的戰略布局（1939～1941）》，（社會科學文獻出版社2019年）。鹿錫俊：《蔣介石的中日蘇關係觀與「制俄攘日」構想》，《近代史研究》，2003年第4期；鹿錫俊：《蔣介石與1935年中日蘇關係的轉折》，《近代史研究》，2009年第3期；鹿錫俊：《蔣介石的對蘇糾結與抗日決斷（1936～1937）》，《抗日戰爭研究》，2015年第3期；張北根：《二戰期間蔣介石對待中蘇談判的態度——以〈蔣介石日記〉為中心的考察》，《社會科學》，2020年第9期。
〔註3〕《蔣介石日記》，1931年9月20日，美國斯坦福大學胡佛研究所藏。
〔註4〕《蔣介石日記》，1931年9月21日，美國斯坦福大學胡佛研究所藏。
〔註5〕《蔣介石日記》，1933年1月4日，美國斯坦福大學胡佛研究所藏。

此舉表示強烈不滿。多年後蔣介石在回顧這段歷史時仍心有怒火：「二十四年三月，蘇俄不顧我國抗議，出賣中東鐵路於偽滿洲國。這對於日本侵略政策，當然是一種鼓勵。」〔註6〕

除東北外，蘇聯在新疆的勢力滲透使得國民黨中央始終無法完全控制新疆，新疆當局與國民黨中央貌合神離的狀態也令蔣介石大為不滿，「蘇俄外交無進步，新疆擾亂日甚，或為其所主使，英美關係日漸接近矣。」〔註7〕1933年6月20日蔣介石分析了當前國家外交形勢，「外交政策，倭寇、赤俄、英美三者，倭寇讎我而懼我，如順之則可交也；赤俄敵我而恨我，其目的不僅倒我，而且必欲滅亡我國也。英美則欲我為之利用，以抵倭俄，但無土地之野心也。以大體論，英美可為與國，倭寇僅為仇國，而赤俄實為中國惟一之敵國也。」〔註8〕國民黨1930年底到1933年3月的四次剿共失敗也增添了蔣介石對蘇聯的憎恨，「赤匪不除，無以制俄而攘倭。倭寇不敗，無以聯倭而攘俄也。」〔註9〕日本的侵華活動使蔣介石不得不重新思考中日蘇三國關係的發展，他認為「倭患急而俄禍緩，但俄禍大而倭患小也」〔註10〕，9月26日，蔣介石甚至談到「近日憤恨蘇俄甚於倭寇」〔註11〕。蔣介石認為，在國內外「禍患」不斷的情形下，首先考慮「禍患」之大小。在他看來，「倭患」雖急，但仍然在國民政府可控和可忍耐的範圍內，而全力剿共和對蘇防範則是當下首要思考的戰略部署。蔣介石首先考慮的就是禍患之大小，全力剿共和對蘇防範肯定是其首要思考的方面。

1933～1934年間，日軍加劇入侵中國步伐，此時中蘇兩國都預感到日本的威脅愈來愈大，兩國不自覺間走向了新的合作道路。1934年3月，蔣介石派楊傑出訪蘇聯，試探與蘇聯建立抗日同盟之可能。8月，派蔣廷黻作為他的私人顧問訪問蘇聯，目的是要「探測中蘇兩國合作的可能性，研究蘇聯的情況。」〔註12〕次年3月，蔣介石再派親信鄧文儀出任駐蘇聯大使館武官，旨在加強中蘇合作，蔣介石也多次接見蘇聯駐華大使鮑格莫洛夫，商談兩國協作

〔註6〕蔣介石：《蘇俄在中國》，秦孝儀：《先總統蔣公思想言論總集》（第9卷），臺北：中國國民黨中央委員會黨史委員會，1984年，第66頁。
〔註7〕《蔣介石日記》，1933年6月17日，美國斯坦福大學胡佛研究所藏。
〔註8〕《蔣介石日記》，1933年6月20日，美國斯坦福大學胡佛研究所藏。
〔註9〕《蔣介石日記》，1933年7月6日，美國斯坦福大學胡佛研究所藏。
〔註10〕《蔣介石日記》，1933年7月7日，美國斯坦福大學胡佛研究所藏。
〔註11〕《蔣介石日記》，1933年9月26日，美國斯坦福大學胡佛研究所藏。
〔註12〕蔣廷黻：《蔣廷黻回憶錄》，長沙：嶽麓書社，2003年，第158頁。

抗日事宜。1933～1934 年間，作為國民黨領袖的蔣介石面臨多重困境，國家統一和經濟建設尚在途中，黨內反蔣活動此起彼伏，要在中日敵對背景下促成日蘇牽制，實現「制俄」和「攘倭」的雙重目標可謂困難重重。〔註13〕

1936 年 3 月 22 日，外蒙、蘇聯雙方於庫倫簽訂了有關軍事、領土相互保護的《蒙蘇議定書》，蔣介石怒不可遏，4 月 1 日自記曰：「蘇聯原本在技術上予外蒙以援助，蘇聯現在庫倫設置外交代表，其在外蒙外交上經濟上已享有優越勢力，茲益以議定書，顯係對日本向外發展政策，有迎頭應付之決心，因蘇聯已允實力援助外蒙也。然此皆涉及侵犯我國主權，並違反中俄協定，是可忍，孰不可忍？」〔註14〕4 月 3 日，蔣介石更是赫然而怒，「蘇俄外交之卑劣毒辣，一如鄉間之土霸無賴，可惡已極。」〔註15〕9 月 28 日，蔣介石就蘇聯對華態度做出分析：「蘇俄態度冷淡，專在我國社會上工作宣傳，以為將來使中國不能不出聯俄之一途，其計之險甚於倭寇也。」〔註16〕《蒙蘇議定書》是蘇聯處於自身安全、經濟利益考慮做出的外交決策，蘇聯罔顧外蒙為中國固有領土，與「蒙方」簽訂政治議定書，蔣介石作為「國家領袖」面對此等外交矛盾，也頗為不甘與無奈，只能以口頭譴責對待之。

西安事變爆發後，蘇聯方面立刻做出反應，12 月 14 日，蘇共中央機關報《真理報》發表題為《中國發生事變》的社論，斥責張、楊扣蔣為「叛亂」，並談到此時南京政府最迫切的任務是「努力謀求中國的統一，使處於分裂狀態的各個地方聯合起來，團結全中國人民同外國侵略者作鬥爭。」〔註17〕張學良發動西安事變，在很大程度上是寄希望於蘇聯的理解與支持的，而事變後蘇聯政府直接捧蔣遏張的表態，對張學良來說是個不小的打擊。隨後蘇聯一系列促使西安事變和平解決的舉措，一方面是其聯蔣遏日戰略的需要，另一方面也促使了蔣介石對蘇態度的進一步好轉。而隨著日本這一「急患」掀起全面侵華戰爭，蔣介石對蘇態度急轉，迅速走向「聯蘇抗日」的道路。

〔註13〕鹿錫俊：《蔣介石的中日蘇關係觀與「制俄攘日」構想》，《近代史研究》，2003年第 4 期。

〔註14〕秦孝儀：《總統蔣公大事長編初稿》（卷三），臺北：中國國民黨中央委員會黨史委員會，1978 年，第 285 頁。

〔註15〕《蔣介石日記》，1936 年 4 月 3 日，美國斯坦福大學胡佛研究所藏。

〔註16〕《蔣介石日記》，1936 年 9 月 28 日，美國斯坦福大學胡佛研究所藏。

〔註17〕安徽大學蘇聯問題研究所、四川省中共黨史研究會編譯：《蘇聯〈真理報〉有關中國革命的文獻資料選編》第二輯，成都：四川省社會科學院出版社，1986年，第 576 頁。

二、中蘇關係改善與蘇聯對華援助（1937 年 7 月至 1941 年 4 月）

　　七七事變爆發後，中蘇兩國就合作事宜加快了談判進程。1937 年 8 月 21 日，中蘇雙方代表王寵惠與鮑格莫洛夫在南京正式簽訂了《中蘇互不侵犯條約》。蔣介石反對將《中蘇互不侵犯條約》與蘇聯對華援助聯繫在一起，「蘇俄允接濟武器，但以訂不侵犯條約為交換條件，余斥駁之，俄之外交狡詐無比也。」〔註 18〕但實際上條約簽訂後，蘇聯才正式給予中國貸款及物資援助，而大批軍用物資運抵中國後，對中國抗戰助力甚大，蔣介石也不禁欣喜：「中蘇不侵犯條約簽訂發表，當於現局利多害少也。」〔註 19〕

　　蔣介石一方面加緊敦促蘇聯政府對華援助物資的落實，另一方面也渴望蘇聯能參加對日作戰，緩解中方抗戰壓力。1937 年 8 月 26 日，蔣在日記中寫道「對俄外交應促其加入戰爭。」〔註 20〕在全面抗戰爆發後的幾個月內，蔣介石多次向蘇聯表明抗戰到底的決心，11 月 10 日，蔣介石電令楊傑轉告蘇聯當局：「我軍上海撤退乃為受金山衛敵人登陸，側背動搖之故，但撤退安全，並無損失，以後持久抵抗，決無問題。無論何時，決不與日言和，望轉告蘇俄當局。」〔註 21〕當蘇共中央總書記斯大林和蘇聯國防人民委員伏羅希洛夫回電婉拒蔣介石對日出兵的請求時，蔣在日記中寫道：「敵以德意共同防共之盟，對於蘇聯與英國有所牽制，故對華任意侵略，為所欲為。」〔註 22〕11 月 18 日，張沖於蘇聯致電蔣介石，報告了伏羅希洛夫的主張，「抗戰到生死關頭時，俄當出兵，決不坐視。」〔註 23〕

　　11 月底，日軍逼進南京，形勢危急，蔣介石內心也愈發焦急。11 月 29 日，蔣介石致電楊傑：「南京防禦工事，殊嫌薄弱，恐難久持，未知友邦究能何日出兵，十日內能否實現？立復。」〔註 24〕11 月 30 日，楊傑向伏羅希洛夫、斯大林轉達了蔣介石懇求蘇聯出兵的請求：「中蘇兩大民族，本為東亞

〔註 18〕《蔣介石日記》，1937 年 8 月 1 日，美國斯坦福大學胡佛研究所藏。
〔註 19〕《蔣介石日記》，1937 年 8 月 31 日，美國斯坦福大學胡佛研究所藏。
〔註 20〕《蔣介石日記》，1937 年 8 月 26 日，美國斯坦福大學胡佛研究所藏。
〔註 21〕呂芳上主編：《蔣中正先生年譜長編》第 5 冊，臺北：「國史館」、國立中正紀念堂管理處、財團法人中正文教基金會，2014 年，第 429 頁。
〔註 22〕《蔣介石日記》，1937 年 11 月 14 日，美國斯坦福大學胡佛研究所藏。
〔註 23〕呂芳上主編：《蔣中正先生年譜長編》第 5 冊，臺北：「國史館」、國立中正紀念堂管理處、財團法人中正文教基金會，2014 年，第 439 頁。
〔註 24〕呂芳上主編：《蔣中正先生年譜長編》第 5 冊，臺北：「國史館」、國立中正紀念堂管理處、財團法人中正文教基金會，2014 年，第 439 頁。

和平之兩大柱石，不惟利害與共，體戚相同，而且暴日為我共同惟一之敵也。中正屢蒙垂顧，當此存亡之交，故不辭冒昧，乃敢直言而道，中國今為民族生存與國際義務，已竭盡其最大最後之力量矣，且已至不得已退守南京，惟待友邦蘇俄實力之應援。甚望先生當機立斷，仗義興師，挽救東亞之危局，鞏固中蘇永久合作之精神，皆維先生是賴也。」〔註25〕

蔣介石言辭懇切，並沒有使蘇聯方面答應出兵對日作戰的請求，12月3日晚，蔣在接見蘇聯武官特德文時認為其「態度倨慢，可憎可嫌，敗仗之時遭人凌侮，蓋如此也。」〔註26〕12月5日，斯大林、伏羅希洛夫正式回電蔣介石，認為蘇聯一旦即刻對日出兵，恐將被認為是侵略行動，對中蘇兩國國際形象均產生不利影響，並答應極力增加對華技術援助。〔註27〕

面對蘇聯領導人的回電，蔣介石深感「蘇俄出兵已絕望」，日記中也難掩其失望之情，「蘇俄無望，而又不能絕望也。倭寇對德國大使所提調停辦法，以我不能屈服，彼已決絕乎。史大林覆電亦到，倭俄態度已明，再無所待矣。」〔註28〕此時蔣介石對蘇聯參戰已不抱太大希望，但對蘇友好態度並未因蘇聯未出兵而有大的轉變，蘇聯援華軍火物資源源不斷的通過中蘇國際交通線運至抗戰前線，也令蔣介石頗為欣慰。整個抗戰前期，蘇聯對中國貸款總額達2.5億美元，中方儘量供給蘇方鋁、鉛、鎢、銻、鎳、銅等金屬原科，不足之數，以茶、生絲、棉花、羊毛、牛羊皮等補充。〔註29〕斯大林甚至還提出要在中國建造一座飛機製造廠的構想，但蘇聯出於自身利益的考量，不斷變化援建政策，這不僅增加了蔣介石對蘇聯意圖侵佔中國利益的猜忌，加深了雙方隔閡，也成為日後中蘇合作齟齬前行的濫觴。〔註30〕

蘇聯援華物資正源源不斷運往中國之際，1938至1939年間，蔣介石兩次派中蘇友好協會會長孫科赴蘇開展外交訪問，以增進雙方友好感情，爭取

〔註25〕呂芳上主編：《蔣中正先生年譜長編》第5冊，臺北：「國史館」、國立中正紀念堂管理處、財團法人中正文教基金會，2014年，第440頁。
〔註26〕《蔣介石日記》，1937年12月3日，美國斯坦福大學胡佛研究所藏。
〔註27〕呂芳上主編：《蔣中正先生年譜長編》第5冊，臺北：「國史館」、國立中正紀念堂管理處、財團法人中正文教基金會，2014年，第445頁。
〔註28〕《蔣介石日記》，1937年12月6日，美國斯坦福大學胡佛研究所藏。
〔註29〕《軍事委員會參謀次長楊傑致蔣介石密函稿》（1937年12月21日），《民國檔案》，1985年第1期。
〔註30〕施詔偉：《抗戰初期中蘇關係之齟齬考察——迪化飛機場建立例案》，《新北大史學》，2014年第15期。

更多蘇援。1938 年 2 月 7 日，孫科在蘇訪問三周並會見斯大林後致電蔣介石：
「綜合會談結果，雖未能即達參戰目的，然對我抗戰決心，已毫無疑慮，對我
始終援助亦承切實允諾，後希接洽更無隔閡，至所請及飛機製造、西北鐵路建
設等事，對我抗戰前途有關至鉅，亟請政府決定早日進行。」〔註31〕次年 4 月，
孫科再次訪蘇並正式簽訂中蘇通商條約〔註32〕，對於蘇聯的援助，蔣介石一再
表示感謝，1938 年 5 月 31 日蔣介石致電斯大林、伏羅希洛夫說：「承蒙諒解中
國實際困難，同情中國抗戰，並允盡一切可能協助，實深感激。」〔註33〕

　　此後的三四年間，中蘇關係朝著親密合作的方向發展。蔣介石多次在日
記中記載了對蘇聯的關注與支持，1938 年 6 月 12 日，蔣在武漢黨政軍各界
總理紀念周上講道：「日本是中蘇共同的敵人，中蘇兩國已處於同生死共存
亡之境地，應力謀互助合作，嚴防中敵離間。」〔註34〕同年 8 月 4 日，法國
總理聲稱張鼓峰事件擴大，日蘇之間戰爭不可避免，蔣介石聲援蘇聯說道：
「余對俄聲明，無論其對倭戰與不戰，中國必與蘇俄始終一致也。」〔註35〕
次年 10 月 25 日，針對法國政府欲使中國發表不利於蘇聯之宣言，蔣介石稱
此計謀「可謂愚劣甚於倭寇也。」〔註36〕1940 年 11 月 6 日在蘇聯十月革命
勝利 23 週年之際，蔣介石特在軍事委員會設宴，招待蘇聯在渝外交軍事及
塔斯社在渝工作人員等數十人，並由何應欽白崇禧及其他高級將領五十餘人
作陪，席間蔣介石「就蘇聯革命成功之經過與其奮鬥精神、可供中國目下建
國之參考者有所闡述，蘇聯代表舉杯祝中國勝利，並祝中蘇邦交此後益加鞏
固，兩國之同情與互助益為發展，賓主盡歡，至夜深始散。」〔註37〕在 1941
年元旦獻詞中，蔣介石盛譽「蘇聯之建設工程，稱為蘇聯今日國勢強大、舉
足重輕。」〔註38〕在皖南事變爆發後，蔣介石主動向蘇聯示好，積極開展

〔註31〕秦孝儀主編：《中華民國重要史料初編——對日抗戰時期》戰時外交（二），
　　　　臺北：中國國民黨中央黨史委員會，1981 年，第 408 頁。
〔註32〕1938 年中蘇通商條約各項條款詳見李嘉穀主編：《中蘇國家關係史資料彙編
　　　　（1933～1945）》，北京：社會科學文獻出版社 1997 年，第 252～255 頁。
〔註33〕呂芳上主編：《蔣中正先生年譜長編》第 5 冊，臺北：「國史館」、國立中正紀
　　　　念堂管理處、財團法人中正文教基金會，2014 年，第 535 頁。
〔註34〕葉健青編注：《蔣中正總統檔案：事略稿本》（第 41 冊），臺北：「國史館」，
　　　　2010 年，第 633 頁。
〔註35〕《蔣介石日記》，1938 年 8 月 4 日，美國斯坦福大學胡佛研究所藏。
〔註36〕《蔣介石日記》，1939 年 10 月 25 日，美國斯坦福大學胡佛研究所藏。
〔註37〕《蔣委員長設宴招待蘇聯在渝工作人員》，《申報》，1940 年 11 月 7 日，第 6 版。
〔註38〕《蔣委員長除夕訓詞》，《申報》，1941 年 1 月 5 日，第 3 版。

中蘇軍事合作〔註39〕。蔣介石對蘇親密演講和對其軍事工程建設的盛讚也影響到了蘇聯，以《真理報》、《消息報》和塔斯社為主的蘇聯主流媒體在中國全面抗戰爆發後對中國抗戰進行全方位報導，以聲援中國抗戰。1937年7月至1940年9月，《真理報》有關中國團結抗戰、民族精神覺醒、揭發日軍罪行等內容的報導就多達170多篇。〔註40〕蘇聯輿論對中國抗戰形勢的及時報導，有利於蘇聯民眾和國際社會多方面瞭解中國抗戰實情，更有利於極大範圍內爭取對中國抗戰的同情和支持，也是四年間中蘇友好關係的具體體現。

三、《日蘇中立條約》簽訂與中蘇關係交惡（1941年4月至 1943年11月）

（一）《日蘇中立條約》的簽訂

　　早在1937年蔣介石就非常擔心蘇聯是否會在中日兩國間堅守中立，「防蘇聯先與我訂不侵犯條約，藉此威脅倭寇，要求與倭亦訂不侵犯約，以為固守中立之計乎。」〔註41〕但隨著《中蘇互不侵犯條約》的簽訂和蘇聯大量援華物資的運抵，蔣逐漸消除日蘇可能媾和的疑慮。蘇聯政府對華抗戰軍火物資的持續援助和對日戰略資源禁運，促使日軍對蘇聯進行「火力偵察」似的戰略試探，而日軍在張鼓峰、諾門坎地區對蘇戰鬥的失敗是其放棄「北進」計劃的重要原因之一。此後日方主動向蘇聯方面示好，大有立刻化干戈為玉帛之勢，這也是蔣介石最為擔心的，在他看來，日蘇兩國一旦達成中立或和解，將對中國抗戰前景造成巨大的打擊。他在分析德、蘇、日三國外交關係發展後提出：「德、倭有聯合攻蘇之可能，倭決不能與俄妥協。」〔註42〕「俄之外交聯德或有可能，而聯倭則甚艱難，以倭之傳統政策在排擊蘇俄也。」〔註43〕在諾門坎事件爆發後，蔣日記記載：「俄、倭互不侵犯條約不易訂定，倭如與其讓俄，當不如讓英也。」〔註44〕「蘇俄對倭之動向，倭決

〔註39〕參見何飛彪：《皖南事變後蔣介石的對蘇策略》，《中共黨史研究》，2020年第3期。

〔註40〕關於蘇聯《真理報》對中國抗戰的報導，參見：安徽大學蘇聯問題研究所、四川省中共黨史研究會編譯：《蘇聯〈真理報〉有關中國革命的文獻資料選編》第三輯，成都：四川省社會科學院出版社，1988年。

〔註41〕《蔣介石日記》，1937年8月2日，美國斯坦福大學胡佛研究所藏。

〔註42〕《蔣介石日記》，1939年3月17日，美國斯坦福大學胡佛研究所藏。

〔註43〕《蔣介石日記》，1939年4月30日，美國斯坦福大學胡佛研究所藏。

〔註44〕《蔣介石日記》，1939年8月24日，美國斯坦福大學胡佛研究所藏。

不能與俄妥協也。」〔註45〕從蔣氏日記的記載可明顯露出蔣介石對中蘇日三國之間關係發展的隱憂，其認為日蘇間絕無發生外交中立之可能。

而日蘇兩國外交關係的發展很快超出了蔣介石的預料，蘇聯為防止日、德兩國東西夾擊聯合攻蘇，避免腹背受敵，日本在對蘇「戰略試探」後，迅速進佔東南亞地區。1941 年 4 月，蘇日兩國出於自身外交及軍事戰略的考慮，在莫斯科簽署了《蘇日中立條約》，並發表共同宣言：雙方共同尊重所謂「蒙古人民共和國」和「滿洲國」領土完整及邊疆神聖不可侵犯〔註46〕。這實際上也宣告了蘇聯單方面撕毀了 1937 年中蘇兩國簽訂的《中蘇互不侵犯條約》，這也為中蘇關係蒙上了陰影，蔣介石氣憤異常：「此乃俄損人利己一貫之伎倆，如果屬實，則為俄國在國際信義上之最大損失，而非我之害也。」〔註47〕4 月 12 日，蔣介石日記記載：「俄與南國（南斯拉夫）既訂不侵犯條約，鼓勵南國抗德，而未經五日，又允德國出售大量汽油，以接濟侵略之軸心國，一面又與倭寇松岡商談密約，妄冀避免戰禍。而專謀嫁禍於人，以鄰為壑，此其用心太過，反形示弱，正與德、倭以輕俄謀俄之機，史大林至此似形槍法漸亂，應付殆窮之象矣。」〔註48〕由此可見蔣介石對蘇聯的失望情緒。14 日，蔣在日記中再次表明其對日蘇中立之態度：「對俄倭協定與聲明，我政府立即否認，毫不顧慮與思索，以示我自主自強決心與國格，而不與俄國以絲毫之空隙與試探的機會。」〔註49〕

4 月 19 日，蔣介石接見蘇聯駐華大使潘友新時認為「俄國對華政策始終一貫，毫無改變。」〔註50〕他當天自記：「俄對華早不以國家待我，今目之輕侮欺負，不足為異。惟有自強，方能為人所重耳。」〔註51〕27 日，蔣介石主持中央訓練團黨政訓練班第 14 期畢業典禮，主講《蘇日中立條約與我國抗戰》，提出要「自立自強，團結奮勉，完成革命建國使命。」〔註52〕蔣介石

〔註45〕《蔣介石日記》，1939 年 8 月 26 日，美國斯坦福大學胡佛研究所藏。
〔註46〕蔣緯國編著：《國民革命戰史第三部・抗日禦侮》第二卷，臺北：黎明文化事業公司，1978 年，第 194 頁。
〔註47〕呂芳上主編：《蔣中正先生年譜長編》（第 6 冊），臺北：「國史館」、國立中正紀念堂管理處、財團法人中正文教基金會，2014 年，第 529 頁。
〔註48〕《蔣介石日記》，1941 年 4 月 12 日，美國斯坦福大學胡佛研究所藏。
〔註49〕《蔣介石日記》，1941 年 4 月 14 日，美國斯坦福大學胡佛研究所藏。
〔註50〕呂芳上主編：《蔣中正先生年譜長編》（第 6 冊），臺北：「國史館」、國立中正紀念堂管理處、財團法人中正文教基金會，2014 年，第 534 頁。
〔註51〕《蔣介石日記》，1941 年 4 月 19 日，美國斯坦福大學胡佛研究所藏。
〔註52〕葉惠芬編注：《蔣中正總統檔案：事略稿本》（第 46 冊），臺北：「國史館」，2010 年，第 158 頁。

此時考慮到蘇聯援華物資的重要性，表面上不與蘇聯直接發生衝突，但內心卻對蘇態度逐漸冷淡。

（二）國際戰局的變化

1941 年底至 1942 年初，國際反法西斯戰爭格局發生巨大變化，太平洋戰爭爆發，美國被迫參戰。12 月 8 日，蔣介石緊急召開中國國民黨中央常務委員會特別會議，蔣認為太平洋戰爭爆發之後，中國的戰略地位「雖不能說有舉足輕重之勢，但被侵略各友邦今後對日態度能否一致，我國實可操決定之影響。」〔註53〕

9 日，英國首相丘吉爾致電蔣介石，表示中英美同被日本攻擊，應同對一敵，共同奮鬥。蔣覆電表示：「中國受日本之殘暴侵略，已將四年有半，對於日寇所施於英美之詭詐與攻擊，舉國更深震憤。詭詐所以鑄成仇讎，而道德乃足以造成友誼。從此中英兩國人民並肩作戰，勢必掃除共同之仇敵，而英國予美國以迅速而堅決之支持，尤為欣慰，中國人民切願對英國傳統之友誼，有所酬報也。」〔註54〕

同日，美國總統羅斯福致電蔣介石，稱讚中國四年半來的英勇抗戰，表示要與中國聯合共同抗擊日本。蔣介石覆電羅斯福表示願與美國以及各友邦國家團結一致，奮鬥到底。電文談道：「際茲文明遭受悲劇之時，美國亦受狡詐侵略者之攻擊，中國對於美國所曾給予之援助與歷來傳統之友誼，重申其永誌不忘之感。現時我兩國已對共同之公敵而作共同之奮鬥，中國自當貢獻其所能，及其所有，期與友邦美國以及各與國團結一致，奮鬥到底，必使太平洋以及全世界人類正義，在野蠻暴力與無窮詭詐之空前劫運下，獲得解救而後已。」〔註55〕

從中英美領導人往來電報交流可見，在日美交戰和國際戰局發生新的變化後，四年多以來中國在世界反法西斯戰爭做出的艱苦卓絕的貢獻，獲得了英美政府及人民的認可和支持。有了美國參戰和英美對中國戰場的肯定和

〔註53〕周美華編注：《蔣中正總統檔案：事略稿本》（第 47 冊），臺北：「國史館」，2010 年，第 606 頁。

〔註54〕《丘吉爾致蔣中正電》、《蔣中正復丘吉爾電》（1941 年 12 月 9 日），臺北「國史館」藏，《蔣中正總統文物》，典藏號：002-020300-00040-013、002-020300-00040-014。

〔註55〕《羅斯福致蔣中正電》、《蔣中正復羅斯福電》（1941 年 12 月 10 日），臺北「國史館」藏，《蔣中正總統文物》，典藏號：002-020300-00016-005、002-020300-00016-006。

幫助，同盟國的聯合作戰，極大緩解了蔣介石對於中國單獨抗擊日本的焦慮，逐步增添了抗戰勝利的信心，中國抗戰局面迎來了新的轉機。蔣介石在 1942 年新年賀詞中說：「過去半年來，尤其是這一個月以來，抗戰形勢和從前完全不同，過去我們是單獨奮鬥，在國境內以抵抗日寇，現在我們已經和英、美、蘇聯與其他各友邦安危一致，並肩作戰，來徹底消滅人類的公敵。」〔註 56〕在蔣介石看來，此時「我中國抗戰與世界反侵略戰爭業已連成一片，此誠我中國轉危為安，轉敗為勝之重要時機」〔註 57〕，「抗戰政略之成就，至今已達於頂點」〔註 58〕，抗戰形勢有了新的變化。1942 年，隨著美國總統行政助理居里和蔣介石夫人宋美齡實現互訪，中美關係得到進一步加強，美方承諾逐步加大對中國抗戰物資的援助，蔣介石外交戰略的重心也隨即向美國傾斜，對蘇態度日漸趨於冷淡。

（三）收復新疆的多重努力

自 1927 年國民黨全國建政後，新疆實際控制權歷經楊增新、金樹仁、盛世才等人，國民黨中央從未真正控制新疆這一廣袤國土。收復新疆長期以來都是蔣介石「夢魂縈懷」之偉大戰略，他談道：「每聞友人為余述新疆天時、地勢與物產之豐富優容，輒為之神往心馳，夢深繫之……新疆之於我中華民族存亡，實無異於我東北四省，而其資源之豐富與國防之重要，則尤過之而無不及也。能不令人夢魂縈懷乎？」〔註 59〕尤其是全面抗戰爆發後，東部大片國土淪喪，蔣介石希望對新疆這一中國面積最大省份的實際控制與收復，以達到鞏固西北政局，激發全國抗戰熱情之目的。另一方面，蔣介石擔心中共通過新疆與蘇聯聯繫，因此實際管控新疆成為蔣介石防共、限共的重要舉措，「決不許蘇俄肆行其侵略，也不容中共打通其國際路線，與蘇俄打成一片，來改變整個亞洲的形勢，構成世界和平的威脅」〔註 60〕。

〔註 56〕蔣介石：《蔣委員長民國三十一年元旦昭告國民書》，《浙江省地方行政幹部訓練團團刊》，1942 年第 1 期。

〔註 57〕蔣介石：《加強抗戰力量確立建國基礎》（重慶，1941 年 12 月 5 日），秦孝儀：《先總統蔣公思想言論總集》第 18 卷，臺北：中國國民黨中央委員會黨史委員會，1984 年，第 438 頁。

〔註 58〕古屋奎二：《蔣介石秘錄》第 4 卷，長沙：湖南人民出版社，1988 年，第 278 頁。

〔註 59〕《蔣介石日記》，1941 年 9 月 30 日，美國斯坦福大學胡佛研究所藏。

〔註 60〕蔣介石：《蘇俄在中國》，秦孝儀：《先總統蔣公思想言論總集》第 9 卷，臺北：中國國民黨中央委員會黨史委員會，1984 年，第 92 頁。

而蘇聯忙於對德戰爭，也為國民政府收復新疆提供了外部條件。

1940 年 11 月，蘇聯強迫盛世才簽訂《租借新疆錫礦條約》，強佔新疆豐富的礦產資源，盛世才對此十分不滿。得知蘇聯逼迫盛世才簽訂《新錫協定》後，蔣介石稱蘇聯「比之倭寇強逼袁世凱簽訂二十一條者為尤甚，俄之毒狠，可謂帝國主義之尤者矣。」〔註61〕此時蔣介石對盛世才繼續安撫，並要朱紹良轉告盛：「既往一切不但原宥，且均為負責」。1942 年 3 月，盛世才因其弟盛世騏離奇被殺而對蘇聯心懷耿耿〔註62〕，本執意要將新疆加入蘇聯的盛世才在蘇德戰爭爆發後對蘇聯已無任何留戀，決心轉投重慶國民政府。

收復新疆已獲重大轉機，蔣介石即刻令何應欽、副參謀總長程潛、軍令部長徐永昌、政治部長張治中、軍事委員會辦公廳主任賀耀祖、航空委員會主任周至柔組織制定《收復新疆主權方略》，為國民政府進駐新疆、驅逐蘇聯勢力做準備。〔註63〕同年 7 月 13 日，何應欽呈報蔣介石收回新疆主權方略，建言中說：「一面利用盛之地位及力量並扶植之，使其逐漸中央化。一面敷衍蘇聯，延緩其對新之策動，並盡速加強我甘青藏邊軍備，及一切必要之準備，伺機再確實控制之。」〔註64〕

第八戰區司令長官朱紹良與盛世才結交較早，私交甚篤，因此蔣介石派朱紹良多次往返蘭州、迪化、重慶之間調和盛世才內附問題〔註65〕。7 月 13 日，蔣介石在重慶接見朱紹良，研究解決新疆問題之方針決定：（一）保全盛世才之地位；（二）使蘇俄不致惱羞成怒，留有迴旋餘地，切勿使之對盛絕望為主也。稍後就此問題繼續研究：「應先防制俄共鼓動新疆各地之暴動驅盛，此雖為國際與世界戰局所不容，料俄亦不敢為此，然仍不能不預防也。俄倭戰爭，如終於不起，則我對新疆問題與計劃，亦照預定之程序實施：

〔註61〕《蔣介石日記》，1942 年 7 月 11 日，美國斯坦福大學胡佛研究所藏。

〔註62〕盛世騏為盛世才四弟，畢業於日本東京士官學校騎兵科、莫斯科紅軍大學，1942 年 3 月 19 日被離奇槍殺。被殺原因有兩種說法：一說他被斯大林收買，盛世才將其處死；一說他不肯服從斯大林的命令，為其妻共產黨員陳秀英刺死，盛世才又殺陳秀英。

〔註63〕黃建華：《國民黨政府的新疆政策研究》，北京：民族出版社，2003 年，第 68 頁。

〔註64〕《何應欽呈收復新疆方略》（1942 年 7 月 13 日），臺北「國史館」藏，《蔣中正總統文物》，典藏號：002-020300-00042-096。

〔註65〕周開慶編：《民國朱上將紹良年譜》，臺北：「臺灣商務印書館」，1981 年，第 32 頁。

1. 派兵入新，助盛平亂，鞏固省政。2. 新疆歸入第八戰區。3. 與俄交涉徹底解決新疆各案。」〔註66〕朱紹良抵達迪化後，向盛世才帶來蔣介石親筆信，蔣介石許諾「吾弟之事業即為中正之事業，故中正必為吾弟負責，以解除一切之困難也」。盛世才也逐漸頻頻向國民黨中央釋放緩和關係的信號，有內向之意。蔣介石稱之為「破鏡重圓與浪子回頭之奇蹟」〔註67〕。蔣介石日記記載：「然而河西二馬交防，新疆對中央態勢轉佳，此乃為國際大勢所趨，以整個局勢而論，進步較多。」〔註68〕

　　與此同時蔣介石派翁文灝與蘇聯交涉新疆能源開發問題，也取得不錯進展，蔣日記記載：「俄國對新疆油礦問題，有與我中央交涉之動向，最近盛世才態度日有進步，此乃一最佳之現象也。」〔註69〕蔣介石此次西北巡視之前，已經向新疆派遣外交、黨務人員。此次親臨西北，蔣介石就是要在國際局勢有利於自己的情況下，通過政治、軍事、外交多重手段，將新疆正式納入國民政府管轄。

　　1942年8月15日，蔣介石攜宋美齡巡視西北諸省，國民黨要人郝柏村在解讀《蔣介石日記》時也認為蔣此次西北之行為「走訪西北重鎮，處理新疆盛世才內向問題，即收回主權。」〔註70〕20日蔣介石電令羅卓英、國民政府航空委員會副主任毛邦初、外交部駐新疆特派員吳澤湘急赴蘭州，安排派員赴迪化與盛世才談判事宜，並擬定收回新疆主權之方案：「一、先派第四十二軍由蘭進駐安西、玉門，以控制哈密俄軍之第八團。二、委派新疆外交特派員，收回外交權歸中央，使俄在新之外交納入正軌。三、肅清新疆共黨。四、令俄軍離新疆境。五、收回迪化飛機製造廠，此對俄、對共之次序也。六、其他黨務特派員、教育廳長與省府秘書長人選確定後，先令其入新疆興盛晤洽後，再加委任發表，以資審慎，總勿使盛疑慮也。」〔註71〕

　　蔣介石隨即著手進行軍事部署，命令第八戰區長官部在武威成立第29集

〔註66〕　《蔣介石日記》，1942年7月13日，美國斯坦福大學胡佛研究所藏。

〔註67〕　《蔣介石日記》，1942年7月11日，美國斯坦福大學胡佛研究所藏。

〔註68〕　《蔣介石日記》，1942年6月29日，美國斯坦福大學胡佛研究所藏。

〔註69〕　《蔣介石日記》，1942年6月30日，美國斯坦福大學胡佛研究所藏。

〔註70〕　郝柏村：《郝柏村解讀蔣公八年抗戰日記（1937～1945）》，臺北：遠見天下文化出版股份有限公司，2013年，第962頁。

〔註71〕　黃自進、潘光哲編：《蔣中正總統五記：困勉記》（下冊），臺北：「國史館」，2011年，第856頁。

團軍總部，李鐵軍任總司令，指揮所集中於蘭州、武威、嘉峪關，派胡宗南第42軍由蘭州進駐安西、玉門，〔註72〕遙制哈密之紅八團，並作為國民黨中央進駐新疆的準備。同日朱紹良在蘭州會見胡宗南，朱在會談中透露，「盛世才與蘇聯似已破裂矣，盛可代中央贈馬三萬匹，西北大量發展騎兵。」〔註73〕8月21日，蔣介石於蘭州「擬定新疆進行程序及收回主權方案，研究政治、經濟、交通、國防、科學、工業各項建設要旨。」〔註74〕25日蔣介石「研究新疆金融與派人問題，接見梁寒操談新疆黨務。」〔註75〕

　　蔣介石本意在巡視青海後，親自赴新疆會晤盛世才，因迪化機場有蘇聯軍隊駐守，情況頗為複雜，出於多方面考慮，29日派宋美齡代為前往，赴新「傳達旨意，慰勞當地軍民，商決保全國家領土主權，還政於中央等問題。」〔註76〕30日雙方舉行秘密會談，就允許國民黨軍隊進入新疆、籌備設置中國國民黨新疆省黨部等問題達成協議。為了消除盛世才疑慮，吳忠信專門與盛長談兩小時，吳忠信告訴盛，將來新疆各項工作，全由盛決定，只要歸附中央，仍可主政新疆。〔註77〕宋美齡也向隨訪的各國記者表示：「中央堅決相信盛氏，將來新疆各項工作需要中央協助與否，全由盛氏決定」。〔註78〕事實上，經過宋美齡親赴新疆傳達「意旨」，消除了盛世才疑慮，國民黨中央派駐新疆的軍隊、黨務、外交人員行事更為順暢。

　　在國民黨政治與軍事力量雙重威懾下，盛世才與朱紹良達成協定，盛擔任新疆省政府主席，兼國民黨新疆省黨部主任、新疆邊防督辦、第八戰區副司令長官等職，新疆由此納入中央統一的戰區體系當中，統歸國民政府統一管轄。國民黨中央幹部訓練部副團長蔣堅忍在總結蔣介石此次西北巡視時說道：「蔣委員長這次的視察，解決了中國歷史上最大的問題——新疆省問題，

〔註72〕秦孝儀主編：《總統蔣公大事長編初稿》（卷五上），臺北：中國國民黨中央委員會黨史委員會，1978年，第181頁。

〔註73〕胡宗南著，蔡盛琦、陳世局編輯校訂：《胡宗南先生日記》（上），臺北：「國史館」，2015年，第147頁。

〔註74〕《蔣介石日記》，1942年8月21日，美國斯坦福大學胡佛研究所藏。

〔註75〕周美華編注：《蔣中正總統檔案：事略稿本》第51冊，臺北：「國史館」，2011年，第107頁。

〔註76〕蔣介石：《蘇俄在中國》，秦孝儀：《先總統蔣公思想言論總集》第9卷，台北：中國國民黨中央委員會黨史委員會，1984年，第93頁。

〔註77〕吳忠信：《吳忠信日記（1942）》，香港：開源書局，2020年，第89頁。

〔註78〕《蔣介石日記》，1942年9月5日，美國斯坦福大學胡佛研究所藏。

確立了民族復興的基礎。」〔註79〕蔣介石在 1942 年底的總反省錄中說：「新
疆省主席兼督辦於七月間公開反正，歸順中央，效忠黨國，而河西走廊馬步
青軍隊，亦完全撤退於青海。於是蘭州以西直達伊犁直徑三千公里之領土，
全部收復，此為國民政府成立以來，最大之成功」。〔註80〕而隨著 1944 年盛
世才被調離新疆，國民政府在新疆的人事任命、黨化教育、資源開發更加遊
刃有餘，再無掣肘。蔣介石在強鄰蘇聯長期覬覦新疆的背景下將新疆收回國
民政府管控，既凸顯出其作為一個民族主義者維護領土和主權完整的政治努
力，又反映了蔣介石對於蘇聯強權主義的抵抗和因應。

　　除新疆問題外，蘇聯與中共的關係也成為影響蔣介石對蘇態度的重要因
素，國民黨在全面抗戰以後對中共發動的一系列大小摩擦，都會受蘇聯方面
牽絆與影響。1940 年底，以崔可夫為代表的蘇聯軍事顧問團成員被分別派往
國民黨各大戰區，指導國民黨軍隊建設和對日作戰，而在共產黨軍隊裏卻只
有幾名蘇聯記者。〔註81〕大量蘇援抵達國統區，一定程度上牽制和阻止了蔣
介石的反共計劃的實施。但是蘇聯與中共之間的黨際往來和物資援助使蔣介
石也心存芥蒂，皖南事變暴發後，蘇聯強烈譴責國民黨，蔣介石因擔心中蘇
關係破裂而緊急致電斯大林來緩和兩國關係，「蘇聯對中國的援助，尤其是在
士氣方面的意義，超過了所有其他友邦給予的援助。」〔註82〕1942 年 5 月，
國民黨查扣一架疑似蘇聯援助中共物資的飛機，〔註83〕就使國民黨與蘇聯政
府間關係一度緊張起來。全面抗戰期間，國民黨發起的幾次反共摩擦沒有使
國共關係完全破裂，蘇聯因素起到了很大作用。

四、從德黑蘭到雅爾塔：中蘇關係逐步破冰（1943 年 11 月至 1945 年 8 月）

　　1943 年初，國際反法西斯戰爭獲得重大勝利，美蘇英三國領導人此時將

〔註79〕《重慶的西北工作與其將來》，《申報》，1942 年 12 月 31 日，第 3 版。

〔註80〕《蔣介石日記》，1942 年 12 月 31 日，「三十一年總反省錄」，美國斯坦福大
　　　　學胡佛研究所藏。

〔註81〕邢和明：《蔣介石與莫斯科的恩恩怨怨》，北京：人民出版社，2009 年，第 309
　　　　頁。

〔註82〕蔡盛琦編注：《蔣中正總統檔案：事略稿本》第 45 冊，臺北：「國史館」，2010
　　　　年，第 430 頁。

〔註83〕王世杰編注：《王世杰日記》第三冊，臺北：中央研究院近代史研究所，1990
　　　　年，第 315～316 頁。

關注的目光投向中國。〔註84〕11月28日，三國領導人羅斯福、斯大林、丘吉爾在德黑蘭舉行會議，商討了對德作戰、蘇聯對日作戰和開闢歐洲第二戰場等問題，斯大林在會上表示了對遠東地區的極大關注，中蘇緊張的關係開始慢慢破冰。1945年初，隨著世界反法西斯運動進入最後的反攻階段，大國之間就戰後國際格局進行進一步商討。2月4日至11日，美英蘇三國首腦在雅爾塔舉行會議並簽署《雅爾塔協定》，美英兩國對蘇聯提出的維持外蒙古現狀、租借旅順、大連港、承認在中國東北地區的全部主權等一系列有損中國主權的強硬要求幾乎全部滿足，而直至4月蔣介石才從美國駐華大使赫爾利口中完全瞭解到雅爾塔協定的全部內容，雖然氣憤難平，但是為了「不影響美方對我現階段之援助」〔註85〕，繼續得到美國的支持，蔣介石只能選擇繼續隱忍，「國不自立，人不自強，宇宙之大，其尚有為我民族生存之地，能不戒懼乎哉。」〔註86〕

同年6月12日，蔣介石接見蘇聯駐華大使彼得羅夫時，彼得羅夫提出與國民政府協商「雅爾塔協定」之內容，蔣介石則再次強調要維護東北三省主權完整。26日蔣介石再次會見彼得羅夫，提出「外蒙不可脫離中國，中國亦絕不放棄其主權」，〔註87〕並決定派出代表團赴蘇聯進行談判。6月30日起至7月12日，由國民政府行政院院長兼外交部長宋子文、青年軍編練總監部政治部中將主任蔣經國、外交部次長胡世澤、中國駐蘇大使傅秉常等15人組成的中國談判代表團與斯大林、莫洛托夫、彼得羅夫等先後舉行6次正式會談，蔣介石也頻繁電令宋子文注意對蘇談判方針及策略〔註88〕，連日談判不利也使蔣介石夜深疲乏不能安眠，辛酸苦楚湧上心頭，「近日脊骨下部作痛，今日更甚，起坐轉身皆甚痛楚⋯⋯心身辛楚，疲乏恥辱交加心中，而又不能不勉強支持，用心應對，其苦何如。」〔註89〕

〔註84〕 有關1943年國內國際局勢及對蔣介石內心活動的分析，參見（美）周錫瑞、李皓天主編，陳驍譯：《1943：中國在十字路口》，北京：社會科學文獻出版社，2016年。

〔註85〕 《蔣介石日記》，1945年4月17日，美國斯坦福大學胡佛研究所藏。

〔註86〕 王正華編注：《蔣中正總統檔案：事略稿本》第60冊，臺北：「國史館」，2011年，第414頁。

〔註87〕 王正華編注：《蔣中正總統檔案：事略稿本》第61冊，臺北：「國史館」，2011年，第211頁。

〔註88〕 關於1945年中蘇莫斯科談判宋子文、蔣介石、斯大林三人來往電函及會談紀要內容，詳見李嘉穀：《中蘇國家關係史資料彙編（1933～1945）》，北京：社會科學文獻出版社，1997年，第561～654頁。

〔註89〕 《蔣介石日記》，1945年7月11日，美國斯坦福大學胡佛研究所藏。

7月19日，蔣接見彼得羅夫再次談到「中蘇密切合作必須以尊重中國主權行政完整為條件」〔註90〕，8月7日至14日中蘇雙方再舉行4次談判，最終於8月14日晚正式簽訂《中蘇友好同盟條約》。蘇聯政府認為《中蘇友好同盟條約》及各項協議「其內容與雅爾塔會議上羅斯福總統、丘吉爾首相和斯大林部長會議主席談判達成的協議一致。」〔註91〕事實也正是如此，中蘇談判結果除蘇聯盤踞旅順港不使用「租借」一詞外，其餘中方未有實質性收穫，被迫承認「雅爾塔協定」的既有內容，中國政府以犧牲外蒙與東北地區大量權益為代價換回了中蘇合作抗擊日本和遠東地區和平。面對蘇聯強橫之態度，蔣介石雖力主維護主權，結果卻不得不接受蘇聯提出的談判條件，只能「隱忍為國，蓋已至於極限矣。」〔註92〕

蔣介石對中蘇談判的考量，最終目的是建立現代民族國家，維護民族國家的主權統一和領土完整，並制定相應的國防戰略〔註93〕，他自認為「收放剛柔，深思入神，運用之妙存乎一心，最後獲得完成，此實為國家成敗安危之一大關鍵，不可為非因禍得福也」〔註94〕。但是在中美蘇三國戰略博弈的國際大變局中，更多體現的是蔣介石維護國家主權與國家實力之間的無奈與不甘。

五、結語

窺視蔣介石對蘇態度的根源，最早可以追溯到他赴蘇考察時期的經歷。1923年8月蔣介石率團赴蘇聯考察政治、軍事、黨務，回國後向孫中山遞交《遊俄報告書》，並作口頭說明。在談及訪蘇觀感時，蔣介石談道：「綜括我在俄考察三個月所得的印象，乃使我在無形之中，發生一種感覺，就是俄共政權如一旦臻於強固時，其帝俄沙皇時代的政治野心之復活，並非不可能，則其對於我們中華民國和國民革命的後患，將不堪設想。」〔註95〕

〔註90〕秦孝儀：《總統蔣公大事長編初稿》（卷五下），臺北：中國國民黨中央委員會黨史委員會，1978年，第767頁。

〔註91〕《美國外交文件》1945年第7卷，轉引自李嘉穀：《合作與衝突：1931～1945年的中蘇關係》，桂林：廣西師範大學出版社，1996年，第321頁。

〔註92〕秦孝儀：《總統蔣公大事長編初稿》（卷五下），臺北：中國國民黨中央委員會黨史委員會，1978年，第795頁。

〔註93〕李俊傑、仲偉民：《蔣介石考量1945年中蘇談判的心路歷程——以〈蔣中正日記〉為中心》，《濟南大學學報》，2020年第3期。

〔註94〕《蔣介石日記》，1945年8月31日，美國斯坦福大學胡佛研究所藏。

〔註95〕蔣介石：《蘇俄在中國》，秦孝儀：《先總統蔣公思想言論總集》第9卷，臺北：中國國民黨中央委員會黨史委員會，1984年，第30頁。

　　孫中山批評蔣介石「對於中俄將來的關係，未免顧慮過甚。」〔註96〕20世紀20年代蔣介石對中蘇關係的論斷，奠定了其對蘇態度的歷史基調。無論國際局勢紛繁複雜、中蘇之間或敵或友，在蔣介石內心深處都將蘇聯視為時刻提防和警惕的對象。九一八事變爆發後，中國東北完全被日軍佔領，蘇聯不顧中方反對，一意孤行堅持將中東鐵路權益出賣給日本，此時蔣介石對於蘇聯是忌憚和憎惡的，1934年3月，蔣介石在南昌談及國家外交政策時說道：「對外交惟有聯英制俄、聯美制日，而我最後、最大之敵乃在蘇俄，而不在倭寇，將來東亞爭霸者為中俄，而世界爭霸者為美俄也。」〔註97〕

　　七七事變爆發後，中蘇雙方為共同應對日本而聯合起來，簽署《中蘇互不侵犯條約》，中蘇兩國之間維繫了近四年的甜蜜期，四年間蘇聯對華援助和貸款極大幫助了中國抗戰，200多名援華空軍飛行員犧牲，歷史功績不可磨滅。而在中蘇關係發展最好的1939年前後，部分外國記者就敏銳的發現蔣介石對蘇聯存在著不滿與隔閡，「目前從表面上看，中國很有賴於蘇聯的援助，但在蔣介石心中未必希望與蘇聯作百分百的合作。」〔註98〕1941年蘇聯出於自身利益和國家安全的考量，與日本達成中立，《蘇日中立條約》的簽訂給抗戰期間的中蘇關係蒙上陰影，蔣介石斥責蘇聯損人利己、以鄰為壑，而太平洋戰爭的爆發客觀上促進了中美關係更進一步趨向親密，美國開始成為中國最大的援助國，從《蔣介石日記》可以看出，「在面臨美蘇的強壓下，幾無抗爭的活動空間，弱國在面臨強權之下的屈辱，成為蔣介石揮之不去的歷史記憶。」〔註99〕二戰臨近結束，中蘇簽訂的《中蘇友好同盟條約》是迫不得已下的外交「慘勝」。

　　從《蔣介石日記》中可以看到，作為一個深陷戰爭泥潭的大國、弱國領袖，面對強鄰蘇聯所體現出的憤怒、無奈或愉悅、欣喜，是基於國家主權、民族利益、國際政局、政黨利益等複雜因素相互交織的結果，縱觀抗戰時期的蔣介石對蘇態度，個人意志從屬於國家意志，絕非一言以蔽之「反蘇反共」就能蓋棺定論。

〔註96〕呂芳上主編：《蔣中正先生年譜長編》（第1冊），臺北：「國史館」、國立中正紀念堂管理處、財團法人中正文教基金會，2014年，第234頁。

〔註97〕《蔣介石日記》，1934年3月7日，美國斯坦福大學胡佛研究所藏。

〔註98〕陳盛智：《各國記者的中日戰爭觀》，《申報》，1939年1月12日，第2版。

〔註99〕洪富忠：《重慶大轟炸在蔣介石日記中的書寫》，《歷史教學》，2019年第18期。